INVISIBLE LINES
Boundaries and Belts
That Define the World

世界は「見えない境界線」でできている

著　マキシム・サムソン
訳　染田屋 茂
杉田 真

かんき出版

どれだけ薄く切っても、常に2つの側があることに変わりはない。
—バールーフ・スピノザ

最も危険な世界観は、世界を見たことがない者の世界観である。
—アレクサンダー・フォン・フンボルト

エレノアと、私たちの継続する冒険に捧げる

まえがき

いまやわが故郷とも呼べるシカゴを散策すると、目には見えないさまざまな種類の境界線を何度も越えたのに気づいてはっとすることがある。ガタゴト音を立てて街の高架を走る〝L〟トレインの線路に囲まれたダウンタウンの〝ループ〟を出て南に向かうと、たちまち通勤客の喧噪が消え、アパートメントや公園の落ち着いた雰囲気に包まれる。数々の建築様式と機能がぶつかり合う街の中心部とは対照的に、たとえ調和はなくても統一感が見られる。そのとき突然、2棟の高層ビルのあいだを吹き抜けてきた肌を刺す一陣の風で危うく転びかけてうろたえる。これがシカゴの街特有の気候であることは重々承知していたが、今後は風の吹き荒れる日に谷間のような交差点を通るのはやめようと自分に言い聞かせ、南西へ向かって歩き続ける。街の様子がふたたび変化する。英語の看板のなかに広東語の看板が交ざってきて、サンドウィッチ・ショップが減って麵料理の店が増え、赤の色彩が幅を利かせる。

それでももう少し西へ行くと、もう1本見えない境界線をまたぐことになる。いまやおもな言語はスペイン語で、壁は壁画で飾られ、教会はカトリックが多くなる。そればかりか、シカゴ市民が住宅や車の窓に貼る、ここを本拠地にする2つの野球チームのどちらかへの忠誠を表すステッカーや旗が変化するのも目につく。西へ行くに従い、徐々にカブスの赤い〝C〟とブルーの熊が、サウスサイドのライバル・チーム、ホワイトソックスのくねくねした黒の〝S〟に入れ替わっていく。

日々出会ってはまたいでいる境界線は、私たちがどう行動するか、どう感じるか、どう生きるかを決めている。おそらく誰しも自分の寝室の周囲に、ボクサーパンツのうえに何を着るか（少なくともそれをはいている姿を見せるかどうかを）定める境界線を想定しているはずだ。さらにその外側の見えない境界線を越えて外界に出るときに、私たちは靴を履く。その場合は、外界の汚れを家に持ち帰りたくないので境界線を定めていることになる。世界のどこへ行っても、子供やティーンエイジャーは校庭に特定のゲームが行われる場所を区切る見えない境界線があって、そこではほかの遊びはできないことを知っている。アスリートは、サッカーのオフサイド・ラインや野球のストライク・ゾーンといったさまざまな見えない境界線に（なかには、審判や見物人にわかりやすく可視化されているものもあるが）うまく対処する必要がある。こうしたことは、人間だけに固有の現象では決してない。動物たちも見えない境界線があるのを知っており、目に見えるマーキング以外に、においや音によってテリトリーを区分けしている。

本書で扱うのは、一方の側ともう一方を区別する境界の働きを持つ各種の線である。ここではそうした境界を、ある程度空間的な広がりを持ち、地図に記載できる〝境界線〟と単純に定義する。とは言っても、興味があるのは**国境などの形式的な〝境界《ボーダー》〟よりも、実際の地図や政治地図にはめったに記載されず、記載されたときには平常載っているものよりはるかに影響力の大きい線である。**

ときにはあまりにも微妙なので、ごく限られた人々にしか認知されないものもあるが、それを知る人々には大変重要な意味を持っている。それとは別にもっと主観的な性質を持ち、人によって同じ地図の別の場所にあてはめる線もある。なかには時間とともに移動するものもあって、年間を通して定期的に移動する場合もあれば、もっと間をおいて動く場合もあるが、どちらもおもに社会の大きな変化と関連している場合が多い。

境界というものはおおむね、こちら側とあちら側をきわめて効果的に分ける線ではあるが、数こそ少ないが、ベルトのように一定の幅をもって徐々に移行しているものもある。そういった場合は、明確で幅広い帯状区域の両端に境界線を見いだすことができる。ここで取り上げた境界線はどれも重要であり、何百万もの人々に影響をおよぼすものもあるが、ある地域に限定されたものも少なくない。

私たちはなぜ、そうした線を通じて周囲の世界とかかわろうとするのだろうか？　その答えを端的に言えば、〝それが私たちに引ける一番容易な線だから〟ということになる。人間は自分たちを複雑な存在と考えているかもしれないが、世界やその複雑さと直面すると、手っ取り早く処理したいという欲求を抑えきれなくなる。そこで意識的にしろ無意識にしろ、この複雑な惑星を単純化し、なんとか自分たちの欲求や欲望に適合させようと努める。線を引けば1つの場所を別の場所と区別し、周囲の世界をある程度コントロールしやすくなる。単純化することで、世界はそれほど複雑ではないと思えてくる。そういう意味で境界線は、世界を理解したいと望む一方で、自分の好みのかたちに変えようとする人間の世界とのかかわりを要約したものなのだ。

なぜ私は、そういう線を〝目に見えない〟と表現するのだろう？　街路や川、山脈などはどれも、目で判別できる境界ではないか。とはいえ、実体のあるものより、無形の意味やそれと関連して起こる結果のほうがパワーを持つ場合も少なくない。たとえば〝立ち入り禁止〟の看板を考えてみよう。物理的な障壁がなくても、それがあるだけで、先に進んではいけないのがわかる。同様に、物理的な障壁が取り去られた場所の先は、こちら側とはどことなく違うと感じることがよくある。境界に実体を与える物質に目を向けるだけでなく、境界そのものを前面に押し出す必要がある。とどのつまり、**ほとんど気づかなかったり、目に見えなかったりするものでも、人々に多種多様のやり方で間違いなく影響を与えている境界が数多く存在するのだ。**だから、自分の専門である地理学を大学生に講義するとき、私はたくさんの——もしかしたらほとんどかもしれない——これまで考察されてこなかった境界を紹介するようにしている。それは宗教団体の目立たない実例（本書では「結界《エルヴ》」という完璧な例を紹介している）から私たちが受けるサービス、ひいては人生におけるチャンスにまで影響をおよぼす各種行政区の政策にまで広範囲にわたっている。

そもそも地理学者は、地球上の多様な現象の分布や相互作用を研究しているので、その力学を理解するのに有利な立場にいる。私たちは遠い昔から、抽象的で曖昧な〝空間〟を、識別可能な首尾一貫した〝場所〟に変えるために、特定の位置に意味を与えてきた。それがどこから始まりどこで終わるかがわからなければ、その場所を完全に理解できないから、境界をつくって周囲の地域と分離することが重要になる。

私たちの使っている言葉さえ、場所と境界の相互依存の関係を表している。たとえば地域《リージョン》ないし領土《テリトリー》で起きたことを話すときは、同じ区域の境界《バウンダリー》ないし国境《ボーダー》の内側で起きたことと同じ表現を使う。紛争地域《ゾーン》について議論するとき、私たちはその境界線——特に戦線《フロント・ライン》や交戦勢力の変動する最前線に関心を向けがちだ。さらに、場所とその境界のずれについては、たとえばある種の場所を表す〝街《タウン》〟は古英語で〝囲い〟を意味するtunから由来したもので、tunはまたオランダ語の〝庭〟を意味するtuinだけでなく、ドイツ語で〝フェンス〟を意味するZaunとも関係があることにも表れている。つづめて言えば、地球という惑星のうえのどんな場所であれ、理解するためには境界線についても考える必要があるのだ。

物理的、経済的、文化的など、さまざまな種類の保護のために、意図的につくられる境界線もめずらしくない。なかには法制化されたものもある。たとえば、特定の公共施設のまわりの一定範囲における路上生活や物乞い行為の禁止、アルコールや中絶などの多様な問題にかかわる法律についての地域的な差異、漁業権をめぐる紛争、選挙区や学区の恣意的な区割り《ゲリマンダリング》などである。一方でもっと非公式なもの（イングランドのメッドウェイ川をはさんで、片側では〝ケント州の男女《ケンティッシュ・メン・アンド・メイズ》〟と呼び、もう一方では〝ケント州に住む男女《メン・アンド・メイズ・オブ・ケント》〟と呼ぶ口語の差異など）、伝承になっているもの（バミューダ・トライアングルなど）、行政機関は認めないが、住民はいまもそう考えているもの（これもイングランドの例だが、歴史ある州ミドルセックスは、1965年に正式に大《グレーター》ロンドンに吸収されたが、いまだに一流のクリケット・クラブの名称や一部の住所にはその州名が使われている）などが見られる。また、科学的な根拠がなかったり、過剰に単純化されたりしていても、地勢によっては見た目で一種の境界線と見なされる場合もある。グランド・キャニオンがその一例だ。もう1つ忘れてならないのは、たとえ自然の差異を区分けするだけのもので、一見恣意的には見えなくても、境界線はあくまで人間によって定義され、決められたもので、常に安定しているわけではない点だ。だから、たとえ必然であるように見えても、まだ議論の余地を残している場合が少なくない。

　さらに言えば、もし境界線とその位置が主観的であるなら、競争や支配、影響力といった権力の問題を避けて通るわけにはいかない。ウクライナに対するロシアの戦争行為がその代表例で、それは国家や文化の同一性、地政学上の影響圏、〝西側〟対〝東側〟と、広範かつ単純に分類されがちな対立構造に根ざしたものである。

とはいえ、紛争から遠く離れた私たちも、常に権力の絡んだ境界線の影響を受けている。一例を挙げれば、私たちがフェンスを建てるとしたら、その両サイドの人々だけでなく、自分自身に何かを示そうとしているのではないか？　地図を作成するときには、何を強調し、何を無視するだろう？〝南北格差〟、〝市街〟と〝郊外〟、〝地区〟と〝ゲットー〟といった、どれも境界線の欠かせない対比を考えるとき、私たちはそれぞれの独自性と属性について何を言おうとしているのだろうか？　そうした疑問について考えることはめったにないが、それでも潜在意識の奥では、自分たちがどこに〝属しているのか〟、どこなら足を踏み入れてもいいのか、周囲のどこに〝違和感〟を持つかを感知している。私たちはこうした境界線を経験から学びとっている。見えない線の存在を知ることは、ほかの人々の世界とのかかわり方を考えるうえで重要な意味を持つはずだ。本書では、ときには問題の場所がはるか彼方であっても、目の前の〝現場〟と変わりなく、境界線が人の心に棲みつく理由を追究する。

また、特別な目的のために設けられた境界線の多くが、予測しがたい深刻な結果をもたらすことを認識する必要もある。ある場所で起きた小さな出来事が、ずっと離れた場所に重大な結果をもたらすバタフライ効果の実例と考えられる境界線も少なくない。落書きや、契約書への署名、新しい道路の建設などがどれも、私たちが近隣、遠隔地を問わずほかの地域の人々と場所にかかわる方法に、長期にわたって影響をおよぼす可能性がある。

私は地理学をバタフライ効果の学問と見なしている。なぜなら地理学はさまざまな問題や出来事と、距離を超越した複雑な相関関係、人間や野生の動植物、場所に与える影響を分類する学問だからだ。中国北部の人々が政府の暖房政策のせいで昔からマスクを付ける習慣を持っていたり、ゴミが大洋の特定の部分に蓄積される傾向があったり、中央ヨーロッパのアカシカがかつての鉄のカーテンを越えるのをいまでもいやがったりするなど、境界線は地球上の生命に実質的かつ恒久的な影響をおよぼしているのだ。

このように、ある種の共通点はあるとしても、境界線の種類は1つではない。本書では、私たちの暮らしや人間関係、周囲の世界に広範な影響を与えている見えない線の5つの主要なタイプの役割を紹介する。

第一に境界線のなかにはその両側にあるものの特徴を際立たせ、進行中の変化を正確に捉えて、世界を理解する手助けのために引かれるものがある。

第二に、世界の理解のためではなく、自分たちと自分たちに必要なことに適合するように、世界を何らかの手段で変革するために引かれる線もある。

第三に、地球上に取り分を確保しようとする集団によって引かれた線が数多くあり、そのために領土所有を主張するほかの集団との競合や戦いまで引き起こす場合がある。

第四に、上記3つの要素を組み合わせたものとして、〝私たち〟とその反対側の〝彼ら〟を

区分けできるように、ある場所と場所のあいだに想像上の境界線が引かれる場合もある。最後に、特定の集団が文化的な特性を維持するために、もっと大きな社会からある程度の分離を維持できるように引いたさまざまな線が世界中に存在する。

この5つのテーマそれぞれに6つずつの実例を示して、気象学や生態学から人種、宗教にいたるまで、世界が多種多様なかたちで分断されているのを見ていきたい。ここで挙げる例証の一部は、〝自然〟と〝人間〟の両方の要素を持っている。なかには、特定の境界の存在――あるいはその存在の感知――によって、別の境界が追加されて広がっていく例もある。内容はどうあれ、すべての実例に地理学者の友とも言うべき簡略な地図を付けたので、多くが信じ難いほど複雑な境界線や帯域も多少は理解しやすくなるはずだ。

本書は、世界を理解しようとする試みを助け、私たちの世界とのかかわり方に影響をおよぼすさまざまな境界線を読者に紹介する。読者には、ここに書かれた力学のいくつかを親しみ慣れた場所に適用し、願わくば地球全体のみならず、身近な場所をこれまで以上に深く観察・経験・思考できるようになってほしい。大小さまざまな境界線がどれぐらい存在するかを考えれば、本書で地球上にある気が遠くなるほどたくさんの境界線を網羅できるはずもない。だから、ここでは私たちの住む惑星とその関係性を理解するのに特に役立つ、首尾一貫していながら混乱もしているさまざまな興味深い例を紹介することにしたい。

目次 ● 世界は「見えない境界線」でできている

第2部 「見えない境界線」が地球環境に影響をおよぼしている

第3部 「見えない境界線」が人間に領有権を主張させている

第5部 「見えない境界線」は文化を守る砦

本文デザイン・DTP／マーリンクレイン
カバーデザイン／小口翔平、稲吉宏紀（tobufune）

第1部

INVISIBLE LINES

「見えない境界線」が地球を理解するのに役立つ理由

境界線や帯域は、私たちの住む惑星を理解するための基礎になる。なぜなら、それがあれば、広大な地域であれ限定された狭い範囲であれ、1つの場所が別の場所とどう違うかを考えざるを得なくなるからだ。

目に見えない線を引いたり、想像したりすれば、考えを整理できる。地球の2つの半球を分ける境界線であり、おそらくは見えない線として最も有名な赤道は、季節や地球の形体と円周、軌道、海洋の潮流と風などについて、豊富な情報を提供してくれる。赤道はまた、北回帰線と南回帰線、北極圏と南極圏に平行する緯度ゼロの見えない線であり、北への、あるいは南への距離をもとに正確に引くことができるのに、ときには気候帯の非公式な境界線とも考えられている。そうした緯度と経度の線が描きこまれた多くの地図は、位置を正確に特定するだけでなく、海抜と海中ともに同高度の点を結んだ等高線が描かれ、勾配のわからない境界線も示してくれる。

もう1つ、大陸分水界について考えてみよう。赤道よりはるかに込み入っているが、これもまた見えない線であるのは間違いなく、大陸の主要部分の分水界を示している。旅をしているときには気づかないことも多いが、山の源流の水がすぐそばの別の源流とは反対側の海に流れ落ちるのを見るとびっくりさせられる。だがもっと重要なのは、人口の増加で水の需要が増し、同時に垂れ流された汚染物資で下流が汚染されることが多くなった現在、大陸分水界の位置を特定することは、人類に最も必要な資源の利用、管理、保存に欠かせない点である。

もっとも、ときには見えない線の正確な位置がはっきりしない場合もある。そういうときは、ある程度の幅をもたせて大ざっぱに両側に線を引くのが有効だし便利だ。あとで再検討し、理解が深まるにつれて徐々に精密なものにしていけばよい。

たとえば、西は大西洋から東は紅海まで6000キロにわたって、アフリカ大陸の太い部分を横断する広大で、移動する土地サヘル。南北の幅は1000キロにおよび、北部はそびえる砂丘と岩だらけの平原、不毛の高原が広がるサハラ砂漠南縁部、南部は丈の高い草やまばらな樹木、ライオン《シンバ》王国に生息するたくさんの動物で特徴づけられる多湿なサバンナ地帯に分かれている。いかにも中間的な土地らしく、南部に見られるのとさほど違わない傘形のアカシアが生えている一方で、砂漠に特徴的な束状植物も生えているため、サヘルはしばしば限界の地、2つの異なる生物群系《バイオーム》の境界地域と位置づけられる。[*1] 気候変動のためにサハラ砂漠が徐々に南へ広がっているいま、急速に増加する人口を支える肥沃な土地の利用可能性を見守るために、サヘルの目に見えない境界を探し当てる必要性が高まっている。

第1部では、〝現地に行っても〟見ることはできないが、境界の両側がどう違っているか、どんな特徴があるかを知ることで、私たちの惑星の活動に関する深い洞察が得られる6つの例を取り上げる。

〝ウォレス線〟に注目すれば、特定の場所でしか見られない種がどのように分布しているかがわかり、長い時間をかけた特異な進化傾向を見ることができる。定義こそ曖昧だが、〝竜巻回廊《トルネード・アレイ》〟はアメリカ合衆国の特定の帯状地域で不均衡なほど頻繁に竜巻が生じる理由を知るのに欠かせない要素である。〝赤道無風帯とサルガッソー海〟は海洋開発に伴う危険だけでなく、脆弱な生態系に対して人間が有害な影響を与えていることを教えてくれる。〝南極周極流と南極収束線〟は、自然地理学や気候、野生生物といった分野でまだ謎の多い南極大陸とその他の世界を区切り、どちら側の生命にも重要な意味を持っている。〝北極樹木限界線〟は世界のもう1つの繊細な部分に一線を画するもので、気候と土壌の動的条件の指標として機能し、地球温暖化の有用な標識になっている。

そして最後に、おそらく史上最大の殺戮者とも言えるマラリアは、特定の地理的要素に左右されるので、〝マラリア・ベルト〟の変化と常に移動している境界線を特定し監視することは、将来、人命を救い、貧困と闘ううえで欠かせない武器となる。

＊1　こうした考え方は、アラビア語で〝沿岸〟や〝海辺〟を意味する〝サヒル〟という言葉の影響を受けている。それに対して、サハラ砂漠のアラビア語の呼び方〝サハラーゥ〟は単純に〝砂漠〟を意味するもので、はるかに無味乾燥である。

1

The Wallace Line

ウォレス線

この列島には厳密に区分された2種類の動物相が存在しているが、2つの違いは南アメリカとアフリカと同程度であり、またヨーロッパと北アメリカの動物相の違いよりはるかに大きい。それでも、これらの境界を示すものは地図上にも、現実の島々の表面にもいっさい記されていない。

——アルフレッド・ラッセル・ウォレス

インドネシアのバリ島とロンボク島の距離は、一番狭いところで35キロほどしかない。ところが、この西から東への短い旅が大陸をまたぐ旅行に思えることがある。バリは美しいビーチや水田、火山を訪れる観光客で賑わっているのに対し、ロンボクはもっと静かで落ち着いており、開発もされていない。ロンボクまで来ると、ヒンドゥー教に代わってイスラム教が盛んになり、寺院の代わりにモスクが、子豚の丸焼きの代わりに牛肉の串焼《サテ》きが多くなる。

ハクスリー線
ルソン島
太平洋
パラワン島
スールー海
南シナ海
ミンダナオ島
ウォレス線
ウィーバー線
マレー半島
セレベス海
マラッカ
ライデッカー線
ボルネオ(カリマンタン)
赤道
スマトラ島
カリマンタン
スラウェシ島
ジャワ海
バンダ海
ニューギニア島
ジャワ島
ティモール
バリ島
ロンボク島
アラフラ海
インド洋
0
1000
km
オーストラリア

特に鋭敏な旅行者は、バリ語とササク語の違いに気がつくかもしれない。新婚旅行客はバリを訪れ、冒険旅行を好む者はロンボクを選ぶことが多い。海はまったく同じに見えるだろうが、ほかの多くの部分で際立った対比が見られる。

両島の野生生物を考慮に入れると、対比はさらに明確になる。バリ島の動物相はマングースやキツツキ、過去にはトラも生息した〝アジア系〟である。一方のロンボク島はヤマアラシ、タイハクオウム、トサカハゲミツスイなど〝オーストラリア系〟だ。ホップ、ステップ、ジャンプで飛び越えられそうなロンボク海峡をはさんで、どうしてこれほど明らかな違いが生じるのだろう？　こうした相違から、もっと広い世界について何を学べるだろう？　ありがたいことに、歴史上最も無視された科学者が、それらの疑問に答えを与えてくれた。

街で通行人に、進化を発見したのは誰かと訊けば、まず間違いなくチャールズ・ダーウィンという答えが返ってくるだろう。そういう人々は、ダーウィンがおおむねガラパゴス島での体験に基づいて理論を展開していたときに、そこから1万6000キロ離れた場所で、もっと若くて無名の自然学者が、ほぼ同様の結論を導き出していたことを知ったら驚くにちがいない。変異に対する鋭い観察眼ではひけを取らなかったアルフレッド・ラッセル・ウォレスは、いくつかの点で自分より有名な同時代人ダーウィンとは正反対の人物だった。ダーウィンは裕福な一族に生まれ、エジンバラとケンブリッジ両方の大学で学問を修めたが、ウォレスのほうは14歳のときに父親が破産し、教育費をまかなえなくなったので学校を中退した。

ダーウィン[★1]は著名な奴隷廃止論者のジョサイア・ウエッジウッドとエラズマス・ダーウィンの孫であるにもかかわらず、なぜか生涯、政治的信念の表明には消極的だった。それに対してウォレスは、土地の国有化と女性の参政権を支持する記事を発表し、隠すことなく社会主義者を自称して、英国の自由貿易と軍国主義を批判した。ウォレスはまた、13世紀のスコットランド独立運動の指導者ウィリアム・ウォレスの直系の子孫を名乗った。独立心旺盛で、研究活動の多くは独学で行い、その後彼が発見したことの一部は同じウィリアムという名の兄のもとで見習いをして学んだ測量の経験に基づいたものだった。

　まだ20代の頃、ウォレスは1848年から52年にかけて探検したアマゾンの熱帯雨林で貴重な経験を積んだ。この地でリオネグロの詳細かつ正確な地図を作成し、訪ねた場所や人々について大量の記録を残し、数千種にのぼる動物の標本を収集したが、帰りの船が火事になって沈没してしまい、そのほとんどを失った。それでも、マレー諸島における彼の先駆的研究は、今日《こんにち》でもよく知られている。1854年から62年まで、この地域を広く旅したウォレスは、12万5000種を超える標本を収集した。おもに昆虫と鳥だが、なかにはアカエリトリバネアゲハ《ラジャ・ブルックス・バードウィング》やマレーのリーフウィング蝶《マラヤンリーフウィングカリマパラレクタ》[★2]、セレベスハナドリ、ラケットカワセミ、モルッカツカツクリなどが含まれる。彼が〝新しい〟種と予想していた飛ぶカエルの記述は、「爪先の変異性は……泳ぎと粘着登攀《とうはん》のために調整された」という記述のおかげでダーウィン説信奉者の関心を集めると同時に、特に西洋の科学界で注目を浴びた。彼はマレー諸島の動物相を綿密に調査することで、私たちの生物学と地理学の理解を決定的に変えてしまうパターンを確立しようとした。

科学者たちはすでに、種が地理的に変化することには気づいていたが、[*3] 東南アジアで特にウォレスの関心を引いたのは、ロンボク海峡のように短い距離でも、反対側では種が急激に変化している点だった。通常、植物や動物の群集に著しい変化があるのは、山脈や砂漠といった際立った境界があるためだと考えられていたが、ボルネオ島とスラウェシ島のあいだには短い距離の海がはさまっているだけである。この思いがけない出来事に気づいたウォレスは、マレー諸島の南北に見えない線が走っていて、ほとんどがアジア系のものである西側と、オーストラリアと近縁性の高いものが多い東側とを分けていると結論した。

現在では、地質学や氷河学の分野で当時とは比べものにならないほど多くのことが知られるようになったし、その後100年ほどでプレートテクトニクス理論が科学的に広く受け入れられた。それでもウォレスはその時代に、自分の引いた線の両側の島々を隔てる海は同地域のほかの場所よりもはるかに深いことを正しく言い当てている。何度かあった氷期に多くの海が凍結し、そのために海面がいまより100メートル以上低くなったこともたびたびだった。その間、この地域には海がほとんど存在しなくなり、陸生生物の移動が可能だった。だが、ウォレスが引いた線上にある海域はその時期でもまだ深く、長距離を泳いだり飛んだりできない動物種の移動を妨げた。その結果、線の両側の種は別々に進化することになった。

この〝アジア〟と〝オーストラリア〟の目に見えない分かれ目は、1868年にもうひとりの有力な科学者トマス・ヘンリー・ハクスリーによっていくらか修正された。さらに北に広がって、パラワン諸島をフィリピンのほかの部分と分けるために使われるようになり、そのおかげで異なるタイプのキジ科の鳥の分布をより正確に説明できるようになった。[*4]

引いた線が現実のものになった

いまではウォレスの引いた線に沿って複雑な構造プレートの境界が走っていることがわかっており、ウォレスの観察した種の驚くべき変異を説明できるようになった（それはまた、北米と南米の動物がなぜあれほど違っているのかを説明するのにも役立つ。2つの大陸はほんの数百万年前までつながっていなかったのだ）。地質学的に見ると、ウォレス線の西側は東南アジア大陸棚のスンダ拡張部であるのに対して、東側はオーストラリアのサフール大陸棚の一部であり、2つはまったく別々の進化が行われるのに十分な5000万年以上という期間、深海溝に隔てられていた。その結果、大型の陸生哺乳類や、飛べないか、飛ぶ力の弱い鳥は片方だけに存在することになった。世界の有袋類の約3分の2（カンガルー、ワラビー、コアラ、ウォンバット、タスマニアデビル、バンディクートなど）や、すべての単孔類（カモノハシ、ハリモグラなど）は東側特有の種である。一方、東側には有胎盤類（ネコ、ルトン、リスなど）の在来種がほとんど見当たらない。植物ははっきり区分ができないし、現地を調査中のウォレスはあまり興味を持たなかったが、ユーカリのほとんどの種が東側だけに存在する点は特記すべきだろう。

もう少し見方を広げれば、ウォレスはこの現地調査によってダーウィンときわめて近い推論を行い、自然選択を通じた進化の理論を生み出したと言える。ウォレスは論文を査読してもらうためにダーウィンに送った。ダーウィンは感銘を受けたものの、どう扱えばいいかわからず、友人であり科学者仲間でもあるチャールズ・ライエルとジョセフ・フッカーに助言を求めた。そうして、影響力のあるロンドンのリンネ協会で両者の小論を同時に発表し、どちらが先かの紛争を避けることが決まった。翌年、ウォレスがまだ東南アジアにいるあいだに、ダーウィンは『種の起源』を出版し、学界のみならず一般社会の賞賛を浴びた。ダーウィンはこの原稿に20年以上も取り組んでいたが、最終的には、ウォレスの著作より先に読まれるように短縮された。[*5] ウォレスはその後も〝自然選択〟というダーウィンの用語や〝ダーウィニズム〟という言葉を使って、自分のライバルと進化のつながりを一般大衆の頭に焼きつける役目を果たしたが、彼自身の貢献は軽視された。それでも、ふたりは友好的で、たがいに相手を尊重する関係を続けた。ウォレスは、なおも論議の的になっているダーウィンの理論を擁護し、自分の最も重要な著作である『マレー諸島』を、「個人的な敬意と友情のしるしだけでなく、彼の才能と業績を心から賛美するために」ダーウィンに捧げている。一方ダーウィンは、当時もまだ経済的な苦境にあったウォレスを支援して、1879年に科学への貢献に対する政府年金を受け取れるようにした。ウォレスが自分の声価が低いことに不満を抱いていたふしはなく、逆にダーウィンとの関連を通じて、自分の考えが広く受け入れられると思っていたらしい。その後の人生で、ウォレスは生物地理学や進化論に留まらず、政治学や人類学、宇宙生物学、スピリチュアリズムなど幅広いテーマに関する研究を発表した。ただし、そういった研究は科学的思考とはとても言えないものだった。彼はまた、森林伐採、土壌浸食、外来種の導入の危険を認識していた初期の環境保護主義者でもあった。

ふたりの画期的な論文が同時に発表されてから50年たった1908年、ロンドンのリンネ協会は〝ダーウィン・ウォレス・メダル〟の最初の〝ゴールド・メダル〟をウォレスに授与して、進化研究への貢献を称えた。もっとも、今日までウォレスの名が残っているのは、ウォレス線とウォレシア（訳注　ウォレス線とウェーバー線にはさまれた、アジア区とオーストリア区の生物が混在する地域）だけである。のちにリチャード・ライデッカーやマックス・カール・ヴィルヘルム・ウェーバーといった科学者が、別の種の分析をもとに、分割線はもう少し東に存在すると主張したが、ウォレスがこの地域で明確な区分を行ったことが19世紀以降の生物地理学の研究分野や動物地理区の概念の基盤になったのは間違いない。さらに後年、この線は人類遺伝学、人類学、言語学などの分野で、差異を説明する際に使われることになる。パプア地方の民族主義者は、ずっと以前から自分たちをインドネシア人とは異なる人種であると主張するときに、見えない分割線の概念を援用した。過去にはオランダとポルトガルの植民地支配者がこの地域の領有権を主張するときに、それぞれが引用している。優生学を公然と批判したウォレスは、自分の提唱した生物地理学上の概念が政治的分断の道具として利用されることに不快感を抱いたはずだ。これこそ、境界線の持つ力の一例である。たとえ、もともとの境界が形態の差異に基づいて、現実的な経験に裏づけされていても、その単純さゆえに、自分を例外的存在と見なし、それを正当化しようとする者には利用しやすいのだ。このあとの章でも、別のものと見なされる集団や場所を空間的に分割するために、想像上の見えない線が、少なくとも科学的な事実と甲乙つけがたいほどの数、生まれた例を見ていく。

とはいえウォレス線のように、地球の活動を理解するために役立つ線も数多く存在する。もしかしたらそれは、地球上でもごく限定された特殊な場所でだけ通用するのかもしれないが、そうした場所でも偏見が入りこむのを防げない。次章で見るように、難しいのは、私たちがすでにその場所について知っていることと科学が教えてくれることのもつれを解きほぐすことなのだ。

*1　ダーウィンが祖父たちの足跡を追って採った最も明確な政治的立場は奴隷制度反対だったが、それ以外にも当時のリベラルな理念のいくつかを支持していた。個人主義、自立、自由市場、人道主義

などである。

＊2　ウォレスは前者を、サラワクの領主である友人のジェームズ・ブルックにちなんで、〝オルニトプテラ・ブルキアナ〟と名づけた。また後者については、〝小枝にとまった枯葉〟そっくりの姿を〝おそらく最も完璧な防護用の擬態〟であり、すなわち自然選択の明らかな証拠と述べている。

＊3　たとえば、それより100年も早く、ビュフォン伯爵のジョルジュ＝ルイ・ルクレールが、似たような気候であっても関係なく、世界中の地域がそれぞれに特有の種を持っていることを詳細に説明した。この理論、すなわち〝ビュフォンの法則〟はのちに生物地理学の分野の基本原則になった。

＊4　具体例を挙げれば、ハクスリーはペリステロポデスが（同じツカツクリとして知られるメガポデスと同じく）ウォレス線の〝オーストラリア〟側にいるのに対して、アレクトロポデス（ウズラやキジなどのキジ科の鳥を含む）が〝アジア〟側にいることに注目した。興味深いのは、後世に影響をおよぼしたハクスリーのもう1つの遺産が、1869年にロンドンの形而上学協会結成前の会合で彼が創作した〝不可知論者《アグノスティック》〟という言葉であることだ。これは、存在の問題は解決ずみと考える人々への挑戦として提示されたもので、ハクスリーは存在の問題を〝解決不能〟と考えていた。彼は「私は、熟考のすえに思いついた〝不可知論者〟という言葉が自分の考えに適合した名称だと思った。それは、教会の歴史のなかで、私の知らないことについて多くを知っていると主張する〝知識を持つ《グノスティック》〟人々、グノーシス派に対抗する挑発的な言葉として頭に浮かんだのである」と述べている。

＊5　ダーウィンは『種の起源』の序文でこう告白している。「いまや私の仕事はほぼ終わりかけている。ただし、完成にはまだ2、3年かかるだろうし、健康状態もあまりよくないため、この短縮版を出版するように勧められた。特にこういう行動に私を駆り立てたのは、現在マレー諸島の自然史を研究しているウォレス氏が、種の起源に関する私の考えとほぼ同じ結論に達したことだった」

2

Tornado Alley

竜巻回廊

オクラホマシティに来たのはそれが初めてだった。何の知識もなかった。竜巻がたくさんやって来ると聞いていただけだ。[*1]

——クリス・ポール（プロ・バスケットボール選手）

竜巻は南極大陸以外のすべての大陸で発生するから、厳密に言えば、竜巻を見るためにネブラスカ、カンザス、オクラホマなど中西部の大草原地帯《グレートプレーンズ》を訪れる必要はない。だが、北米大陸中西部の諸州は世界でも竜巻発生に最適の条件を満たしており、この魅力的で予測のつかない気象現象と密接な関係があると考えられている。職業として謎に満ちた危険の要因を追究する人がいる一方で、当該地域の住民や通りがかりの人間が面白半分に追跡する場合もある。

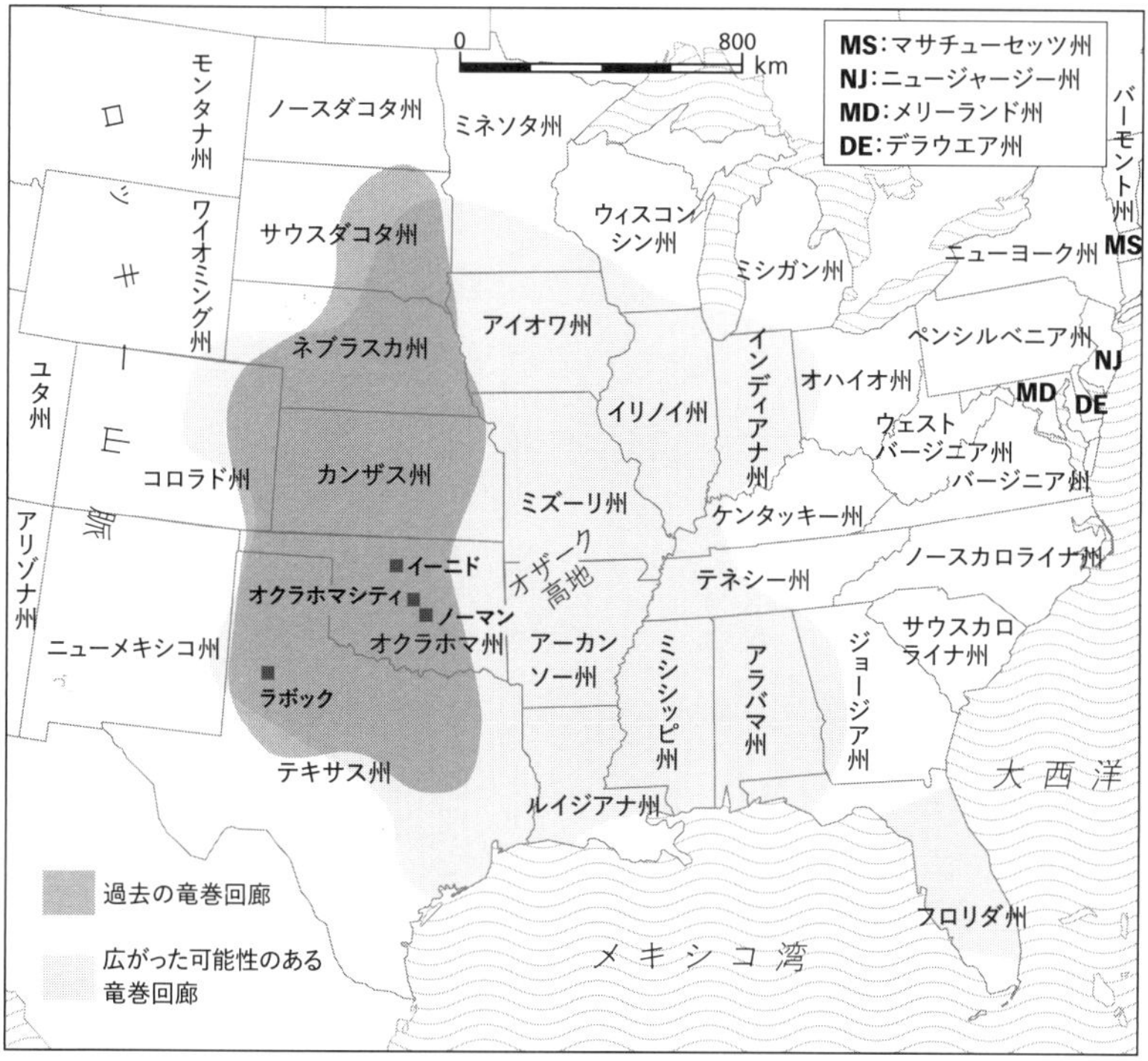

0
800
km
MS：マサチューセッツ州
NJ：ニュージャージー州
MD：メリーランド州
DE：デラウエア州
ロッキー山脈
モンタナ州
ノースダコタ州
ミネソタ州
バーモント州
ワイオミング州
サウスダコタ州
ウィスコンシン州
ミシガン州
ニューヨーク州
MS
アイオワ州
ネブラスカ州
ペンシルベニア州
NJ
ユタ州
インディアナ州
オハイオ州
MD
DE
イリノイ州
ウェストバージニア州
コロラド州
カンザス州
バージニア州
ミズーリ州
ケンタッキー州
アリゾナ州
イーニド
オザーク高地
ノースカロライナ州
テネシー州
オクラホマシティ
ノーマン
ニューメキシコ州
オクラホマ州
アーカンソー州
ミシシッピ州
アラバマ州
ジョージア州
サウスカロライナ州
ラボック
テキサス州
大西洋
ルイジアナ州
過去の竜巻回廊
フロリダ州
広がった可能性のある竜巻回廊
メキシコ湾

竜巻発生の原理は、『オズの魔法使い』のなかで実に適切な命名をされた主人公、カンザス州のドロシー・ゲイル（訳注　ゲイル［Gale］には〝大風〟の意味がある）が探していた魔法使い同様、いかにも謎めいているが、気象学者の研究によってその謎の解明が進んでいる。ごく簡単に言えば、竜巻は別々の高度と速度で移動する対照的な気団——1つは暖かくて湿っており、もう1つは冷たく乾燥している——が衝突するときに発生する可能性が高い。これは米国中西部の多くの地域でしばしば見られる現象で、暖かい気団がメキシコ湾から、冷たい気団がカナダとロッキー山脈からやって来て中西部で遭遇する。ごく稀に、暖かくて軽い空気が急速に上昇し、高密度の冷えた空気が下降すると、大きな積乱雲と雷を伴う対流、巨大積乱雲《スーパーセル》が生じ、異なる高さでの風速と風向の違いによって空気が見えないチューブ状になって水平に回転する。上昇気流が十分に強ければ、チューブは鉛直方向に移動し、空中に漏斗雲と呼ばれる回転する空気の柱ができる。この柱が地面に下りてくると、竜巻が発生する。発生しても、ほとんどの竜巻は5分から10分程度で消滅するが、なかには1時間以上持続するものがある。

竜巻を発生させるスーパーセルは全体の5分の1程度しかないのだが、米国では記録に残る竜巻が毎年1000本以上発生し、その数は米国を除く世界全体の総数の約4倍に相当する。第二位のカナダでさえ、米国の10分の1程度しかない。その一方で、意外に思われるだろうが、英国は竜巻発生数ランキングの上位に位置し、年平均約30本は、国土面積を考えれば世界で最も多い。ただし英国の竜巻の多くが、竜巻の強度を評定する尺度で〝弱い〟とされるものであるのに対して、米国は例年20本程度が〝きわめて強い〟に分類される。面積に対し発生の割合は低くても、総体的に見れば不安を抱いても不思議はない。

米国中西部のこの地域には〝竜巻回廊《トルネード・アレイ》〟という愛称が与えられた。この呼び名は、米空軍の気象学者であるアーネスト・J・フォーブッシュ少佐とロバート・C・ミラー大尉の造語のようで、ふたりは1952年に発表した激甚気象に関する研究調査のタイトルに使っている。初めて竜巻予報を確立し、1948年3月にオクラホマシティで最初の竜巻予報を的中させたのがこのふたりである。まだドップラー・レーダーや気象衛星を利用する前のことで、この危険な現象に関する研究の第一人者として認められたふたりの将校は、テキサス州ラボックからオクラホマ州イーニドを経て、カンザス州のコロラド州とネブラスカ州の州境まで広がる地域を〝竜巻回廊〟と命名した。その後さらに北方向へ伸びて、ネブラスカ州とサウスダコタ州、およびアイオワ州の西端も追加され、大陸中央部の広い地域がいまでも広く竜巻回廊とされている。60年近く前から、異常気象の研究に重要な役割を果たしている全米暴風雨《シビア・ストーム》研究所（NSSL）が、竜巻とそれが引き起こす破壊を嫌というほど経験しているオクラホマ州ノーマンに拠点を置いているのは決して偶然ではない。

第二の帯域である〝ディキシー回廊〟は最近、白人至上主義につながるものとして論議を呼ぶことが増えているが、これは1971年に全米暴風雨予報センターの所長アレン・ピアソンが、南北カロライナ州、ジョージア州、フロリダ州、アラバマ州、ミシシッピ州、テネシー州、ケンタッキー州、アーカンソー州、ミズーリ州、ルイジアナ州、テキサス州の南部諸州を含めて設定したものだ。最近では、この2つの回廊はつながった1本の帯であると主張する者もいるが、この2つは竜巻の出現の仕方が異なっている。湿潤な東南部地域では通常、雨量が多く、ハリケーンによって引き起こされることもある。また、アーカンソー、ミズーリ、オクラホマの州境に位置するオザーク高原には、周囲と比べて竜巻の影響を受けにくい地域も存在する。

この2つの回廊が別個なのか、あるいはつながっているのかという問題はさておき、南部に竜巻多発地域が存在することで、伝統的な中西部の竜巻回廊の呼び名が正しいかどうかが問われている。たとえば、興味深いことに広大なテキサス州では通常、年間最多の竜巻発生数が報告されている（年平均155個で、米国以外のどの国よりもはるかに多い）。それでも、州の面積に対して最も多くの竜巻が発生する州は普通フロリダ州であって、全米で最も竜巻の多い地域はミシシッピ州のスミス郡となっている。フロリダ、ジョージア、アラバマ、ミシシッピ、ルイジアナといった東南部の州だけで、全米の竜巻の5分の1が発生している。さらに、アラバマ州とミシシッピ州だけを見ると、面積は竜巻のイメージで有名なカンザス州よりほんの少し広いだけなのに、ほぼ同数の竜巻が発生している。

南東部諸州は強度が〝強い〟または〝きわめて強い〟に分類される竜巻の数が少ないにも

かかわらず、グレートプレーンズ地域よりも被害が大きい傾向がある。その理由はいくつか考えられる。1つには、住民の平均年齢がほかの地域より高く、安全な場所に迅速に逃げるのが困難であることだ。トレーラー・ハウスに住む人も多く、家が十分に固定されていなかったり、適切な避難所から遠いところにあったりする場合もある。また、比較的人口密度が高いために、危険にさらされる人口が多い。さらにこの地域には、倒れやすい樹木が数多く生えている。そのうえ南東部の気象条件のせいで、竜巻への備えがしにくい夜間に発生しやすい。

それに対して、中西部の竜巻はほとんど午後の中頃、または夕刻早くに発生する。普通、南東部の竜巻は時速100キロ以上で長距離を移動するため、影響が広い範囲におよぶ。2011年4月、テキサス州中部からニューヨーク州北部にかけての三日月形の回廊を4日間にわたって襲った362個の竜巻は、これまで竜巻回廊として知られてきた地域の危険をはるかに超える甚大な被害をもたらした。この竜巻群による被害総額は102億ドルという記録的な水準に達し、直接的・間接的合わせて348人の死者（ほとんどがアラバマ州）を出した。また、米国史上最も死者数の多かった1925年3月18日の一連の竜巻は、竜巻回廊のあるテキサス州、オクラホマ州、カンザス州ではなく、ミズーリ州、イリノイ州、インディアナ州で発生している。明らかに、竜巻回廊だけが竜巻の危険にさらされているわけではないのだ。むしろ回廊に分類される地域のほうが、学校やオフィスで定期的に訓練が行われ、竜巻警報がほかより頻繁に発せられ、地下室を持つ住宅も多いなど、住民の意識も備えも高水準であるから、実際にははるかに安全なのかもしれない。

時間とともに変化していく境界線

では、なぜ竜巻回廊はこの国の中西部、つまりグレートプレーンズの諸州だけのものとされているのだろう？　フォーブッシュとミラーによって最初にこの地域が紹介されたことや、統計を見るとテキサス、カンザス、オクラホマ、ネブラスカが竜巻の年間平均発生数でトップ5に入っていること（第三位はフロリダ州だが）などがその理由だろう。また、『ツイスター』や『イントゥ・ザ・ストーム』（いずれもオクラホマ州）、『オズの魔法使い』（カンザス州）といった映画が、竜巻の危険を多くの人々の頭に焼きつけ、どちらかと言えばあまり知られていないこれらの州と竜巻を強く結びつけた。この地域の特徴的な竜巻は、広大な小麦畑やとうもろこし畑の平坦な、あるいは起伏のゆるやかな大地のうえに突然出現して、メディアに格好の撮影材料を提供する。一方、南東部の竜巻は強雨や木々が一部を隠してしまうので、発見が難しい場合がある。とはいえ、竜巻の存在があまり知られていなくても、南東部の州を竜巻回廊に含めるべきだという主張には根拠がある。

確かに、竜巻の危険にさらされる場所があちこちにあることを考えれば、竜巻回廊の昔ながらの境界線は、各地域を横断する客観的で経験的なデータではなく、個人の直感や憶測に基づいたものだという批判の声が出ても不思議はない。もしその批判が正しければ、米国内の多くの地域で——特に南東部の州で——住民におよぶ危険が過小評価されるリスクが生じてしまう。竜巻の発生数に基づいて帯域をもっと正確に定義すべきだという主張がある一方で、特に激甚な竜巻だけを考慮したほうがいいという説もある。

いずれにしても、竜巻回廊の見えない境界線をどう引こうと、気候変動や影響を受ける地域の人口増加によって、境界線は時間とともに変化していく。近年は、特筆すべき竜巻がこれまで言われてきた地域よりミズーリ、アーカンソー、イリノイ、インディアナ、オハイオ、ケンタッキー、テネシー、ノースカロライナといった東部諸州で多く見られ、また南東部でも少なからず発生している。したがって、竜巻回廊なる呼称には、こうした危険がおよびやすく、定期的に大きな物理的・経済的損害を受けているのを長いあいだ見過ごされてきた州も含めるべきだとする主張は理にかなっている。

それと同時に、竜巻は依然として日常見慣れたものではあるが、テキサス州とオクラホマ州の多くの地域では発生頻度が低下している兆候がある。これが短期的な異常現象なのか、長期的変化の兆しなのかはわからないが、東西2000キロにわたる米国本土の40パーセントを占める広い範囲で竜巻が比較的頻繁に発生していることを考えると、狭い通路を意味する回廊《アレイ》という表現は適切ではないのかもしれない。

したがって、自動車旅行者はただ定番の竜巻回廊の境界だけでなく、もっと広い地域に注意を払う必要がある。グレートプレーンズの中心域では、季節の変わり目の気候になる3月から6月にかけて竜巻が多いが、もっと暖かい南部の州では竜巻の危険が10月から12月、さらには真冬まで続くので、年間を通した準備が必要だ。竜巻発生に適した気象条件になると警報が出されるが、竜巻はまったく穏やかな空から突如出現することがあるので、警報が出て竜巻が目視されてから地下室や避難所へ逃げこむ時間は平均13分しかない。驚く人もいるかもしれないが、倒れやすいトレーラー・ハウスなどの移動式住宅に籠もるよりも、地面のくぼみに横たわるほうが賢明である——できれば木の幹や切り株につかまるとなおよい——とされている。ドライバーは道路を離れ、近くに避難所がない場合はもぐりこめる溝を見つけることが推奨されている。弱い竜巻でも、車を持ち上げて運び去るだけでなく、ひっくり返せるからだ。車で逃げようとするのは、竜巻の動きが不規則だし、乗っている人間を車の窓から放り出す力があるので危険だが、何よりよくないのは、橋や高架橋に停車することだ。そうした場所は風の通り道になり、風速が上がり、飛散物を引き寄せる可能性がある。もともとの竜巻回廊に入る地域では、竜巻の危険についての教育はずっと以前から行われているが、南東部の州の多くの地域ではまだ一般的ではない。しかし、危機意識を高め、回廊の外で暮らしていることから生じる誤った安心感を払拭するには教育が不可欠である。

時代とともに竜巻の発生頻度が高まっているかどうかについては、いまのところ答えを出すのが難しい。昔より、報告のシステムが向上しただけなのかもしれない。だがこれには、予報が改善されたことだけでなく、ソーシャルメディア上の一般人による報告の増加が寄与している。米国では、いままで人里離れた場所だったところに住む人が増加しているせいで、望むと望まざるとにかかわらず、竜巻の危険を直接目撃する人が増えている。竜巻の発生数は年によって大きく変動するものだが、幸い危険地域の多くでは、厳格化された建築基準や精密な気象警報システムのおかげで被害はおおむね減少傾向にある。とはいえ、竜巻が発生しそうな場所の予測は、いまなお容易に解決できない課題のままだ。

だからと言って、米国中西部を通る自動車旅行が心躍るものにならないわけではない。確かに竜巻回廊という呼び名は危険地域全部をカバーするものではないが、それまで不当に無視されてきた地域を有名にした功績は否定できない。もっと大切なのは、今後はその境界を定義し、監視することが、気候変動の影響と、昔からの竜巻回廊には属さない数百万の住民が抱える危険を測定するうえで欠かせない点だ。範囲を広げて新たな呼称を付ければ住民の意識が高まるとは必ずしも言えないが、竜巻の深刻な危険がある地域の境界を現実に合わせて確定できれば、住民の安全性は向上し、備えもしやすくなる。

いま、米国の国土に大きな割合を占める地域について、再考する必要があるのは明らかである。その際には、自分たちの偏見を反省するとともに、一般に考えられているよりはるかに広い地域に竜巻の危険が待ち受けていることにも思いをおよぼさなければならない。科学的な事実も重要だが、物事を全体的に把握することも大切なのだ。

*1　このバスケットボール選手は、ＮＢＡ（全米プロ・バスケットボール協会）のドラフトでニューオーリンズ・ホーネッツに指名されたが、最初の2シーズンは２００５年のハリケーン・カトリーナの襲来でニューオーリンズの街が壊滅し、ほとんどのホームゲームをオクラホマシティで行った。

3

The Doldrums and the Sargasso Sea

赤道無風帯とサルガッソー海

この第二の腕が――実際には腕というよりネックレスと呼んだほうがいいのだが――大西洋に生まれた純然たる湖とも言うべきサルガッソー海と呼ばれる、冷たく、静かで、波のない海の周囲を温かい水の輪で取り囲んでいる。大きな海流が3年以上かけて、この海の周囲を一周する。いまノーチラス号が訪れているのがその海で、海藻、ヒバマタ、熱帯の小果実がびっしりと厚く積もって、完璧な牧草地のような、船首では突き破れそうもないほど堅い絨毯をかたちづくっている。だからネモ船長も、乗組員がこの植物のかたまりに絡みつかれるのを嫌って、海面下数メートルの深度を航行した。

――ジュール・ヴェルヌ『海底2万マイル』

どんな時代であっても、海に乗り出すときに衛星技術の恩恵を受けられれば船乗りは大喜

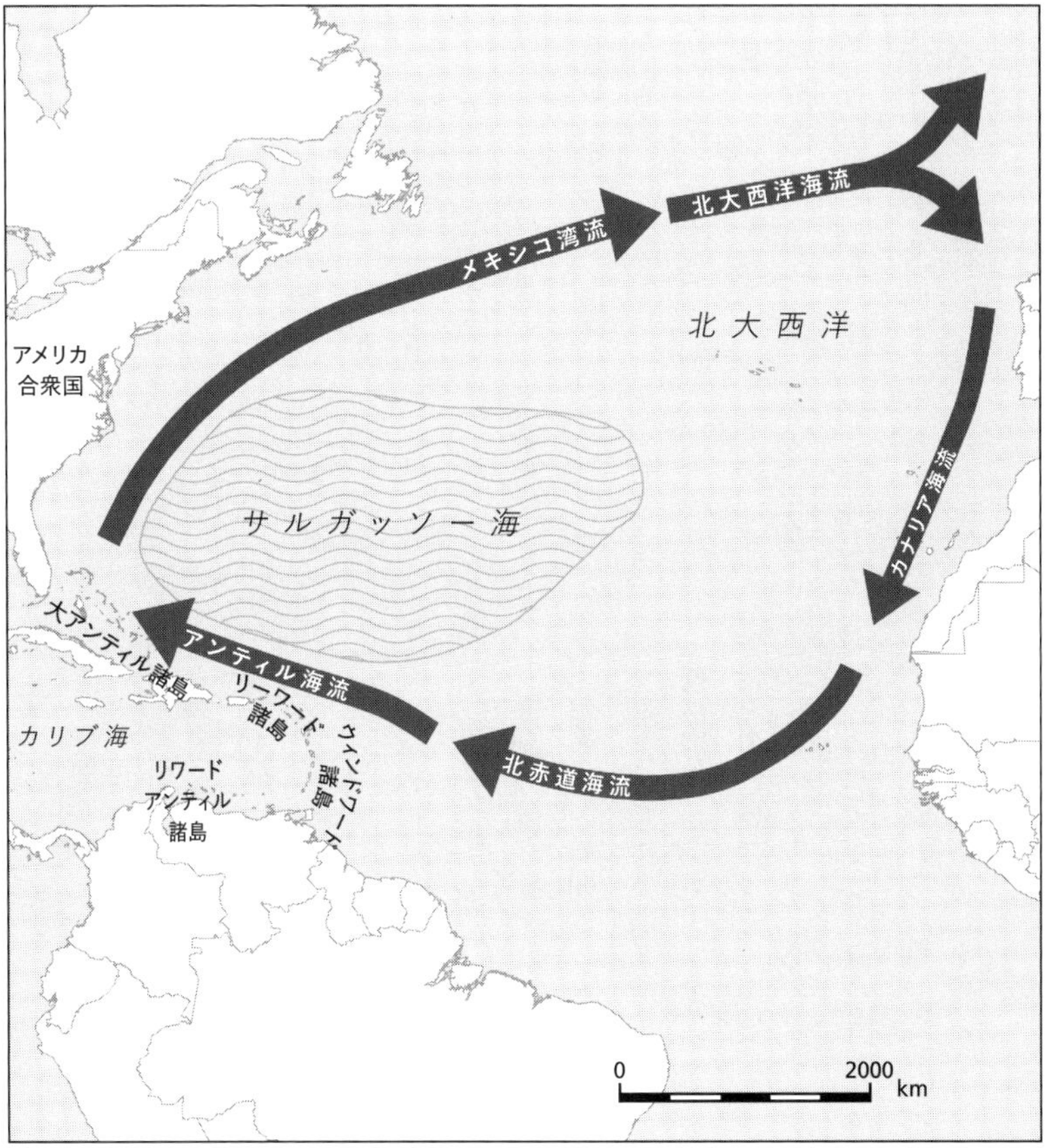
メキシコ湾流
北大西洋海流
北大西洋
アメリカ合衆国
カナリア海流
サルガッソー海
大アンティル諸島
アンティル海流
リーワード諸島
カリブ海
ウィンドワード諸島
リワードアンティル諸島
北赤道海流
0
2000
km

びしただろう（むろん、エンジンのたぐいがあれば言うことはないが）。今日の気象学者は人間の目による観察や日常レベルの計器に頼るのではなく、宇宙から気象を観察して予測し、熱帯低気圧の典型的な進路などのパターンを特定できる。地球を写した衛星画像のなかで注目すべき気象の1つに、赤道という世界で最も知られた見えない線の近く、とりわけ暗い海のうえでくっきり識別できる白い雲の帯がある。

熱帯収束帯（ＩＴＣＺ）の位置を示すこの帯は、おもに上空の太陽の位置によって、ゆっくり時間をかけて赤道から北緯と南緯それぞれおよそ5度までの範囲を往復する。そうして、（これも目には見えないが）経線上で年間平均気温が最も高い緯度を結んだ線、〝熱赤道〟のおおよその道筋を示す。この線は安定せず、地軸の傾きとそれによって生じる季節の変化に合わせて絶えず移動している。[*1] たとえば北半球が夏の時期は、太陽のほうに傾いている地球の北半分、とりわけＩＴＣＺにより多くの太陽熱が放射される。さらに、暖かい空気が上昇気流によって上昇し、高高度で冷却される前に湿った空気中の水蒸気が凝結するため、雲が大変できやすくなる。そのため、ＩＴＣＺは高温だけでなく、厚い雲と定期的な雷雨の発生にも関係してくる。南半球の夏には同じプロセスが発生し、地球の南半分が太陽のほうに傾き、同じく白い雲の帯として識別されるＩＴＣＺが今度は赤道の南側に現れる。その結果、地球を取り巻き、時とともに広がったり縮んだりしながら移動する線ができあがる。

それよりは識別しにくいが、同程度の重要性を持つのが貿易風である。これは、北緯、南緯それぞれ30度から赤道に向かって吹く風だが、地球の自転のせいで生じる〝コリオリの力〟によって風向きに角度がつく。★2 15世紀のポルトガルの船乗りは、衛星技術という現代の利点を持たなくとも、この風を捕まえれば船を前進させられることを知っていた。ただし、貿易風が船乗りに役立つのは、もう1つの見えない境界までである。その境界とは、南北双方の貿易風が出会う場所、またしてもＩＴＣＺのことだ。ここでは地上風として水平に吹くのではなく、空気は気流によって急速に上昇する。そのため強い風など望むべくもなく、いくらかでも吹いていれば幸運と言えるほどになる。地理上の明白な理由から、ヨーロッパの船乗りはこの現象をおもに大西洋の特徴と語っているが、同様のことが太平洋とインド洋でも見られ、どちらもやはりＩＴＣＺによって区切られている。

17世紀末、英国の天文学者であり数学者であったエドモンド・ハレーは、風のほとんどない穏やかな海だが、ときおり激しい雷雨に襲われるこの帯域を〝無風と竜巻《カームズ・アンド・トルネード》〟と表現し、そこに吹く風の極端さを要約した。けれども、最終的には〝赤道無風帯《ドルドラムズ》〟という言葉が選ばれ、使われるようになった。おそらく古英語の〝ドル（鈍い、愚か）〟か、ポルトガル語の〝ドロリオ（苦しむ）〟から派生したもので、ハレーの言いたいことはそこに含まれている。

現在は、ＩＴＣＺと赤道無風帯の位置が常時監視可能になったので、北緯30度、ないしは南緯30度から赤道までの低緯度地域で遭遇する可能性のある気象条件を予測できる。だが、昔の船乗りたちは何世紀にもわたって、特定の季節に現れる熱帯特有の気象条件に立ち向かわなければならなかった。何百キロも順調に航行してきた船が、目に見えない海の境界線に達すると、突然動きが鈍くなり、クリスマス前の昼休みにできる郵便局の行列みたいな速度まで落ちてしまう。ほかの場所ならどこでも見られる波が姿を消し、たなびく雲の下に鏡のような水面が輝いている。大航海時代の主役たちはヨーロッパ人の知らない民族が暮らし、故国へ持ち帰れば価値のある資源が豊富に手に入る新しい土地を発見することを夢見ていたが、あるのは熱帯の太陽に照らされた、果てしない静寂の青い海だけだった。定期的にこの海域を襲う強力な対流性暴風雨は、強制された沈滞状態を一時的に中断してくれるが、当然それには別の不都合が伴う。普段はおおむね、航行が異常なほどに遅くなり、単調な日々が続く。ひどい暑さと湿気で知られる海域をゆっくり進む船乗りは、汗まみれになっていらだちを募らせる。一番深刻なのはこの熱帯無風地帯で立ち往生することで、食料の備蓄が底をつき、壊血病などの病気が広がり、さまざまな精神疾患が発症すれば、命にかかわる事態になる。1730年代にカリブ海のリーワード諸島とネビス島のセントジョンズ教区の牧師だったウィリアム・スミスは、熱射病で発熱性の意識混濁に陥った船長をこう描写している。

彼は絶えず笑っていて、そんな言い方を許してもらえるなら、楽しげに狂っていると言っていいかもしれない。錯乱がピークに達したある日、彼はチャールズタウン湾で海に飛びこんだが、幸い船員に救助されて溺れずにすみ、貪欲なサメの餌食にもならなかった。その後、自身が船長であった船の出港準備が整うまで、わが教区の〝監獄〟に収容された。船に乗りこむと、リヴァプールに到着する前に完全に正気を取り戻した……いまでは、北回帰線を通過するときに血を抜いたり、下剤を使ったりする習慣ができている（自分の肉体を徹底的に浄化するために、わざと嘔吐することもあると聞く）。

英国系アイルランド人の詩人ジョナサン・スウィフトも同じく、立ち往生しているうちに故郷の緑豊かな野原が恋してたまらなくなり、苦しみから逃れるために海に飛びこむ船乗りたちを描写している。

こうして熱射病に惑わされ、
恍惚となった船乗りは、
なめらかな大洋の青いベッドに、
琺瑯の光を放つ野原と青々とした木々を見る。
熱に浮かされたように、船乗りは切望する、
その幻想的な風景をさまよいたい、と。
そしてそれが、魔法をかけられた森にちがいないと考え、
彼は飛びこみ、沈んでいく。

熱帯無風帯がかつて（それに現在も）、航海で出会う帯域のなかで最も越えるのが難しく恐ろしいものであると考えられていたのも無理はない。[★3]

19世紀中葉に、米国の海洋学者マシュー・フォンテーン・モーリーによる大変正確な『北大西洋の風と海流の図（Wind and Current Charts of the North Atlantic）』が発行され、船乗りはそこから、海流や風と闘うのではなく最大限に利用する方法を学んだ。確かに、熱帯無風帯がどれだけ旅の妨げになるかを考えれば、現代の海のレーサーたちが〝無風回廊ルール〟に従うのも不思議はない。緯度6度の海域については、何日も、あるいは何週間もそこでもたつかないために、ルールでエンジンの使用が許されているのだ。空の旅人も、海ばかりか陸地にも影響をおよぼす幅広いＩＴＣＺの上空を通過するときは、巨大な積乱雲を生み出す乱気流の激しさを実感する。この帯域の複雑さについては、毎年あちこちの沿岸地域を襲う熱帯低気圧の発達にどう寄与しているかを含めて、徐々に理解が深まっており、世界中で何百万もの人々に影響を与えていることがわかってきた。

同じく興味深いのは、サルガッソー海と呼ばれる熱帯無風帯の一部分が、昔から科学者だけでなく文学者の関心を惹きつけ、彼らの書いた小説がこの地域の複雑な状況や危険性、不可解さを広く世間に印象づけ、そこが広大な海とは異質の場所であるのを読者の心に刻みつけている点だ。[★4]

海流と海藻

サルガッソー海を特異な場所とする作家たちの認識は間違いではないが、なぜそうなのだろう? **1つには、世界のほかの海はどれも、少なくとも一方の側を明確な海岸線で区切られているのに対して、サルガッソーは海のなかの海であり、大西洋に囲まれた3500万平方キロの広さ(インドよりも広い)を持つ楕円形なのだ。ところが、陸地の境界線が存在しないにもかかわらず、まぎれもない独立した海と考えられている。**なぜ、そんなことがあり得るのだろう? サルガッソー海の存在の鍵となるのは、まわりを囲む海流だ。海流は地上風や地球の自転など、さまざまな要因を駆動力としているのだが、ここではメキシコ湾流(西から北におおよそ時計回り)、北大西洋海流(北から東)、カナリア海流(東から南)、北赤道海流とアンティル海流(南から西)が連携して北大西洋亜熱帯循環と呼ばれる海流のシステムをつくって、ほとんど動かない広い海域を取り囲んでおり、それがサルガッソー海と呼ばれている。そのため、これらの海流は移動こそすれ、サルガッソー海の非公式な境界となっている。もっとも、これに似た環流システムは世界に5つ存在するので、サルガッソー海の特異性は海流だけにあるのではない。

次に目を向ける必要があるのは、この海域の名称のもとになった、海面を浮遊する金茶色の海藻サルガッスム（ホンダワラ）だ。この海藻は幅広のマット状に積み重なっているが、そのほっそりと長い形状から、船をからめとる力を持つと信じられることがあり、ここを舞台にしたフィクションのほとんどに出てくる。クリストファー・コロンブスは、1492年の有名な最初の航海のときにサンタ・マリア号でサルガッソー海を横断し、サルガッスムと弱い風のせいで船足が大幅に落ちたとき、海藻があるのは通常浅い水域であることから、座礁を覚悟したという。

その日の天気はほぼ1日穏やかだったが、あとでほんの少し風が出た。昼夜合わせても、13リーグ（約60キロ）以上は進めなかった。夜明けに、たくさんの海草が海を覆っているのが見えた。西から流れてきたものだ。ウミアジサシが見られた。海はまるで川のようになめらかで、空気は世界一きれいだった。クジラの姿を目にしたのは、陸地のそばにいる証拠だ。クジラは常に海岸近くを離れないから。

実際には、コロンブスが上陸できたのは、それから3週間たってからだった。海藻の稠密《ちゅうみつ》なかたまりのなかを、数百キロものろのろと漂って過ごした経験は、後世の作家たちの創作意欲をかき立てた。

サルガッソー海の愛称である〝浮遊する黄金の熱帯雨林〟は、サルガッスムの外観と生態学的意義の両方を表現している。サルガッスムは数多くの魚類、無脊椎動物、頭足類、哺乳類、鳥類の生活サイクルに中心的な役割を果たす。この海に棲むサルガッスムの2種、サルガッスム・ナタンスとサルガッスム・フルイタンスはホロペラジックと呼ばれるユニークな特性を持っている。海岸線や海底とのつながりを通じて成長するのではなく、全ライフサイクルを、浮袋を使って外洋の海面に浮かんで過ごすのである。この浮袋はブドウに似たかたちをしており、〝サルガッスム〟という名称はポルトガル語で野生のブドウを意味する〝サルガッソ〟に由来する可能性がある。このように海面に浮かぶことで、海水は驚くほどの透明度を持つにもかかわらず、海藻が水中に差しこむ陽光の量を制限する働きをする。また、捕食動物から逃げる小魚や若い海ガメに避難所を提供し、一部の生物には重要な食物源ともなる。バミューダミズナギドリやザトウクジラ、マッコウクジラも、毎年この地域を回遊して、餌を取っている。最低でも10種類の固有種がここに棲息し、それらのカニやエビ、ヨウジウオ、巻き貝、ウミウシ、イソギンチャクなどにはすべてサルガッスムの名前が付けられている。ほどほどの量のサルガッスムのなかに、魚類、甲殻類、軟体動物が棲んでいるのが見つかることもある。[★5] 何より注目すべきなのは、世界で最も謎に満ちた種の1つと言える絶滅危惧種のヨーロッパウナギとアメリカウナギ（アンギラ・アンギラとアンギラ・ロストラータ）が産卵する唯一の場所であることだ。ここで生まれた幼生はその後、数千キロを移動して淡水域で暮らし、成長したのちサルガッソー海に戻って、繁殖して死ぬ。現在、野生のウナギがどのように繁殖するかについてはほとんど知られていない。成長したアメリカウナギがサルガッソー海に渡る証拠が初めて見つかったのは、人間が外海で成体を捕らえる努力を始めてから一世紀もたつ２０１５年のことで、以来この生息地を保護する必要性が一段と高まった。[*6]

だが、サルガッソー海には危険も存在する。海流に囲まれた静かな海に浮かぶ海藻の分厚いかたまりは、とりわけプラスチックなどの廃棄物を蓄積しやすい。そうした廃棄物は大西洋を数千キロ運ばれてサルガッスムのとりこになると、海洋生物に摂取されたり、逆に生物を傷つけたりする可能性がある。ヒ素や水銀などの化学物質も、サルガッスムをぎっしり浮かべた海水に蓄積され、プラスチック粒子と同様に、最終的には食物連鎖を通じて人間に影響をおよぼす可能性がある。北大西洋ゴミベルトは１９７２年に初めてこの環流で発見され、その後も成長を続けて、現在では数百キロにわたって広がっている。そして、循環をつくっている海流が移動する壁になって、廃棄物が流れ出るのを妨げている。ほかにも、大西洋の東西両沿岸で行われる各種のマグロやマカジキの過剰漁獲、船舶が排出する下水や石油、タールなどの危険が考えられる。たとえ大ざっぱにでもサルガッソー海の境界を画定することが、過去20年間続けられてきた国際的な保全活動に必須のものになっている。ただし、残念ながらそれはきわめて解決困難な問題なのだ。

サルガッソー海を地図化する試みの出発点は、これを取り囲む時計回りの北大西洋亜熱帯循環になる。循環の西端にはバミューダ諸島があり、これはバミューダ・トライアングルの最北部に当たる。これも定義は曖昧だが、航空機や船舶の奇妙な消失で有名な地域で、サルガッソー海に接しているとも言える。問題は、海流が年間を通じて流れの強さを変えるので安定した境界線にはならず、そのため単純な線としては描けないことだ。せいぜい、移動する海流の平均的な位置関係を記録するしかない。特に流れが比較的弱く、拡散しているカナリア海流の流れる東側を特定するのは難しいので、代わりに北アメリカ・プレートがユーラシア・プレートおよびアフリカ・プレートから分離した大西洋中央海嶺を境界にすることで、問題を解決する場合もある。さらに、流れに逆らう小さな渦《エディ》の存在が複雑さを増幅させる。循環内の穏やかな海域と、循環を構成する強い海流とのあいだに本来あるべき明確な境界を混ぜ合わせて曖昧にしてしまうからだ。

サルガッソー海を地図化する際に考慮すべきもう1つの点は、海と同じ名前を持つサルガッスムの存在だ。衛星画像のような一般的な手法では、海面近くに密集するサルガッスムしか発見できないが、この海藻のかたまりは循環を越えて移動することがある。確かにサルガッスムはサルガッソー海で最も繁茂しているとはいえ、ときには大西洋の両側の海岸に漂着し、腐敗すると腐った卵のような臭いを放って地元の観光経済に打撃を与える。また、1年を通して繁茂する広さが変化し、もっと長い期間にはさらに大きく移動する。そのため、この海藻がはっきりしたかたちを持たないサルガッソー海の明確な境界になるとは期待できない。ほかにウナギの産卵地の分布や、温水塊、特に塩分濃度の高い海域などを、サルガッソー海を広大な大西洋と区分する基準に使おうとする試みも行われている。
地図上の海を表現するためによく使われる楕円形は、視覚的な見やすさだけでなく、時間の経過に伴う流動性と力の動向を理解しやすくしてくれる点で、合理的な妥協案だと言える。現実の海は単純に、固定されたありきたりの境界で区切られているわけではない。サルガッソー海の境界を定めることは些末とはとうてい言えない意味を持つ。それが実現すれば、科学者はいまだに数多くの不確定要素を抱える場所への理解を深め、地球上に存在する生態学上・環境上の多くの謎を解く手がかりを得られる可能性があるからだ。サルガッソー海が海流の動きはもとより、時間の経過に伴う酸性度や養分循環、酸素濃度と二酸化炭素濃度、水温などの変化、さらにそれらを発展させた生物種の数や気候の変化に関する重要な研究場所になっているのは当然と言える。もっとも、地球の重要な変化にかかわる研究が行われる大切な場所でありながらも、それを行うには細心の注意が必要な繊細な場所でもある。さあ、そろそろ南に向かうときが来たようだ。風を捕まえられればいいのだが。

*1　ITCZは、陸地の上空にあるときのほうが海上より速く暖められるため、変動が大きくなる。
*2　地球は赤道で一番直径が大きくなるので、ここの回転速度が最も速くなる。その結果、直接北または南に向かう物体の経路はまっすぐ進まずに、曲がっているように見える。

＊3　船乗りを極限状態へ追いこむのは熱帯無風帯だけではない。最も有名なのが馬の緯度《ホース・ラティテューズ》――北緯30度と南緯30度のあたりにある高気圧帯で、亜熱帯無風帯とも呼ばれる。熱帯無風帯同様、地球の対流セルの境界にあるが、ここでは大気は上昇せずに下降する。この呼び名は、スペイン人の船乗りが新鮮な水を節約するために馬を船から投げ捨てた故事から取られたもので、船乗りたちはこの海域の風が弱いせいで立ち往生する危険があるのを知っていた。この緯度の高気圧条件は雲の形成や降雨にはまったく適しておらず、陸上では世界の砂漠の大部分がこの帯域のなかに含まれている。

＊4　小説に出てくるサルガッソー海は、通りかかった不運な者を触手を伸ばして執拗に捕らえようとする海藻の住む場所であり（ウィリアム・ホープ・ホジスン『〈グレン・キャリグ号〉のボート』〈野村芳夫訳、アトリエサード、2016年〉）、船を乗っ取り乗客を監禁する海賊たちの住みかであり（ケネス・ロブスン『サルガッソーの鬼（The Sargasso Ogre）』）、2つの異質な生活空間のすき間に取り残された場所のメタファーとして描かれている（ジーン・リース『サルガッソーの広い海』〈小沢瑞穂訳、みすず書房、1998年〉）。

＊5　これとは対照的に、ほぼすべての海でめずらしい存在ではないのに、サルガッソー海の特徴である温かく、暗く、塩気のある静水で生きていくのに苦労しているのがプランクトンだ。それはまた、プランクトンを餌にしている生物種もここではほとんど見かけないことを意味する。

＊6　1904年に、最初に大西洋のウナギの幼生を観察したのはデンマークの生物学者ヨハネス・シュミットとされているが、成体のウナギを発見したのは、2015年にポップアップ衛星アーカイバルタグ（PSAT）を使ってノバスコシアからアメリカウナギを追跡した、カナダを拠点とするチームだった。

4

The Antarctic Circumpolar Current and The Antarctic Convergence

南極周極流と南極収束線

偉大なる神よ！　ここはなんともひどい場所だし、こんなに苦労しても一番乗りの報酬ももらえないのでは情けないかぎりだ。まあ、ここまで来られたことが成果と言えば成果だが。

——ロバート・ファルコン・スコット

気の毒なスコット船長よ。彼は４人の仲間とともに南極大陸の極寒と食糧不足によって命を落としたばかりか、初めて南極点に到達した探検隊のリーダーという不滅の名声を得ることもかなわなかった。１９１２年１月に着いた彼に対して、ライバルのロアール・アムンゼンはわずかひと月前の１９１１年12月に南極点に到達していたからだ。ロバート・ファルコン・スコットの不運な任務にまつわる物語は伝説の域に達し、スコットは勇敢さ、決断力、科学への貢献を称えられて英国全土で記念碑を建てられ、その名を冠した極地研究所がケン

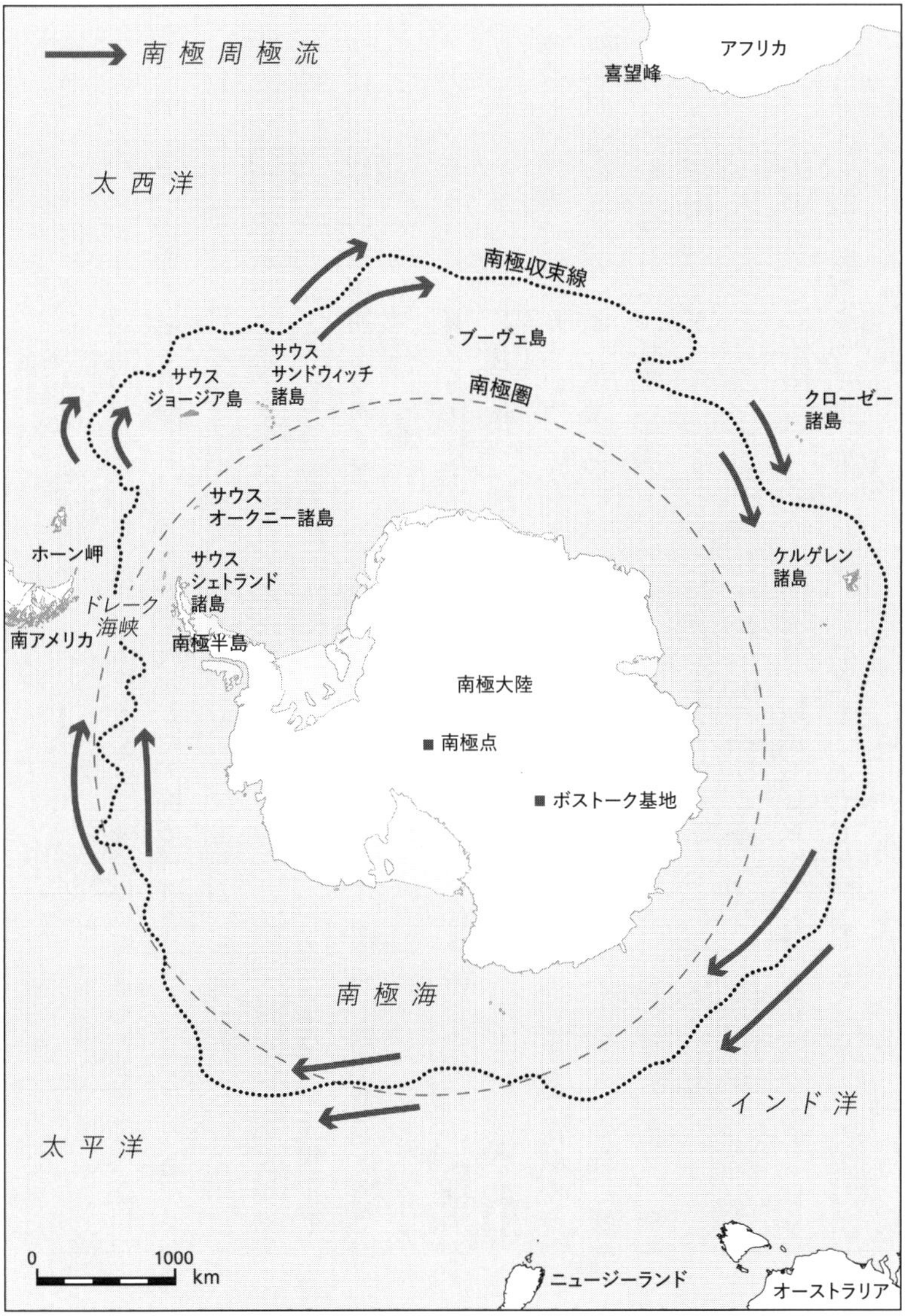
南極周極流
アフリカ
喜望峰
太西洋
南極収束線
ブーヴェ島
サウス
サンドウィッチ
諸島
サウス
ジョージア島
南極圏
クローゼー
諸島
サウス
オークニー諸島
ホーン岬
サウス
シェトランド
諸島
ケルゲレン
諸島
ドレーク
海峡
南アメリカ
南極半島
南極大陸
南極点
ボストーク基地
南極海
インド洋
太平洋
0
1000
km
ニュージーランド
オーストラリア

ブリッジ大学内に設立された。

むろん、スコットを先の読めない無器用な人間と誹謗する者がいなかったわけではないが、それでも彼は地球で最も過酷と言える場所に挑戦した人間の代表として、長く人を魅了する人物であり続けた。それとは対照的に、南極点だけでなく北極点にも最初に到達した男アムンゼンは、控えめな言動と簡潔な旅行記のせいもあり、もっと冷めた、ほどほどの評価を受けている。もっともアムンゼンの末路も悲劇的であったことに変わりはなく、1928年に北極で遭難した飛行船〈イタリア〉の捜索におもむいて、乗っていた飛行機が墜落したと考えられている。スコットとは違い、彼の遺体は発見されていない。

スコットとアムンゼンを比較することは、南極大陸横断がいかに困難であるかを実証するうえで一定の価値がある。彼らふたりとそれぞれ探検隊は、人間の能力の限界だけでなく、今日でも世界で最も知られざる土地である南極大陸の複雑さを知るために重要な貢献を行った。過酷な気候から食料資源の不足まで、深いクレバスからそびえる山々まで、南極は探検を阻む障壁で満ちあふれている。ところが、この探検家たちは南極点に到達する前に、種類こそ異なるが、つながりを持つ2つの注目すべき境界線を越えていたのである。

1つは、南極大陸の周囲を絶えず時計回りに流れ続ける海流、南極周極流（ACC）である。これがあることによって、ACC（海流）と南極海（水域）の両方が大陸を取り巻くというめずらしい状態をつくり出している。けれども、ACCが特異であるのはそれだけではない。ACCは世界で最も強力な海流で、地球上の全河川の総水量の100倍の水を運んでいる。悪名高い南極周辺海域の荒天の一因でもあり、北から南への交通を妨げ、東から西への交通をほぼ不可能にするほどの勢力を有しているが、逆に西から東への流れをたどる旅を加速する働きもする。〝吠える40度《ロアリング・フォーティーズ》〟と呼ばれる、ほとんど陸地に邪魔されずに吹く強風は、喜望峰を回ったのちに東への旅の速度を上げたいヨーロッパの船乗りがよく利用した。[*1] その南にあるさらに強力な〝狂う50度《フェリアス・フィフティーズ》〟は、ACCの流れを速める助けをしている。こうした風と海流が相まって、南極と世界のほかの地域を隔てる手強い障壁をかたちづくっているのだ。

これと連係する境界として機能しているのが、南極収束線、または南極前線と呼ばれるものだ。これは南極海が南極大陸のまわりで太平洋や大西洋、インド洋の南側と接する場所を示しており、寒冷な南極の海水はそこでもっと暖かい（それでもまだ低温だが）亜南極水と接触する。南極の水は極寒の気候のせいで蒸発がはるかに少ないため高密度で塩分が少なく、一方、亜南極水は温暖な気候から来る海流の影響を受け、軽くて塩分が多い。その結果、高密度の南極の海水は、軽い亜南極水の下に沈んでから、湧昇《ゆうしょう》と呼ばれる現象によって表層に上がってくる。すると栄養分が海面近くに集まって、植物プランクトンが光合成を行える。この植物プランクトンが豊富なナンキョクオキアミに栄養を与え、ひいてはこの地域の魚やイカ、アザラシ、クジラ、鳥といった動物に餌を提供することになる。

そのため、ACCと南極収束線は相互に関連して、海路で南極地方に向かう際の境界をかたちづくっている。ＡＣＣのおおよその位置はその荒々しい波で見分けることができる。

南極収束線はもうちょっと微妙だが、際立った特徴がある。言うまでもなく南極大陸は極寒で知られており、沿岸部の平均気温はマイナス10℃、場所によっては内陸部でマイナス50℃からマイナス60℃になることがある。１９８３年7月21日には、ロシアの南極観測の拠点ボストーク基地でマイナス89・２℃を記録している。沿岸の海上も気温は大変低いが、陸地と違って気温の変化が小さいので、陸地ほど下がることはない。それでも、南極収束線は明確な気温の境界になっている。線の南側と北側を比較すると、冬は気温差があまりないが、夏になると、南側の表面水温が北側よりも最低で３℃低くなる。むろん線そのものは目に見えないが、突然現れる霧がそれを越えたことを視覚的に示して、世界で最も訪問客の少ない大陸へ向かう期待感をいやがうえにも高める。

生態系の変化が境界を明確にする

もっとも、生態系の変化のほうが見えない境界を越えたことをはっきり教えてくれる。南極収束線の気温の境界とＡＣＣの物理的な障壁は、どちらもここ数百万年ほとんど変化がなかったので、種の交流は最小限にとどまり、境界の南側の生物は北側の生物とはまったく違う進化を遂げた。これは、陸地がまったくないと生きていけない動物の場合に顕著である。

北半球の高緯度地域には陸地が広範囲に広がっているため、動物は気候の変化に応じて移動できるが、南極の動物は極限の環境条件に適応できなければ、死ぬしかない。したがって、競争相手を打ち負かしたり排除したりする戦略を開発するよりも、そうした生息環境に適応するほうが優先される。種によっては、北からの渡りのルートに沿ってこの境界を越えられるものもいるが、それは例外にすぎない。

では、ほかの地域で餌も取れるし繁殖もできる動物種が、なぜ南極への旅を選択するのだろう？　南極収束線の南側の海域は、北側の7倍以上も生産力が高いのである。種にこの環境を生き延びる力があれば、餌は北よりずっと豊富に取れる。もっとも、その前提条件をクリアできる種がわずかしかないことは、南極に生息する動物の単純な食物連鎖に反映されており、消費者に多種多様な餌が用意されているほかの地域と比べると、種の数はごく限られている。クジラやネズミイルカ、マイルカといった大型哺乳類は長距離を泳ぎ、一部は南極収束線まで南下する。２０１２年まで絶滅したと考えられていたコセミクジラの生息域は南極地方に限定されているらしい。カニクイアザラシ（名前と違って主食はオキアミだが）、ウェッデルアザラシ、ヒョウアザラシ、ロスアザラシはおもに南極大陸の沿岸で見られるが、ナンキョクオットセイとミナミゾウアザラシは普通、北の収束線の近くに生息している。屈強な鳥類は陸上の捕食者がいないことと、海洋に甲殻類、魚類、イカなどの食物源が豊富であるために繁栄する傾向があり、コウテイペンギンやナンキョクフルマカモメ、オオトウゾクカモメなどは南極収束線の南側でしか繁殖しない。

南極収束線の南側に生息する魚がせいぜい100種類であるのは、世界の海水魚がおよそ2万種知られていることを考えるとかなり少なく、ライギョダマシやコオリウオ科の何種かを含むそのほとんどが深海に棲んでいる。ライギョダマシを含むノトテニア亜目の数種は、血液中に凍死を防ぐ不凍タンパク質を蓄えており、ヘモグロビンが欠如しているので、脊椎動物にはめずらしく血液は赤ではなく透明に近い。それとは対照的に、海底ではなく中層に生息する遠海魚は、収束線の南ではかなりめずらしい存在だ。同様の不凍性を持っていないかぎり、海面の氷によって凍りつく危険があるからだ。極端に低い水温のせいでカニのような十脚目は収束線の南では稀だが、ヒトデや巨大なウミグモはどこでも見られる。

植物について言えば、種は氷点下の気温に耐えるだけではすまず、冬には漆黒ないしはそれに近い闇や、強風、雨水の不足と戦わなければならない。年間の降水量がごくわずかな南極大陸が、世界最大の砂漠であることは忘れられがちだ。植物は一般的に、大陸の強風を避け、できるだけ水分を取りこむために、地面を這うように成長する。光合成が行われるのは夏だけで、年間でわずか数日のこともある。南極の植物のほぼ半分は地衣類で、スギゴケ類、ゼニゴケ類、藻類、真菌類などとともに、通常は海岸に集中して自生している。一方、南極収束線の北側の地域、たとえば南インド洋のフランス領クローゼー諸島では、ポア・ケルゲレンシス（叢生《そうせい》草本の一種）やヘザーなど維管束植物も生育可能だ。このように南極収束線は決して浸透不可能ではないのだが、南極と周囲の海域を世界で最も特徴的な生態系の1つとする明確な種の境界を示している。同時に、もしかしたら地上で最古の生態系の境界なのかもしれない。ACCはその速い流れとそこから生じる風によって、南極そのものとそこに棲むさまざまな固有種の分離をさらに強化する役割を果たす。

もっとも、こうした境界を明確に定めるのは容易ではない。南極収束線は通常、おおよそ南緯55度（驚くべきことに、この緯度を北緯に当てはめると英国の位置になる）で見られるが、ゆっくり時間をかけて、北はおよそ南緯48度まで、南はおよそ南緯61度まで移動することがある。線の幅も一定ではなく、地点によっておよそ25キロから50キロの幅がある。一部の場所では、収束線が海嶺のような海底の大きな突起物のうえを移動する際、そういう場所で特に発生しやすい海洋渦によって破壊される場合もある。

一方ACCは、海山やドレイク海峡などの障害物のあいだを蛇行し、北に南米の南端であるホーン岬、南に南極半島の枝状の部分にあるサウスシェトランド諸島を望む幅800キロほどの切れ目を通り抜ける。水温と塩分を測定する方法が統一されていないことで、南極収束線とACCの正確な位置を特定しようとする取り組みはさらに煩雑になる。おもに南極収束線のおかげで太平洋、大西洋、インド洋の南端とはっきり区分けできる南極海は、2000年に国際水路機関によって独立した大洋に正式に指定されたものの（英国の探検家ジェームズ・クックは1770年代にすでにそう主張していた）、収束線自体の境界も決して一定しているわけではない。もう1つ南極地方を定義する手段となる南極圏も安定しておらず、1年に少なくとも1度、真夜中に太陽の中心が地平線上に見える場所（つまり、同じ1年の別の日には正午に太陽が姿を見せない場所）を最北点としているが、これも徐々に変わる地軸の傾きとともに変化する。そのため正確な緯度を定められない。

こうした境界は、単に南極地方だけに関係するものではない。比較的温かい亜南極の海水の下に沈みこむ冷たい南極の海水は、赤道のはるか北まで流れていき、世界中の海に栄養分や二酸化炭素を運び、海水温を調整する〝世界をめぐるコンベアベルト〟という重要な役目を果たしている。

地球上の生命は南極の海流が提供する安定性に依存しており、そのために南極の氷に大きな変化が生じると、世界全体に問題が生じかねない。オゾン層の減少、大気汚染、人為的要因による気候変動など、この脆弱な地域はいま大きな脅威に直面している。南極の氷が溶けて、南極海に流れこむ温かい淡水の量が増えれば世界の海洋循環に混乱が生じ、気候や食糧備蓄などの死活問題にどんな影響がおよぶか定かでない。南極収束線がすでに南に動き始めていて、それに依存する渡り鳥や鯨など多くの種が以前より長い距離を移動したり新しい餌場を求めたりせざるを得なくなっている可能性は高い。気温の上昇と船舶移動が結びつき、侵入生物種になりうるトビムシやナンキョクユスリカ、それにイソガニやタラバガニなどもっと大きな動物を引き寄せたり運んだりして、生態系の微妙なバランスを崩す危険もある。

スコットとアムンゼンの探検が後世の私たちの理解の基盤をつくったのは事実だが、彼らが100年以上前に出会った環境はいまや大きく変化している。

したがって、南極の見えない境界を監視することは、無数の種の生存の可能性を確認するうえで重要だ。同様の問題は北極にも存在する。北極は南極収束線やACCのような境界をかたちづくる海洋がなく、代わりに北半球のほかの大陸の端が自然の境界になっている。

*1 オランダの探検家で、のちにオランダ東インド会社の総督となるヘンドリック・ブラウエルは、1610年代に会社の仕事でジャワ(現在のインドネシア)に向けて航海している最中に〝吠える40度〟の航路を発見したと言われる。

5

The Arctic Tree Line

北極樹木限界線

昨日は木、明日は灰。
今日だけがまばゆく輝く火。

——イヌイットのことわざ

鬱蒼《うっそう》としたカナダの森を北へ向かって歩くと、ひんやりとする大気と、つんと鼻をつく清々しい松の香りに元気づけられ、気分が高揚してくる。濃淡さまざまの緑色のあいだに黄色の広がりが現れ、カラマツの木々が真っ白な雪をまとった不ぞろいな山々を背にそびえている。それは郷愁を誘う風景で、まだ秋の初めなのに、クリスマスのような気分になる。人間の活動の痕跡は消え、周囲数キロの範囲には人影もない。高木が空を覆っているが、林冠を鋭く切り裂いて差しこむ光の輝きが、まだ日没前であるのを思い出させる。ときおり、テンやノウサギの足音が静寂を破る。やがて急に、びっしりと生えていた木々がなくなり、小

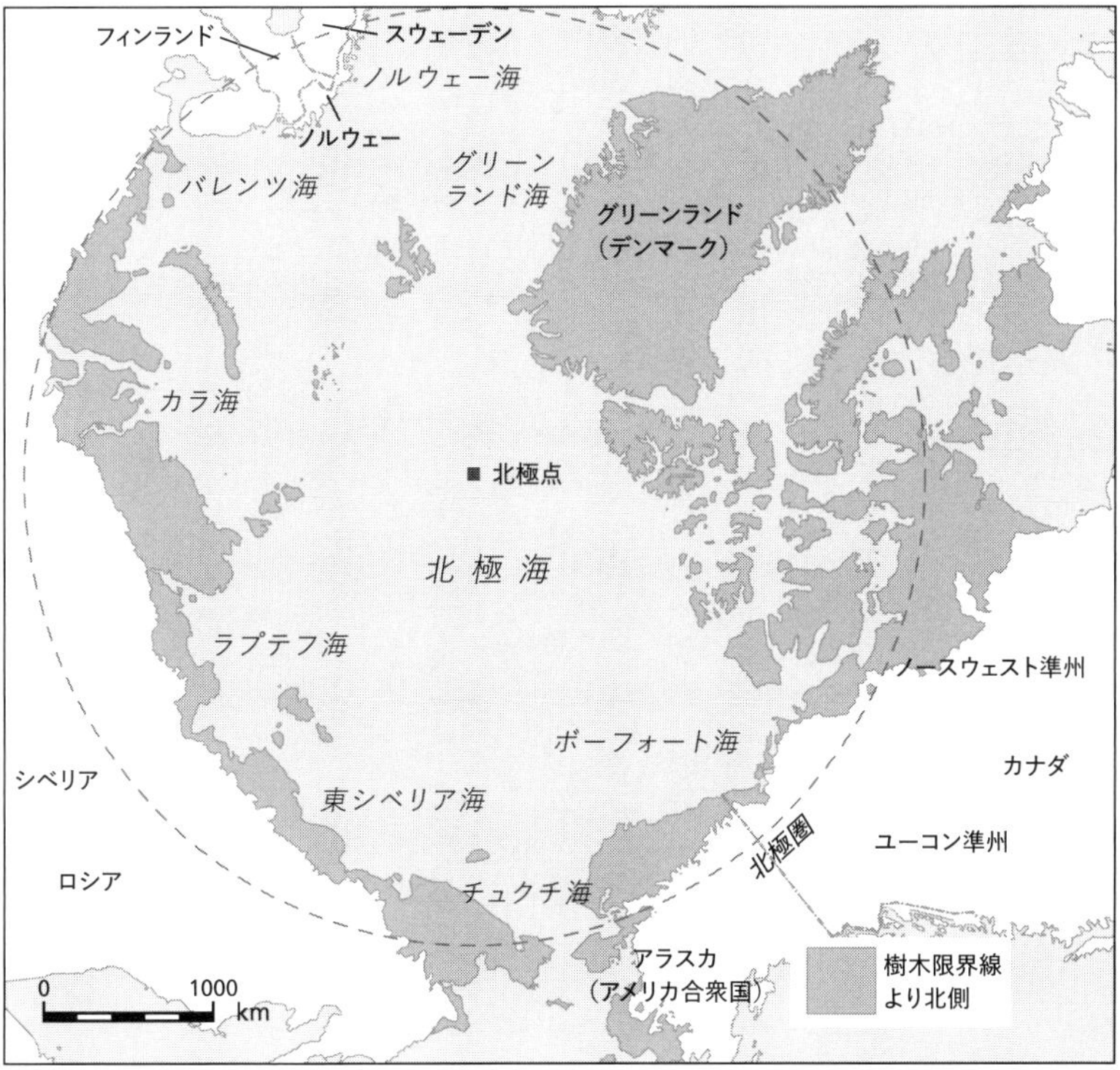
フィンランド
スウェーデン
ノルウェー海
ノルウェー
グリーンランド海
バレンツ海
グリーンランド（デンマーク）
カラ海
北極点
北極海
ラプテフ海
ノースウェスト準州
ボーフォート海
カナダ
シベリア
東シベリア海
北極圏
ユーコン準州
ロシア
チュクチ海
アラスカ（アメリカ合衆国）
樹木限界線より北側
0
1000
km

灌木やスゲの原っぱ、丸石とむき出しの地面が取って代わる。なかには、小さな地衣類やコケしか植物がない場所もある。北極樹木限界線を越えたのだ。

　世界中にはさまざまな樹木限界があり、生育が可能な場所と不可能な場所を分けている。ときには樹木が禿げた山頂を囲む厚い輪をつくり、高山のうえに僧侶の頭が乗っているように見えるものもある。また海岸沿いには、海に向かってゆるやかに広がる砂浜からいくらか引っこんだ場所に灌木や樹木が並んでいることもある。沼地や砂漠、温泉地にもそれぞれ独自の樹木限界が存在する。南極の樹木限界は、南極収束線との関連でできたもので、そこから南側は南米大陸の南端にあるティエラ・デル・フエゴのようなわずかな緯度差しかない土地と比べても、土地固有の樹木がほとんどないのが特徴である。

　だが、地球を理解するうえで最も重要な樹木限界は、樹木が生存できる最北端を示す北極のものだろう。それ以上北に行くと、あまりの低温に樹液が凍結するし、水分と栄養を摂取したり必要な安定性を得たりするために根が土深くに伸びるのを、永久凍土が阻止してしまう。組織増殖に不可欠な細胞分裂も妨げられる場合がある。

　言うまでもなく、この境界の位置設定には緯度が重要な役割を果たす。北極に近ければ近いほど、冬季は樹木の生存に寒すぎることが多い。さらに、地軸の傾きがあるため、十分な光合成に必要な日照が唯一得られる夏の成長期はごく短い。とはいえこの地域では、緯度《ラティチュード》は唯一の要因ではない。緯度のアナグラムである高度《アルティチュード》も注目に値する。一般的に気温は高度が上がると下がり、特定の標高で生息できる種に影響を与える。斜面の方向を示す〝アスペクト〟も関係があり、北半球では北向きの斜面は日陰が多くなり、北からの冷たい風にさらされるために、雪がなかなか溶けずに成長期の夏がさらに短くなる。そのため、北向きの斜面では樹木限界が上がり、南向きの斜面では下がることになる。なかには、樹木の成長を支えるには傾斜が急すぎたり、土壌が冷たくて浅すぎたりする場所もある。

また、火を起こしたり家畜を放牧したりといった人間の活動が影響を与えることもある。風の吹くパターンなど地域気候の果たす役割も大きく、樹木の生長を支えるか、逆に妨げるかの条件によって土地が断片状に区切られたりもする。そうしたものがすべて相まって北極樹木限界線を、1万3000キロにわたり地球最北部の森をジグザグに縁取る世界で最も長い陸上の生態系境界にしている。

北極樹木限界線を視覚で簡単に識別できる場所もあるにはあるが、何キロにもわたって散在する低木《クルムホルツ》(風をまともに受けて、発育を阻害されたり、ゆがんだりしている木々)や小灌木、地衣類しかない移行帯になっていることもめずらしくない。それでも、南側の北方林か亜寒帯《タイガ》の針葉樹林の端に密集して生える丈の高い針葉樹から、北側のツンドラを縁取る丈の低い、まばらでやせた植生へと移行するのが普通だ。そして、やがてクルムホルツも消えていく。その先は土壌の養分が減り、風の猛威が増すので、生き延びられる生物が次第に少なくなる。

樹木の増加は〝危険〟

なぜ北極樹木限界線がそれほど重要なのだろう？　世界のほぼすべての地域で、樹木は良いものと考えられ、保護や植林による保全が進められているが、極北地域で森林が拡大するのは逆に懸念材料になる。この地域は気候変動にきわめて脆弱であり、ここで起きる小さな変化がほかの地域に重大な影響をおよぼす可能性があるからだ。これこそ現実に起きたバタフライ効果で、気温のわずかな上昇によって、森林が北へ伸び広がる可能性が出てくる。常緑樹などの樹木や土壌の濃い色は、1年の大半、光を反射する雪に覆われているツンドラ地帯に比べて、太陽の放射エネルギーと熱をはるかに多く吸収する。その結果、これらの地域はさらに温暖化し、さらなる植生の成長を促す。この循環は蒸散の増加による冷却効果で部分的に緩和できる場合もあるが、進行するにつれて状態が増幅する正のフィードバック・ループ（訳注　行動の結果や情報を利用して、その後の行動を調整・改善するプロセスを継続的に繰り返すこと）になる。

こうした温暖化は、ほかの種や自然作用に影響を与える。ツンドラ地帯の灌木は、過去1世紀のあいだに年間および夏季気温の全般的上昇に合わせて成長を加速させているシロトウヒなど丈の高い常緑樹によって日光を奪われるリスクがある。また、従来はやや温暖で湿潤な気候を好むカラマツのような落葉樹でさえ影響を受ける。餌や避難所に特別な条件が必要な動物は、環境が要求してくる条件と居住嗜好によって、利益を得る場合もあるし、苦労させられる場合もある。オオヤマネコやアメリカクロクマ、ヘラジカは北へ移動できるようになるかもしれないが、長らくツンドラ地帯に生息していた動物たち――たとえばジャコウウシ、コオバシギ、ライチョウ、トナカイ（カリブー）など――は、新たな競合相手や捕食者、時とともに変化する環境に適応しなければならなくなる。

また、これらの土地を南方の人間が頭のなかで想像する、住むに適さない〝荒野〟ではなく、自分たちの故郷と考えているグウィッチン族（現在はアラスカ州やカナダのユーコンおよびノースウェスト準州に居住）や、イヌヴィアルイト（ユーコンおよびノースウェスト準州に居住）、サーミ人（ノルウェー、スウェーデン、フィンランドおよび北西ロシアに居住）、ネネツ人（北西シベリアに居住）などの先住民族もまた適応を迫られ、雪や氷、植生、動物の移動経路の変化に応じて、狩猟や畜産、作物、漁業などの戦略や日程、集落パターンを見直している。極端な場合、山火事が発生し、外来種の昆虫がただでさえ脆弱な生態系をさらに破壊するかもしれない。すでにかなり温暖な気候になっている南寄りの森林にその危険が高い。

とりわけ懸念されるのは、極北地域の永久凍土が溶けて、道路や建物の基礎の安定性を損なうだけでなく、数千年間貯蔵されていた二酸化炭素とメタンの大量放出が起きることだ。

こうした温室効果ガスが、北極ばかりか広範囲の地域の気温上昇を加速させる恐れがあるのは、いまや誰しも認めるところである。また、それによって壊滅的な自己増強型の循環が起こり、さらに永久凍土が溶け出し、もっと大量の二酸化炭素とメタンが大気中に放出される可能性がある。世界の大半の人々には北極が遠い存在に思えるだろうが、直接ではなくとも、すべての地域、すべての人々の未来がその手に握られていると言っても過言ではない。

むろん、北極樹木限界線が固定されたことはこれまで一度もない。気候は常に変動しているので、樹木限界線も前後に移動を繰り返してきた。それでもここ3000年ほどはおおむね安定していた。ところがこの150年間は、14世紀半ばから19世紀半ばにかけて続いた小氷期が終わって明らかな温暖化傾向になり、極地に対する関心が高まった。極地は気温の上昇に影響されやすいばかりでなく、氷や雪のような反射面の融解と減少によって気温上昇を加速し、それが地球全体の海面の上昇につながる可能性がある。この地域に生えている樹木が気候の変化にどれほど敏感であるかを確認する研究が進められているが、気温だけでなく、降雨、風、光、積雪の深さ、土壌のような要因や、窒素など栄養素の有効性、苗木をだめにする動物など、さまざまな要素が影響をおよぼす可能性がある。

また、樹木がどれくらい速く反応するかを知ることも重要だ。特に過酷で、季節によって大きな差のある環境条件の地域では樹木の生長が遅く、気温上昇に伴う森の拡大が即座に起こるわけではないからだ。

こうした点で、樹木限界線は線こそ見えないが、地域の気候がどこまで樹木の成長を許すのか、その限界を目に見える指標として表している。とはいえ、樹木の存在――あるいは不在――は、土壌の品質や気温、風など視覚的には識別しにくい変数に基づいている。苗木がツンドラの植生を勝ち抜いて十分に成長し、前進する樹木限界線の一部と見なされる前に、見えない境界はすでに移動している場合も少なくない。そのために樹木限界は、樹木が成熟するまで見えないところで進行し、結果は遅れて出る傾向がある。生態系の変化を観察するには便利な手段だが、遅れについてはどうしようもない。

だからといって、樹木限界の観察が重要でないわけはなく、まったくその逆である。極北地域で北方林の面積が増加しているのは多くの研究で一致した結論であり、気候温暖化をはっきり証明するものだ。地域によって樹木限界線が引っこんでいるところは、草木が繁茂するはずの土地が森林火災や害虫のせいで荒廃したことを示す場合もある。**樹木があることもないことも、ともにこの寒冷な地域に生息する、小灌木や動物など、ほかの種の暮らしに重大な影響を与える。**

それに、決してなめらかな線ではないが、北極樹木限界線は北極圏の見えない境界線よりもっと明確な境界をかたちづくっている。北極圏では南極地域と同じく、少なくとも1年に1日、日の出ないし日没が見られない地点が地軸の傾きのせいで移動するからだ。簡単にできるわけはないだろうが、樹木限界を地図化する試みは、気候変動の最も深刻な影響の一部を理解し緩和する取り組みの助けになるはずだ。将来、年輪年代学がさらに発展すれば、樹木の生育できる可能性を示す目に見えない線と、樹木が実際に地上に姿を現すまでの時間差を明らかにできるかもしれない。[*1]

酸素の放出、野生生物への生息地形成、土壌の改善、日陰の提供、熱帯気候での大気の冷却といった役割の大切さを考えると、樹木は地球上の生命の地理的分布を決定するうえで不可欠の存在と言っていい。彼らが生存に苦労する場所では、ほかの種も同様に苦労する傾向がある。それとは対照的に、地球上のある昆虫の存在は全世界的に脅威と見なされている。次章で見るように、その虫の生育地域の境界を監視することもまた、人類の生活に絶対欠かせないことである。

*1　樹木の年輪の年代を決定するこの手法を使えば、特定の地域にいて、樹木がどれくらい速く成長しているかを明らかにできる。暖かく湿気の多い年は、涼しくて乾燥した年よりも幅が広くて間隔の狭い年輪ができる傾向がある。

6

The Malaria Belt

マラリア・ベルト

マラリアの撃退は、貧困の終息、数百万人の健康の向上、それに将来の世代が最大限の潜在能力を発揮できるようにするために絶対に必要だ。

――テドロス・アダノム・ゲブレイェソス〔世界保健機関〔WHO〕事務局長〕

どうやら私は蚊に刺されると何かのアレルギー反応を起こすらしい。私の血がよほど魅力的なのか、蚊にはしじゅう刺されるのだが、そのたびにたいていは足首にぷっくりと1センチを超す高さの膿がたまる。読者を不快にさせたくはないのだが、友人がキャンプ旅行に行って、この病気独特の症状を初めて目にして吐きそうになったと語っていたのを思い出す。そんなことをわざわざ語るのは、毎年何百万もの犠牲者がこの症状にひどく苦しめられているのを忘れないようにするためでもある。症状がほとんど出ない人もいるが、大半は連続的

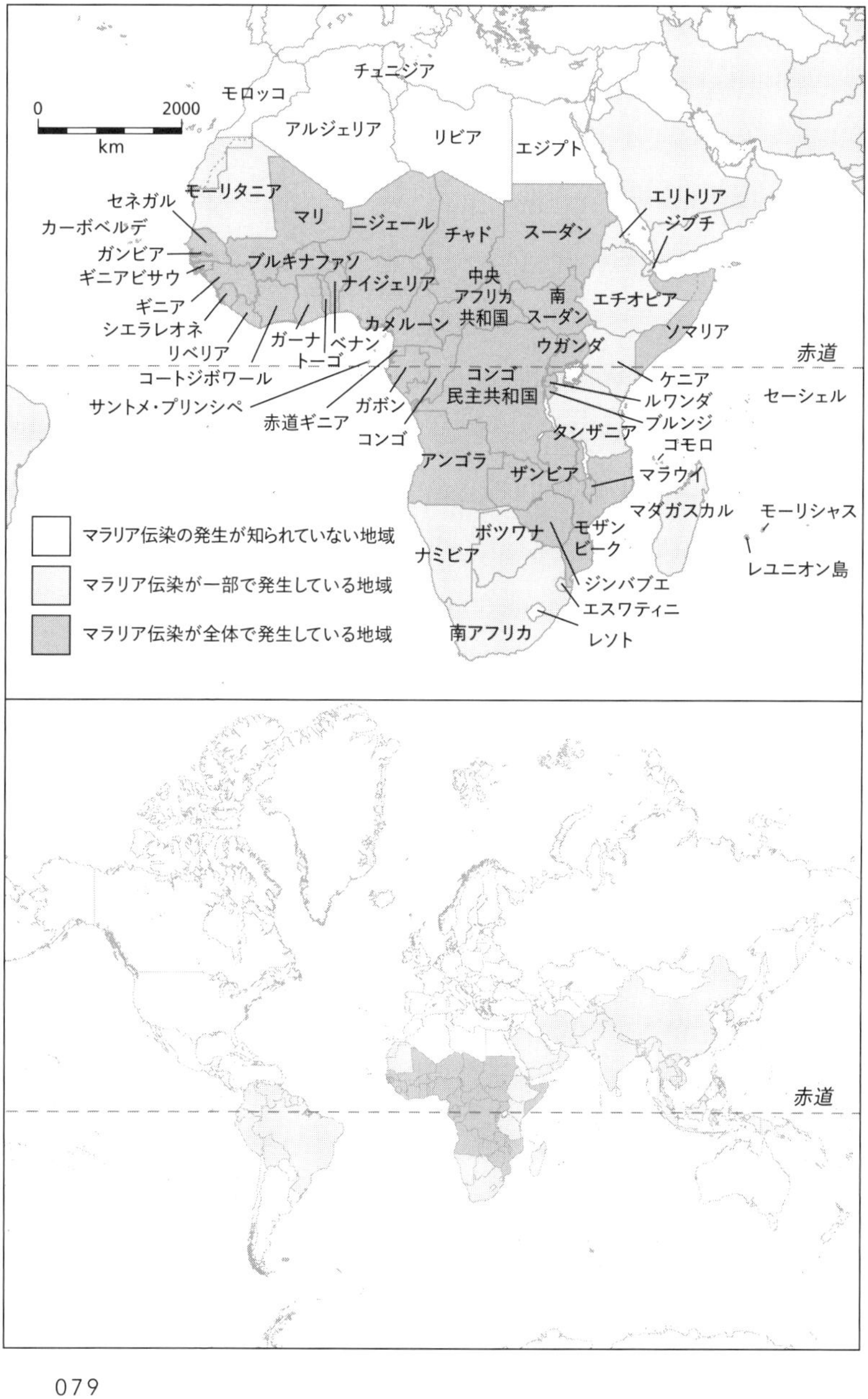
チュニジア
モロッコ
0
2000
km
アルジェリア
リビア
エジプト
モーリタニア
セネガル
カーボベルデ
マリ
ニジェール
チャド
スーダン
エリトリア
ジブチ
ガンビア
ギニアビサウ
ブルキナファソ
ナイジェリア
中央
アフリカ
共和国
南
スーダン
エチオピア
ギニア
シエラレオネ
リベリア
ガーナ
ベナン
トーゴ
カメルーン
ソマリア
ウガンダ
赤道
コートジボワール
サントメ・プリンシペ
赤道ギニア
ガボン
コンゴ
コンゴ
民主共和国
ケニア
ルワンダ
ブルンジ
セーシェル
タンザニア
コモロ
アンゴラ
ザンビア
マラウイ
マダガスカル
モーリシャス
マラリア伝染の発生が知られていない地域
マラリア伝染が一部で発生している地域
マラリア伝染が全体で発生している地域
ボツワナ
ナミビア
モザン
ビーク
レユニオン島
ジンバブエ
エスワティニ
南アフリカ
レソト
赤道

な〝寒〟（寒気、震え）と〝熱〟（発熱、高体温、嘔吐、むかつき、下痢、体の痛み、頭痛）の段階を経て、そのあとに発汗と疲労感が続く。症状はほかに、黄疸、脾臓や肝臓の腫れ、重度の貧血、低血糖、急性腎不全、痙攣、昏睡、聴覚障害などがある。回復しても、後日再発するケースが少なくないようだ。免疫を持っていない幼い子供や、免疫が低下している妊婦は特に危険が大きい。

　米国ではヨーロッパからの植民者が持ちこんで広がったが、それよりずっと昔に、アレクサンダー大王やチンギス・カンの命を奪った病気と言われるマラリアは、その発生や流行の地域が大きく変動しており、人類史に残る有力者の何人かには、ライバルや敵よりも大きな脅威となった。事実、マラリアは史上最も多くの人間を殺した病気と言われており、いくつかの概算によれば、これまでに地上に存在した人間の半分は、直接または間接的にこの病気のために命を落としたとされている。

　現在でも、マラリアは世界の半分近くの国で風土病になっており、そのほぼ半分の人口に脅威を与えている。症例のほとんどは熱帯地域を横切る広範な地帯に集中しており、その境界は季節や、伝染を抑える試みが成功するか否かで変わってくる。数億件の症例の約90パーセントと年間40万以上の死亡者の多くは、広大ではあるが、ひとつらなりの地域に集中している。サブサハラ・アフリカと呼ばれる地域で、そこがマラリア・ベルトを構成していると一般に考えられている。この病気を媒介するマダラカ《アノフェレス》は南極以外のすべての大陸で生息しているにもかかわらず、なぜその地域がこの病気にそれほど弱いのだろう？

第一に、マラリアを広めるのにきわめて効率的な2つのアノフェレス種、ガンビエハマダラカ《アノフェレス・ガンビエ》とハマダラカ《アノフェレス・フネストゥス》のどちらも、熱帯に特有の高温・多湿かつ降水量の多い気候で、繁殖と卵の置き場になる水場が無数にあるサブサハラ・アフリカに数多く生息している点がある。第二に、これらの蚊はヒト寄生、すなわち動物の血より人間の血を好んでいること。第三に、人間に感染する5つのマラリア原虫のなかで最も致命的な熱帯熱マラリア原虫は、サブサハラ・アフリカの高温に適応し、2種のハマダラカの体内で急速に成長すること。そのため、マラリアはインドやパプアニューギニアなど、同じく媒介する蚊（なかにはヒト寄生のものもいる）と寄生虫のコンビに悩まされる国々でも重大な問題ではあるが、サブサハラ・アフリカにはその両方において最も危険な種類が生息する。赤道に近い地域はどこも、ほぼ一年中太陽が真上にあって季節の変化に乏しいことも事態を悪化させている。年に数カ月このコンビに苦しめられる比較的涼しい地域や乾燥した地域とは異なり、サブサハラ・アフリカに住む人々は1月から12月までのあいだ絶え間なく蚊と寄生虫の攻撃を受ける。

　もっとも、サブサハラ・アフリカを1つの均質な地域と見なすのは、いろいろな理由から間違いである。この地域全体が同じ脆弱性を持つわけではない。[*1] 一部の国には山岳地帯（平均気温が低い）や砂漠などの乾いた地域（オアシスの周辺以外は乾燥していて、蚊の繁殖を妨げる）があって、マラリア・ベルトの地図にぽつぽつと穴が開いている――つまり、この病気が深刻な問題ではない場所があちこちに存在するわけだ。特定の国、とりわけ南部の国々（南アフリカ、ボツワナ、ナミビア、エスワティニ〔旧スワジランド〕など）は、公衆衛生の集中的取り組みと、自然の利点（多くが高地や砂漠）および季節のあることが合わさって、疾病の抑制に成功している。

それとは対照的に、サブサハラ・アフリカの一部の農村地域では、多くの住民が費用の問題や誤解、保健診療の遅れ、夜間に畑の収穫を行う必要性などさまざまな理由から、通常、都市部で採用されている戦略の実行に抵抗を示す。その結果、ときにマラリアの症例とそれに対する脆弱性については、都市と農村のあいだに大きな格差が生じることがある。マラリア・ベルトを地図化する際には、こうした要素によって微妙に違いが生じるので、感染のしやすさを生み出す要因と、疾病を鎮静化するためにそれぞれの共同体が取る対策に注意を払う必要がある。もっとも、マラリアのリスクの地図を単純化して視覚化するのは可能かもしれないが、現地に行っても、どこが危険でどこが安全かを分ける境界を目で見ることはできない。

興味深いのは、マラリアのリスクのもう1つの決定要因が人間の存在そのものであることだ。私たちに影響をおよぼすマラリアは、私たちなしでは存在できないのである。なぜなら蚊が病気を媒介するためには、その前に人間（別の種類のマラリアでは動物）から血液を吸い、生殖母胎と呼ばれる段階のマラリア原虫の初期バージョンに感染しなければならないからだ。生殖母胎は蚊の体内で次の段階である昆虫期マラリア原虫《スポロゾイト》に成長し、蚊が血を吸っているあいだに人間の被害者に注入される。原虫は最終的に人間の肝臓で成熟してメロゾイトに分化し、赤血球に侵入して破壊する。このように、マラリア伝染は3種類の関係者に依存している。ホストとしての人間、媒介者としての蚊（病気を広めるが感染はしない）、原因病原体としての原虫だ。したがって、砂漠や熱帯雨林などの人間のいない場所にはマラリアも存在しない。

マラリアのもう1つの興味深い側面は、何千年も前から知られているにもかかわらず（古代ギリシャの医師ヒポクラテスは、この病気と同種のものを列挙している）[*2]、現代でも依然として重大な脅威である点だ。その名称は中世イタリア語で〝悪い空気〟を意味し、有害な蒸気がさまざまな病気の原因であるとする、長く世間に支持されてきたがいまや完全にすたれた瘴気説《ミアズマ》に由来している。マラリアが実際には寄生虫によって引き起こされることは、19世紀末にアルフォンス・ラヴェラン、ロナルド・ロス、ジョヴァンニ・グラッシの3人がそれぞれ独自の研究で明らかにした。意外と言えるのは、世界保健機関（WHO）が子供向けのワクチンを推奨するようになったのは2021年10月になってからだった。これで、この病気がまもなく――やっとのことで――歴史のなかに葬られるのを期待できる。多くの先進国で何種もの新型コロナ（COVID-19）ワクチンが開発・承認された速さに比べると、ここまで来るのにこれほど時間がかかったことにはただただ驚くしかない。この病気がさまざまな治療法に適応してしまう悪名高き能力を持っているとはいえ、世界の最貧地域への無関心も1つの要因なのだろう。

現在の研究にもう1つ付け加えられたのが、遺伝で鎌状赤血球症と呼ばれる、丸ではなく三日月形の赤血球を持つ人々が熱帯熱マラリア原虫に対してどの程度抵抗力があるのかという問題である。鎌状赤血球症はマラリア・ベルト内の数百万の住民を含む、アフリカ系の祖先を持つ人々に特徴的なもので、マラリアを繰り返し発症する人々がどんな割合で（完全とは言えなくとも）部分的な免疫を獲得するかは、現代の研究の重要なテーマになっている。マラリアについての理解を深めることがリスクのある地域に住む数億人の生活を改善し、命を救う鍵になるだろう。

時間と空間を不規則に移動する

実際、マラリアの影響は健康面だけではない。治療と予防に必要な費用に加えて、患者は仕事や教育の機会を逃す可能性がある。家族は、愛する者のために大枚の葬儀費用を支払う。投資家や旅行者が訪問をためらえば、観光業などの産業に損害が出る。マラリアは当該地域で社会経済的な不平等を拡大することもある。手立てを持っている人間はより危険の少ない地域に住めるからだ。19世紀に英国の植民者が、涼しい気候で、蚊の問題が低地の貧しい共同体よりずっと少ない高原に避暑地を設けたのも偶然ではない。[*3] その一方で、選択肢のあまりない人々にとって、この病気は単に身体に害を与えるばかりか、境界外に出れば得られる可能性のある人生のチャンスや収入を奪ってしまうものでもある。サブサハラ・アフリカでは毎年120億ドルを超す直接経費をかけているのに、マラリアはいまなお世界の最貧社会の発展を妨げる最も重大な阻害要因であり続けている。

もっとも現代のマラリアとの戦いは、病気自体ではなく（この病気も部分的に寄与したが）死亡と苦痛をもたらす別の原因によって引き起こされた。第二次世界大戦中、南太平洋に駐留した米軍は、この熱帯地域にある脅威は日本軍だけではないことに気づいた。爆弾の降りしきるなか、マラリアという沈黙の勢力が米軍をゆっくりとだが着実に弱体化させていたのだ。それをきっかけに、1942年にはこの病気はじめ生物媒介性疾患を抑えるために、戦地マラリア抑制事務所がつくられた。事務所は米南東部で最も多くのマラリア患者数を抱える地域に近いアトランタに設立され、戦後は米国疾病予防管理センター（CDC）がその業務を引き継いだ。この連邦機関はその後もマラリアや性感染症、インフルエンザ、エボラ出血熱、ジカ熱、そして最近では新型コロナウイルスなど多くの世界的疾病対策の中核となってきた。それでも、そもそもの設立目的が米国でのマラリア感染抑制と根絶であることを忘れてはならない。この目標は、外国からの移民や旅行者が病気を持ちこむ個別のケースを除けば、1951年に達成できた。それは農薬や湿地の排水、ガラス窓と網戸の普及、治療の

改善、監視の徹底の賜物だった。[★4]

この病気との取り組み方が大きく変わったのは、ジクロロジフェニルトリクロロエタン（DDT）の散布という昔ながらの方法が、一部の種類の蚊が耐性を持つようになったのと、人間や環境にも害を与えるという主張が強まったために実施される機会が減ったことが大きい。現在ではほとんどの国で、比較的安価な割にDDTは不人気で、おもに健康への悪影響や、家の壁を変色させたり、ダニなどの害虫を刺激したりする性質があることから、最後の手段と見なされている。代わりに、家の内壁に化学殺虫剤を定期的に散布する屋内残留散布（IRS）や、[★5]眠っている人々を守る殺虫剤処理された蚊帳（ITN）、特に妊婦や乳幼児などリスクの高い人々を対象とした抗マラリア薬の投薬などの代替的マラリア対策措置が重んじられるようになった。

にもかかわらず、特にサブサハラ・アフリカでは、マラリア感染の防止は依然として大変な難問であり続けている。たとえばヨーロッパや北米の一部では、幼虫駆除剤を使ったり、蚊の繁殖する沼地や湿地などを排水したり埋め立てたりすることによって徹底的に駆除と抑制を行っているが、サブサハラ・アフリカの大半の地域では、沼地や湿地が豪雨のあとに突然現れたり、幼虫駆除剤を広範囲に散布するのが困難だったりするからだ。この病気は発症までに時間がかかるため（原虫の種類によって異なり、1週間から1カ月以上かかる場合もある）、症状がなかなか現れない場合も多く、誤診がめずらしくない。[★6]これは非感染地域の国々でも同じだが、この病気にあまり馴染みがないためである。

またマラリアは、母親から赤ん坊への胎内感染や、汚染された注射器、輸血や臓器移植を通じての感染に注意する必要がある。コモロ諸島のアンジュアン島やモヘリ島など熱帯の小島では、抗マラリア薬、蚊帳、屋内残留散布の大規模な実施によって、近い未来に病気が根絶するだろうという楽観的な観測が生まれている。だが、大陸諸国やマラリア感染率の高い地域は、当然ながら抑制だけでもはるかに困難な状況だ。現在までに、マラリアが以前問題となったサブサハラ・アフリカの国のうち、WHOによってマラリア根絶と認定されたのは1国だけ――1973年のモーリシャス――であり、この事実は人々に、楽観的な観測に酔っているわけにはいかないことを思い出させる[*7]（訳注 2024年にカーボベルデも認定された）。

この状況を打破するためには、各国の結束と数十億ドルの資金が必要になる。[*8] マラリア対策に、ビル・ゲイツやボノ、デヴィッド・ベッカム、ヘレン・ミレンなど各界の有名人と、さまざまな国連機関、世界銀行、WHO、各種NGOなどが結集した。2019年には、専門家たちがマラリア根絶（すなわち世界からの全面排除）実現の目標を2050年に設定した。過去10年間でマラリアの死亡率が著しく減少しているのを見れば、必ずしも不可能とは言えない目標だろう。それを妨げるおもな障害の1つに、気候変動が挙げられる。気候変動がマラリア伝染にどんな影響を与えるかはまだわからない点が多いが、サブサハラ・アフリカの一部では、乾燥が進んでマラリアが広がる確率が低下すると予想されている（もっとも、その代わりに砂漠化や干ばつ、水不足、飢餓など、世界でも最悪のトレードオフを強いられることになる）。

だが一方で、それ以外の地域では平均気温が上昇し、夏が長引いてマラリア伝染を助長する危険がある。森林伐採はサブサハラ・アフリカのいくつかの国で大きな問題になっているが、これによって日光にさらされる土地が増え（それが温度上昇につながる）、蚊の数を抑制する働きのある食虫動物が減少して、マラリアのリスクが増大する。これまでは蚊が生存するには寒すぎた東アフリカの高地などでも、この病気の危険度が高まっている。

赤道から遠く離れた地中海周辺諸国なども、いつマラリア・ベルトの内側に引きこまれるかもしれないのだが、国民の多くに病気の知識がないために、さらに複雑な問題が生じる可能性がある。予防策への一般市民の関与も重要であり、新型コロナウイルスのパンデミックのときと同様、ワクチンと処置の効果はある程度、市民がそれを信頼するかどうかにかかっている。私はギニアの産業機械販売業者から次のような情報を受け取った。

マラリアはいまだに大問題であることに変わりないが、以前よりずっと改善されたと言っていいでしょう。政府は以前から、マラリアと戦う最善の手段は予防であると強調してきました……予防という側面は、少しの知識と正しい情報が非常に大きな影響をおよぼすので……とはいえ、根絶が可能かどうかはまだわからない。なぜなら、誰もがワクチンを受けられるわけではなく、誰もが蚊帳を使用するわけではないからです。どちらも、それほど費用はかからないのですが。

こうしたことをすべて考え合わせると、マラリア・ベルトの境界は、予防や治療、監視の改善によって収縮する前に、逆に外側に拡大する可能性もある。これまで人類に影響を与える病気のなかで根絶に成功したのは天然痘だけであるという事実が、今後数十年にわたって人類が直面する数々の難問の一端を示唆している。

マラリア・ベルトは、流動的境界がどのように時間と空間を不規則に移動し、どのように外から別の集団を自分の影響圏に引きこんでいるかを如実に見せてくれる。もっとも、そうした境界は容易に排除されない強靱な存在であり、私たちの理解とそれが内包しているものだけでは不十分な場合が多く、少なくとも十分な（つまり、並大抵ではない）努力がなされるまでは決して消滅しない。マラリア・ベルトの住民が直面する難問が病気の症状だけではとうてい収まらず、収入源の減少から追加の医療費まで広がっていることは、一地域に限定された問題が無数の別の問題を引き起こす一例とも言える。そのことは、身近にあるバタフライ効果に注意を払う必要があることを教えてくれる。マラリア伝染地域がほんの少し広がっただけで、以前は繁栄していた地域に新たな社会経済的脅威をもたらす可能性があり、その問題はそこが感染地域の烙印を押されることもあって簡単には解決しなくなる。

それでも、こうした問題に見えない線を引くことの価値は認めるべきだろう。病気の攻撃を特に受けやすい地域を区分けすることで、発生に備え、対処することがより容易になる。竜巻回廊の場合にも見られたように、知識と理解のあるなしが現実に生死を分けることもある。それに知識と理解があれば、変化を起こし、周囲の世界を改善できるようになるだろう――そう信じたい。

*1 つまるところ、その巨大さ、地理的・文化的多様性を考えると、〝サブサハラ・アフリカ〟という表現は、この地域を描写するのに不正確と言わざるを得ない。たとえば世界銀行は、サブサハラ・アフリカは48の国で構成されているとしており、そこにはサハラ砂漠の一部であるモーリタニアとスーダンから南アフリカまで、さらにカーボベルデ、コモロ、マダガスカル、モーリシャス、サントメ・プリンシペ、セーシェルなどの島国も含まれる。つまり世界銀行は、サブサハラ・アフリカに含まれないアフリカの国は6カ国しかないと言っているのである。

*2 「この病気は夏でも冬でも常習的にそういう場所（〝湿地が多く、淀み、湖に属する〟水場）にはびこり、おまけに命にかかわる浮腫をもたらす場合が大変多く、夏には赤痢、下痢、長引く四日熱を引き起こし、そうした状態が長引くと浮腫を生じさせ、それが致命的な結果をもたらす」

*3 それればかりか、植民者はのちに世界で最も人気のあるカクテルの1つになるものを発明した。配給されたジンを、マラリアに予防効果のあるキニーネを含んだ苦いトニックウォーターで割ったカクテル、ジントニックである。

＊4 過去に考案されたマラリア抑制法のなかで、おそらく最も独創的なのは、テキサス州サンアントニオの細菌学者チャールズ・キャンベル博士が特許取得したものだろう。彼はコウモリがいかにもまそうに蚊を食べるのを見て、20世紀初頭の30年間を費やし、適切な音を選んで発信することで、必要な場所にコウモリを住まわせる方法を開発した。のちに、キャンベルの技術を正確に複製するのは難しいことが判明したが、地元ではマラリアの症例が減少したこともあって、彼は1919年にテキサス州からノーベル賞生理学・医学賞候補者に推薦された。同時に、コウモリの果たす重要な役割も見逃されることはなかった。サンアントニオ市（1914年）とテキサス州（1917年）は、コウモリを故意に殺すことを禁ずる法律を制定した。地元住民に愛されているサンアントニオとオースティンの都市部に生息するコウモリの群れは、いまでは観光客の人気者となり、オースティンでは毎年夏に〝コウモリ・フェスティバル〟が開催されている。

＊5 ただし、これがすべての壁の表面に適しているわけではなく、それにDDT同様、一部の種類の蚊は耐性を持つようになっている点に留意すべきだ。

＊6 マラリアと誤診されることがよくある疾患には、肺炎、チフス熱、デング熱、黄熱病などがある。あとの2つはマラリアと同じく蚊の媒介で広がるが、それぞれ蚊の種類が違う。

＊7 サブサハラ・アフリカ以外でこの画期的段階に達した唯一の地域は、フランスの海外県および海外地域圏であるレユニオン島だ。セーシェル（諸島国）と南アフリカのレソト（高地国）は、マラリアが問題になったことのない国と考えられている。

＊8 2018年にWHOは、2020年までに毎年66億ドルをマラリア対策に投じる目標を設定したが、結局その年に使われたのはわずか30億ドルだった。2030年までの目標は年間103億ドルとされている。

第2部

INVISIBLE LINES

「見えない境界線」が地球環境に影響をおよぼしている

目に見えない線はその目的のためにさまざまな仕方で活用されている。

地球を支配するために悪意をもって引いた線――たとえば〝異分子〟と見なされる人を排除する線には真っ先に目が行くし、関心を寄せたくなる気持ちも理解できる。確かに、〝排除〟が目に見えない線の目的ないし結果であることはめずらしくない。

だが本章では、**その効果が必ずしも有益でなくても、少なくとも善意から引かれた線に注目する。**普通こうした境界線のおもな目的は、いま周囲に存在する不都合に対処して、特定の地域を住みやすくすることであり、なかでも現実に起きている、あるいは起きる可能性のある危機を管理することに重点が置かれる。新型コロナウイルスのパンデミックが代表的な例だ。この病気の最初の症例が現れて数週間とたたないうちに、パンデミックの〝発祥地〟となった武漢とそれ以外の地域を隔てる境界線が設定された。次に何が起きたか、知らない人はいないだろう。その後数カ月のあいだに、世界のほとんどの国々がそれぞれに旅行制限や自宅待機要請などの対策を行い、ウイルス封じこめのために見えない線を引いた。

多くの国で、国内移動でも安全な地域とそうでない地域で境界が設けられた。もっとミクロなものでは、〝ゾーシャル・ディスタンス〟なる慣行が、私たちと他者を隔てる見えない境界をつくり出し、ロックダウン規制が緩和されても、多くの人は公共交通機関やレストラン、バーで座る場所を選ぶときに境界の存在を意識せずにはいられなくなった。境界の強制を必要とするコロナウイルス対策は歓迎されないことも多々あるが、災害に襲われたときに管理を徹底するために目に見えない線を利用する実例となったのは間違いない。

旅行制限に限って考えると、こうした見えない線は疾病以外の危険に対しても用いられているのがわかる。政府機関は、暴力犯罪や一貫性のない法執行、内戦、テロ、武力紛争などの危険を考慮に入れた海外安全情報地図を作成して国民の移動を制限し、世界で行ってよい場所を指示する。

〝安全〟と〝危険〟を分ける見えない線は、飛行禁止区域の設定にも使われている。これは特定の地域での航空機の運航を制限または禁止するために設けられるものだが、必ずしも現実の国境に従って引かれるわけではない。もともとは暴力を伴う紛争のさなかにある地域に設定されることが多い飛行禁止区域は、ときには、２０１１年3月に起きた日本の福島第一原子力発電所の事故のような災害に対応しても作成され、福島には住民のために20キロにわたる避難区域と30キロにわたる立ち入り禁止区域が設けられた。

ここではまず、カザフスタンのコカラル・ダムがアラル海の急激な縮小を食い止めるために建設された過程を見ていこう。その結果、南北のあいだに境界が引かれ、北部には水質の改善と水産資源が、南部には永続的な絶望がもたらされた。次に紹介する秦嶺《しんれい》・淮河線《わいがせん》は、もともと中国の南北分断を説明するために引かれた見えない線の興味深い一例だったのが、のちに助成金付き地域暖房システムの建設を決定するために利用され、冬の暖かさとスモッグという明暗分かれる結果をもたらした。英国では、大気汚染など都市特有の問題を減らす必要に気づいた人々が増えるにつれ、グリーンベルトが都市の拡大を阻止する不可視の境界として設けられた。

だが、場所によっては見えない線の引かれ方によって、人間の活動がさらに大きな制約を受けることもある。たとえば、１９８６年に起きた史上最悪の原子力災害に対する必要な対策として、ウクライナのチェルノブイリ（チョルノービリ）立ち入り禁止区域が設定された。危険から人々を保護するために引かれた別の種類の見えない線には防疫線《コルドン・サニテール》があり、歴史的に最も注目される例の１つに、１６６６年のペスト発生後、イングランドのイーム村が隣村からの自己隔離を行ったものがある。

そして、この部を締めくくるのは、１８８４年の決定以来、地球全体の時間の標準化を促進してきた国際日付変更線である。

7

The Kokaral Dam

コカラル・ダム

自然の恵みを期待してはならない。
自然からそれを剝ぎ取るのだ。

――ヨシフ・スターリン

ソビエト連邦の頑固な独裁者スターリンは、今日まで生きていたとしても絶対に認めないだろうが、私たちは後知恵で、自然には常にもう少し敬意を払うべきだったと言っておくのが無難だろう。スターリンがソ連の農業生産増大のための壮大なプロジェクト、自然改造計画を立ち上げて70年以上たついま、旧ソ連の一部地域は、スターリンの側近たちが物質的な利益を無理に追求したためにできた遺産と格闘し続けている。数千年かけて、人間の暮らしの向上を目指すさまざまな技術革新が行われてきたにもかかわらず、私たちは今日、食と住を与えてくれる地球を破壊しないためには、地球とどのような妥協点を見いだすべきか、か

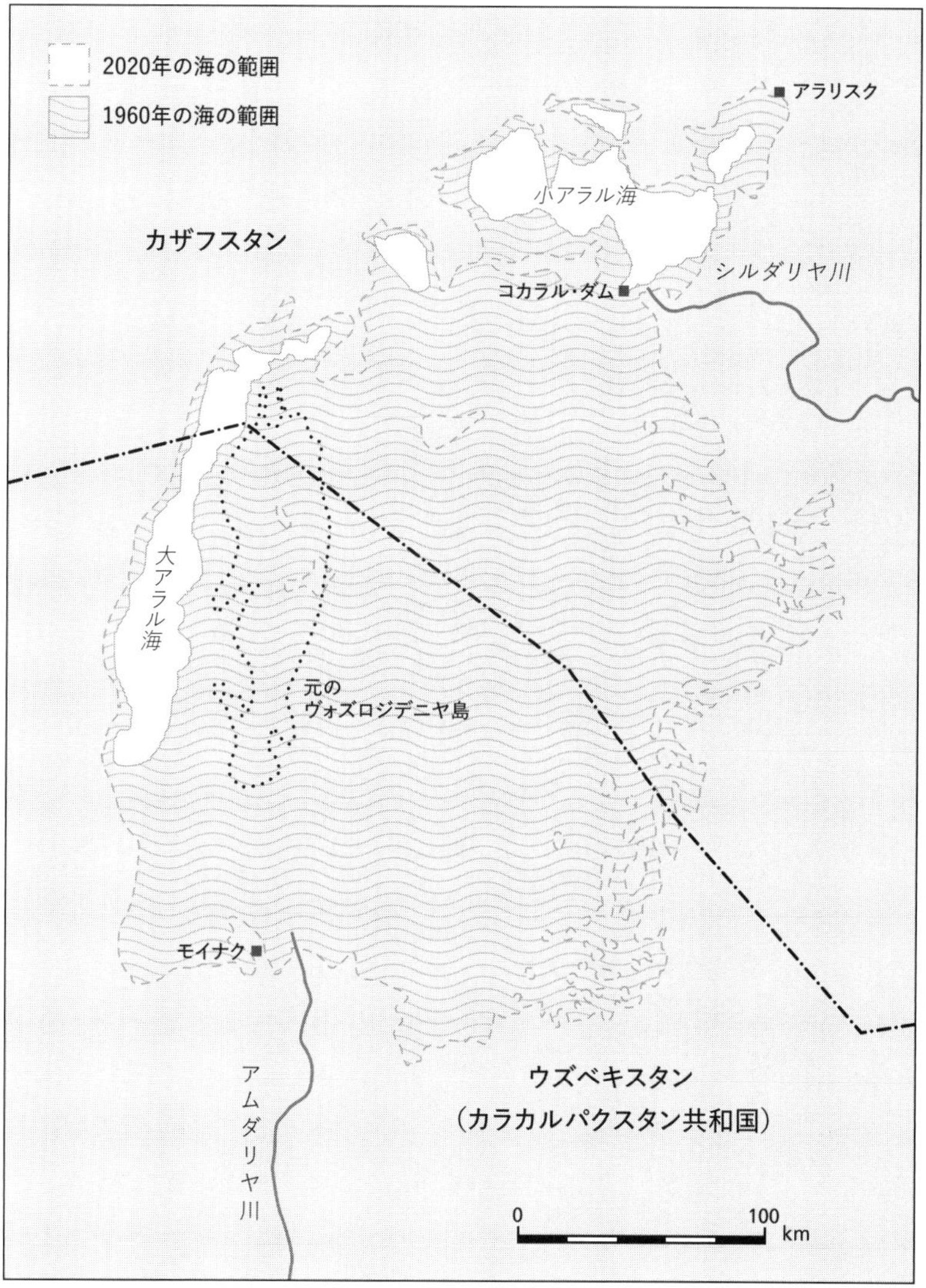
2020年の海の範囲
1960年の海の範囲
アラリスク
小アラル海
カザフスタン
シルダリヤ川
コカラル・ダム
大アラル海
元の
ヴォズロジデニヤ島
モイナク
ウズベキスタン
（カラカルパクスタン共和国）
アムダリヤ川
0
100
km

つてないほど深く考えるようになっている。どんなに努力しても自然界をコントロールするのは容易ではなく、またそうすることが常に望ましいとは限らない。過去の過ちを取り消すことは――あるいはせめて軽減することはできるのだろうか？　支配と服従の中間点を見いだせるのだろうか？　自然と和解できるのだろうか？

ソビエト連邦の構成共和国のなかでロシアに次ぐ大きさを持ち、現在、世界で9番目に広い国であるカザフスタンのコカラル・ダムは、環境の危機管理を考えるうえで貴重なヒントを与えてくれる。このダムは、1960年代以降のアラル海の急速な縮小に対処するために2005年に建設された。またこれは、地球を部分的にでもコントロールするために引いた見えない線が、どのように生と死、希望と絶望の分かれ目になるかを示す、私たちの研究には欠かせない事例でもある。いったい、どうしてそんな状態になったのだろうか？

急いで1940年代後半にさかのぼってみよう。第二次世界大戦中のインフラ被害、46年の深刻な干ばつ、それに不適切な経済政策が重なって、ソ連に大飢饉をもたらした。この悲惨な状況に対処しながら面目を保ち、西側諸国のライバルに対抗するために、ソ連政府は自然環境を改造し、穀物収量の大幅増加を狙った一連のプロジェクトを始めた。当時、適度に塩分を含むアラル海は、アムダリヤ川とシルダリヤ川が自然に流入する世界で4番目に大きな湖だった。ところが、自然改造計画の一環として、ソ連当局は2つの川の水を中央アジアの草原や砂漠の灌漑に利用する選択をした。

しばらくのあいだ、これは賢明な決断のように思われた。綿、穀物、米、メロンなどの作物はすべて豊作だった。湖の南に位置するウズベキスタンは、ソビエト連邦最大の果物や野菜の生産地となり、やがて世界最大の綿の輸出国になった。だが、ソビエト時代の生活のほとんどの面と同様、良い時代は長続きしなかった。川の水を減らされ、灼熱の太陽による蒸発で水を奪われたアラル海は、徐々に縮小していった。アラリスクなど、かつて繁栄した漁業の拠点は最重要産業から遠ざけられ、漁師は仕事場の水域まで100キロも通わなければならなくなった。問題はアクセスだけではなかった。残りの水はますます塩分濃度が高くなり、塩水は真水よりも密度が高いために上層で蒸発しにくくなって、湖にいた生物の大半が死滅した。1990年代初頭にソ連が解体して多くの独立国家が生まれたとき、アラル海もまた分裂し、北部の小アラル海と南部の大アラル海に分かれた。それから10年ほどすると、〝大きい〞はずだった大アラル海がさらに東西に分裂し、その10年後には東側が砂漠に変わった。1960年以来90パーセントも縮小した湖が完全消滅するのは確実に思えた。

不平等、格差、分断を生んだ

努力がされなかったわけではない。1992年、北側の新独立国カザフスタンは、小アラル海からウズベキスタンと国境を接する大アラル海への流入を減少させる目的で、コカラル半島の東端に砂の堤防と水路を建設した（この地域の急速な変化を反映して、1960年代まで半島は本土から切り離されて島になっていた）。堤防は理論的には成功するはずだったが、現実はそうはいかなかった。水の動きを抑えきれず、1990年代には何度も決壊した。制御する水が多ければ多いほど、堤防決壊の危険が高まり、堤防が流されるたびに水位はふたたび低下する、という逆説的な状況だった。このもどかしい建設と破壊のサイクルは、21世紀に入ってようやく終止符が打たれた。世界銀行が6450万ドルを貸付け、カザフスタンがもっと安定したダムなどインフラ整備を総額8580万ドルかけて行うのを支援した。これによって、小アラル海から大アラル海への自然な流入は阻止された。それ以来、シルダリヤ川の真水は小アラル海への水の補充と塩分濃度の低下を助け、余剰水は（特に春には）水門を通って大アラル海に流れている。

その結果、現在は水位が安定した北部の小アラル海周辺のコミュニティは、間違いなくダムの恩恵を受けた。湖の塩分濃度が大幅に低下して、さまざまな種類の無脊椎動物や魚類がふたたび出現し、増加している。最も価値のある魚はパイクパーチで、ヨーロッパに輸出され、その販売から大きな利益が得られるので、地元では〝金の魚〟と呼ばれている。シルダリヤ川や近くの水域から戻ってきた魚にはコイ、フナ、アスピス、ローチも含まれ、特にダムの近くでは種の多様性が見られるようになった。入り江は季節的な変動はあるものの、変わらず水をたたえており、カザフスタンの昔ながらの漁業都市アラリスクから小アラル海までの距離は12キロになった。漁師に最適な距離とは言えないが、ほんの20年前に比べると大幅に改善された。漁獲量も急速に回復しているので、この職業もまた存続可能になり、一部にはかなり高収入を得る者も出てきた。利益を得たのは漁師だけではなく、漁獲量が増えると、魚の加工業や輸送業、販売業の分野もふたたび活気を取り戻した。

南側のウズベキスタンのコミュニティも同じ幸運を望んでいたはずだが、大アラル海は昔からある漁業社会から遠く離れた、細長い帯状の水域にまで縮小してしまった。かつては繁栄していたモイナクも、いまでは災害ツーリズムに頼るしかなくなっている。ここでは、〝魚と一緒に眠る〟という表現は普通とはまったく違う意味を持つ。港の古い船着き場は、現在の湖から100キロ以上離れた〝船の墓場〟として宣伝されている。大アラル海は蒸発による損失を補いたくても、小アラル海や干上がって縮小しているアムダリヤ川から十分な水が供給されないでいる。

もしコミュニティがまだ湖の近くにあったとしても、そこから利益を得るのはかなり困難だったろう。大アラル海の塩分濃度の上昇は止まらず、1960年には1リットルあたり約10グラムだったのが、いまは一部の場所で100グラムをはるかに超えている（ちなみに、世界の海洋の平均塩分濃度は1リットルあたり約35グラムだ）。最も塩分に強い種、つまり回虫や動物プランクトン、ブラインシュリンプの数種しか生き残れない濃度だ。きわめて塩分に強い魚として70年代に導入されたヌマガレイさえ、小アラル海ではかろうじて生き残り、現在では商業漁業も行われているのに、大アラル海では90年代末に絶滅した。干上がった南側の湖床の下にある天然ガスの埋蔵量だけがかすかな希望を与えてくれる。また、コミュニティは錆ついたトロール船が並ぶなかでスティィア電子音楽フェスティバルを開いて人気を集めるなど、スケールの大きい創造性を発揮しているが、残念ながらそれ以外に取り立てて言うことはない。

湖の南側に接する地域――ウズベキスタン北西部の自治共和国カラカルパクスタンは、漁業とそれに依存していた生活の糧を失ったばかりか、さらに多くの深刻な問題を抱えるはめになった。[*1] ソビエト連邦が綿の収穫量を増やすために使った農薬は、DDTなどの毒素で湖を汚染し、産業公害によって重金属も徐々に蓄積された。湖が消失すると、残った水に含まれる汚染物質の濃度が増し、それが有毒な塵になって風に運ばれ、呼吸を妨げる嵐に変わる。多くの近隣市町村の住民は、飲み水や大気、地産の農産物からその毒素を体内に取りこんでしまう危険にさらされている。

いまは砂漠のなかに消えてしまったが、かつてはカザフスタンとの国境にあったヴォズロジデニヤ島も、もう1つの懸念材料だ。そこに置かれていたソビエト連邦の秘密生物兵器研究所では、長年にわたって炭疽菌やペスト菌、天然痘菌などの病原体の実験を行っており、病原体の一部は土壌に漏れ出し、ほかの地域に病気を広める可能性のある動物種に感染した。この地域ではさまざまな癌や貧血、結核などの呼吸器疾患、眼や腎臓の症例が面積に釣り合わないほど多く見られる。カラカルパクスタンの乳児死亡率は現在こそ1000人あたり10・6人という平均的な数字になったが、さまざまな情報源によると、1990年代半ばには1000人あたり50人で、一部の地区では100人を超え、世界で最も高い水準に達していた。幸い、国内外の機関の支援を受けて母子保健の質が大幅に改善されたことで妊産婦死亡率は中央アジアでは標準的なレベルに下がったが、先天性異常や低出生体重児の数はまだ高止まりしており、懸念が残る。[*2] さらに、気候はますます極端になり、夏と冬の気温差が激しく降雨量の少ない大陸性の気候の特徴が強まっている。

農業に目を向ければ、ときおり風に乗って運ばれてくるかつての湖の塩分や毒素のせいで作物の栽培が難しくなっている。半世紀前には未来への希望に満ちた地域だったのに、いまはほっと息をつく機会も少ない地域になってしまった。

ウズベキスタン政府が無為無策だと言っているわけではないが、カザフスタンのような大規模なインフラ整備プロジェクトに消極的であるのは、国内のほかの地域の農民から水を奪わないようにするためである。これまでのところウズベキスタンは、湿地の復元や旧湖床への耐塩性の強い植物の植え付けを行って、水の管理と水質の改善を行うことに焦点を絞ってきた。今後数年のうちに、ウズベキスタン政府が大型プロジェクトに意欲的になるとは考えにくい。2020年5月に同国東部のシルダリヤ州で建設3年のサルドバ・ダムが決壊し、6人が死亡、国境の両側で大規模な洪水が発生した悲惨な事故が影響している。こうした災害にも良い面があったとすれば、その後カザフスタン、ウズベキスタン両政府が国境をまたぐ水管理に関する共同ロードマップに調印して、将来的な両国関係の改善に希望が芽生えた点である。

コカラル・ダムの事例に戻ると、南側の問題を引き起こしたのがこのプロジェクトではないことは強調しておく必要がある。もう1つ、ダムが回復しつつある北部と危機的状況にある南部を隔てる象徴的な境界線以上の意味を持つことも言っておきたい。小アラル海から大アラル海への水の流れの制御は、大アラル海にとどめの一撃を加える一方で、小アラル海の存続を可能にした。これで2つの湖の境界が引かれただけでなく、2つのまったく異なる未来の境界も引かれたわけである。北部では、決して完璧とは言えなくても（ダムの貯水量を増やす開発を継続する計画があるが、近年は停滞して進展がない）、ダムは生活の糧を提供してくれた。漁業は回復しつつあり、住民の健康は改善し、希望とは言えないまでも楽観的な気分が戻ってきている。今日、最大のリスクと言えば、魚の乱獲ぐらいか。

それに対して南部では、カザフスタン政府のダム建設に対する怒りと、ウズベキスタン政府の消極的な対応に対する恨みが国民の共通感情である。ダムを重大な国際緊張の原因としないためには、国境を越えた協力を強化する必要がある。とりわけ気候変動が水資源に与える影響が予測できないいまは、協調が不可欠だ。ダムの北と南は公式に分断されているわけではないが、将来の見通しという点で言えば、そこに見えない線が引かれていることは疑問の余地がない。

事実、大規模なダムは環境上の不平等や、社会経済的な格差と分断を助長する傾向がある。中国の巨大な三峡ダムがその最も有名な例だろう。このダムの建設によって130万人が移住を余儀なくされた。おもに東部の大都市に電力を供給するためだ。この例以外でも、中国政府の方針によって地域間に目には見えない大きな境界線が引かれ、今日に至るまで人々の生活や生計に影響を与えている事例は決して少なくない。

＊1　現職のウズベキスタン大統領シャフカト・ミルジヨエフがカラカルパクスタンの自治権を縮小する決定を行ったのに対して、2022年7月に大規模な抗議デモが発生、多数の死傷者と逮捕者が出て、政府が非常事態宣言を発する事態に発展した。この抗議デモによって、カラカルパクスタンは遅ればせながら国際的な注目を集めた。ミルジヨエフは、大統領の任期を5年から7年に延長することを目的とした大規模な憲法改革の一部として示された、カラカルパクスタンの地位に関するすべての提案をすばやく撤回した。

＊2　カラカルパクスタンの妊産婦死亡率は、2021年には10万件の出生につき26・4件だった。1995年には120件と、中央アジア・コーカサス地域の当時の平均の68件を大幅に上まわった。

8

The Qinling-Huaihe Line

秦嶺・淮河線

われわれは環境汚染に宣戦布告し、貧困を撲滅したのと同じ決意で戦うことを宣言する……スモッグは中国国土の広い範囲に影響をおよぼし、環境汚染は重大な問題になっている。これは非効率で盲目な開発モデルに対する自然からの赤信号なのだ。

——中国国務院総理・李克強

万里の長城は、世界で最も有名な境界線と言っていいだろう。襲ってくる敵を撃退するためにつくられ、中国北部とモンゴルの一部を2万キロ以上も蛇行して続いている。これより曖昧で（目には見えない）境界線に、黒河《こっか》・騰衝線《とうしょうせん》がある。これは1935年に胡煥庸《こかんよう》という中国の地理学者が、人口密度の大きく異なる2つの部分を分けようとして、中国本土に北東から南西にかけて斜めに引いた線だ。やがて、おもに南東方向に大きな人口移動が生じて

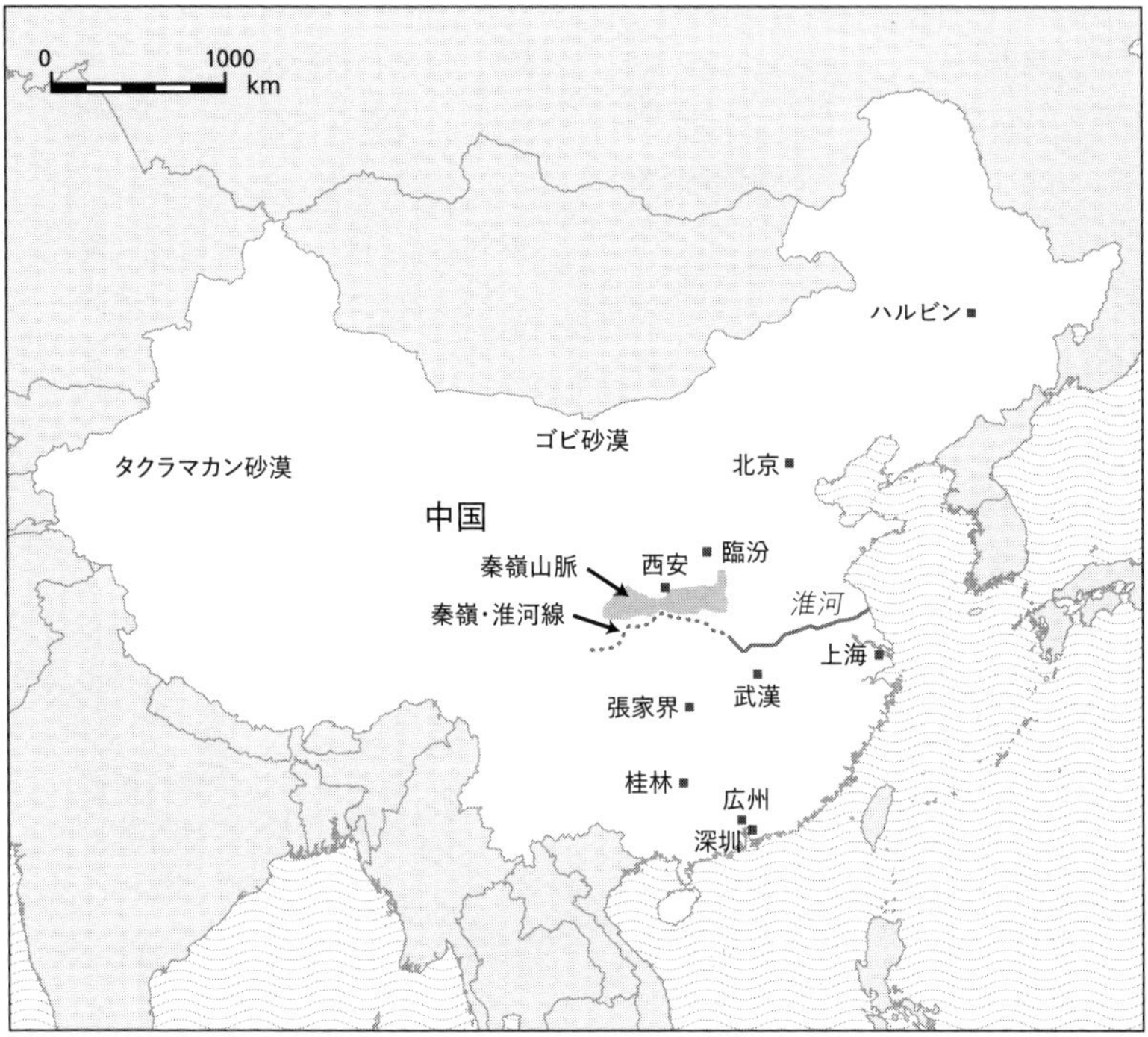
0
1000
km
ハルビン
ゴビ砂漠
タクラマカン砂漠
北京
中国
臨汾
西安
秦嶺山脈
秦嶺・淮河線
淮河
上海
武漢
張家界
桂林
広州
深圳

胡煥庸のはじき出した数値を変えてしまったが、それでもこの線は依然として、総人口のおよそ95パーセントが集まる南東側と、面積の大きい北西側を分けるわかりやすい境界線だ。

ところが、一見些細なことに思えるが、現代中国14億の国民の生活にはそれ以上に重要な役割を果たしている別の境界線がある。それは西の秦嶺山脈に沿って東進し、その後、淮河《ホェイホー》の流れに引き継がれる線で、1950年代に誕生まもない共産党指導部はこの線を使って、集中暖房システムを導入する地域（北側）と導入しない地域（南側）を区分した。わずかな例外はあったものの、おおむねこの見えない線は、現金およびエネルギー供給に窮していた政府が淮河北岸にあるいくつかのコミュニティへの資金拠出を渋ったことで、自力で暖を取る人々と、政府に頼って相対的な贅沢を享受する人々を分ける境界になった。

秦嶺・淮河線は中国共産党よりも長い歴史を持っており、1908年に、のちに中国地理学会の前身を創立する張相文が、国土の南北を分ける境界としておおよそ北緯33度線に沿って引いたものである。中国には、こうした境界線が何本か別のかたちで存在する。何世紀にもわたって、北側は南側よりはるかに発展し、古代首都の西安や秦の始皇帝陵、北京の紫禁城、そしてもちろん万里の長城など、中国で有数の歴史遺跡のほとんどがこちらに集中している。対照的に、南側は長いあいだその自然景観（映画『アバター』のモデルになった桂林の漓江《りっこう》両岸に並ぶサメの歯のような丘や、張家界《ちょうかかい》のそびえ立つ奇岩など）で知られていたが、1970年代に行われた国家の経済改革以降、ハイテク産業と軽工業の中心地となり、いまでは国の4つの〝一線都市〟のうち3つ――上海、広州、深圳がこちらにある（もう1つは北京）。気候も南北で異なり、北は一般的に涼しく乾燥しており、南はおもに高温多湿な亜熱帯、または熱帯気候で、南シナ海に近いほどその傾向は強まる。

秦嶺・淮河線は、1月の0℃等温線（つまり、1月の平均気温が0℃以下で凍結しやすい場所と、平均気温が0℃を超える場所を区別する線）と800ミリ等降水量線（年間降水量が800ミリ未満の場所と800ミリを超える場所を区別する線）の両方にかなり正確に当てはまっている。作物は特定の気候条件に依存しているから、この境界線は料理にも影響を与え、小麦を使った麺類、蒸しパン、餃子などは北で一般的だが、米料理は南のほうが長い歴史を持つ。南北で格差のある国は少なくないが、これほど多くの分野で差のある国はほかにほとんど例を見ない。

新エネで暖房格差はなくなるか？

それでも、周恩来総理（在職1949－76年）の任期中に、中国共産党はこの境界線を単に違いを表現するだけではなく、何かを決定するために利用できることに気づいた。北には暖房が不可欠で、最も寒い地域では炕《カン》（暖房付きの煉瓦の寝台）を使用する伝統文化の延長線上にあるものとされてきたが、南はセントラル・ヒーティングがなくても十分に暖かいと考えられていた。それは、多くの地域で妥当な考え方だった。たとえば南の都市である広州や深圳の冬期の平均最低気温は摂氏10度前後で、氷点よりもかなり高い。対照的に、極北東にあるハルビンは毎冬、巨大な氷の城や神話に出てくる雪像の国際フェスティバルを開催できるほど寒くなる。

問題は、境界線をはさんで隣接する両側のコミュニティの気候は実質的にほぼ同じであるのに、境界線を分割点《カットオフポイント》にするほうが単純明解だという理由で、与えられる資源に大きな格差が生じる点である。気温が下がると、この不平等に対する不満が強まる。私は南側の人間がこう言うのを聞いたことがある。「境界線の北には集中暖房システムがあるが、南にはない。南だってとても寒いことがあるのに」

この格差は現在も解消していない。面白いことに、１９７０年代以降の中国経済の大きな変化によって、格差が埋まる可能性はますます低くなった。というのも、負担の多くが国家から個人に移ったからである。したがって、中国政府がソ連の支援を受けて主要な社会プロジェクトを優先していた時代に開発された北部の巨大な暖房システムの代わりに（ロシアではいまだに集中暖房が一般的だが）、市場志向型の解決策が求められているいまは、家庭が必要な暖房費用を支払わなければならなくなった。ヒートポンプ技術や電気ヒーター、湯たんぽなど、寒い夜には一般市民が自力で解決策を見つけるよう強いられる場合が少なくない。中国経済の家で身体を洗うのは寒くて辛いと言って、週に１、２回銭湯を訪れる人も多い。

中心である上海でさえ、最貧層の人々の多くは秦嶺・淮河線のわずかに南側に住んでいるという単純な理由で高騰した電気代を払えず、コートや布団を何枚も重ねて寒さをしのぐことを余儀なくされている。

だからと言って、秦嶺・淮河線の北側の住民に不満がないわけではない。無料、ないしは多額の補助金付きの暖房の恩恵は享受していても、その代償に、過去半世紀にわたって最も普及した熱源である石炭火力ボイラーが大気汚染を発生させる。数字は悲惨なもので、中国で最も汚染された都市はほとんどすべてこの線よりも北に位置し、世界で最も大気が汚れていると言われるところもいくつかある。したがって、この線を越えて旅行することに慣れている人は、冬は「北部都市から南部都市に空路で移動すると、大気質の改善が容易に感じられる」と力説する。

もちろん、北部の大気質が悪い理由にはいくつかある。ここの都市の多くが山々に囲まれており、風が汚染物質を拡散するのを妨げている。また、中国の農家は１９９０年代から違法となっているにもかかわらず、収穫後の冬にしばしばわらを燃やす。とはいえ、最大の原因と考えられているのは、**石炭火力による暖房**である。そのために冬のあいだはスモッグが深刻な問題になり、北の主要都市では特に明るいネオンサイン以外は何も見えなくなる。ゴビ砂漠やタクラマカン砂漠から吹くときおりの砂嵐は別の輝きを与え、暗い灰色の空を不気味なオレンジ色に変えるが、その過程で大気質を大幅に悪化させる。最も深刻なのは、北で排出される危険な微粒子状物質（PM2・5）と粗大粒子状物質（PM10）が、住民の心血管疾患と呼吸器疾患のリスクを高め、南部より5年以上も短い平均寿命に大きく貢献していることである。1つの格差は別の格差につながる。

極度の寒さと有毒な空気に見舞われた北の多くの人々にすれば、家のなかにいるのが望ましいことは間違いないから、彼らにとって最も重要な境界は家と外を隔てる扉ということになる。

一方、南に住む人々は、秦嶺山脈と淮河の北側に住んでいるという理由で享受している北の暖房を羨望の眼差しで眺めている。もっとも、徐々に改善は進んでいる。北京をはじめ多くの北部の都市は、石炭の代わりに天然ガスや電気へと移行し、微粒子状物質の排出量を削減するための新しい目標が設定された。臨汾《りんふん》などの都市では、伝統的な石炭ストーブが地元当局によって没収されたため、一部の住民はこれまでの慣習を捨てざるを得なくなった。一方、武漢などの南部の都市では、独自の集中暖房システムを整備しようとしているが、経済的および環境的懸念から、その拡大を制限される場合が少なくない。北では諸刃の剣として機能してきた集中暖房システムと同じ種類のシステムを求める声が高まるなか、南では風力、太陽光、バイオマスなどの再生可能エネルギー源がますます一般的になっている。

これまで、この線をさらに南に移動させるという案は、費用がかかるため一貫して拒否されてきたが、最近の新エネルギー源への関心を考えると、この境界線は今後数年間で妥当性が薄れていく可能性がある。しかし現時点では、東西に引かれた1本の線という単純な境界線によって、南北の暖房能力には明らかな断絶がある。

この事例は、環境に関する実証データに基づいて論理的に引かれた境界線が、社会的差異を制度化するための便利な政治的メカニズムにもなり得ることを示している。また、地球とのかかわりを変革するために意図された、目に見えない線の作成や活用から利益を期待できる場合でも、予期せぬ結果が生じる可能性があり、一方または他方の側に住む人々の生活の質を向上させずに、むしろ害する場合がある実例となっている。それでも特定のケースでは、目に見えない線が大気汚染などの環境への有害な影響の一部を抑制する有効な手段になることもある。さあ、環境配慮《グリーン》のときが来た。

9

Green Belts

グリーンベルト

人間社会と自然の美しさは、合わせて楽しむために存在する。
——エベネザー・ハワード（都市計画家）

英国の首都の中心から市外に向かって車で走ると、ロンドンの郊外は無限に続いているように感じる。これは２００３年に導入された交通混雑税ゾーン（訳注　渋滞緩和のために市内に乗り入れる車から徴税する制度）がうまく機能しても、いまなお各所の悩みの種になっている交通問題が一因なのだが、市の中心部を囲む壮大なジョージ朝、ヴィクトリア朝、エドワード朝風の建物や広大な公園から、数キロ離れた主要な幹線道路沿いに建つ両大戦間期の建物やモダニズム建築、そして最終的には郊外住宅地のほぼすべての通りに並び立っているように見える大きな一棟二軒住宅へと、徐々に変わっていくのがはっきり感じとれるからである。

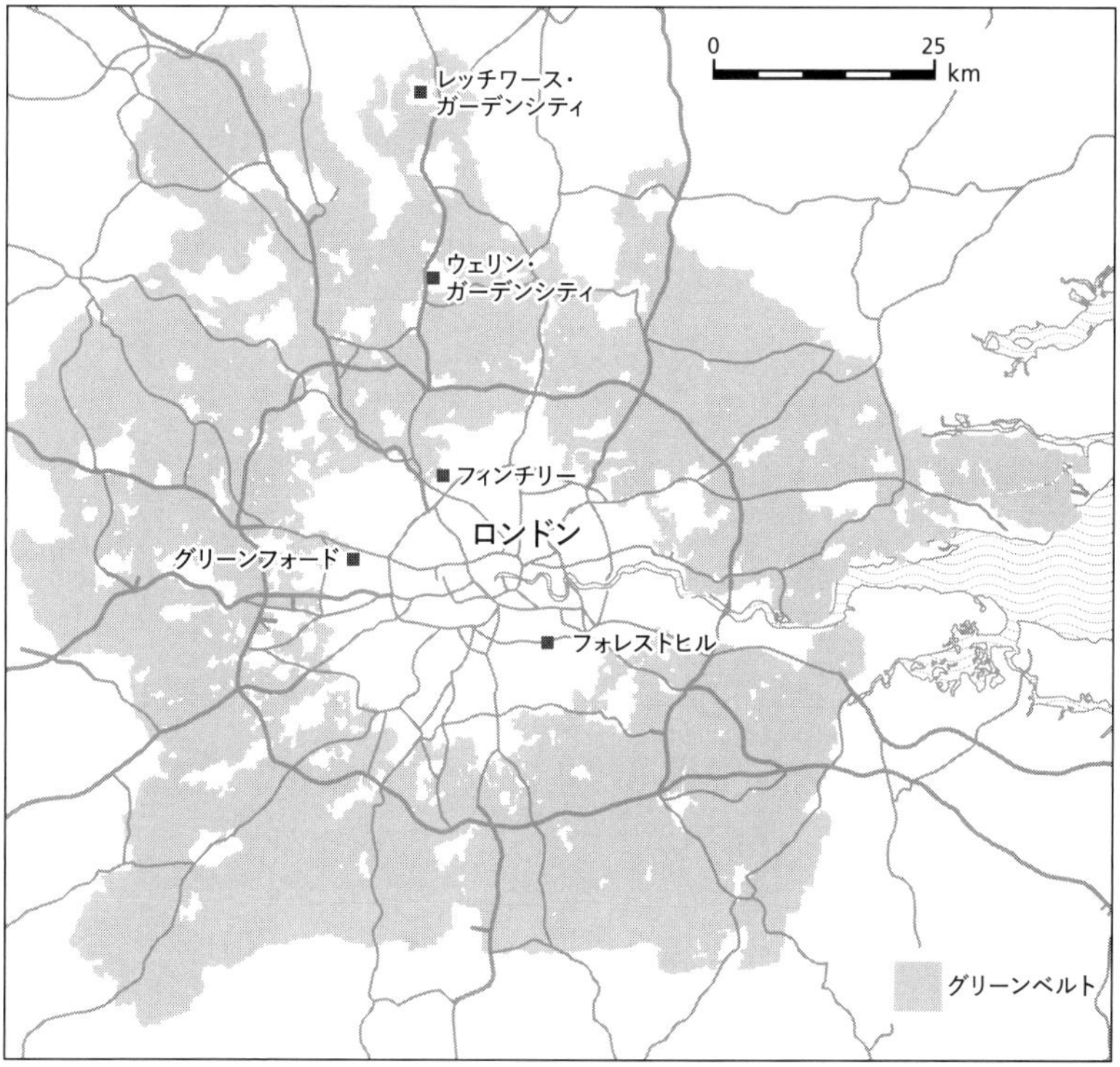
0
25
km
レッチワース・
ガーデンシティ
ウェリン・
ガーデンシティ
フィンチリー
ロンドン
グリーンフォード
フォレストヒル
グリーンベルト

こうした郊外地は19世紀から20世紀初頭にかけて膨張する大都市に飲みこまれ、それぞれの村が持っていた個性的な特徴の残滓が見られるだけになっている。フィンチリー、グリーンフォード、フォレストヒルなどの地名は、そこがかつて田園であったことを物語っているが、1965年にそのほとんどを含むミドルセックス州が公式に大《グレーター》ロンドンに組みこまれて、豊かな歴史を持つミドルセックスの名称は象徴的な意味合いを残すだけになった。現在、ロンドンの人口は英国全体の約13・5パーセントを占めているが、通勤圏をどこまで拡大するかによって、この割合が2倍になる可能性もある。だが、注目すべきは北米や東アジアの多くの都市と比較すると、ロンドンの郊外はさほど広大ではないという点だ。

そう聞くと、大きいことは良いことだと考えている人は失望するかもしれないが、みんながみんな大都市を愛しているわけではないのを忘れないほうがいい。大都市に対しては、1800年には100万だったロンドンの人口が1900年には約650万まで増え、1925年にニューヨークに追い抜かれるまでの100年間、世界最大の都市の地位を保持していた19世紀には特に不満を抱く人々が多かった。住民のほとんどは小さな村落からやって来て、彼らを待ち構えていたスラム街や工場に対する心の準備ができていなかったのだ。

確かに大多数の人々にとって、産業革命が急速に拡大していたロンドンなどの英国の都市での暮らしは、悲惨としか言いようのないものだったのだろう。フリードリヒ・エンゲルスがカール・マルクスとともに発展させたいわゆるマルクス主義理論が、英国北西部のマンチエスターとサルフォードの貧しいスラム街での経験と観察に基づいているのは偶然ではない。19世紀の終わり頃には、住宅法規や食糧供給、賃金、衣類、下水道、医療、洗面設備などの改善によって、ロンドンに付き物とされてきた病気と不潔さは軽減された。[*1] それでもこの都市は、まだ望ましい場所にはほど遠かった。国家を動かす実力者ならこの都市で働いて利益を得る選択をしたかもしれないが、実際に住みたいと思う人はほとんどいなかった。そして、郊外が拡大していった。これはおもに、公共交通機関の進歩と、一般大衆を富裕層の欲しがる地域に住めなくするための戦略的な価格設定によって可能になった。

ところがその過程で、新しい地域での空間の奪い合いが発生した。中産階級が身軽に移動できない労働者階級に市の大半を譲り渡すと、以前から郊外に住んでいた人々の生活圏に侵入し始めた。誰もが大都市を愛しているわけではないという考えが正しければ、ロンドン周辺の小さな町や村に住む多くの人々が、脅威となって迫る大都市を恐れたとしても不思議はない。念入りな計画に基づいてつくられ、何世紀もほとんど変化のなかった郊外住宅地に、前代未聞の騒音と交通量、大気汚染が持ちこまれた。長年の住民は自分たちの集落が〝特徴〟を失い、活力をそがれるのを恐れた。郊外はいまでも社会的、文化的、建築学的に均質化されたと非難されているが、特性を持つ集落がその均質性に飲みこまれるのではないかと恐れたのだ。英国の愛すべき田園（そこにあるとされる純粋さは国民性の中核を成している）がロンドンなどの大都市に飲みこまれるまで、どれくらい猶予があるのか？

多様性を担保するための田園都市運動

現在は、多くの住民の要求によって、スプロール化を防ぐ目に見えない障壁として、都市部の周囲に緑地帯《グリーンベルト》が設けられている。これは長い年月をかけて実現された構想だった。この構想の始まりは——中東のいくつかの古代都市や、ペストの蔓延を防ぐために、1580年にエリザベス女王1世がロンドンの周囲5キロ以内に建物を新築するのを禁止した事例など、もっと古い例も見当たらないわけではないが——20世紀初頭に田園都市《ガーデンシティ》運動を提唱したことで知られる都市計画家エベネザー・ハワードにまでさかのぼる。ハワードの構想は、都市（住宅、文化活動、雇用機会）と田園（新鮮な空気、自然、農業、低家賃）の両方の良さを兼ね備えた集落の開発だった。これを実現して、既存の工業都市の深刻な問題——蔓延する貧困、過密状態、公害、それに陰気な雰囲気に対処しようとしたのである。ハワードは工業都市が無制限に拡大するのを防ぐために、自分が発案したガーデンシティを農場や公園などの永続的な〝ベルト〟で囲み、人口を3万2000以内に抑えて、これを超えた場合は、別に新しい街を開発すべきだと主張した。ハワードの構想は、1つの都市が他を圧して大きくなるリスク（現実に今日の英国ではロンドンがこれに該当する）を予見しており、都市はこうあるべきという魅力的なビジョンを提供して、このリスクを軽減しようとしたのだ。

ガーデンシティ構想は、ハワードが想定していたほどには英国の都市計画の初期設定《デフォルト》にはならなかった。ハワードの存命中には、ハートフォードシャー（現在のグレーター・ロンドンの北に隣接する州）に2つのガーデンシティ（レッチワースとウェリン）が建設され、世界のあちこちでハワードの構想をおおまかになぞった集落がいくつかできた程度だった。それとは逆に、ハワードがより具体的な提案を行った集落間のグリーンベルトは、ガーデンシティ周辺ばかりか、英国のほとんどの主要都市のまわりにつくられ、広く普及していった。

実際、グリーンベルト構想は1920年代から政治家の手によって推し進められ、30年代には最初にロンドンの周辺で、50年代以降はウェスト・ミッドランズ、サウス・ヨークシャー、ウェスト・ヨークシャー、チェシャー、ランカシャーなどで、主要都市周辺にオープンな空間を確保し、市街の拡大を制限するために法令化された。時代とともに、こうしたグリーンベルトの多くは拡大され、市街化の圧力に対してさらに強く抵抗し、広がりつつある田園地帯を保護する働きをしてきた。

地上にいると、グリーンベルトはあまり目につかないだろう。なぜなら、グリーンベルトにある土地を利用して開発を行おうとする計画に抗議する看板がたまに見られるぐらいで、ほかにはほとんど何も表示されていないからだ。だが、都市のスプロール現象がなぜここで断ち切られているのか、その理由を考えると、大都会とそれを囲む田園を隔てる目に見えない境界をはっきり感じとれるようになる。境界線には気づかなくても、グリーンベルトが与えてくれる利益は、都市住民も気づいている。多くの人が大都会では実行できないさまざまなレジャー活動に参加して、心身ともに良い影響を受けている。

またグリーンベルトは、保護区をつくるより、集約的農業やゴルフコースを奨励して生物多様性を制限しているという一部の批判もあるが、野生生物の生息地となっているのは否定のしようがない。むろん、グリーンベルトにも欠点がないわけではない。グリーンベルトの外側で開発が進み、自動車利用が増える可能性があるし、もっと重要なのは、住宅建設に利用できるスペースを制限して住宅価格の大幅な上昇を助長したという非難を受けている点だ。

現在、ロンドンは世界で最も不動産価格が高い都市の1つになっている。とはいえ、何の制限もなく都市が拡大すればどうなるかを考えれば、グリーンベルトは都市住民に開かれた空間を提供するという意味で大きな役割を果たしていると言えよう。ロサンゼルス大都市圏《コナーベーション》（自治体の枠を越えて市街地がつながっている状態を表す言葉）は1200平方キロ以上をカバーしている特に有名な例だが、フェニックスやダラス・フォートワース、オクラホマシティなども無視できない。米国とカナダの多くの都市で低人口密度のスプロール現象が起きるのは、開発に利用できる土地が広大なことと、自動車と土地区画規制が果たす役割の大きさに負うもので、英国ではそれと同じような果てしなく広がる郊外がつくられることはない。北米の一部の都市（それに、世界の別の地域の一部自治体）では、独自のグリーンベルトを設置する選択をしたり、法律によって設置を義務付けたりしている事実も述べておかなければならない。これは、グリーンベルトの価値が英国以外でも認められていることを示している。ロッテルダムやハーグなどオランダの主要都市に取り囲まれた人口の少ない地域グルーネ・ハルトは、同様の土地利用計画の取り組み方としては特に有名な例だ。

このように、グリーンベルトはあるものが別のものに飲みこまれるのを防ぎ、土地利用のやり方を入念に計画したうえでなされた決定から生まれたという点で、意義深い境界と考えていい。同様に、都市が単に周辺の田園を食いつくし、しまいには蹂躙して広がるものではなく、他に依存しなくても機会を提供できる場所であることを確実にするという大切な役割を果たしている。もっともグリーンベルトは、意図的ではなく偶然につくられる場合もある。鉄のカーテンが崩壊したあと、西欧と東欧を隔てる帯状の地域で驚くほど多種多様な生物が生息しているのが発見された。この回廊はほぼ半世紀にわたって手つかずのまま残され、今日では北極海のバレンツ海から南の黒海とアドリア海に至る〝ヨーロッパ・グリーンベルト〟として保全されている。とはいえ次章で紹介するが、人間のトラウマと闘争から生まれた生態学的希望はこれ1つだけではない。

＊1　1858年には、テムズ川が発する人間の排泄物と工業廃水の腐敗臭のせいで、もう少しで英国議会を市外へ移転するところだった。貧困層の住むイースト・エンドの状況は推して知るべし。

10

The Chernobyl Exclusion Zone

チェルノブイリ立ち入り禁止区域

この国で恐れなければならないものは3つだけ。1つ目は車のドライバー、2つ目はオオカミ、3つ目は放射能だ。

——ウクライナの〝エイプリル・ラジゲート〟（訳注 〝エイプリル・ラジゲート〟は米国NBCのコメディ・ドラマ『パークス・アンド・レクリエーション』の登場人物名）

この引用文は、チェルノブイリ（チョルノービリ）立ち入り禁止区域（CEZ）のツアーガイドが、世界最大の人間の驕りの象徴を見にきた訪問者が通過しなければならない2つの検問所の1つ目に到着したときに発した警告なのだが、この辛辣な言葉を聞いて、私はコメディ・ドラマ『パークス・アンド・レクリエーション』のエイプリル・ラジゲートがウクライナに移住してきたのかと思ったものだ。もっとも、ウクライナのドライバーについてはあ

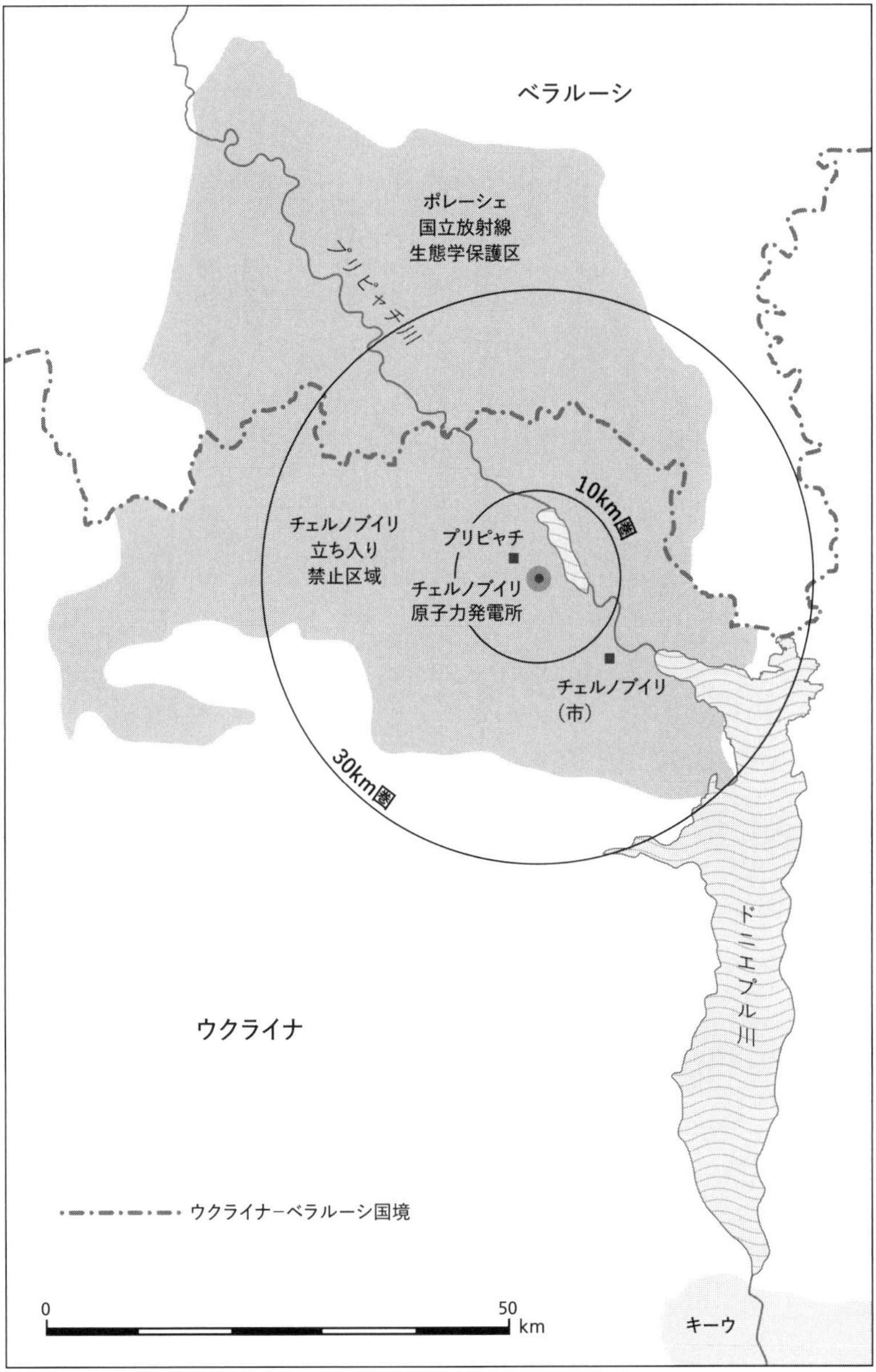
ベラルーシ
ポレーシェ
国立放射線
生態学保護区
プリピャチ川
10km圏
チェルノブイリ
立ち入り
禁止区域
プリピャチ
チェルノブイリ
原子力発電所
チェルノブイリ
（市）
30km圏
ドニエプル川
ウクライナ
ウクライナ－ベラルーシ国境
0
50
km
キーウ

えて教えてもらう必要もなかった。キーウのボルィースピリ国際空港を出発してから20分とたたずに、われわれの乗ったシュコダが、ほかの間抜けなドライバーを追い越そうと歩道ぎりぎりを疾走するのを見て、彼らの行動を予測できるようになっていたからだ。だが、それ以外の2つの考察は、人間がいまだに営々とつくり続けている世界と、おそらく取り返しのつかないほど損傷を受け、ほとんど自然に譲り渡された世界とのあいだにあるウクライナ北部の分断について多くを物語っている。

CEZは史上最悪の原子力災害の発生後、数日のあいだに設定された。1986年4月25日の早朝、チェルノブイリ原子力発電所4号炉の技術者は、皮肉にも安全テストを実施した。このテストは、停電が発生した場合に発電所のタービンがどれくらいの時間、十分な電力を供給できるかを確認するものだった。その後24時間のあいだに、炉の安定性を大幅に低下させる重大なミスが続いた。

4月26日午前1時23分、最初の蒸気爆発が起こり、火の玉が屋根を突き破って暗い空に舞い上がった。炉内で火災が発生し、放射性物質が大気中に放出され、風に運ばれていった。放射性物質の大半はまず周辺地域に、続いてその5年後にソビエト連邦から独立してベラルーシ共和国領となる北部地域に堆積したが、一部はスカンジナビア半島や西ヨーロッパまで運ばれ、森林や農地を汚染し、健康上の懸念を引き起こした。もしスウェーデンのフォルスマルク原子力発電所の放射線モニターがソ連から飛来した異常な高濃度の放射性粒子を検出していなければ、ソ連の懸命の隠蔽工作が功を奏して、世界が事故を知るまでに何年もかかったかもしれない。死者数がきわめて不正確なのは、爆発の二次的影響と考えられる癌などの疾患が何千件にものぼるためだが、ソ連当局が意図的にこの惨事の深刻さを過小評価する記録を残した可能性があるからでもある。事故直後の放射線被ばくによる死者数は約30から100と推定されるが、長期的な健康への影響を考慮に入れれば、死者の推定数は数千に跳ねあがる。

CEZは当初、4号炉を中心とする半径30キロメートルの円として設定され、ソ連軍はこの区域内の住民全員に即時避難を命じた。その円のなかに、放射線による汚染が最も激しいと考えられる地域を表す半径10キロメートルの小さな円が描かれていたが、時がたつにつれて、CEZの境界はさほど根拠のない距離ではなく、実際の放射線計測に基づいて見直されることになった。特にセシウム137、ストロンチウム90、ヨウ素131、プルトニウム238、プルトニウム239などの放射性同位元素の土壌中の濃度を観察する科学的なテストの結果、**CEZは整然とした円形から、不格好ではあるが正確さを増した地図上の染みに変わった。**さらに、発電所の位置が独立まもないウクライナとベラルーシの国境に近いために、それぞれが国内の区域を設定して、ウクライナ側のCEZの北側がベラルーシのポレーシェ国立放射線生態学保護区と接することになった。この2つの区域を合わせると、当初の旧ソ連の隔離区域の1・8倍になり、ウクライナとベラルーシでほぼ均等に分割されている。

もっとも該当地域の放射線量が減少すれば、今後数年のうちに縮小する可能性も大いにある。

　ＣＥＺには、いまなお大変危険な区域がある一方で、放射線量が完全に正常なレベルまで低下している場所もある。実際、ＣＥＺの大部分の放射線量は、飛行機に乗ったときに浴びるものより低い。いまでは進取の精神旺盛な企業が、地元の穀物と水からつくられた〝アトミック・ウォッカ〟なるものを生産・販売しているほどだ。とは言っても、放射性物質を含む塵埃は、自然の力や人間の営みによって特定のホットスポットに集中している。撤去作業に従事した〝清算人《リキディターズ》〟たちが使った車両などの汚染された物品を埋めたり、隔離したりした結果である。ＣＥＺの大部分を覆う松が爆発で生じた大量の放射線を吸収して赤茶け、〝赤い森〟などと呼ばれた。それもいまではほとんど地中に埋められたが、土の表面にはまだかなりの汚染が残っている。

　原子力発電所に一番近い街であるプリピャチは、世界で最も有名なゴーストタウンと言っていいだろう。ソ連の模範都市だったが、わずか数日で5万の市民は街を見捨てた。[*1]いまではプリピャチの朽ち果てた病院や埃だらけのスイミングプール、未使用の遊園地（ちょうど事故の翌週にオープンする予定だったせいで、〝地上で最も不幸な場所〟の有力候補になった）はどれも、不気味さと哀れさの両方の雰囲気を漂わせている。草木は伸び放題で、そこらじゅうにガラスの破片が散っているこの街が、かつて繁栄していたとはにわかに信じ難い。現代のポンペイを思わせる突然の消滅であったにもかかわらず、この街でガイガーカウンターを働かせると、数メートル離れているだけで放射線量に大きな差が出るのがわかる。

したがって、この街に限らず、CEZのなかでは決して注意を怠ってはならない。ガイドは、訪問者が通常の通行路を外れたり、何かに触ったりしないように気をつけている。私のガイドである〝エイプリル〟が活気づいたのは、ひどく汚染した木の切り株に座ってしまい、ズボンを捨てなければならなくなった若い女性訪問客の話をしたときだけだった。訪問客がCEZに入るにはパスポートを提示する必要があり、検問所と食堂（ありがたいことに、食べ物はこの区域の外から運ばれてくる）に入るときと出るときは検査を受けなければならない。また特別な服装規定《ドレスコード》もあるし、旅行中は禁煙を守る必要がある。こうしたことすべてが、CEZはウクライナのほかの地域とはまったく異なる場所であることを端的に物語っている。

この地域で体験できることは、普通1つの国の国境内ではあり得ないほど多様だが、CEZをこれだけ特別な場所にしているのは、過去40年にわたって立ち入る人間の数がごく限られていた点だ。SFやコミックのファンは残念がるかもしれないが、ここにはゴジラもスパイダーマンもハルクもいない。もっとも世界各地で目の3つある魚が発見されていることから、テレビアニメ『ザ・シンプソンズ』に出てくる3つ目の魚ブリンキーがCEZ内の川や池を泳ぎまわっている可能性はいくらかあるかもしれない。これまで確認されている突然変異の形態異常は、環境条件がこれほど劇的に変化していることを考えれば、普通予想されるよりも軽微であり、ツバメの部分的な色素欠乏症や、カエルの体色の濃厚化、特定の虫に現れる独特の斑紋といった程度だ。これらのなかには、放射線量の増加への適応反応と考えられるものもあるが、揺るぎない結論を出すためにはさらに研究を積み重ねていく必要がある。

動物たちが支配する地へ

注目すべき点はもう1つ、無脊椎動物の減少である。これは、多くの無脊椎動物が一生の大部分を土のなかで過ごすことから、土壌が特に汚染されているのが原因と考えられる。また、一部の鳥類は白内障、腫瘍、不妊症への罹患性が不釣り合いなほど高くなっている。それでも、それ以外の種、特に大型哺乳類は1986年以降の人為的影響の大幅な減少から大きな恩恵を受けている。シカ、ヘラジカ、イノシシ、ヒグマ、ビーバー、ヨーロッパバイソン、キツネ、オオヤマネコなどの在来哺乳類の個体数は、すべてこの30年間で増加している。オオカミの個体数は、CEZでは汚染されていない近隣の自然保護区の7倍と言われる。こうした動物たちが支配している土地であるから、〝エイプリル〟が警戒を促したのも無理はない。1998年に導入され、密猟によって一時は絶滅の危機に瀕していた非在来種のプシバルスキーウマも、密猟や違法伐採、汚染の可能性がある金属の回収を防止する強力な措置のおかげで繁殖するようになった。

いまではCEZを、ただの無人の荒野として片づけるわけにはいかなくなっている。放射能に汚染されても、多くの種が急速に繁殖できるようになることを証明した自然保護区としては、おそらく唯一無二のものと言えるだろう。

事故以前の人口およそ10万（ベラルーシ側の2万5000人を含む）まで回復する可能性は低いとはいえ、この区域に住むことを選択する人もいる。地元で〝サマショール〟と呼ばれる自給自足の住民は現在200人足らずで、そのほとんどは高齢の女性だ。ウクライナ政府は以前から退去を求めてきたが、固い決意で自分たちの知り抜いた土地にしがみついている。近頃は政府も高齢のサマショールの要求を受け入れるようになり、医師が定期的に訪問診察できる仕組みを整えている。その一方で、若いサマショールの多くは退去を迫られている。若者たちのなかには、2014年から継続しているウクライナ東部ドンバス地方の戦闘を逃れ、首都キーウからわずか100キロの近さにあって、なおかつ住居費が格安であるのを理由に移住してきた者もいる。

最近悩みの種になっているのは、面白がってCEZを探索する〝ストーカー〟と呼ばれる（ソ連時代のSF映画のタイトルから取られている）若い不法侵入者で、廃墟で自由気ままに乱痴気騒ぎをしたりしている。事故のあと、CEZで生まれた子供は1999年の1人だけと言われ、これもウクライナのこの地域でしか見られない変則面であるが、当局は当初、この地域から住民を完全に避難させられなかったことを恥じて、出産の事実を隠蔽しようとした。

　それでも、ある種の人間の行動は肯定的に評価された。災害直後、避難民はペットを一時的に置き去りにするよう命じられたが、ほとんどの人は自宅に戻れず、ソ連兵が汚染の拡大を防ぐために残されたペットを射殺したケースもある。それでも現在、生き残った犬の野生の子孫（および、ＣＥＺの外から迷いこんできた犬全部）は、去勢または避妊手術を受け予防接種を受けていれば、里親が引き取ってもいいことになり、犬たちはようやく放射線が引き起こした監禁生活から解放された。一方、それ以外の犬はＣＥＺ内でもっと身体が大きく、もっと凶暴なオオカミと食糧や縄張りを奪い合わなければならず、ＣＥＺの警備員になつくものが多いという。その愛らしい姿から、オンライン上の小さな有名人になっている犬も少なくない。

　チェルノブイリ原子力発電所は１９８６年の事故時ではなく、ウクライナ独立直後の１９９１年に２号炉で火災が発生したのをきっかけに、ゆっくりと廃炉作業が進められた。各炉は順次、運転停止になり、破壊された４号炉とそこから生じる放射性汚染物質を封じこめるために急造された〝石棺《サルコファガス》〟に代わって、巨大な２部構造の半円筒形ドーム（その壮大さから〝新安全閉じこめ構造物《ニュー・セーフ・コンファインメント》〟と名づけられた）が建設された。また、この地域に新しい電力と新しい希望を提供するために、太陽光発電所もつくられた。４号炉の完全解体は２０６０年代までかかる見込みで、ＣＥＺは少なくともそれまでは存在し続けることになる。

これは、住民が汚染物質にさらされるのを最小限にとどめるためと、科学者が邪魔されずにこの地域の監視を続けられるようにするためだ。

だが、別の要素が働いて、CEZと残りの国土を隔てる境界線が予定より早く消えてしまう可能性もある。2020年、バルト海と黒海を結ぶ全長2000キロの内陸水路E40を建設するために、近くのプリピャチ川の浚渫《しゅんせつ》が始まり、それを機に放射性物資を含んだ汚泥が何百万もの人々の飲料水を汚染するのではないかという懸念が高まった。同じ年の4月には、地元の放射線量を急上昇させる可能性のある深刻な山火事が発生し、この地域では長期的に人間の活動を最小限に抑える必要があることを改めて認識させられた。こうした微妙な地域については、手を差し伸べることと遠ざけることのあいだにある、か細い線をしっかりと見分けて尊重する必要があるのだ。

最後に、CEZがウクライナのほかの地域とはまったく異なる点をもう1つ挙げておこう。ソ連の歴史がほとんど手つかずのまま残っている点だ。近年、ウクライナ政府は共産党のシンボルを禁止し、共産主義の記念碑の撤去や街と通りの名称変更を呼びかけるなど、国の〝非共産化〟に懸命に取り組んできた。だがCEZは、誇らしげとまでは言えなくとも、鎌とハンマーが目立つ場所に掲げられた極左政治の非公式野外博物館になっている。特にプリピャチのさまざまな壁には、CEZ以外のウクライナ国土では絶対に見られないソ連のシンボルやプロパガンダが飾られている。共産主義の歴史のもう1つの印象的な例は、CEZの森に隠されている巨大なデュガ・ミサイル探知レーダーだ。このレーダーは、短波ラジオ帯に載せて繰り返し発する音から〝ロシアのキツツキ〟と呼ばれている。このようにCEZの境界線は、静止したものではあるが、形態化された共産主義が生き残ることを可能にしている。原発事故のあと、被害者への補償金がソ連経済を破綻させ、連邦崩壊の一因になったという事実を思うと、共産主義のシンボルがいまも残っているのは実に皮肉な感じがする。[*2]

ロシアがウクライナに侵攻した現在、CEZの政治的未来はまったく予想がつかなくなっている。ロシア軍は侵攻開始の1日目の2022年2月24日にベラルーシ経由でCEZを占領した。4月の初めにはこの地域から撤退せざるを得なくなったものの（軍事的損失と放射線被ばくのためと報道されている）、いまもウクライナでの戦争が続いているために、これからどうなるかはあくまで推測の域を出ない。これまでのところ、新安全閉じこめ構造物やほかの3つの原子炉が攻撃を受けて放射性物質の放出が起きるのではないかという、世界中でささやかれたきわめて妥当な懸念は、幸いにも現実になっていない。それでも別の懸念すべき点として、ロシアの戦車や装甲車の移動によって土壌が攪拌され、放射性の塵がCEZの境界を越えて拡散する可能性があることと、ロシアの攻撃によって世界が核危機の瀬戸際に立たされていることは否定できない。

以前は、CEZはいずれ完全に除染され、周囲とほとんど変わりなくなるはずだという希望があった。しかし、ここを保存すべきだという考えを持つ人が少なからずおり、関心を寄せる旅行客も増えている現状だと、何らかの形で半永久的に残される可能性も出てきた。とりわけCEZの境界には、人間が支配を続ける世界と、自然にゆだねられた世界を分けるという際立った特徴がある。動物は人間よりも放射線に耐性があるらしく、喜んでわれわれの撤退後の空白を埋めてくれている。もっとも次章で見るように、災害は人々のあいだにも境界線を引いてしまうことがある。ある集団を別の集団から守るための境界線である。

＊1 少々まぎらわしいが、チェルノブイリの名を持つ市は、実は発電所から数キロ離れたところにあり、ほとんど汚染していないので、現在はCEZの労働者や訪問者のためのほどよい大きさの中心地として機能している。

＊2 共産党中央委員会によると、事故直後、ソ連は11万6000人の避難民に11億2000万ドルの賠償金を支払った。その後、賠償の対象はウクライナ、ベラルーシ、ロシアの被災地域に住む約700万人に拡大されたが、3つの独立国にかかる財政負担が重すぎるために、現在では月額5ドルしか受け取っていない被害者もいる。

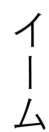

11

Eyam

イーム

ある人々にとって、その説教は自分のあずかり知らぬ犯罪で不定期刑を宣告された事実を思い起こさせただけだった。そして、多くの人が監禁状態に適応して、以前と変わらぬ平凡な暮らしを送っている一方で、反抗し、この監獄から脱出することしか頭にない人々もいた。

——アルベール・カミュ『ペスト』

境界をつくるという考えは、新型コロナウイルスの世界的大流行《パンデミック》がもたらした窮状と、それに対して講じられたさまざまな措置によって、特に人々の共感を呼ぶようになった。ヨーロッパでは、加盟国間を自由に移動できるシェンゲン圏（訳注　EU加盟国のうち23カ国と欧州自由貿易連合4カ国からなる領域）の協定が一時停止された。州間や州内の移動を制限するために国内にも境界を設けた国も少なくなかった。またごく身近なところでは、人々の接触を最小

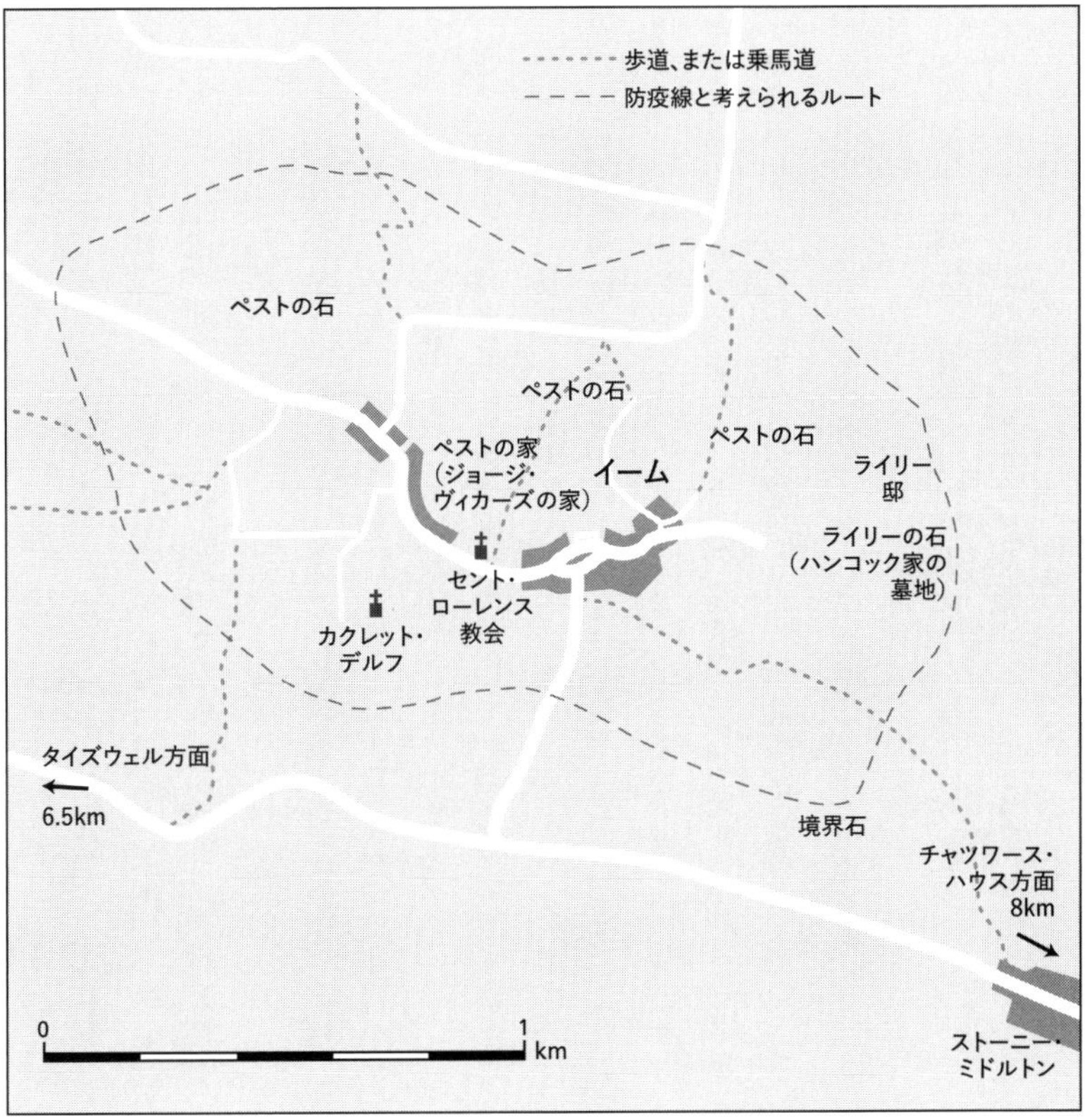

歩道、または乗馬道
防疫線と考えられるルート
ペストの石
ペストの石
ペストの石
ペストの家
(ジョージ・
ヴィカーズの家)
イーム
ライリー
邸
ライリーの石
(ハンコック家の
墓地)
セント・
ローレンス
教会
カクレット・
デルフ
タイズウェル方面
6.5km
境界石
チャツワース・
ハウス方面
8km
0
1
km
ストーニー・
ミドルトン

限に抑えてウイルスの拡散を防ぐために、ソーシャルディスタンスが推奨され、他人と自分のあいだに目に見えない線を引いて接触を避けよとアドバイスされた。とはいえ、それ以前にすでに二極化が進んでいた状況だったから、新型コロナ対策の手段についてはもちろん、本当にそんな病気が存在するのかという疑問さえ熱く議論された。スケープゴートが求められ、人や企業が裁かれた。進んで人と会いに出かける者もいれば、広い外界から自分を隔離してしまう者もいた。このように、新型コロナ蔓延の絶頂期につくられた境界は物理的なものだけでなく、心理的、社会的、政治的なものでもあった。

このパンデミックを、人類の歴史において前例のない出来事と思う人も少なくなかった。ある意味、それは正しくもある。これほどの広がりは、私たちがすでに慣れ親しんでいた世界の相互接続性によって可能になったのである。それでも、この災厄がもたらした衝撃はもとより、拡散を抑制しようと講じられた措置まで、多くの先例が存在する。2世紀のローマ帝国で発生した〝アントニヌスの疫病〟、6世紀半ばの〝ユスティニアヌスのペスト〟、1910年から11年にかけて発生した中国北東部（満州）のペスト、そして1918年のインフルエンザ（スペイン風邪）のパンデミックなどが挙げられる。とはいえ、境界の問題について言うなら、1665年から66年にかけての腺ペスト（〝黒死病〟）大流行と、なかでもイーム村の事例ほど格好の比較対象はほかにない。

マンチェスターの南東50キロに位置する、イングランド・ダービーシャー州の村イームは、これまで長いあいだ、恐ろしい伝染病に襲われた次の世代に、貴重な教訓を残してきた。13世紀以降、何度もヨーロッパで無数の人命を奪った腺ペストは、1665年8月下旬に、病気と闘っていたロンドンから地元の仕立て屋アレグザンダー・ハドフィールド宛てに送られてきた服地の包みとともにこの村にやって来た。ハドフィールドの助手ジョージ・ヴィカーズは服地が湿っているのに気づき、病気の原因になるノミを解き放つとは知らずに、火のそばに広げてしまった。数日後、ヴィカーズは村が出した257人の犠牲者の最初のひとりになった。

病気の蔓延を抑える効果的な措置が取られたのは、ようやく1666年6月になってからだった。村全体を強制隔離《クアランティン》する、当時としてはあまり知られていない手法が導入された。クアランティンという言葉は、14世紀の腺ペスト流行時にヴェネツィア共和国が採用した独自の衛生対策に由来する。この対策は、乗客の下船と貨物の荷揚げの前に、船舶に40日間（イタリア語で〝クアランテーナ〟。のちに〝検疫〟の意味になる）の停泊を命じるものだった。

その後4カ月間、イーム村は外部世界から遮断され、コミュニティ単位のロックダウンの初期バージョンを実行した。イーム村の事例をさらに異例にしたのは、これが上から押しつけられた対策ではなく、若い教区牧師ウィリアム・モンペッソンと村の前の牧師トーマス・スタンリーの説得によって行われた点だった。パニックを起こした何人かの住民が村を逃げ出そうとすると、モンペッソンは、出て行けば他人の命を危険にさらすことになると説得して思いとどまらせた。実のところ、村人の動向を監視する必要はほとんどなかった。近くのタイズウェルに逃げた女性は、イーム村の住民であるのを見破られて村を追い出された。逃げる女の後ろから、「ペストだ！　ペストだ！」という叫び声が追ってきた。

当時はまだ住民の宗教指導者に対する敬意は深く、また病気はおしなべて神の下した罰と見なされていたため、牧師の指示に従うことが贖罪への道と考えられていたのだが、それでも、イーム村の住民がよその地域の人間を守るために死の危険を厭わなかったのは注目に値する。特に、村の死者の大半が隔離が始まって数カ月のあいだに出たことを考えれば、驚くべきことだ。ロンドンでも１６６６年に夜間外出禁止令が敷かれ、住民は午後9時前に家に帰ることを義務づけられた。もっとも、海軍書記官で、同じ年にこの街を襲った大火災を記録する日記を書いたサミュエル・ピープスはじめ何人かの情報源によれば、その取り締まりがあまりに厳しかったので、大きな反感を買ったという。「昼夜を問わず人々を家に閉じこめておくために、監視員が常置された。ペストのせいで、私たちは他人に対して犬のように残忍になっている」。そのうえに、チャールズ2世と貴族の多くが、黒死病蔓延のさなかに国民への援助をほとんど行わず、遠く離れた地方の所領に引きこもって非難された。

イーム村の聖職者たちはそれとは対照的に、村人の意見に耳を傾けながら、外部の力を借りることなく問題に取り組み、言行一致で政府に代わってリーダーシップを発揮し、村外の数多くの人命を救った。１６６６年の夏じゅう、村ではペストの猛威が荒れ狂ったが、それでも村人は行動制限に従った。何より肝心なのは、最終的に強制隔離の目的が達成されたことだ。病気はイームの外へは広がらなかった。

〝非接触型決済〟のはじまり

〝境界石〟と呼ばれる地味な砂岩の大石は、隣接する集落ストーニー・ミドルトンに向かう短い小道の途中にあって、いまでも村への出入りを阻むために設置された封鎖線の面影を留めている。当時の封鎖線は決してあからさまなものではなかったが、現実に人の往来を規制する境界線として、線の両側の住民に尊重された。死ぬまで、二度と村を取り囲む野原を横切らなかった住民も少なくなかった。そのうえ境界石などの大石は、外の世界を守るためにイームの境界を定めただけでなく、村内の人々に不可欠の実用的な役割を果たした。非常時には非常手段が必要になる、という格言の古典的実例として――それに、コロナ禍の際に現金の代わりにクレジットカードなど非接触型決済の利用が急増したことの前例として――イームの住民は境界石をうがって、消毒効果があると信じられていた酢を張った穴に硬貨を置くようにした。隣村の村人は硬貨の見返りに、食糧や薬をその場に置いて立ち去った。チャツワース・ハウスの近くに住むデヴォンシャー伯爵も、イームの自主隔離中にモンペッソンが手紙で援助を要請すると、必要な食糧をイームの南の境界に置いたと伝えられる。このように人の移動は禁止されたが、品物は注意深く交換されていた。

境界が設定された成り行きや、（間に合わせのものとはいえ）物の交換手段の変化のほかにも、現代に相通じるものがいくつも見られる。このときも感染防止のためのマスク着用が広く行われたが、一般に病気は有毒な瘴気によって引き起こされると考えられていたので、マスクにハーブを詰めることで一定の防止効果があるとされた。それでも、イーム村の聖職者たちは、密閉された空間が病気の蔓延を加速させるのを恐れて、現代のフランシスコ教皇が新型コロナの蔓延リスクを減らすために屋外でミサを行ったのと同様、セント・ローレンス教会ではなく、カクレット・デルフと呼ばれる天然の石灰岩のアーチの下で礼拝を執り行うようにした。この場所では、いまでも毎年8月の最終日曜日に追悼礼拝が行われている。コロナ禍でもそうだったように、葬儀の参列者は大幅に減少した。どこの家でも村の墓地に集う習慣は捨てて、ただちに死者を畑や庭に埋葬した。

もう1つ類似点を挙げれば、腺ペストはまったく無作為に人の命を奪ったようだ。感染とは無縁に見えたのに、わずか8日のあいだに6人の子供と夫を埋葬しなければならなかったエリザベス・ハンコックの逸話は特に痛ましい例と言える。また、コロナ禍で多くのカップルが、直接会っても安全かどうかを判断しなくてはならない立場に置かれたように、恋人同士だったイーム村のエモット・シダルとストーニー・ミドルトン村のローランド・トーレは、現在のソーシャルディスタンスの前身とも言える行動を選択し、近くの谷の両側に立って、たがいに近づかないようにした。強制隔離が始まる前の4月からシダルが姿を見せなくなっても、トーレは希望を持ち続け、ふたりの逢瀬の場所に通い続けた。婚約者が疫病で亡くなっていたことを知らされたのは、秋になってイームの行動制限が解除されたあとだった。

隔離が一般的な慣例になるには長い時間がかかったが、イームの教えはソーシャルディスタンスと消毒による疾病予防のケーススタディとして正しく受け継がれている。同じくらい重要なのは、境界の両側で隔離が遵守されたことであって、それはこれらの村々に根づいた相互尊重、連帯感、相互依存の表れと言える。いまでもこの美しい村には、ヴィカーズの家からモンペッソンの野外教会まで、この悲惨な時代を物語る痕跡がいくつも残されている。その苦悩と不屈の物語は、観光案内の看板やこの村固有の歴史を伝える博物館で知ることができる。残された境界石は、どんな人間も逃れられない死を、自己犠牲の可能性を、そして他人を守るために境界線を引く能力を思い出させてくれる。

それでも、人類の向上のために目に見えない線を引くことは、地域や国単位で考え実行するだけでなく、国際的な協力を通じて、絶えず進化する地球との関係に適応するために行うこともできる。次章では、技術の進歩によって、地球を理解し分類するためのまったく新しい、独創的な方法が必要になることを示す説得力ある実例を紹介する。

12

The International Date Line

国際日付変更線

クラウス夫妻だけが彼を裏切った。それは単に彼らが国際日付変更線を忘れ、24時間遅れて到着したためだった。

——アーサー・C・クラーク『幼年期の終わり』

子供の頃、私は初めて祖父から国際日付変更線のことを聞いた。祖父は仕事でアリゾナ州と東アジアのあいだを頻繁に往復していた。あるとき彼は、自分の誕生日の夕方に東京から米国に向けて飛び立ち、10時間ほどのちに着陸したときも翌日にはなっておらず、まだ彼の誕生日だった。おかげで機内で2回お祝いをしてもらい、フライトアテンダントがケーキを2つ、時間をおいて持ってきてくれたと話していた。彼はいつも話し上手だったから、もしかしたら航空会社の気前のよさを少し誇張したのかもしれないが、それでも私はそのエピソードに幼い想像力をかき立てられた。それ以来、日付変更線にはずっと関心を寄せてきた。

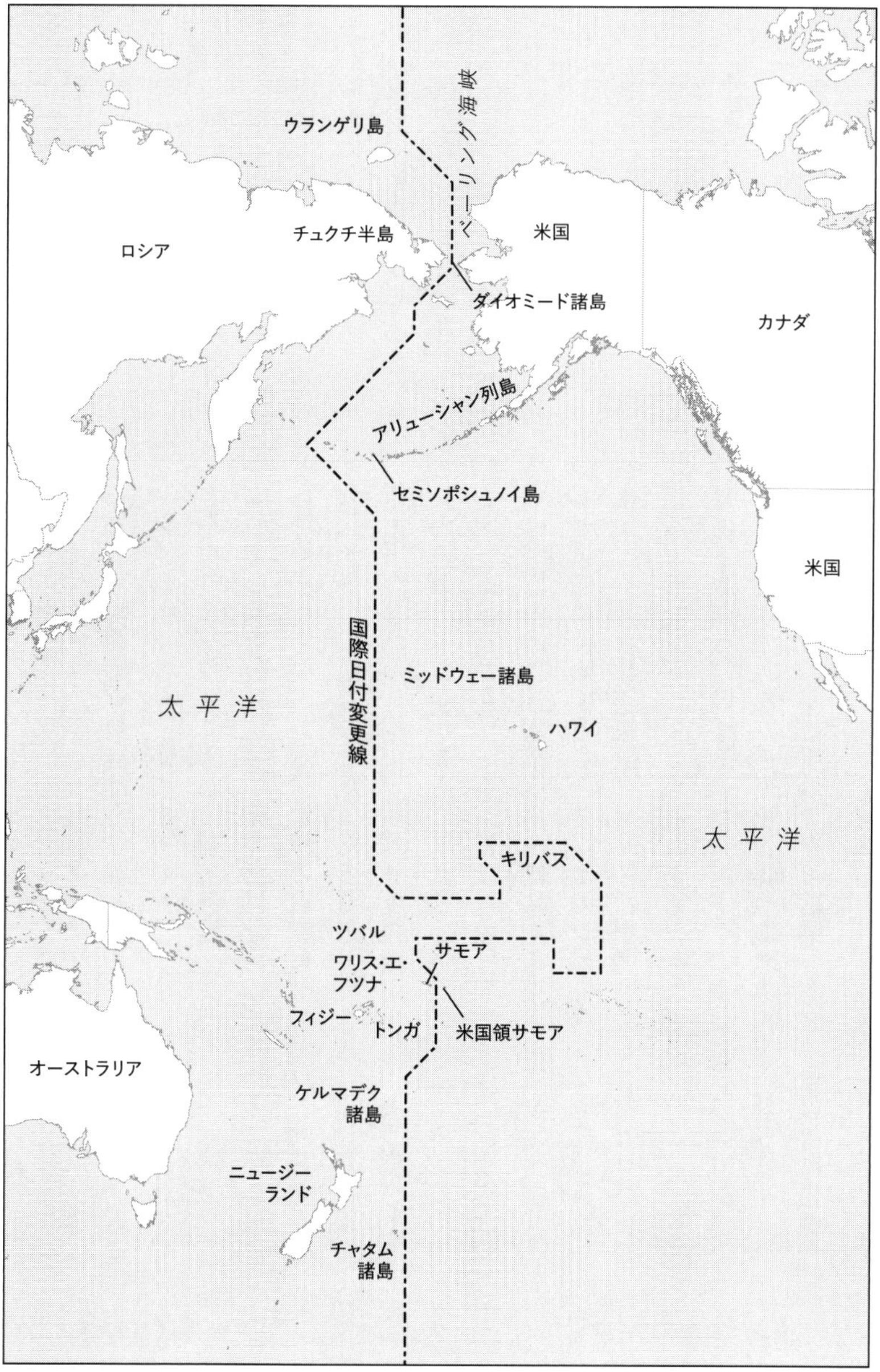

ベーリング海峡
ウランゲリ島
チュクチ半島
ロシア
米国
ダイオミード諸島
カナダ
アリューシャン列島
セミソポシュノイ島
米国
国際日付変更線
ミッドウェー諸島
太 平 洋
ハワイ
太 平 洋
キリバス
ツバル
サモア
ワリス・エ・
フツナ
フィジー
トンガ
米国領サモア
オーストラリア
ケルマデク
諸島
ニュージー
ランド
チャタム
諸島

私自身は2019年に、シカゴから東京経由でシンガポールに向かう途中で初めてこの線を越え、いわゆる1日をまるまる〝失う〟時間感覚の混乱を体験し、帰りの旅行でそれを取り戻した。なぜ私たちにはこんな〝タイムトラベル〟ができるのだろう？　日付変更線は世界の境界の持つ重要性について、どんなことを教えてくれるだろう？

第一に、国際日付変更線は太陽のまわりを公転する地球の自然な自転に基づいているのに、実は〝自然〟とはほど遠いことを理解する必要がある。地球の自転については、北極点か南極点に立たないかぎり、毎日、太陽が昇って沈むのを見て知ることができる。日付変更線のほうは基本的に想像上のもので、太平洋を北から南に、180度経線（経度180度）上をほぼたどって貫いているが、どこかの領土にぶつかりそうになると進路変更をする。この線は2つの暦日の境界を画していて、したがって太平洋の西側は木曜日でも、東側はまだ水曜日である。さらにまぎらわしいのは、地理的には太平洋の西側にある東アジアやオーストラリアなどが、時差の観点から見ると東側に位置することだ。これは時間帯（これも見えない線である）については本初子午線（グリニッジ子午線。ロンドンを通過する）をゼロ点、つまり標準時としていて、東アジアなどはロンドンより東側にあるためである。

一方、地理的に太平洋の東側にある米国は、時差的にはロンドンの西側になる。ロンドンがゼロ点であるのはあくまで人為的な決定であり、その延長線の地球の真裏に延びる180度経線を国際日付変更線にしたのも、人間が行った別の決断の結果であるのは容易に想像できるだろう。

さらに、人為的な決定はこれでおしまいではない。この線が南極に達すると消えてしまい、地図に描かれることはほとんどない。代わりに、領有権の主張に基づいているがそれだけでもない理由で、かなり複雑な時間帯が使われている。さらに言えば、この線の周辺にある国は、時間管理の観点から線のどちら側にいたいかを独断で決定できる。このように、**日付変更線は流動的と言ったほうがいい境界であり、その位置は常に変化していて、広大な太平洋のいくつかの部分ではいまだに曖昧なままである。**だが、特異性はあっても、この線が世界各国の日常生活に与える影響は大きく、その意味では地球上でも特に重要な境界線であると考えたほうがいい。

まず国際日付変更線が引かれた経緯を見ていこう。地図上に水平の緯度線と垂直の経度線(本初子午線と180度経線はどちらも後者)を引くという考えは、古代ギリシャが起源なので決して新しいものではないが、地図上に時間を描くという考え方が生まれたのはごく最近で、19世紀の英国でのことだった。英国では19世紀半ばまでに鉄道が広く普及していたが、各駅の時刻表にはそれぞれ勝手な時刻を表示されており、西へでも東へでも、短い距離を移動する場合でさえ利用者は大いに戸惑わされた。列車に乗り遅れるという身近な問題を解決するために時間の標準化が必要になり、ロンドン南東部のグリニッジにある王立天文台の時間が英国全土に必要な基準として選ばれた。[*1] その後数十年のあいだに、特に鉄道とその利用者に便宜をはかるために、ほかの国々でも時間の標準化が行われた。

当然だが、アメリカ合衆国のような広大な国は1つの時間帯では事足りなかった。そこで1883年10月11日、各鉄道会社の代表者がシカゴのグランドパシフィック・ホテルに集まり、何百種類もある地方時間と紐づけられた50種類ほどの基準が存在して、正常に機能していないシステムを、グリニッジの本初子午線に基づく経度に合わせた4つの標準時に置き換えることで合意した。この時間帯は、サラトガ・スプリングスの女学校の校長だったチャールズ・F・ダウドによって20年前に考案されたものだった。それからわずかひと月後の1883年11月18日、米国国民の大半が、新しい時間帯に合わせて時計を調整することに同意した。[*2]この日は、従来の太陽正午（太陽が空の最も高い位置にあるように見えるとき）と新しく〝公認された〟正午の両方を目にした人々、それに応じて時計を最大30分進めなければならなかった人々によって、〝2つの正午の日〟と呼ばれるようになった。もっとも、米国議会がこの4つの時間帯（それに加えて、その直前に準州に昇格したアラスカ用の5つ目の時間帯）を正式に認めたのは1918年になってからだった。

それでも国ごとの時間帯制度は、次第に相互の結びつきを強める世界では効果が限られていた。とりわけ1860年代に大西洋横断電信ケーブルが海底に敷設されると、国家間の合意がなければ混乱が生じる危険があった。そこで、特に船舶や鉄道の便宜のために国際的に認められた本初子午線を設定すべきだという声が高まり、同時期にスコットランド生まれのカナダ人技術者サンドフォード・フレミングが時間帯の世界システムを提案したのをきっかけに、1884年10月、チェスター・A・アーサー米大統領の要請によって、ワシントンDCで国際子午線会議が開催された。この会議に集まった26カ国41人の代表は、本初子午線の採用と、それがグリニッジを通過することを決議した。サントドミンゴ（現在のドミニカ共和国）だけがこの決議に反対し、ブラジルとフランスは棄権した。フランスは1911年までグリニッジ標準時（GMT）を国際標準として採用するのを拒み、1978年になるまで、GMTを侮蔑的に〝パリ標準時を9分21秒遅らせた時間〟と呼んでいた。

フレミングの時間帯案は、会議の目的を外れるという理由で却下されたが、世界を経度15度ずつ24（総計で360度になる）の時間帯（1時間ごと）に分けるという彼のアイデアは、国境で必要になる調整や夏時間導入の足並みの乱れなどの障害があったにもかかわらず、この基準で時間帯を設定する国が増えるにつれて実を結んだ。

中国は、領土が東西に5000キロ以上の幅を持ち、ほかの地域なら時間帯が5つ入る大きさであるのに、単一の時間帯を採用している注目すべき例だ。おかげでアフガニスタンとは国境をはさんで、なんと3時間半も時差があるのだ！ オーストラリアはそれと逆で、通常なら3時間の時差ですむ本土を6つの時間帯で分けているので、1つの時間帯が30分ないしは45分ごとになっている。そんななかで最も興味深いのは、北朝鮮の平壌時間（PYT）をほぼ3年にわたって意図的に30分遅らせていたことだ。地政学の役割の大きさと、時間がいかに容易に操作できるかを実証した例である。[3]

グリニッジを基準にするメリット

グリニッジを通る本初子午線を経度０度に設定するに伴い、地球の反対側（経度１８０度）も決定された。グリニッジが選ばれたおもな理由は以下のとおりだ。第一に、英国は当時、世界最大の海軍と商業力を保有しており、そのため世界中の航海士が英国海軍の海図や航海暦を使っていて、そこには当然、グリニッジが本初子午線として表示されていた。第二に、グリニッジ王立天文台は観測データの質の高さで知られており、英国の地図作成技術も広く高評価を得ていたため、グリニッジは信頼できる適切な選択肢と見なされた。第三に、当時、世界最大の鉄道網を誇っていた米国がグリニッジを基準とした標準時システムを採用したばかりだった。つまり、グリニッジが国際基準に採用されれば、ほかの選択肢の場合より変更が少なくてすむことになる。

このように英国は、ますますたがいの結びつきを強める世界の中心点という立場から大きな利益を得たわけである。もっともグリニッジを通る経度０度には、４つ目の間接的な利点もあった。本初子午線がグリニッジであれば、地球の反対側の１８０度経線はほとんど太平洋を通過することになり、その日と翌日の切れ目の影響を受ける人の数が限りなく少なくてすむ。こうして生まれた国際日付変更線は、国際条約によって正式に設定されたわけではないのに、世界中の人々に直接の関係を持つ、世界に受け入れられた基準の数少ない例になった。

そのことは、国際日付変更線が時代とともに、その位置の影響をまともに受ける国の要請によって調整されてきた事実を見てもよくわかる。日付変更線は北極を始点に南に向かい、まずロシア極東部のウランゲリ島とチュクチ半島を避けて南東に方向を変えてから、ふたたび南に向かってベーリング海峡を通過する。海峡では、わずか4キロしか離れていないダイミオード諸島の2つの島（1つは米国領、もう1つはロシア領）のあいだを通っているので、結果的に24時間周期の両端がここで出会うことになる。むろん理論上ではあるが、2つの別の日を一度に見たいと思う人にはここが格好の場所となる。そこから、アリューシャン列島がすべてアラスカ側に入るように、大きく南西に迂回する。180度経線の西側にあるアリューシャン列島は本初子午線の東側にあるから、列島の先端にある無人島セミソポシュノイ島は、北米大陸の西側にあるにもかかわらず、経度的には理論上、北米で最も東の位置にあることになる。日付変更線はその後、180度経線に戻り、赤道に到達するまでそのまま南下する。

キリバスは陸地面積がバーレーンと同程度の島国だが、領海はインドの国土よりも広いため、日付変更線も方向を変える必要が出てくる。迂回の大きさとしてはここが一番で、急激に東へ向かう。１９７９年に英国から独立し、米国からフェニックス諸島とライン諸島を譲り受けたキリバスは、日付変更線の両側に分かれた島同士の交易に不便を感じていた。なにしろ、両側で曜日が一致するのは週に４日だけだからだ。そのため１９９５年から国全体を日付変更線の片側にまとめることになり、東側の島々は１９９４年12月31日土曜日を省略した。キリバスの最東端の島々をややぎこちなく迂回したあと、日付変更線は独立国サモアと米国領サモアのあいだを通過する。両国はもともと同じ時間帯を使っていたのだが、サモアがおもな貿易相手国であるオーストラリアとニュージーランド、およびそこに住む国外在住者のコミュニティからまる１日時間が遅れるのを嫌がったのに対して、米国領サモアは米国に近い時間帯を好んだ。

その結果、サモアはニュージーランド領トケラウとともに、２０１１年12月29日木曜日の深夜零時に国際日付変更線の反対側に移動し、12月30日金曜日は省略してそのまま土曜日の12月31日に進み、それまでと逆に世界一早い新年を迎えることになった。

日付変更線はそのあと、フランス領のワリス・エ・フツナ、ニュージーランド領のケルマデク諸島とチャタム諸島、独立国のツバル、トンガ、フィジーをすべて収容できるように西経１７２度付近を南下する。これらの国々も貿易の観点では、地理的に西に位置する国々との関係を重視している。ただしフィジーは観光客へのアピールを考えて、自国の島々を三分割する１８０度経線を示す標識を設置しているが、どの側でも同じ時刻であるのは言うまでもない。その後、日付変更線は１８０度経線に戻り、南極大陸に達する。

最後に挙げる例外事項は、国際水域に関するものだ。すべての船舶は、フレミングの提案に近い、経度15度ごとに変わる海事時間帯に従うように求められている。ただし、船舶がどこかの国の領海内にある場合は、その国の決めた時間帯も適用される。海事日付変更線は、１９１７年に開かれた海上での計時に関する英仏会談で推奨・制定された。この線は１８０度経線に沿って走っているが、陸地と領海にぶつかる場所は例外となる。もっとも、国際日付変更線のようにこの子午線から離れるのではなく、海事日付変更線のその部分は空白になる。

国際日付変更線は、私たちが国家を越えて結びついた世界で生きることを可能にしてくれるが、それは単にある日と翌日の境界線の役割だけでなく、線をまたいだ貿易やコミュニケーションの実現にも一種の境界線として機能する。19世紀後半に境界線として明文化される前から、ジュール・ヴェルヌの小説『八十日間世界一周』におけるフィリアス・フォッグの有名な体験や、それよりずっと早く世界一周を試みたフェルディナンド・マゼランの観察などで見るとおり、一日一日の移り変わりや、時間を得したり損したりする可能性についてはは理解されていた。したがって、完全な想像の産物というわけではないが、太平洋に位置していることや、各国の政治的・経済的利益に基づいて比較的頻繁に位置が変更されることから、この線もまた人為的にかたちづくられたものであることがわかる。地殻のプレートの移動にも適応しなければならないから、周辺諸国はゆっくりと動く陸地に合わせて、（遠い）将来、180度経線との関係を再設定せざるを得なくなるはずだ。

国際日付変更線は世界中のほかの境界線と同様、単にこちらとあちらを区切るだけのものではなく、私たちと世界との関係をダイナミックかつ魅力的に表現している。便宜上の産物でありながら、複雑な問題を提起する。人の心を誘うように捉えどころのないこの線は、地球を理解しようとする人間の努力、絶えず変化する地球の本質を捉え、視覚的に表現するために地図化を行う際の課題について多くを語ってくれる。絶えず変化することこそ、地球でただ1つ変わらないことであり、そのために境界線や帯域の移動、新たな分裂や新たな地域が出現している。国際日付変更線は、地理学を利用して未来を構築し、地球をある程度コントロールしたいという私たちの願望を完璧に体現したものと言えるだろう。

＊1　それでも英国の一部の町では、混乱をさらにあおるかのように、しばらくのあいだ地元の時間とロンドン時間の両方を表示する時計が置かれていた。その様子はいまでも、ブリストルの穀物取引所で見ることができる。

＊2　一部の人々にすれば、時間を操作するという考えは〝不自然〟であり、抵抗すべきものだった。特にデトロイトでは、その後数十年にわたって、従来の地方時間を使い続けるか、新しい標準時システムを採用するか（そしてもし採用するなら、中央時間と東部時間のどちらが望ましいか）について

意見が分かれた。

＊3　なぜ北朝鮮は時間を進めるのではなく、戻すほうを選んだのか？　ここでも地政学的な要素が絡んでくる。最高指導者、金正恩の主要ターゲットは韓国ではなく、1910年から45年にかけて朝鮮半島に自国の時間帯を押しつけた植民地支配国である日本だった。この短命に終わった時間帯は、いかにも象徴的な政策であるのを見せつけるように、朝鮮解放70周年の記念日2015年8月15日に発効した。2018年の平壌時間廃止も同様に象徴的なもので、韓国との和解の意思表示だった。地政学が時間帯の選択に影響を与えたもう1つの格好の例がスペインだ。スペインは英国と同じ経度でグリニッジ標準時の範囲にあるのに、中央ヨーロッパ時間を採用している。これは1942年にフランシスコ・フランコ将軍統治下で、ナチス・ドイツに合わせて時間を1時間進め、それ以来戻していないためだ。

第3部

INVISIBLE LINES

「見えない境界線」が人間に領有権を主張させている

すでに見てきたように、**目に見えない境界線は、人間が地球のかたちをある程度まで変えることを可能にする。**だが、利害や関心は人によってさまざまだから、領土の支配と利用をめぐって競合するのを避けられない場合が多い。カシミールやドンバス、ナゴルノ・カラバフ、ヨルダン川西岸地区などで見られる2国間の（ときにはそれ以上の国の）暴力的な国境紛争が最もわかりやすい例だろう。さらに、流血はなくても、南極（7カ国が領有権を主張している地域がある）やスプラトリー（南沙）諸島（6カ国が領有権を主張している）など、外交上の強い緊張が生じている地域もある。

世界中の分離主義運動も境界線を意識し、現状とは別の国境を望んでいる。スコットランド、カタルーニャ、沿ドニエストル共和国、ソマリランド、西サハラ、アンバゾニア（南カメルーン）連邦共和国、クルディスタンと挙げても、目を離せない現代の事例のほんの一部だ。

一方ベルギーでは、2010年にフランドル民族主義政党フラームス・ベランの代議士が宣言した「自由フランドル万歳、ベルギーよ、滅びよ」という雄叫びが多くの国民に知られている。フランドル語圏のフランドルとフランス語圏のワロンに分かれてベルギーを分割する案は、バイリンガルの多いブリュッセルとドイツ語圏の東ベルギーの存在によって複雑化しているが、昔からまったく正反対の主張がぶつかり合う議論が続いてきた。

　領有権を主張したがる傾向は、政治指導者とその支持者だけの専売特許ではない。目を国家規模からもっと地域的で日常的な場面に目を向けると、たとえばニンビー主義（NIMBYism。〝わが家の裏庭だけはノー《ノット・イン・マイ・バック・ヤード》〟）がどこにでも見られることに気づくはずだ。これは、自宅から遠く離れた場所でないかぎり、住宅地や発電所、病院、鉄道線路、娯楽施設などの建設を容認も黙認もしない市民を表した言葉だ。この場合、ニンビー主義者は開発を認める場所と抵抗しなければならない場所を分ける、目に見えない境界線を頭のなかに引いているのだ。

　それと関連するが、ゾーニング（訳注　空間をテーマや用途に分けて、類似した性格の空間――部屋や区画――をグループごとにゾーンとしてまとめること）などの計画政策は、特定の開発を許可または禁止することで見えない線を引き、戸建て住宅、高層ビル、ショッピングセンター、町工場などの明確なクラスターを生み出す。したがって住民がゾーニング条例に意見を述べて、近隣に何を建てていいか、何を建ててはならないか、自分の理想を守ろうとしても不思議はない。[*1]

また、ときに人間は無意識のうちに、自分のものでもない場所で、何が許されて何が許されないかを区分けする見えない線を引くこともある。なぜかわからないが何度も頭に浮かんでくる実例の1つに、80代の引退した歯科医ピーター・マドックスの黄色いボクスホール・コルサの話がある。この車は、２０１５年からイングランドの美しいコッツウォルズ地方を訪れる観光客の憤怒の集中砲火を浴び（むろんソーシャルメディアでも罵声が飛び交った）、なかにはボンネットに〝移動しろ〟という文字を刻みつけるほど怒り狂う者もいた。マドックスの小さな車は景観を損ね、そのせいで写真が台無しになったと主張することで、観光客たちは暗に、美しい場所と平凡な場所を隔てる目に見えない線が存在することを――それはバナナ色の車がまたいではならない線であることを――言いたかったのだ。

だが、彼らがどんなに懸命に線の存在を主張しても、そんな境界は必要ないと考える人が大勢いた。２０１７年には、マドックスの村のまわりを１００台もの明るい黄色の車が連なって走り、連帯を示す明確な宣言が行われた。また、クラウドファンディングのサイトでは、〝ピーターの黄色いコルサを救え〟というタイトルで募金が呼びかけられた。要するに、領土とその利用の仕方については、みんなが自分の主張に同意してくれるのを期待するのは土台無理なのだ。

この部では、**ある場所を自分のものであると主張して、目に見えない線を引いたり、頭に描いたりした6つの例を検証する。**1494年に交渉が行われ、調印に至ったトルデシリャス条約はおそらく最も有名な例であり、地理的な広さという意味では間違いなく最大の事例である。スペインとポルトガルは、2国だけで（教皇の監督下ではあったが）新しく〝発見された〟土地を分割することを選択した。それよりは知られていないが、一地域の人間がほとんど実態のない遠隔の地の統治権を請求したのがビル・タウィールで、強力な権利を有する国々が、通常とは正反対の解釈を行って領有を拒絶した例外的な場所である。

オーストラリアのアウトバックは、広大な地域を区切る（曖昧な）境界線の外側に住む人々が、なぜかそこを自分たちのものとして主張したもう1つの興味深い例である。その結果、その土地は典型的な〝オーストラリア〟であると同時に、〝文明化された〟オーストラリア社会の〝よそ者〟として扱われることになる。

だがときには、領土権主張のための境界線が必要性によって引かれることもある。ボスニア・ヘルツェゴヴィナの構成体境界線は、残虐な紛争のさなかに地雷で風景を破壊されたのち、平和と安全を確保するために設定された行政上の境界線のわかりやすい例だ。また別の場所では、当事者同士がいまだに敵対していて、領土主張が容易に暴力行為につながる可能性がある。ブエノスアイレスのサッカーや、大都市の一地区をめぐって長年争ってきたロサンゼルスのストリート・ギャングの例でこれを確認していこう。

＊1　ゾーニングは多くの国で行われているが、特に米国で盛んだ。米国の主要都市のなかで目立つ例外はヒューストンで、住民は一貫してゾーニング法の実施に反対してきた。この街にも独自の開発規制制度があるが、ゾーニングがないため、地域によっては工場や倉庫にはさまれた住居、郊外の住宅のうえにそびえる巨大なオフィスビル、住宅地の真ん中にある火葬場や葬儀場など、さまざまな建物の混在が特色になっている。そのせいで、ヒューストンはほかの街より、目に見えない線を特定するのが難しい場合がある。

13

The Treaty of Tordesillas

トルデシリャス条約

人は、自分が所有していないものを他人に与えることはできない。
——フーゴー・グロティウス

数年前にある研究チームが、スペイン国内を自由に飛びまわるハゲワシが、ポルトガルとの国境に達すると激減するのを発見した。明らかにポルトガルへの入国を嫌がっているようだが、その理由はアルガルヴェ（訳注　ポルトガル最南端の海に面した地域）の砂浜よりも、カスティーリャ・イ・レオン（訳注　スペイン北西部にあるポルトガルと接する地域）の黄土色の平原のほうが好きだからではなく、スペインのほうが牛の死体処理に関する方針がはるかに緩いせいだと考えられる。賢明なる旅行者と同様、ハゲワシもおいしい食事が手に入る場所を常に意識しているのだ。このように、ハゲワシの分布は700年以上もほとんど変化のない正式

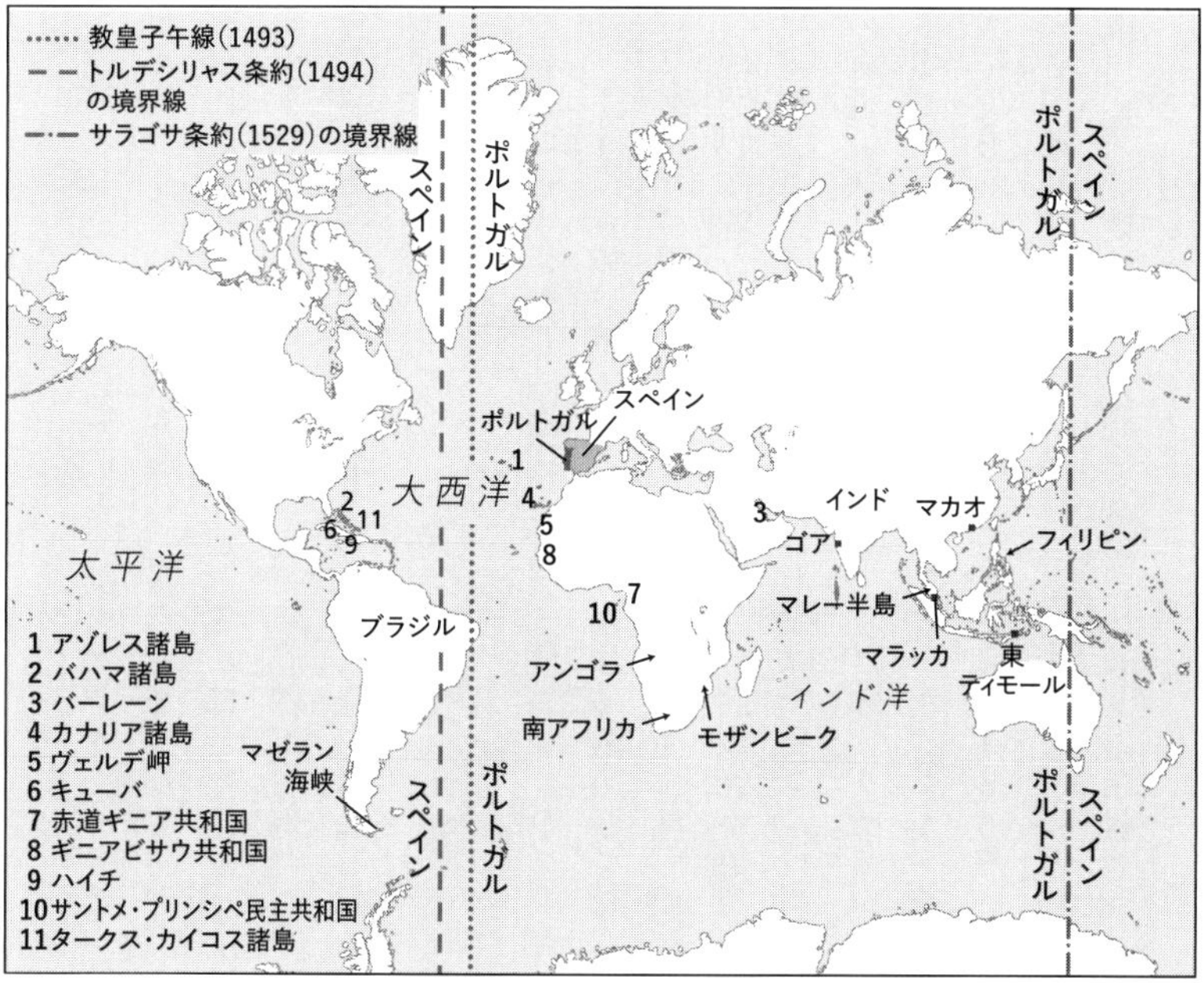

教皇子午線（1493）
トルデシリャス条約（1494）の境界線
サラゴサ条約（1529）の境界線
スペイン
ポルトガル
スペイン
ポルトガル
ポルトガル
スペイン
大西洋
太平洋
インド洋
ブラジル
マゼラン海峡
アンゴラ
南アフリカ
モザンビーク
インド
ゴア
マカオ
フィリピン
マレー半島
マラッカ
東ティモール
スペイン
ポルトガル
スペイン
ポルトガル
1 アゾレス諸島
2 バハマ諸島
3 バーレーン
4 カナリア諸島
5 ヴェルデ岬
6 キューバ
7 赤道ギニア共和国
8 ギニアビサウ共和国
9 ハイチ
10 サントメ・プリンシペ民主共和国
11 タークス・カイコス諸島

な国境とは別の、２国間の非公式な境界をつくっているとも言える。とはいえ、スペインとポルトガルを分ける境界線は、言うまでもなくハゲワシや土地管理、21世紀の協定だけで決められたものではない。それどころか15世紀には、全世界に広がる２つの国の領有権主張の線引きをするために、史上最長の境界線が引かれた。この境界線は、人間もハゲワシと同じで、自分の好みのものを漁るのを厭わないことを示しているが、それが残した影響は実に広範囲にわたっている。

　本章の話もお馴染みのクリストファー・コロンブスから始まる。いまはイタリアの一部になっている中世からの海運・商業大国ジェノヴァ共和国出身の海洋起業家だったコロンブスは、１４７６年にポルトガルの南西岸で難破してなんとか生き延びたのち、ポルトガルの首都リスボンに引っ越すことにした。この街には、船乗りや商人、それに弟のバルトロメと同じ地図製作者など、ジェノヴァ出身の同郷人が数多く住んでおり、コロンブスは自分が世界帝国を目指すポルトガルの野心に貢献できると考えていた。実際、エンリケ王子（航海王子）の直近の取り組みと支援のおかげで、ポルトガルはすでに西アフリカ海岸地域の多くを支配しており、大西洋奴隷貿易を始めていた。ポルトガルは次に、さらに東へと目を向け、アジアに埋もれている莫大な富を求めた。１４８８年にバルトロメウ・ディアスがヨーロッパ人として初めて喜望峰（当時は〝嵐の岬〟と呼ばれていた）に到達したことで、この目標を達成する可能性はさらに高まった。[★1] コロンブスは大胆にも、インドに目標を定めた。

コロンブスが立案した航路はきわめて斬新だった。東ではなく西に向かって航海すれば、より早く、より容易にインドに到達できると考えて計画を立てた。この発想は、以下の2つの点を除けば理にかなっていた。第一に、地球の外周を過小評価したこと。第二に、西に向かって航海した場合、ヨーロッパとアジアのあいだに陸地があるのを予想していなかったことだ（のちにアメリカ大陸と呼ばれることになる）。コロンブスは、1484年にこの案をポルトガル王ジョアン2世に提示したが、王は興味を示さず、アフリカ南端を回る東回り航路の追求続行を望んだ。

コロンブスはポルトガルの最大のライバルであるスペインに移った。〝カトリック両王〟と呼ばれたカスティーリャ女王イサベル1世とアラゴン王フェルナンド2世は、イスラム教のグラナダ首長国との戦争の真っ最中で、イスラム教徒とユダヤ教徒を弾圧しながら、キリスト教を強化するために悪名高いスペイン異端審問を始めたところだった。今回もコロンブスの提案はすぐには聞き入れられなかったが、1492年になってようやく、カトリック両王の同意を得ることができた。両王は国内のイスラム教徒をついに打ち負かした高揚感のなかで、コロンブスがスペインの富を増やし、その過程でキリスト教信仰を広められるかもしれないと考えたのだ。コロンブスは西へ向かって航海するので、西アフリカ沿岸にポルトガルが築いた多くの拠点に頼らずに、スペインの名の下で新しい交易所を設立できた。[★2]

さらに、背後からオスマン帝国を攻撃するルートを発見できる可能性もあった。オスマン帝国は成長しつつあるイスラム勢力で、異端審問を始めたスペインに敵対する恐れがあった。こうして１４９２年、アルハンブラ勅令によってスペインのユダヤ人が追放されたのと同じ年に、コロンブスはサンタ・マリア号、ニーニャ号、ピンタ号の３隻の船団で出航した。コロンブスもユダヤ人、またはその子孫だと主張する向きもある。もしかしたら、キリスト教に強制的に改宗させられたあとも、危険を顧みず信仰を捨てなかった〝キリスト教に改宗したユダヤ人《マラーノ》〟だった可能性もある。コロンブスがしばらくのあいだスペインと距離を置きたがったのは、そのためだったのかもしれない。★3

　コロンブスは最初から西へは進まず、南のカナリア諸島に向かって地球の風の流れを正しく理解していることを証明した。カナリア諸島まで行けば、強い北東貿易風を大西洋横断に利用できるからだ。出航からひと月と少したった10月12日、彼と乗組員は陸地を発見した。現在ではバハマかタークス・カイコス諸島と考えられているが、コロンブスはこれをサン・サルバドルと名づけた。その月のうちにキューバに着き、彼はそこを最初、日本だと思った。１４９３年１月16日にニーニャ号とピンタ号でスペインに帰国する前に（サンタ・マリア号は12月25日に座礁していた）、現在のハイチを訪れ、その島をスペイン島《ラ・イスラ・エスパニョーラ》（現在はイスパニョーラ島）と命名した。それでもなお、彼はここが日本の一部ではないかと疑っていた。スペインの船団に疑念を抱いたポルトガル支配下のアゾレス諸島の指導者に短期間拘留されて帰国が遅れたが、コロンブスはポケットに金を入れ、少人数の捕虜を引き連れて、大きな成果

を挙げたことをカトリック両王に実証してみせた。[★4]

ところが、当然の栄誉を受けるためにスペインへ赴く前に、コロンブスはポルトガルのジョアン2世に自分の功績を自慢したいという思いを抑えきれなくなった。それを実行したせいで、世界で最大の外交危機の1つが引き起こされた。当然のことながら、ジョアン2世はコロンブスがスペインのために行った発見に腹を立て、１４７９年のアルカソヴァス条約(のちに１４８１年の教皇勅書、または教令である〝アエテルニ・レジス〟[★5]によって承認された)にある、大西洋におけるさまざまなポルトガルの独占的権利を認めた条項に基づき、発見されたものはポルトガルに属するのが正当であると主張した。

コロンブスがスペインで称賛を浴びているあいだに、〝完璧なる王子《オ・プリンシペ・ペルフェイト》〟の異名を持つジョアン2世は(その決断がすべて〝完璧〟であるわけではなさそうだが)カトリック両王に書簡を送り、そちらよりはるかに優勢な艦隊の一部をコロンブスが発見した土地に派遣するぞと脅しをかけた。もっとも、その一方で妥協案も提示した。カナリア諸島から真西に走って、大西洋を北のスペイン側と南のポルトガル側に分ける想像上の境界線を引こうというのだ。大洋を横切る境界線という構想が具体的に示されたのは、これが世界で初めてだった。

ジョアン2世との戦争の脅威に動揺したイサベルとフェルナンドは、まず教皇アレクサンデル6世ロドリーゴ・ボルジア(ボルジア家出身)に相談した。アレクサンデル6世の出生地はたまたまスペインのアラゴン連合王国だった。当時、教皇はずば抜けた権威を持っていたから、カトリック両王は同じ信仰と国籍、非カトリック教徒を自国から追放した実績を盾に、〝新世界〟におけるスペインの権利を教皇に納得させようとした。両王のアプローチは期待どおりの効果を生んだ。1493年5月3日、アレクサンデル6世は新しい教皇勅書〝インテル・カエテラ〟[*6]を発布し、まだキリスト教徒の指導者が支配していない地域における排他的な特権をいくつかスペインに与え、その見返りに、これらの地域の住民をカトリックに改宗させる義務を課した。その翌日、教皇は内容説明を行い、アフリカの領土に対するポルトガルの権利と、大西洋の反対側の領土に対するスペインの権利をはっきりと承認した。また、大西洋を東西ではなく南北に貫く新しい直線を、ポルトガル領のアゾレス諸島とカーボベルデの約100リーグ(555・6キロ)西の経線に沿って恣意的に引いた。これによって、スペインはその西側のすべての土地の、ポルトガルは東側のすべての土地の権利を主張できるようになった。

教皇は、君主の同意なしに他国の海域を航海した船員を破門すると脅した。さらに物議を醸したのは、その年の9月に発布された教皇勅書〝ドゥドゥム・シキデム〟[*7]で、〝インテル・カエテラ〟の境界線の東側にあるインドをスペインに与えているように見えた点だった。言うまでもなく、スペインの指導者たちは大喜びした。

むろん、ジョアン2世はこの案に不満だった。アフリカはすでに独占していたし、派遣した艦隊が到達できれば、アジアの大部分の土地の独占も可能であるのに、それに制約が加えられるとは思ってもいなかった。ポルトガルの海軍力と世界をまたにかけて航海する能力は他の追随を許さなかった。ポルトガルは明らかに、のちに〝大航海時代〟または〝大発見時代〟と呼ばれることになる時代をリードしていた。アルカソヴァス条約は〝新世界〟におけるポルトガルの領土主張を支持するものと解釈していたのに、なぜ譲歩しなければならないのか？　ジョアン2世のもう1つの不満は、教皇の引いた境界線の遵守はほとんど不可能であることだった。なぜなら、どれほど優秀な航海士でも、南から東回りでアジアへの航路をとれば、貿易風の力に押されて、いやおうなく境界線を越えてしまう可能性があるからだ。主権問題で、教皇の伝統的権威に挑戦する覚悟がジョアン2世にあったのは驚くべきことである。破門は恐れていただろうが、それでも彼は新しい外交協定を推進した。こうして、ポルトガルの代表団はスペイン代表団に対して、〝インテル・カエテラ〟を2国間交渉の出発点として利用してもいいと伝えた。

この交渉は容易ではなかった。世界の未来が決められようとしていた。すでに知られているもの、これから見つかるもの、その両方の領土が、世界で最も強大な国と最も野心的な国の手で切り分けられるのだ。1494年3月から6月にかけて、両国はポルトガル国境からさほど遠くないスペインの小さな町トルデシリャスにおいて、教皇代理の監督のもとで協議を行った。結局、6月7日に調印に至ったトルデシリャス条約は、〝インテル・カエテラ〟の条件の多くを受け入れたが、いくつか変更が加えられた。たとえば、目に見えない境界線の位置がわかるように、ヴェルデ岬などに境界塔を建てるために行う共同遠征（これは実現しなかった）や、スペイン船がアメリカ大陸と行き来する際に必要な、ポルトガルの領海を自由に通行できる直線航路などである。だが、この条約の最も重要な点は、境界線をさらに西に移動させたことだった。ヴェルデ岬から370リーグ（約2056キロ）の地点まで西へ移したのだ。これで大西洋の中央ではなく、ヴェルデ岬とコロンブスがスペインのために発見した土地のちょうど真ん中を通ることになった。

おそらく交渉官たちは気づかなかっただろうが、この見えない線はブラジルの東部を通過していた。1500年にペドロ・アルヴァレス・カブラルがインドへ向かう途中にこの地域に立ち寄り、その結果、ブラジルの植民地化が始まった。今日でもブラジルの公用語はポルトガル語であり、ポルトガルは南北アメリカでこの境界線より東に領土を持つ唯一の国になった。その一方で、ヘルナン・コルテスやフランシスコ・ピサロなどの征服者《コンキスタドール》の働きによって、南アメリカの大部分の地域ではスペイン語を使うようになった。ポルトガルはすでに境界線の東側にある多くの地域を支配していたとはいえ、いまでもそこにはポルトガル語が第一言語、または第二言語として使われている国や地域が実に多いのは注目に値する。これには、カーボベルデやギニアビサウ、サントメ・プリンシペ、アンゴラ、モザンビーク、東ティモール、マカオなどが含まれ、かつてはゴアやインドネシアでも使われていた。現在、境界線の東側でスペイン語を使う国は、赤道ギニア（旧スペインギニア）1つだけである。赤道ギニアは、この地域にあるのは疾病と無秩序だけだと判断したポルトガルが、1778年にスペインに割譲した。もっとも、フィリピンや太平洋諸島の一部では過去にスペイン語を公用語としたことがある。このことが、本章の物語を締めくくる部分につながっていく。

世界一周によって、境界線が1本では足りなくなる?

コロンブスは、2回目の航海(1493~96年)、3回目の航海(1498~1500年)、4回目の航海(1502~04年)でもインドにたどり着けなかった。代わりに、反対方向に進んだポルトガル人のライバル、ヴァスコ・ダ・ガマが1498年に海路でインドに到達した最初のヨーロッパ人となり、祖国がインド洋と大西洋の大部分を支配することを可能にした。それでもまだ、完全な世界一周という画期的な出来事は実現せずに残っていた。

ポルトガルの探検家フェルディナンド・マゼランは、16世紀の最初の20年間ですでにマレー半島に到達していた。マレー半島は、海外で販売すれば莫大な利益を挙げられる香辛料[★8]が豊富であったため、探検家には憧れの地だった。だがマゼランは、西へ向かう新航路を利用して、香料諸島《スパイス・アイランド》と呼ばれるモルッカ諸島(現在のインドネシア・マルク諸島の一部)に最初に到達したいと望んでいた。問題は、ポルトガル王マヌエル1世(ジョアン2世の後継者)、王にの許可を得られなかったことで、それまでに大きな功績を残していたにもかかわらず、嫌われておおやけに辱めを受けたことさえあった。そこでコロンブスと同じく、マゼランもスペインに援助を求めた。どのみち、航海をするにはスペインの領海を通過しなければならないのだから。1519年に、スペインのまだ10代の王カルロス1世（神聖ローマ皇帝カール5世）から許しを得たマゼランは5隻の船を率いて、2年間の予定で航海に出発した。

　パタゴニアで深刻な反乱に巻きこまれて足止めされたマゼランは、1年以上たってようやく南米最南端近くの狭い海峡を通って大西洋から太平洋へと抜け、この海峡をエストレーチョ・デ・トドス・ロス・サントス（〝諸聖人の海峡〟）と名づけた。現在の名称〝マゼラン海峡〟は、のちにカルロス1世が彼の栄誉を称えて名づけたものである。太平洋の広さを知らなかったマゼランは、ここからの航海は数日ですむと思っていたので、実際には4カ月近くかかったことに驚愕した。1521年3月、ついにアジアに到達し、太平洋横断航海を指揮した最初のヨーロッパ人となった。だが彼は、人生で2度目の香料諸島訪問を果たせなかった。フィリピンのマクタン島で、住民をカトリックに改宗させようとして殺害されたのだ。しかし、彼の同僚であるフアン・セバスティアン・エルカノが任務の指揮を引き継ぎ、マゼランが率いた5隻の船のうち、奇《く》しくもヴィクトリア（勝利の女神）号と名づけられた1隻を従来の航路でスペインに連れ帰ることに成功し、地球を一周した最初の人間となった。

　なぜ、このことがそれほど重要なのか？　もし世界一周に成功する者が現れれば、境界線が1本では足りなくなってしまうからだ。東はいつの間にか西になり、西はいつの間にか東になる。スペインとポルトガルはどちらも、貴重な香料諸島は境界線の〝自国側〟にあると主張した。ポルトガルは伝統的な東回りの航路を、スペインはマゼランとエルカノが発見した西回りの航路を根拠にした。さらに言えば、エルカノは地球を一周するあいだに、ポルトガルの領海を非合法に通過したのではないか？　西回りの航路を使っても結局は同じことなのでは？　という疑問が出された。1524年に、スペインのバダホスとポルトガルのエルバスの2都市で会議が開かれ、地図製作者や航海士を含めた優秀な頭脳が寄り集まり、180度経線を引くことになった。理想的には、2つの国が世界を均等に分割できる経線になればいい。伝えられるところによると、おそらくはつくり話であろうが、最も簡単な解決策を幼い男の子が提案したという。男の子は代表団の後ろ姿を見て、尻の割れ目を通る線を描けばいいと言ったそうだ。1529年4月22日になってようやく、国際結婚協定の助けもあって、スペインのサラゴサで条約が調印され、モルッカ諸島の東297・5リーグ（約1650キロメートル）に180度経線を設定した。トルデシリャス条約で定められた既存の線には変更を加えないことになった。ポルトガルがスペインよりはるかに多くの領土を与えられたのは特筆すべきだが、もっと興味深いのは、まもなくスペインの植民地となるフィリピンが実際にはこの境界よりもはるかに西にあり、したがって〝ポルトガル領〟にあるという点だ。こんな間違いが生じたにもかかわらず――それに、ポルトガルが南米でブラジルの国境を西にどんどん押し広げるという違反行為をしたにもかかわらず、スペイン、ポルトガル両国はその後数十年、これらの条約で定められた2本の子午線をおおむね尊重した。

話はそれでおしまい――。少なくとも、世界に2つの国しかなければそうなっただろう。とりわけコンキスタドールたちがそう信じこんでいたとおり、条約のおかげでアメリカ大陸のほとんどの土地の領有権を主張できるようになったからといって、地域の住民が黙って従うとは限らなかった。また時がたつにつれて、スペインとポルトガル2国だけがかかわる条約を尊重する必要を感じない新海洋国家の英国、オランダ共和国、フランスが登場した。そうした状況は、海賊（実際には書類上の海賊にすぎない）にスペインとポルトガルの船を攻撃して略奪することを許可する〝私掠船免許〟の使用に反映されている。少なくともこうした物理的な攻撃と同じくらい重要だったのは、オランダの法学者フーゴー・グロティウスの論文『自由海論』（1609年）の出版で、これによって〝海洋の自由〟の原則が広まり、国連海洋法条約の〝公海における自由〟（1994年発効）の先駆けとなり、現代国際法の基礎になった。[*9] グロティウスはこの著作を〝キリスト教世界の統治者と自由独立国家〟に宛てて書いたことで教皇の主権決定権に正面から挑戦し、スペインとポルトガルに世界の主要海域を独占させる決定が、のちのち国際的な論争と懸念の対象になることを確実にした。こうした理由によって、地球を2つに分割するために引かれた2本の子午線はたちまち時代遅れになった。その後の条約――とりわけ南米に関する条約は、規制不能になった2本の支配的境界線を変更するよりも、特定の国の国境を修正することに力が注がれた。

もっとも、トルデシリャス条約とその後のサラゴサ条約が後世に長期的な影響を与えなかったと言うつもりはない。スペインは植民地から獲得した貴金属によって莫大な富を得て、それをもとに複数の大陸で戦争を遂行し、かつては強大だったマヤ文明とインカ文明を滅亡させた。それと比較して言えば、ポルトガルはスペインほど内陸部に侵入して新しい領土を奪取することには興味を示さず、代わりに競争優位性を持つ得意の海洋貿易を続け、モザンビーク島からマレーシアのマラッカまで、バーレーンからマカオまで、インド洋の多くの港を支配した。[★10] そして、17世紀にオランダがアジアにおける強敵になるまで、ポルトガルは100年以上にわたってこの広大な地域の富を独占的に享受した。前世紀には、チリとアルゼンチンが南極大陸とフォークランド諸島（マルビナス諸島）における自国の領有権を主張するためにトルデシリャス条約を持ち出してきた。今日、トルデシリャス条約の残した影響は必ずしも明瞭ではなくなっているが、その存在を否定することはできない。

最後に1つ。教皇はどうなったのか？　トルデシリャス条約の締結国は、教皇の存在や意見抜きでこの条約を調印し、教皇には承認だけを要請した。1506年になってようやく、教皇ユリウス2世が教皇勅書〝エア・クアエ・プロ・ボノ・パキス〟[★11] によって、この境界線を正式に承認した。国境を画定する教皇の権威は、時代が進み、宗教改革の影響を受けた国々が新たな指導力を求めるにしたがって低下した。その後数世紀のあいだに、2、3カ国の利益のために世界を分割するという考え方は、政治的にも、法的にも、哲学的にも正当化がますます困難になった。ところが、世界各地でさまざまな領有権が主張されているというのに、それを容易に獲得できるにもかかわらず、どこの国も獲得を拒否している地域が1つ存在する。果たして、そのユニークな状況はどのように生まれたのだろう？

＊1　厳密に言えば、ここはアフリカの最南端ではないが、ジョアン2世が〝喜望峰〟と改名したことは、野心的な探検家たちにさらに遠くまで旅するよう促す、ポルトガル人の固い決意を表している。

＊2　厳密にはカスティーリャの名の下でだが、実際はアラゴンも含まれていた。

＊3　コロンブス・ユダヤ人説（少なくとも、いまから1世紀以上前に提唱された）を強力に主張した人物のひとりに、著名なホロコースト生存者でありナチ・ハンターのサイモン・ヴィーゼンタールがいる。彼は、コロンブスがユダヤ人の避難場所を求めて西へ航海することを決意したのは、聖書の予言にヒントを得たものだと主張した。確かに、現存するのは状況証拠だけとはいえ、さまざまな手がかりがあって興味深い考察が行える。たとえば、コロンブスはもともと1492年8月2日に出航する予定だったが、この日はユダヤ人がカトリックに改宗するか、スペインを去るか、死刑になるかのいずれかを選ぶことを法的に義務づけられた日であり、また古代のエルサレム神殿が二度破壊された日とされるユダヤ教の厳粛な記念日、ティシャ・ベ・アブでもあった。彼が航海を1日延期して8月3日にしたのは、ユダヤ人が不吉な日と考える日に出航すべきでないと考え直したためかもしれない。さらに、コロンブスの独特な三角形の署名はユダヤ教の墓石によくある銘文に似ているし、息子ディエゴ宛ての手紙のなかで一貫してヘブライ文字ב״ה（ベート・ヘイ）を使っており、〝神の助けにより《ベズラット・ハシェム》〟

という表現はユダヤ教でよく使われる祝福の言葉である。

＊4 コロンブスが最初の航海で捕獲した（そして、旅の途中で逃げなかった）先住民の数は正確にはわからないが、おそらくは10人から20人程度であろう。うち6人はヨーロッパに到着する前に死んだと思われ、捕まってから1年後まで生き延びたのは2人だけだった。ユダヤ人やイスラム教徒への敵意とは対照的に、捕まってから1年後まで生き残った先住民に驚くほど寛大だった。彼女はコロンブスが、自分たちの臣民であり、カトリックに帰依する可能性のある人々を奴隷にしたと非難し、洗礼を受けさせて故郷に帰すのが当然であると命じた。女王がその姿勢を崩すことはなく、１５００年には先住民に前よりはるかにひどい虐待を加えたという理由でコロンブスを逮捕させ、総督職を剥奪した。

＊5 〝永遠の王の「寛大さ」〟の意味

＊6 〝ほかの「作品」のなかで〟の意味

＊7 〝少し前〟の意味

＊8 その後17世紀半ばに、英国は長引く紛争の末、ナツメグの島ルンをオランダ領のマンハッタン島と交換した。これは、この島々をヨーロッパ人がどれほど欲しがっていたかを示す例と言える。

＊9 それでも、グロティウスは武力に反対していたわけではない。彼の名声は、１６０３年にシンガポール海峡でいとこのヤコブ・ファン・ヘームスケルクがポルトガルのサンタ・カタリナ号を拿捕したことを法的に擁護した、初期のきわめて詳細な法律論（『戦利品法論』の題で出版された）によって築かれたものである。

＊10 ちなみに、中国南東部の言語である広東語の英語名は、広東省のポルトガル語名である〝カンタオ〟に由来している。ポルトガルの大航海時代の遺産と言えるだろう。

＊11 〝平和を促進するための協定〟の意味

14

Bir Tawil

ビル・タウィール

これは名誉プリンセスやナイト、宮廷道化師になること、あるいは王様にあなたの要求をかなえてもらうチャンスなのだ。

——ジェレマイア・ヒートン

2014年以来、オンライン上で外交危機が醸成されつつある。政治指導者たちは、節度ある対応と激しい非難のあいだを揺れ動く。個人間のメッセージを通じて静かに交渉が行われる場合もあるが、ときにはインターネットが、主要関係者が相手の主張に異議を唱え、反駁するための公共の場となる。この論争のテーマは、政治的対立による典型的な領土問題である。もっともこの件には、それ以外に規格どおりのことはほぼ何ひとつ存在しない。

なにしろ、ビル・タウィールを取り巻く状況は世界で最も奇妙なものの1つなのだ。エジプトとスーダンの中間に位置する、およそ2000平方キロのこの小さな土地については、

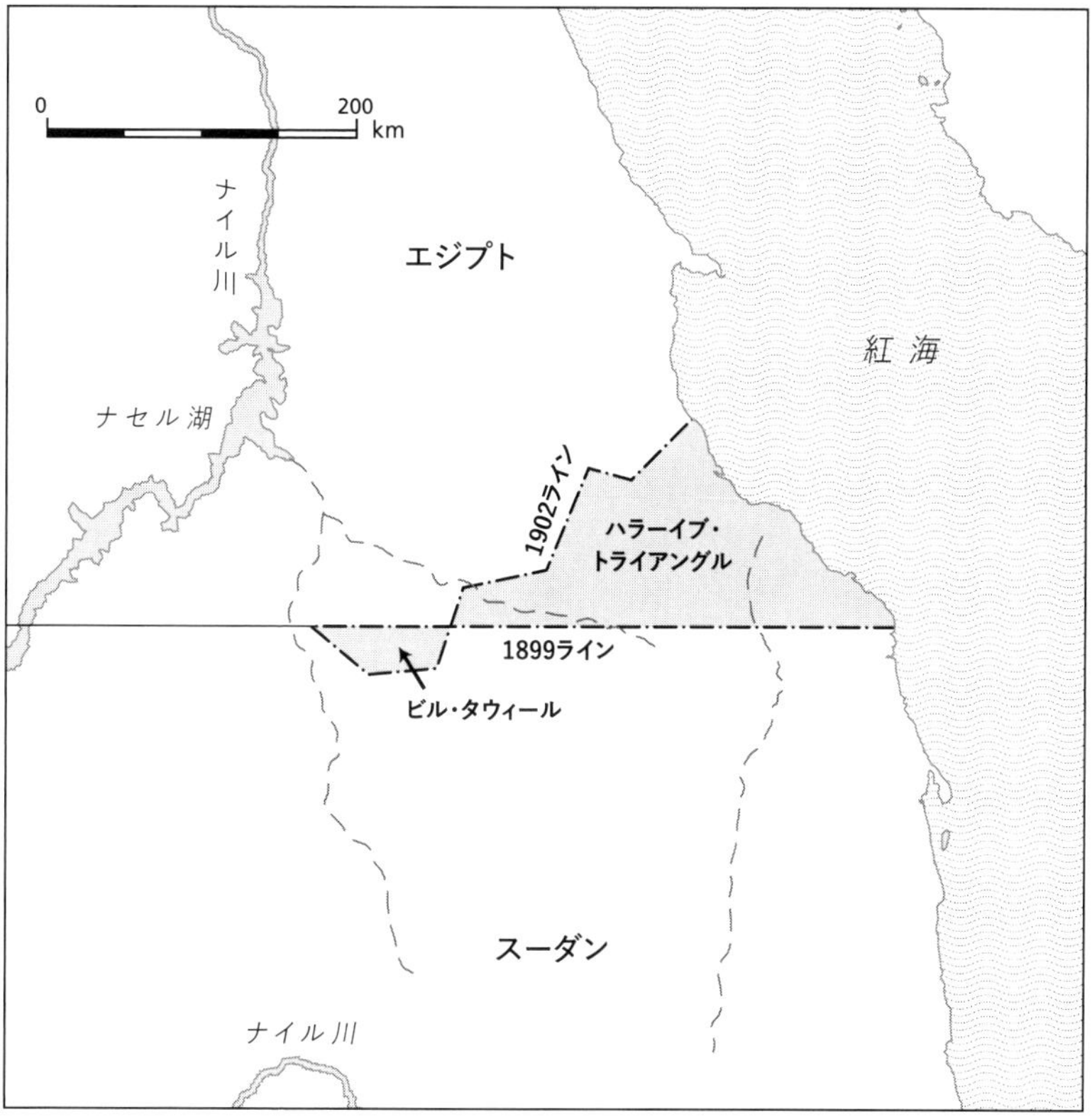

0
200
km
ナイル川
エジプト
紅海
ナセル湖
1902ライン
ハラーイブ・
トライアングル
1899ライン
ビル・タウィール
スーダン
ナイル川

どちらの国も領有権を主張するのに何ら支障はない。ところが、両国はこの土地を忌避した。そうした異例な状況が野心満々の人々の関心を惹きつけ、なかでも3人の男性がこの土地の領有権を強く要求した。

ひとりは2014年にここを〝北スーダン王国〟と名づけ、自らを北スーダン王と称した米国人の農民ジェレマイア・ヒートン。その目的は7歳の娘エミリーを本物の王女にするためだというが、ほかにふたりいる彼の子供たちが納得しているのかどうか、誰か訊いてみるべきだろう。

ふたり目は、2017年に〝ディクシット王〟を自称したインド人IT起業家のスヤッシュ・ディクシット。個人的財産を守るために、象徴的であれ、地図に自分の名前を残したいからだという。

3人目の領有権主張者は、ヒートンとディクシットの言っていることには根拠がないと唱え、2014年にこの地域を訪れたことのある自分は、(トールキンに敬意を表して)〝中つ国の真の王《メディアエ・テラエ》〟の資格があると称するロシア人無線オペレーターのドミトリー・ジカレフである。インターネット上にはこのほかに、ビル・タウィール連邦王国(設立後まもなくオンライン上で〝内戦〟が勃発した記録が残っている)、ビル・タウィール首長国(コーランを根拠に領有権を主張)、ビル・タウィール大公国(独自の通貨を発行)、バーランド国(独自の切手を発行)、ビル・タウィールと地域連合帝国(国歌は『死んだ男の棺のうえの15人の男』）などさまざまな主張がなされたが、前記の3人が地域内ではほとんどさざ波も立たない場所をめぐる無血紛争の主要な登場人物となった。言い分が述べられ、たちまち否定される。国際的な関心は高まったり低まったり。もっとも、そんな論争が行われている一方で、ビル・タウィールとその周辺に実際に住んでいる人々の生活と利益はずっと無視されてきた。

この異常な状況はどうして生まれたのだろう？　アフリカにおける多くの領土紛争と同様、ビル・タウィールの苦境は植民地主義に端を発する。そして本書で取り上げた別の例と同じく、少なくとも1本の境界線の画定が関係している。１８９９年、英国とエジプトが調印した条約には、北緯22度線に沿って西から東に一直線に走る政治的な国境の南側の地域を、英国－エジプト領スーダンとして共同統治することが明記された。しかし、１９０２年に英国は新しい行政上の境界線を画定した。これは、帝国が地元のニーズをある程度考慮しようとしためずらしい例であり、地元の少数民族の分布状況に合わせたものだった。その結果、バルタズガ山の周辺を移動する遊牧民のアバブダ人は北のエジプトとの結びつきが強かったので、当然エジプトの管轄下に入り、紅海沿岸の三角形の地域ハラーイブ・トライアングルのベジャ人は南のスーダン準植民地に組み入れられた。彼らの文化がその地域の文化と似ていると判定されたからだ。

１９５６年に独立した際、スーダンは１９０２年に引かれた線が北のエジプトとの真の国境であると主張した。一方のエジプトは１８９９年の線が正しいとして、１９０２年の線を行政区分として主権を確立することはできないと唱えた。2カ国のあいだに国境に対する認識の違いが生じたのは、おもに紅海沿岸のハラーイブ・トライアングルのせいである。

1899年の政治的境界線によれば、この三角地帯は北緯22度線より北に位置するのでエジプトに属するが、1902年の行政区分を採用すると、北東に蛇行しているためにスーダンの一部になる。ハラーイブ・トライアングルは広い面積を持ち、土地が肥沃で、しかも海岸線に面しているので、南の乾燥した内陸部のビル・タウィールよりもはるかに高く評価された。ビル・タウィールは1899年の線で考えれば、南側にあってスーダンの一部となり、1902年の線の場合は北側に位置してエジプトに組みこまれる。皮肉なことに、2国がビル・タウィールの主権を主張すると、それぞれが相手の主張する線を認めてしまうことになって、ハラーイブ・トライアングルの主権を放棄せざるを得なくなる。そのせいで、ビル・タウィールは正当な要求のできる2カ国に見放されたまま今日まで来ている。前述の領有権主張者たちが名乗りを上げたのはそういうわけだった。

この奇妙な状況を見て、ヒートン、ディクシット、ジカレフ、その他何人かがこの地域を訪れ、めいめいがその足跡を残すために旗を掲げて（ディクシットはひまわりも植えて）きたと口をそろえて述べている。もっとも、ビル・タウィールへの訪問を証明するのは容易ではない。エジプトとスーダンの国境の大部分は画定され、パトロールも行われているが、ビル・タウィールでは予想どおり状況が曖昧である。それに、エジプト南部には数多くの検問所があるのに（国境付近であっても、旅行をするためにはエジプト軍の事前許可を得なければならない）、ビル・タウィールには1つもない。

また、どこへ行っても訪問を証明するランドマークはほとんど見当たらず、旅行ガイドもGPSの表示を無視して、自分の客にビル・タウィールに到着したと宣言してしまうことでよく知られている。地上にいる人間には、領土の境界線はまったく見えない。これでは、エジプト、スーダンの2国だけでなく、自分のライバルたちはビル・タウィールを訪れたことがないと何度も繰り返し広言している領有権主張者のあいだに疑念と不和をあおるだけである。

現実と仮想世界の境界線

このように、公式の国境がなくても人々の地域とのかかわり方を決めてしまう境界線が存在する。地図上にある2本の線が2つの国の解釈によってまったく違う意味を持つのがはっきり見てとれる、とてもわかりやすい例がここにある。ビル・タウィールの領有権を強く主張できる2つの国家――エジプトとスーダンはどちらも、別の領土を放棄したと見られるのを恐れて、国境の相互合意を避けている。代わりに2本の急ごしらえの境界線が残り、領有権主張の抜け穴を利用する余地が残された。この過程で、もっと抽象的な第二の境界線が出現する。現実の世界と仮想世界の境界線である。一個人が、一見正当に思える領有権主張をできる場所がインターネット以外のどこにあるだろう？　訪れたこともない地域をめぐる外交論争に参加するのに、これほど容易な手段はほかにない。フェイスブックやリンクトインさえも、政治的主張をしたり、反論したりする場になっている。覇を競うさまざまな未来のビジョンが、関心を寄せる――ときには当惑している――聴衆に売りこまれる。夢想家たちが唱える風変わりな地域の開発計画と、エジプトとスーダンという現実の国家が陥っている膠着状態の対比には、なぜかとても心惹かれるものがある。

とはいえ、この地域の支配に野心を抱く者たちが気づいていない水面下の乖離がある。すなわち彼らと、現実にここに住んでいたり、出入りしたりする人々とのあいだには、この地域への共通の関心や理解がないのである。オンラインで争いを繰り広げる人たちのブログやウェブサイトで、ビル・タウィールを放牧地や避難所にしている遊牧民集団への関心が語られることはまずない。むしろ、外国にいて領有権を主張する人々が立てた地域計画を見ると、たとえ善意から生まれたものでも、また真剣なものであれ冗談めいたものであれ、遊牧民が何を望んでいるかにまったく関心がないのがひと目でわかる。

たとえばヒートンが、ビル・タウィールを高収量の農業生産やイノベーション、太陽光発電、デジタル通貨、自由な情報交換の中心地にしたいと望んでも、これまでほとんど誰にも干渉されずに移動する生活に慣れてきたアバブダ人やビシャリ人（ベジャ人の分派）の人々が気に入るとは思えない。彼らは地域の鉱物資源に依存しており、その取引のやり方ははるかに人間同士の接触に基づいている。また、ヒートンとディクシットは強力なコンピュータ技術を基盤にした地域経済を提唱しているが、頻繁に気温が40度を超える気候を考えれば実現は不可能だろう。暑く、埃っぽく、人里離れた砂漠のなかに、外国人投資家のための非課税の自由主義者の楽園をつくるのは、無謀以外の何ものでもない。

この地域に詳しい人なら当然、そんな計画には当惑と嘲笑の目を向けるだろう。そう感じているのは彼らだけではない。ヒートンが国家の創設のための資金25万ドルを調達しようと始めたクラウドファンディングは、好きな名誉称号を選べるという見返りがあっても、調達額はわずか1万6 3 8ドルで停滞している。こうした計画に疑念を抱く人は少なからずおり、それは数年たって一部の投資家が計画はすべてでたらめだったとおおやけに発言し始める前からだった。

アフリカ全体の歴史が示すように、その土地を十分に理解していない人々によって分割された地域に、厳密な国境を気軽に適用することには危険が伴う。もしビル・タウィールが独立国家になれば、おそらく厳密な国境が導入されるだろうが、この地域に対するヒートンらの主張がたとえ無害であっても、冗談ではとても片づけられない前例があるのを忘れてはならない。遠くから領有権を主張する人々は、自分は絶対に植民地主義者ではないと繰り返し述べているが、外国人が世界地図を開いて自分の領土と宣言できる土地を探しているときは、ほぼ例外なく先住民の存在や権利を無視している（ディズニーはソーシャルメディアでその点を非難されて、ヒートンの物語の映画化を中止した。国家の建設についてさえ、インターネットが生殺与奪の権を握っているわけだ）。開拓者たちが主張するような、真に〝誰のものでもない土地《テラ・ヌリウス》〟は存在しない。単に、そこには何もないからと言い張ることはできない。

実際ビル・タウィールの現地にも緊張関係は存在する。武装ギャングや金鉱労働者、密輸業者がこの地域を行き来しており、法律がない場所に違法行為はあるのかという疑問を生じさせている。彼らにはそれぞれ独自のルートがあり、ＡＫ－47の銃口を向けられたアドベンチャー・ツーリストが証言するように、外部の人間が自分たちの土地に来るのを嫌っている。私が会ったツーリストはアバブダ人の部族との交渉係をやったことがあるのだが、「彼らにとって最悪のシナリオは、西洋人が土地を奪いに来ることだ。アバブダ人はここが自分たちの土地であると考えており、観光客でも歓迎しない」と語っていた。

簡単に言えば、コンピュータの画面を見ている人々は認識しなくても、地元の人間には認識されている境界線が常に存在するのだ。では、新しくやって来た者の考え方が、それまであった土地に対する考え方と一致しないとどうなるのだろう？　次章の事例は、想像のなかにある見えない線が、領土や市民権といった重大な問題に関する不和を助長する場合があることを教えてくれる。

15

The Outback

アウトバック

オーストラリアは奇妙な矛盾を抱えている。わが国はアウトバック（訳注　オーストラリア内陸部の広大な人口希薄地域）の国のイメージが強いのに、実際にはほとんどの住民が都市部に住んでいる。沿岸地帯を離れると、オーストラリアはまるで外国のように感じられる。このことに漠然とした罪悪感を感じているのは私だけではないだろう。まるで私たち全員が、完全に真実とは言えない物語のなかで生きているかのようだ。

——ケイト・グレンヴィル（作家）

やれやれ、恐怖症の誘因が勢ぞろいだ！　虫やトカゲやヘビ、だだっぴろい空間、40度を超える気温、いやというほどあるＵＦＯ目撃情報やエイリアンによる誘拐事件の噂——オーストラリアのアウトバックへの旅は、気の弱い人にはお勧めできないと言っておくべきだろ

ダーウィン
キンバリー
地域
グレートサンディ砂漠
ウルル
（エアーズ・ロック）
アリス・スプリングス
西オーストラリア州
バリア・フェンス
オーストラリア
クーバー
ペディ
ディンゴ・
フェンス
ブリスベン
グレート・
ウェスタン
森林地帯
ウィルピナ・
パウンド
パース
シドニー
アデレード
ウォガウォガ
キャンベラ
メルボルン
アウトバック
0
1000
km

う。それでも、もしかしたら地球上ではほかにない体験ができる可能性がある。オーストラリアは1平方キロあたりわずか3人という、世界でも最上位に入る人口密度の低い国だ。内陸の中心部に向かって車を走らせると、何時間たっても対向車に1台も出会わないことがある。アウトバックでは、家庭教育《ホームスクーリング》は好んでというより、必要に迫られてする場合が多い。医療サービスや郵便配達は、定期的に飛行機を使って行われる。ほとんどの農場（ここでは〝ステーション〟と呼ばれている）には自前の滑走路があり、レクリエーションのために操縦免許を持っている人も少なくない。

オーストラリアで最も長い道路の1つであるエア・ハイウェイは150キロほど、1つのカーブもなく地平線に向かって延びている。アウトバックに広がる赤い岩は、この世のものとは思えない風景をつくり出す。オーストラリアを代表する砂岩の岩山ウルル（エアーズ・ロック）は、色合いが刻々と変化する様子を眺める人々からよく、気持ちが若返るとか、日常生活の憂さが晴れると言われる。そうしたことを考え合わせると、アウトバック旅行が境界線を越える旅と称される理由が容易に理解できる。

だが、この境界線の正確な位置を探そうとしても、簡単には特定できない。奥地《アウトバック》という名称が印刷物に載ったのは、1869年にニューサウスウェールズ州最大の内陸都市ウォガウォガの西側の地域を説明するときが初めてらしいが、だいたいどこの国の基準に照らしても、そこが都市から遠く離れた〝奥地〟であるのは間違いない。[*1] そうなると、もし地理的な関係だけ見れば、オーストラリアの大部分がアウトバックに含まれてしまう。もっとも、アウトバックの数多い定義や、長年のあいだにここをほかの地域と区別するためにつくられた地図では、もっと具体的なさまざまな基準にしたがって、境界線をもう少し西側に設定しているものが多い。

具体的な基準の例をいくつか挙げれば、まず、ただでさえ低いオーストラリアの平均人口密度を下まわっているかどうかで定義するやり方がある。ところが、アウトバックの一部とは見なされていない人口の多い東海岸も、人がほとんど住んでいない広大な地域を抱えている。また、海からの距離も特に有効な基準とは言えない。北部準州《ノーザンテリトリー》で３番目に大きい集落アリススプリングスは、オーストラリアの地理的な中心に最も近い街だが、住民数２万６５００、人口密度は1平方キロあたり約80人であるため、インド洋まで広がる荒涼としたグレートサンディ砂漠と比べると、アウトバックとは言い難いように思える。乾燥度は基準として非常に有望であり、この国では比較的豊かな森林（東部に集中）と、乾燥した森林や叢林地《スクラブランド》、低木地《シュラブランド》、大草原《サバンナ》などの草原のあいだに、樹木線のようにはっきり区別できる境界を引き、後者を全部、砂漠と一緒に〝アウトバック〟の傘の下に収めるやり方も行われている。とはいえ、ノーザンテリトリーの州都ダーウィンは熱帯気候（明確な雨季と乾季がある）であるし、ユーカリの疎林と小さな熱帯雨林に囲まれているのに、アウトバックの都市に分類されることがある。ダーウィンの住民の多くは、そうした事実から自分の住む街はアウトバックではないと思っているが、この街はオーストラリアのなかで際立って孤立しており、ブリスベンやアデレード、パースなどよりインドネシアの主要都市に近いことから、アウトバックの一部であると考える人もいる。

さらにこの問題を複雑にしているのは、スケールの大きさだ。アウトバックは米国本土48州の総面積の3分の2以上の広さあり、グレートウエスタン森林地帯のような比較的小さな地域でさえ、世界最大の温帯林であり、パースから東に500キロというまずまず近い距離にあるし、イングランドとウェールズを合わせた面積よりも大きい。そのため、アウトバックの境界線を特定するのは干し草の山から針を探すように難しい。

上記の説明からもお気づきだろうが、アウトバックを構成するさまざまな地形は、それぞれに異なる気候や生物種を有しており、それが境界線の設定を難しくする要因の1つだ。たとえば、埃だらけの火星の地表のようなフリンダーズ山脈のウィルピナ・パウンドは、火山のクレーターと巨大な切り株の合いの子のような姿をしているが、それが深い渓谷、はるか高みから落ちる滝、白い砂浜を持つキンバリー地方と並んでアウトバックの一部と見なされている。したがって、アウトバックを識別するための最も効果的な方法は、おそらく頭のなかで広大な〝荒野〟をイメージすることなのかもしれない。世界中の人が、この地域は地上で最も手つかずの土地の1つだと思っているのだから。アウトバックは、南東部に代表される温暖で肥沃な地域で行われている都市開発や集約農業とは無縁な、人間の行う活動がきわめて希薄な場所の集合体なのだ。確かに、広い意味でのアウトバックには、クーバーペディのような部分的に地下都市化された重要な鉱業の中心地がいくつか存在し、外来種とか火災、灌漑などといったかたちで人間の介入の跡が残されているが、それでもこの広大な地域の土地利用と言えば、せいぜい家畜の放牧ぐらいの低強度のものに留まっている。

　アウトバックは、隔絶された立地のおかげで生態系が多様であり、さまざまな固有動物種が生息している。これには、有袋類のモグラ、モンジョン（イワワラビーの一種）、ラフスケールパイソン、スペンサーの穴掘り《バロウイング》ガエル、モロクトカゲ、世界で最も毒性の強いヘビであるナイリクタイパン、それにアカカンガルー、エミュー、スティムソンパイソン、スナゴアナと呼ばれる大型のオオトカゲの大部分が含まれる。ちなみに、クモやワニなどの嫌われ者はアウトバック以外のほうがむしろ一般的だ。植物に関しては、マルガやデザートオークが、しばしばアウトバックを代表するものとして広く分布しており、ほかの地域ではほとんど見られない。このように、アウトバックとほかの地域との境界は、そこで出会う生物種によっても識別できる。

　オーストラリアには、アウトバックの一部を横切る別の境界線も存在する。おそらく最も目立つのは〝ディンゴ・フェンス〟だろう。これは１８８０年代に南東オーストラリアの羊の群れを北と西のディンゴ（訳注　数千年前にオーストラリアに渡来した肉食動物。〝野犬〟と呼ばれるが、イヌでもオオカミでもないという説もある）から守るために建設されたものだ。全長５６１４

キロにおよぶ世界最長のフェンスであり、ディンゴの数が南東部で少ない理由になっている。世界で2番目に長いフェンスもオーストラリアにある。西オーストラリアの州境フェンスだ。こちらはディンゴ・フェンスの20年後に、ウサギ、エミュー、キツネなどのいわゆる害獣が牧草地に侵入するのを防ぐために建設された。その後さらに2つ、動物の移動を阻む柵が設置されている。ウサギは英国からの入植者に故郷を思い出させるためと、狩猟を楽しむために1788年に導入されたのだが、射撃の名手たちが力を合わせてもウサギの繁殖能力には追いつけなかった。1950年代に流行した兎粘液腫はウサギの個体数抑制に大変効果的だったが、流行が終わると数十年で個体数は大幅に回復した。

言葉の定義をめぐるもう1つの難問が〝ブッシュ〟だ。ブッシュはオーストラリア人にはなじみのある言葉だが、ほとんど定義されておらず、定義のしようもない。なかにはブッシュとアウトバックを同じものと説明する人もいるが、明確には定義できない別々の場所と考える人もいる。ブッシュは森林ではなく、たとえば灌木や低木が生い茂る地域を指して使われることがあり、土壌はどちらかと言えば貧しいが、極端に悪いわけではなく、人口はさほど多くない。一方のアウトバックはそれよりもっと辺鄙な場所を指す。近頃ではどちらの言葉も、現代社会の決まりごとを放棄し、自然との（再）接続を求める場所を表現するために、ノスタルジックに使われる場合が多い。都会から遠く離れた場所を旅するには危険も伴うが、文化の紹介記事などによれば、その体験は刺激的で、活力を与えてくれるという。このように、アウトバックやブッシュは、単に地理的な場所を示す言葉ではなく、感情を揺さぶる概念でもあるのだ。

このことは、アウトバックが知られざる場所であると同時に、皮肉にも、なじみ深い場所でもあるという人が少なからずいることからもよくわかる。ぼんやりとではあるが、アウトバックがどんなところかはすぐ頭に浮かぶ。世界中の人がアウトバックについて漠然と理解しているのは、一部には『クロコダイル・ダンディー』や『マッドマックス』『プリシラ』などの映画に負うものである。こうした映画には、果てしない砂漠を横切る果てしない道路、どことも知れぬ場所に出没する危険な動物、移動中である場合が多いたくましくて率直な住民といったアウトバックらしいシーンが常に登場する。さらに言えば、国のわずか4、5パーセント（地域の区切り方で変わってくるが）の人口しかなく、どう見ても辺境としか言えないアウトバッグであるのに、オーストラリアの国民性はそれを土台につくられたものだと広く考えられている。

つまり、そこには明らかにいくつかのパラドックスが生じる。〝誰のものでもない土地〟の原則は、歴史的に入植者がオーストラリア全土の先住民の土地を奪うことを正当化するために利用されてきた。勇気と信念の物語に鼓舞され、アウトバックは勇敢な――当然の流れとして、肉体を鍛えあげた――男だけが立ち向かえる敵意に満ちた場所と見られるようになった。アウトバックでさまざまな困難を克服し、その過程であちこちの場所に、盛りのついた若者顔負けの奇妙な名前を与えてきた白人男性が征服者として見なされてきた。[★2] やがて、美しい自然に人里離れた場所という要素が相まって、都会や郊外で暮らす人々が、アウトバックを一時的にせよ楽しんで過ごせる土地と再認識するようになった。実際にアウトバックに居住したいと思う者は少ないが、オーストラリア生まれであれば、この辺境の地を自分のものだと主張する権利はある。

そのうえアウトバックは、いまなおステレオタイプ的にオーストラリア人の〝国民性〟と見なされる立ち直りの早さ、実用主義、気どりのなさを思い出させる土地でもある。ストックマン（米国のカウボーイのオーストラリア版）や粗野な開拓者《ブッシュマン》のイメージがその典型であり、いまよりずっとシンプルな時代を彷彿とさせ、オーストラリア人に深く根づいた開拓者精神を体現している。〝非公式の国歌〟とも言われる『ワルチング・マチルダ』の歌詞では、ブッシュマンはすがすがしいほどに単純で、独立心旺盛、バックパックや寝袋（自分の〝マチルダ〟）をかついで仕事から仕事へと移動する、いかにもオーストラリア的な渡り労働者として描かれている。

それとは対照的に、5万年以上前からこの土地に住んでいるのに、先住民のコミュニティは長いあいだ外来種のように扱われ、軽蔑され、土地所有に関する彼らの主張は何度も無視されてきた。そのために先住民は、この土地とのつながりが自分たちよりはるかに短く、世界の別の土地にある〝第二の故郷〟との感情的な絆を保持し続けている人々と同等の地位を得るために大変な苦労を強いられた。

明確に設定できないが、間違いなく存在している

過去30年にわたって、この議論は顕在化しつつある。特に注目すべきは、オーストラリアとパプアニューギニアの中間にあるマー島（マレー島）の土地所有権をめぐって争われたマボ族対クイーンズランド州裁判における最高裁判所の判決以降、オーストラリア先住民のアボリジニとトレス海峡諸島民が飛躍的に土地所有権を認められるようになった点である。特に広い意味のアウトバックにおいては大きな成功を収めており、たとえば西オーストラリア州の多くの地域で先住民権原によって排他的所有権が認められており、これによって先住民集団はその土地との継続的なつながりを証明できれば、他者を排除して所有および占有できるようになった。

もっとも、昔からそうした土地を欲しがる者は多くなかったから、集約農業や都市開発に使われる地域（おもに沿岸地域）と比べれば、アボリジニとトレス海峡諸島民が強制的に立ち退かされたケースは少なかった。それでも、植民地化の醜悪な歴史を振り返れば、暴力や病気（特に天然痘）によってこれらの集団が絶滅する可能性があったのだから、こうした進歩は注目に値する。

現在、先住民はアウトバックの総人口の少なくとも25パーセントを占めているが、他地域における人口は比較的少なく（絶対数は多いのだが）、認められた権利もはるかに少ない。考えれば、この点もアウトバックをほかの地域と区別するもう1つの差異と言えよう。

昔からエアーズ・ロックという英語名でオーストラリアの象徴的存在として宣伝されていたが、地元のアナング族にはもっと深遠な意味を持つ岩山、ウルルをめぐる議論はいまも続いている。アナング族はここを神聖視しており、アウトバック外からウルルに登りにくる者に不快の念を表明していた。それは、教会やモスクに登るような行為だからだ（もっと恥ずべき例は、この岩山を映画のセットやストリップ・クラブ、ゴルフコース、トイレの装飾に使用することだ）。登攀が禁止される前日の2019年10月25日には、オーストラリア人の通過儀礼の1つであり、国民性を〝証明する〟手立てと考えられるものがまもなく禁止されることに動揺した人々がここに殺到した。ウルル登攀の禁止が継続されている現在、アウトバックに住むことを選ばずとも、その土地がオーストラリア人の心の故郷であると考える人々によって、アウトバックとの新しいかかわり方が見つかる可能性もある。これまでのところ、オーストラリア国民の大半がこの禁止措置を支持しており、彼らは先住民の権利と文化についてさらに知識を蓄えようとしている。

一方、アナング族は〝観光客〟や〝訪問客〟にガイド付きウォーキングや講演、実演など〝敬意を表する活動〟を進んで行っていると聞く。こうした言葉をあえて使っているのは、この土地が最終的には〝自分たちの故郷であり、アイデンティティであり、ここの世話をするのは自分たちの責任〟であることをやんわりと外部の人間にわからせるためである。そのおかげで、将来的にはウルルのある国立公園の管理を、1985年以来共同で行ってきた政府ではなく、アナング族に全面的にまかせることを望む人も出てきている。とはいえその日が来るまでは、この土地の利用をめぐって――ひいては、オーストラリアを〝所有〟しているのは誰かという観念的な問題をめぐって、先住民と多数派である国民のあいだで意見の衝突が生じるリスクが残っている。

こうした理由から、アウトバックの境界が曖昧であることはさほどの問題ではない。もっと問題なのは、そもそものような境界が認識され、疑問の余地のない市民権と〝文明化された〟土地への入植によって大きな特権を享受している人々が、自分たちに有利な条件で〝オーストラリアらしさ〟を定義できるようになっている点である。そのために、アウトバックは状況に応じて、国民性の核心であると見なされることもあれば(オーストラリアの領土内にあって、外国の影響を受けていないと考えられているためだ)、境界の外側の荒野であると見なされることもある(そのせいで、先住民コミュニティが自分たちは〝現代〟オーストラリア国民の一員であり、土地所有権を持つと主張しても、暗に否定されるか軽視されてしまう)。長期にわたって繰り返し引き合いに出されているうちに、たとえ根拠がなくても境界が存在することにされ、帰属と所有に関する議論が打ち切られる場合もあり得る。境界は正確に地図化されたり、フェンスや看板のかたちで出現したりはしなくても、それが——どこかに——あることには疑問が投げられることすらほとんどないのだ。

注目すべきは、過去数十年にわたって、特に南東部への人口流出が続いた結果、アウトバックに目を配る人の数が減少している点である。何千年にもわたり先住民コミュニティによって巧みに管理されてきた環境が、いまはその守護者たちの退去によって破壊される恐れが生じている。

この事態に対して、アウトバックを未開発の土地と見なす代わりに、その脆弱な生態系をあくまで慎重にだが、積極的に保護すべき対象と考える気運が高まってきた。たとえば野火や野生に帰った動物、有害な雑草を抑制するために、現代の専門知識と伝統的な専門知識の両方を活用しようというのである。

また単に、アウトバックを起業家精神旺盛な人々が放牧や鉱物資源、観光資源から利益を得る場所として捉えるのではなく、この土地に特に必要なものは何か、気候変動に直面したときにどう保護するのが最善かが深く考慮されている。

アウトバックの境界を明確に定義するのは難しいが、多くの人々がこの地域に大きなかかわりを持ち、強い関心を寄せていることに変わりはなく、アウトバックの自然をそのまま維持しようと断固たる決意を抱いている人も決して少なくない。それとは対照的に、世界のほかの地域には、目に見えない境界線が土地とそこに住む人々の権利と尊厳に対する脅威となるだけでなく、もっと固定化された境界が人命を明白な危険にさらすものとして機能している場所がある。次章では、私たちの環境に何世代にもわたって深刻な傷跡を残す可能性のある境界線が登場する教訓物語を紹介しよう。

＊1　アウトバックという言葉の由来を正確に語ろうとしていろいろな説が生まれているが、これ以外に〝ネバー・ネバー〟や〝ザ・レッド・センター〟（訳注　どちらもオーストラリアの奥地を指す）といった、同じくらい印象的で、よく知られていない荒涼とした土地を連想させる言葉も使われている。

＊2　企画力に富んだ企業が、バンバン島や尻を叩く丘《スパンカー・ノブ》、男色山《マウント・バガリー》など、品のない地名を並べたオーストラリア地図を制作した。だが、無邪気な人間である私は役に立たない輪《ユースレス・ループ》、しくじり山《マウント・ミステイク》、ここしかない《ノーウェア・エルス》などの率直な地名のほうが好ましいと思う。

16

Landmines and the Inter-Entity Boundary Line

地雷と構成体境界線

南スラブ人の政治的統合は常に私の目の前にある。

――ガヴリロ・プリンツィプ

アペル河岸とラテン橋[*1]の角には、史上最も有名な反逆者のひとりが、自分の行動が20世紀をどのように変えてしまうのかを知らずに銃の狙いを定めた場所を記念する博物館と銘板が置かれている。男の名はガヴリロ・プリンツィプ。プリンツィプは、そもそもの標的であるオーストリアのフランツ・フェルディナンド大公と、予定になかった大公の妻であるゾフィー・フォン・ホーエンベルクを撃ったあと、仕事は終わったと思い、シアン化合物のカプセルを飲みこんだ。しかし、残念ながらカプセル内の毒は酸化しており、その後さんざんに殴られているあいだも完全に意識があった。彼は死刑執行年齢には数週間足りなかったので、残りの人生をテレジーンの刑務所で過ごした。のちに、ナチのテレジーン収容所として悪名

構成体境界線
クロアチア
ボスニア・
ヘルツェゴヴィナ
連邦
プリイェドル
スルプスカ共和国
ブルチコ
行政区
バニャ・ルカ
ビイェリナ
トゥズラ
セルビア
ゼニツァ
スレブレニツァ
サラエヴォ
スルプスカ共和国
クロアチア
ボスニア・ヘルツェゴヴィナ連邦
モスタール
モンテネグロ
0
100
km

をとどろかす場所である。今日でも、プリンツィプの残したものについては激しい論争が続いている。セルビア人から見れば、唾棄すべきオーストリア＝ハンガリー帝国当局に挑んだ国民的英雄だが、それ以外の人々には、ヨーロッパを第一次世界大戦に追いこんだテロリストと見られている。セルビア系のボスニア人であるプリンツィプの出自は、複雑に入り組んだ事情で知られるこの地域において、社会的な境界線を引くことの難しさを表しており、彼がこの通りの角で行ったことによって、自身と祖国に世界の注目を集めることになった。それ以来、ボスニア・ヘルツェゴヴィナ（ＢｉＨ）のニュース価値が低下したことはほとんどない。

ＢｉＨは、過去1世紀以上にわたって、ヨーロッパとアジアの交差点として大きな役割を果たしてきた。４００年以上ものあいだ、オスマン帝国のヨーロッパにおける最も重要な領土の１つであり、現在でもその強固な歴史的・文化的つながりのおかげで、トルコとおおむね良好な関係を維持している。首都サラエボをはじめとする都市では、中世のモスクとさまざまな教派の教会がほんの数メートルしか離れていない場所にあることもめずらしくなく、イスラム教の礼拝への呼びかけと教会の鐘の音色が混ざり合う様子は、この国の複雑な歴史を物語っている。

だが、バルカン半島の中央部に位置しているため、料理などヨーロッパとアジアの最良の部分を受け入れることができた反面、攻撃を受けやすい立場にもあった。外国勢力を駆逐し、

ＢｉＨとセルビアの統一をなし遂げるというのが、プリンツィプの所属したセルビア人陰謀家の組織、黒手組（正式名称はもっと威嚇的な〝統一か死か《ウィエディネニエ・イリ・スメルト》〟）が、フランツ・フェルディナンド暗殺を決めた最大の理由だった。彼らの大目標は第一次世界大戦後に達成されたものの、多様な民族が入り乱れるこの地域のコミュニティ間で大昔からある不満と緊張は容易に緩和できなかった。

１９９０年代にユーゴスラヴィア連邦が解体した際の残虐な戦争では、雑多な民族を抱え、クロアチアとセルビアという主要な交戦国に挟まれる位置にあるＢｉＨが、民族主義と宗教を背景にした暴力が猛威を振るう場になるのは避けられなかった。何より問題なのは、当時この地域に引かれた線の多くが消滅せずに進化したことだ。

この戦争のさなかに、ＢｉＨ内と国境外の民族が混在する地域の両方で、クロアチア・カトリック教会のコミュニティはスルプスカ共和国軍（ボスニア・ヘルツェゴヴィナ・セルビア人軍、ＶＲＳ）とセルビア人準軍事組織の、セルビア正教会のコミュニティはクロアチア防衛評議会（ＨＶＯ）の標的になった。それでも、ボスニアのムスリム（〝ボシュニャク〟とも呼ばれる）ほど大きな被害を受けた集団はほかにない。特にボスニアのセルビア系武装勢力は国土を〝民族浄化〟するために、長い歴史を持つこのコミュニティを絶滅させ、民族的に均質なセルビア正教徒による〝大セルビア〟主義の支配下に置こうとした。強制収容所は、ヨーロッパにおける少数民族の迫害が半世紀前に終わっていなかったことを人々に思い知らせ、それと同時に拷問、集団強姦、性的奴隷化がすべて日常化した。国連管理下の〝安全地帯〟であるはずのスレブレニツァで起きたものをはじめ、ボシュニャク人の虐殺が恥ずべき行為としてのちのちまで語り継がれることになった。

ボスニア紛争（1992−95年）は、10万を超える死傷者、不治の障害、心的外傷、物的・経済的損失、人口のほぼ半分が国内外へ疎開するなど、数多くの結果をもたらした。ボスニア・セルビア人指導者ラドヴァン・カラジッチとラトコ・ムラディッチなどの戦争犯罪の主役は、戦争犯罪、ジェノサイド、その他の罪で有罪判決を受けた。極右民族主義政党のセルビア急進党の党首であるヴォイスラヴ・シェシェリは無罪判決を受けたが、それによって激しい論争が巻き起こった。[*2] この紛争の最も重要な遺産の1つは、線――特に2つのタイプの線――のかたちで表れている。1本は内戦が残した地雷原の線で、30年近くたったいまでも多くの住民を深刻な危険にさらしている。もう1本は、ボスニア・ヘルツェゴヴィナを2つの行政区画に分割するために引かれた線、すなわち構成体境界線（IEBL）である。

IEBLは一見、取るに足らないものに見えるかもしれないが、1995年のデイトン合意に基づいて成立した、ボシュニャク人とクロアチア人が主体のボスニア・ヘルツェゴビナ連合（FBiH）とセルビア系住民が多数を占めるスルプスカ共和国（RS）を区分けするうえで大切な役割を果たしている。デイトン合意はユーゴスラヴィア内戦の一部であるボスニア紛争を終結させた和平合意で、これによってFBiHはおおむね、2つの別個の自治構成体によって運営されるようになった(この国の北東部にあって、FBiHとRSが共同運営する建前になっているが、事実上、独自の自治体とRSがほぼ半々に分け合っているブルチコ行政区を入れれば3つになる)。

さらに事態を複雑化させているのは、FBiHの大統領は常時3人いて、その顔ぶれはセルビア系、ボシュニャク系、クロアチア系がひとりずつという決まりになっている点だ。セルビア系の大統領評議会メンバーはRS内で、ボシュニャク系とクロアチア系はFBiH内のそれぞれのコミュニティのなかで選出される。3人の大統領は、ボシュニャク系→セルビア系→クロアチア系の順に、8カ月ごとに評議会の議長職を務める。言うまでもなく、コミュニティのメンバーは家系がどうあれ、この3種類のうちの1つの身元しか主張できない。ユダヤ人やロマのように、異なる身元を自称すれば即座に資格を失う[*3]。さらに、FBiHに居住するセルビア人やRSに居住するボシュニャク人やクロアチア人は、自分の民族集団のなかで政治的代表権を持てない。つまり、デイトン合意は計画的な殺戮の防止には成功したが、政治体制における国内の民族的・宗教的対立を明確にしてしまったわけだ。

生と死を分かつ境界線

ここで少し、世界で最も複雑な政治体制に苦しめられているFBiHのすべての小学生に思いを馳せてほしい。私はまだFBiHの議会と県《カントン》の役割についてさえ触れていないが、現在IEBLは、RSとFBiHを分ける郡境や州境のような機能を果たしている。たとえば、軍や警察の検問所はない。代わりに、地上の境界線には適当な場所に道路標識が設置されているだけである。いまなお国内外で最大の関心の的になっているのは別の境界線なのだ。そうなったのは、IEBLがボスニア紛争の終結時の前線（サラエボの周辺などでは若干の調整が加えられたが）に沿って引かれたためである。戦った両軍は、自分たちの占領地を明確にするためだけでなく、（こちらのほうがより重要だったのだが）敵方を物理的に遠ざけておくために200万個以上の地雷やその他の爆発物を埋めた。和平プロセスでは、IEBLの両側に幅2キロの〝分離帯〟が設けられ、停戦ラインを拡張して大量の地雷が埋まった地域をおおざっぱに区分けした。

いまや戦争行為は過去のものとなったが、残る問題は地雷がそれを知らない点である。戦争終了後に、地雷によって600人以上が死亡、1000人以上が負傷している。特に、爆発したとき周囲に破片を撒き散らすようにつくられたPROM－1対人地雷の被害が多い。戦後の地雷被害者の約15パーセントを子供が占めている。

1996年以降、まず国連地雷活動センター（UNMAC）が、次いでボスニア・ヘルツェゴヴィナ地雷活動センター（BHMAC）が、政府機関や非政府組織、軍、民間企業その他の国内外の関係者と協力して、地雷の発見と除去に取り組んできた。これには、地雷の安全性検査、回収、起爆、および事後の検証という一連の手作業が必要であり、ときには急峻な岩山や密生した草木のなかで毒蛇などの危険にさらされながら、重い装備を背負って蒸し暑い気候条件下で作業しなければならない、誰もうらやましいとは思わない仕事である。この作業をさらに難しくしているのは、地雷の多くがプラスチックを主材料にしているので、金属探知機で検出できないことだ。悲しいことに、たくさんの地雷処理隊員がこの世のため、人のためになる仕事で命を落とした。

もう1つの問題は、地雷の正確な位置を把握するのが難しい点である。敷設を始めた当初はかなり綿密に地雷原を地図化していたのだが、紛争が進むにつれて地雷埋設者の記録管理がだんだん杜撰になった。なくなったり、破壊されたりした地理的な記録も少なくなかった。それでも、地雷の多くがIEBLに沿って集中しているのだから、この境界線が有用な出発点を提供してくれるのは間違いない。遠隔探知機能を備えたドローンや、情報をクラウドソーシングできる携帯電話アプリなどの新しい技術が、危険なエリアの特定や地理情報システム（GIS）を使用した地雷の地図化の改善、地雷関連事故の削減に役立っている。

2014年5月にこの国を襲った大洪水とそれに伴う地滑りは、残存する地雷の発見と除去をさらに困難にした。なかには20キロ以上も移動して、住宅地に近づいた地雷もあった。この洪水や資金不足によって、2008年に設定された2019年までに国内のすべての地雷を除去するという野心的な目標の達成は不可能になり、目標は27年まで延長された。最近の推計によると、国内にはまだ18万個の地雷が残されており、国土総面積の2パーセントを〝汚染〟し、北東部の農村地帯の住民はじめ、総人口の15パーセント以上の人々への脅威になっている。さらに、この問題を生み出したのはボスニア紛争だけではなく、ときおり第二次世界大戦の不発弾も発見される。1990年代以降、かつての汚染地域の4分の3が安全であると判断されるなど大きな進展もあるにはあったが、ボスニア・ヘルツェゴヴィナは依然として世界で最も地雷の影響が深刻な国の1つになっている。[★4]

残留地雷は、都市と農村の世界で最も意味深い境界の1つもつくり出した。周辺地域で集中的に地雷除去作業を行った結果、都市部は安全な場所となり、サラエボ首都圏は2021年5月に非営利団体〝人間の安全保障強化のための国際信託基金(ITF)〟によって、地雷除去完了の宣言がなされた。

だが周辺の農村地帯では、いまなおかなりの危険が存在する。緑に覆われた森林地帯では地雷が見えにくく、浸食や水害、動物、過去の爆発などによって容易に起爆したり移動したりするため、特に危険である。農地も危険な場合があり、特に地雷が密集せずにばらばらに埋設されている地域では、戦後にも数多くの犠牲者を出した農民は、熟知した畑以外の場所を歩くことをためらい、実際には安全で生産的な土地も放棄した。高齢の世代には馴染みのある農村地域で、30年間も放置されている土地が数多く見られる。

地雷に対する関心を高めるためには、教育が力になる。国際地雷デー(4月4日)には、国連や赤十字社などの国際機関がさまざまな年齢層を対象とするプログラムを実施している。１９９６年には、ＤＣコミックスが米国政府や国連児童基金《ユニセフ》と協力して、旧ユーゴスラヴィアの子供への地雷問題啓発を目的としたスーパーマンの無料コミックブックを作成した。
また、子供たちを地雷汚染地域から遠ざけるために、新しい遊び場が開発された。死傷者数は時代とともに減少傾向にあるが、地雷は完全に除去されたと思いこんだ人々が、ハイキングや食材採集のために危険な地域に足を踏み入れるようになったことで、新たに油断との戦いが始まっている。

それと関連して、地雷原の場所をおおやけに標示すべきかどうかという問題が出てきた。２０１６年のポケモンＧＯブームの際には、一部のプレイヤーがレアなポケモンを捕まえるために、スマホを頼りに危険地帯に足を踏み入れたため、多くの地雷原がフェンス（金網製のものが多い）や標識で明示された。だが、地雷原の場所の標示より、迅速な除去を優先すべきだとする主張もある。それは、人々が標示のない区域は安全だと考えてしまう恐れがあるためだ。単に地雷原に境界線を引けばすむわけではないし、もし間違いや見落としがあれば命取りになる危険もあるのだ。安全と災難を分ける目に見えない線の正しい側にいるためには、よく知られ、当局のお墨付きのある山道や道路を離れないようにする必要がある。

残留地雷の存在が、ボスニア・ヘルツェゴヴィナの発展を妨げている。戦争で損なわれたインフラの修復も、その地域の地雷除去が完了するまでは手をつけられないでいる。資金不足のために、都市部でも多くの建物に銃痕など戦争の傷跡が残ったままだ。医療施設はなおも逼迫しており、地雷被害者への障害者給付金も限られている。隣国のクロアチアも地雷除去の真っ最中で、戦後２００人以上が地雷によって命を落としたが、それと比べてもボスニア・ヘルツェゴヴィナに着せられた汚名は深刻で、峻険なディナル・アルプス山脈やオスマン帝国時代の村落、手つかずのペルーチカ原生林など、観光客を引き寄せる資源を活用できないでいる。１９８４年冬季オリンピックのあいだは漂っていた楽観主義が、いまでは遠い昔のことのように感じられる。

　ボスニア・ヘルツェゴヴィナの事例は、境界線が人々の生活に与える影響の大きさをはっきりと示している。境界は単なる行政上の線ではなく、文字どおり生と死を分けるものにもなり得る。そうした境界線は維持するのに多額の経費を要し、かつては生産的だった労働者を傷つけ、土地の有用性を低下させ、投資を阻み、輸送を複雑にし、資金をほかの分野から遠ざけることで、国の経済を制約する。したがって、こういった見えない境界線は高い精度で地図化される必要があるのだ。

＊1　現在のオバラ・キュリナ・バナ通りとラテン橋《ラテンスカ・チュプリヤ》。

＊2　それとは対照的に、セルビア大統領スロボダン・ミロシェヴィッチは判決が下されるわずか数週

間前に拘置所において心臓発作で死亡した。

＊3　ユダヤ人とロマは長年、国際的な非政府組織ヒューマン・ライツ・ウォッチの支持を受けて、自分たちが国家政治から事実上排除されていると主張してきた。2009年以降、欧州人権裁判所が何度か彼らに有利な判決を出したにもかかわらず、ボスニア・ヘルツェゴヴィナの政治体制にはいまもなお民族差別が根強く残っている。

＊4　世界で少なくとも60カ国が現在も地雷汚染された領土を抱えており、そのなかには中国とロシアも含まれている。この2国は、米国と同じ国連安全保障理事会の常任理事国なのだが、1997年の対人地雷禁止条約（オタワ条約）には署名していない。同じ非署名国であるエジプトは、世界で最も地雷に汚染されており、特にリビアとイスラエルとの国境付近にはおよそ2300万個の地雷が埋まっていると推定される。これは、世界の総数の約5分の1に相当する。

17

Football in Buenos Aires

ブエノスアイレスのサッカー

俺は最狂ギャングの一員だ
ラ・ボカを歩きながら4つのブロックを制圧した
リバーを倒すにはもっと勇気が必要だ
ロホもボステーロスも持っていない勇気が*

——リーベル・プレートのサポーターの応援歌

* スペイン語の原文は以下のとおり。
Yo paro en una banda que es la mas loca de todas,
La que copo cuatro cuadras caminando por La Boca,
Para correr a River hay que poner mas huevo,
Huevo los que no tiene el Rojo tampoco los Bosteros.
（〝el Rojo〟はクルブ・アトレティコ・インデペンディエンテ、〝Bosteros〟はボカ・ジュニアーズのこと）

ラ・プラタ川
リーベル・プレート
ヌニェス
サーベドラ
コグラン
ベルグラーノ
ビジャ・ウルキーサ
パレルモ
コレヒアレス
ビジャ・オルトゥサル
ビジャ・プエイレドン
パルケ・チャス
チャカリータ
レコレータ
レティーロ
アグロノミア
ラ・パテルナル
ビジャ・クレスポ
ビジャ・デル・パルケ
アルヘンティノス・ジュニアーズ
オール・ボーイズ
ビジャ・デボート
アルマグロ
バルバネーラ
サン・ニコラス
プエルト・マデロ
モンセラート
ビジャ・ヘネラル・ミトレ
フェロ・カリル・オエステ
モンテ・カストロ
ビジャ・サンタ・リタ
サン・テルモ
ビジャ・レアル
ベレス・サルスフィエルド
サン・クリストーバル
コンスティトゥシオン
カバジート
フロレスタ
フローレス
ボエド
ボカ・ジュニアーズ
ベル・サジェス
ベレス・サルスフィエルド
パルケ・チャカブーコ
パルケ・パトリシオス
ウラカン
ラ・ボカ
ビジャ・ルーロ
サン・ロレンソ・デ・アルマグロ
リニエルス
パルケ・アベジャネーダ
バラカス
ヌエバ・ポンページャ
マタデーロス
デポルティーボ・リエストラ
ヌエバ・チカゴ
ビジャ・ソルダーティ
ビジャ・ルガーノ
ビジャ・リアチュエーロ
サッカークラブ
都市・地方境界線
バリオ（地区）境界線
0
5
km

英国で育つと、学校の運動場であれ、メディアであれ、サッカーが他を圧倒する力を持っているのがよくわかる。とはいえ、それがどれほど地域に密着したものになるかを（自分以外のイングランド南東部の住民がマンチェスター・ユナイテッドを応援していると感じたことはあるが）、20代に現地調査旅行でベオグラードを訪れるまでは実際に目にしたことがなかった。そのときは旧市街からそう遠くないドルチョル地区に滞在し、パルチザン・ベオグラード（市を拠点にする2大クラブの1つ）を賛美する壁画の多さに驚いたものだった。過去の伝説的選手を描いたものもあったが、クラブと価値観を共有している思われるミュージシャンや作家、俳優など国際的な人気者の絵もあった。普段から黒をよく着る私にはとても居心地がよかったが、パルチザンのライバル、レッドスター・ベオグラードのカラーである赤を着ていたら、同じように快適だっただろうかと首をひねらざるを得ない。2つのチームが対戦する試合（〝永遠のダービー〟）はしばしば暴力沙汰に発展するため、その週にこの対戦はなかったが、私はこの街を不安な目で眺めた。市内のさまざまな場所に見られる2つのチームを賛美する落書きが、それぞれのサポーターの地理的分布を示すと同時に、その場所でどういう態度をとればいいかを教えてくれた。ここでは自分の好みを公然と表現してもいいが、あそこでは隠しておくほうがいい、と。

たがいに心底憎み合っている、少なくとも2つのフットボールクラブを擁する都市はベオグラードだけではない。サンパウロ、リオデジャネイロ、モンテビデオ、グラスゴー、ミラノ、アテネ、イスタンブール、カイロと並べても、世界最大のダービー・マッチを誇る都市のほんの一部にすぎない。
　だが、私に言わせれば、その資格を持つのはブエノスアイレスだ。このゲームの主役たちと同じく、ブエノスアイレスのクラブはそれぞれ、宗教、階級、民族、政治といずれの分野でも社会のさまざまな階層を代表しており、特定の地域に根づいて、ファンの熱烈な支持を得ている。とは言っても、ブエノスアイレスは典型的なサッカー都市ではない。確かに、プロサッカーチームを24も抱えている。ロンドンの16チーム、リオデジャネイロの9チーム、サンパウロの7チームをはるかに凌ぐ数だ。そのために、ダービー・マッチは市内各所でいくつも行われる。

　けれども、ブエノスアイレスが傑出しているのはチームの数だけではない。サッカーが、おそらくは地球上のどこにも劣らないほど、この街の政治や社会的関係に深く浸透しているのだ。どこのファンだからという理由で殺されるサポーターもめずらしくない。2008年3月から18年12月までのあいだに、アルゼンチンではサッカー関連の死者が103人にのぼり、そのほとんどがブエノスアイレス州内の事件だった。政府も警察も、その事実から目をそらしがちだ。ブエノスアイレスのサッカーの宗教に近い熱狂ぶりと、ファンが熱烈、かつ多方面にわたって自分のバリオ（地区）を正当化しようとしている姿が、この街を真に際立たせている。

ブエノスアイレスのサッカークラブは、おそらく世界中のどこよりも特定の地区と深く結びついており、〝不適切な〟チームのシャツを着ているだけで、ほかの街なら罵声を浴びる程度ですむところを、はるかに大きな騒ぎになりかねない。目には見えないがそれとわかる境界線が、市内の特定の地域をサポーターの縄張りにするために引かれている。

　境界線を越えるには、そのバリオにあるクラブのメンバーの一員として認められることが必要になる場合もある。ブエノスアイレスを訪れる観光客がよく、最大のクラブであるボカ・ジュニアーズかリーベル・プレートのスタジアム訪問を〝死ぬまでにしたいこと〟リストの上位に挙げているが、その場合、ライバル・チームの色を着ていかないようにと警告される。ボカは青と黄、リバー（リーベル・プレート）は赤と白がチームカラーだ。

　特定の色が特定のクラブと深く結びついていることの証拠としては、ボカが、おそらく世界で最も認知度の高いブランドであるコカ・コーラを説得して、本拠地のエスタディオ・アルベルト・J・アルマンド（通称ラ・ボンボネーラ）周辺では白黒の広告しか使わないようにさせた例がある。コカ・コーラ社のコーポレートカラーである赤は世界の誰もが知っているとはいえ、ファンの目にはリバーの色に見えてしまうからだ。クラブの本拠地に描かれた壁画や落書きは、たいていがチームカラーを使って人気選手の姿や応援歌《チャント》の歌詞が描かれ、そこがそのクラブのサポーターの縄張りであると主張している。

サッカークラブが地域社会をつくる

サッカークラブとバリオの結びつきは偶然できたものではなく、100年以上にわたるアルゼンチン独特の社会的・政治的変動の結果である。農業と工業に安定した労働力を得るために制定された寛大な移民法のおかげで、20世紀初頭のアルゼンチンは世界でも屈指の移民受け入れ国になった。1914年には、同国の総人口の30パーセントが海外からの移民だった。これは米国の移民の割合の倍以上で、人口の58パーセントを移民ないしはその子どもが占めていた。特にブエノスアイレスは、市の総人口の70パーセント近くが外国生まれだった。

こうした流動的な状況で、サッカークラブなどの民間組織が政治的に利用されることも少なくなかった。ほとんどがイタリアやスペインからやって来た移民に、市民意識とそれぞれのバリオへの帰属感を植えつけるのに効果的な手段として使われたのだ。

1912年に選挙制度が大幅に改正されると、政治家はこうした組織の一員であると広言したり、支援したりすることで、強力な支持基盤を構築できるのに気づいた。これは抜け目ない判断だった。普通、クラブに集まるのはおもに若い男性で、彼らが市で最大の有権者層だったからだ。当時、移民は女性よりも男性のほうがはるかに多く、女性が参政権を得たのは1947年になってからだった。さらに、クラブの会員《ソシオ》は、役員の選出などの際に自分も民主主義の力を振るえることを学んでいた。そこで政治家は、サッカーのできる場所を見つけてやるなど、さまざまな手段でこの有権者層にアピールしようとした。

こうしたクラブの多くはサッカーだけでなく、ダンス、ボクシング、水泳、バスケットボール、ボッチー（訳注　イタリア発祥のローン・ボウリング）、フィールドホッケー、テニスなどのスポーツをする機会を提供した。また、料理教室や映画上映から法律相談まで、スポーツ以外の活動も主催した。クラブの成功を称え、それぞれのバリオとのつながりを強調するためにタンゴの曲がつくられた。要するに、サッカークラブは、あらゆる意味で地域社会になったのだ。ただし、あくまでサッカーが最優先で、政治はたぶん二の次だったが。明らかな勝者と敗者が出現した。質の高いアマチュア選手を獲得し、設備の良い競技場の建設資金を調達できたクラブもあったが、半数以上のクラブがその戦いに敗れて消えていった。もしまだ、上り坂の政治家やビジネスパーソンの支援を受けていないクラブがあったとしても、近い将来、応援してもらえるのはほぼ間違いない。そうしたクラブを、一般市民と接触し、影響力をおよぼすための確実な手段と見なす傾向が強まっているからだ。

1920年代には、ほとんどのソシオはプレーするのではなく観戦のためにクラブに通うようになり、大きなクラブは入場料から莫大な資金を得ていた。ボカ・ジュニアーズ、リーベル・プレート、サン・ロレンソ、ラシン・クラブ、インデペンディエンテを擁する現代のブエノスアイレスのサッカー界は、10年足らずでできあがったものだった。[*1]

ブエノスアイレス市が成長を続けるにしたがい、バリオの独自性は特に重要になった。1910年頃には150万だった人口も、30年には300万近くへとほぼ倍増し、その3分の1はヨーロッパからの移民だった。公共交通機関のおかげで都市は広がり、住民はおのおののバリオでコミュニティや一体感を求めるようになった。時代を経るごとに中心部で十分なスペースを見つけるのが困難になったため、ブエノスアイレスのほとんどのクラブは移転したり、中心部を外れた場所に新たにつくられたりした。1905年の創立以来、港湾労働者の多いラ・ボカでずっと運営されてきたボカ・ジュニアーズでさえ、1912年から14年まで一時的に郊外でプレーをした時期があった。もっとも、そこから通勤するのが無理な者や、嫌がる者がクラブを辞めていったので、またラ・ボカに戻ることになった。早い時期にできたクラブは英国にルーツを持つものが多かったが、ボカ・ジュニアーズは近隣のイタリア系コミュニティのメンバーによって設立された。そのほとんどはジェノヴァからの移民で、チームのファンはいまでも彼らに敬意を表して、自分たちを〝ジェノヴァ人(Xeneize)〟と呼んでいる。ラ・ボカに根づいていることと(支持基盤は国内外に大きく広がっているが)、労働者階級の独自性を維持していることで、ボカのサポーターはいまなお〝庶民〟のチームを自負している。

リーベル・プレートは、ボカと市最大のダービー、スーペルクラシコを争うクラブだが、また別の変転の歴史を持っている。1901年にラ・ボカにあった2つのクラブ、ラ・ロサレスとサンタ・ローザが合併して設立されたリバーも、１９２０年代に永続的な本拠地を求めて転々としたのち、富裕階級の住む北部地域に本拠を移した。１９３８年以来、クラブは緑豊かな住宅街であるベルグラーノとヌニェスとの境界に拠点を置いているが、いまでもクラブ名はラ・プラタ川《リオ・デ・ラ・プラタ》の英語読みを使っている。ラ・ボカに入ってくる輸入品の荷箱によく刻印されていた文字のようだ。[*2]

名称以外については、リバーのサポーターはクラブの地味な出自をほぼ完全に捨て去り、（幅広いファン層を抱えながらも）さらに上の階層を目指すクラブと考えている。そのため、高額な選手を獲得してきたリバーの歴史にちなんで、〝富豪《ミジョナリオス》〟という愛称を使い、対するラ・ボカ地区は汚くて臭いと見なして、ボカのサポーターをよく、〝小豚《チャンチトス》〟や〝堆肥収集人《ボステロス》〟と呼んでからかう。２０１２年の試合では、リバーのサポーターがボカのチームカラーを塗った豚の風船を相手の観客席に飛ばしたこともあった。これに対して、リバーが〝チキン《ガリーナス》〟と呼ばれるのは、南米のクラブ王者を決める大会コパ・リベルタドーレスの１９６６年の決勝でウルグアイのチーム、ペニャロールに負けたことに端を発する。楽勝とも言えるリードをしていたのに、あっさり逆転されたのだ。これは次にリバーと対戦するバンフィールドのサポーターを大いに喜ばせ、彼らはリバーに付けられたばかりの臆病者というレッテルを永続させようと、ニワトリの死骸をピッチに投げこんだ。

ルーツになる階級が違うことで、２つのチームのスタイルにも違いがある。ボカのサポーターは、選手に粘り強さと勤勉さを期待するのに対し、リバーのサポーターはスキルを重視し、楽しさを求める。両クラブの試合は、皮肉にも〝フレンドリーマッチ〟と呼ばれているが、大乱闘に発展することが多い。

とはいえ、ブエノスアイレスで一番盛り上がりを見せるのはピッチの外だ。その最たる例が各クラブの〝バーラス・ブラバス〟（暴力的な傾向を有するコアなファンのこと）で、彼らはチームを歓迎し、支援するために、さまざまな演出を施した儀式を、対戦相手を威嚇しながら行う。巨大なフラッグやバナー、発煙筒、爆竹。応援歌《チャント》はポピュラー音楽やフォークソングのメロディーに乗り、ブラスバンドやドラムの伴奏で演奏され、感情に訴える熱っぽい雰囲気を醸し出す。ライバルのクラブのファンとの喧嘩はめずらしくもなく、だいたいが周辺の地区にまで波及する。暴動を防ごうとする警官も別の種類の〝敵〟として標的にされる。バーラス・ブラバスのほとんどに派閥があって、勢力争いや縄張り争いに明け暮れている。高度に組織化され、軍隊並みの厳格な行動をとることもあり、ライバルとの闘いでは銃やナイフが使われることも少なくない。

なぜそんな状況が許されてきたのか？　アルゼンチンのサッカーの試合における暴力行為は目新しい現象ではない。20世紀の初頭には、ピッチへの乱入、器物損壊、銃撃が日常茶飯事であり、1924年にはピッチの周囲に有刺鉄線が張られたほどだった。それでも、暴力行為の組織化がさらに進んだのは1950年代からで、これは偶然ではなく、この国で最も有名な何人かの政治家が主要クラブを支配して、自分の権威を高めようとした時期と一致する。現職のクラブ会長や会長候補者は、試合だけでなく政治的な催しにもバーラス・ブラバスを参加させ、聴衆を扇動させた。いまでもこうした集団に報酬として、直接的には金銭で（選手をトレードしたときの移籍金の数パーセントが支払われたこともある）、間接的には、彼らが行う不正行為――チケットやグッズの転売、駐車スペースの独占販売、それに最も深刻なドラッグ売買――を見て見ぬふりをすることで支払っている。暴力と威嚇は儲かるビジネスになり、それを唯一の収入源にする者も少なくない。

となれば、各クラブのチャントにきわめて政治的な歌詞が多いことは当然予想がつく。サポーターは男らしさを誇示する目の覚めるような言葉（この国のサッカーはいまだに男性中心で、マッチョイズムの核心にある）や、ドラッグや酒の乱用と同じく、好みの候補者の選挙を応援することで、チームの敗戦の憂さを晴らしたり、自分の揺るぎない忠誠心を見せつけたりする。チャントの歌詞にはほかに、ライバルを殺してやるとか、めちゃくちゃにぶん殴ってやるといった内なる願望を表したものもある。そこまではいかなくても、ライバルは外国人で、真のアルゼンチン人ではないといった、相手の名誉を傷つけて、それを街や国全体にしらしめようとする言葉も含まれている。

この問題をさらに興味深いものにしているのは、バーラス・ブラバスの多くがクラブと一心同体のはずのバリオに住んでいないという事実だ。実は、バーラス・ブラバスの大半は応援するクラブのある地区から遠い場所に住んでおり、試合の日にだけ戻ってくる。

たとえば、ボカ・ジュニアーズのバーラス・ブラバスは、〝ラ・ドセ〟(12番目の男)と呼ばれているが、ラ・ボカやその周辺ではなく、遠くのバリオや郊外に住む人々で構成されている。もっと注目すべきは、ボカ・ジュニアーズは地元のバリオに投資をして、多くの住民を雇用しているのに対して、ラ・ドセは、ラ・ボカが貧しく、犯罪発生数が高く、移民の多い地区という汚名を着せられるおもな要因になっている点だ。住民はこのレッテルに強く反発しており、その結果、彼らはラ・ドセを、自分たちのクラブを金儲けに利用しているだけの外部の雇い兵かマフィアであって、純粋なファンとは言えないと思うようになっている。それ以上に面白いのは、ライバルのバーラス・ブラバスはラ・ドセこそラ・ボカの典型、つまりラ・ボカの住民が躍起になって否定しようとしているものであると考えていることだ。

こうして街の地理は、拠点のバリオだけでなく、政治的・社会的立場も違うサッカークラブの勢力圏を貼り合わせたパッチワークのようなものになった。街には、どのクラブが(それに多くの場合、どの政治家が)そこで支持されているかを示す非公式な境界線が引かれている。敵対するバリオで相手側のカラーの服を着ていると、無用な注目を集め、なかには罪もない人々が攻撃されたり、殺害されたりすることもある。ところがファンにすれば、それは称賛すべき名誉ある行為になる。近隣にある〝敵地〟に乗りこみ、この国で〝アグアンテ〟と呼ばれる、忍耐力と粘り強さ、それにクラブの名誉を守るために力の行使も辞さない意思を示す手段だからだ。これが戦いを好む男らしさの基盤とされ、容認されるだけでなく、望ましいものと考えられている。こうした種類の都市空間の奪い合いにおいては、戦利品の獲得が重要な側面になる。ファンはよく、まるで戦争のときのように、ライバルのフラッグやシャツ、太鼓、横断幕を探し出し、盗んで、誇示することがある。つまるところ、そうした品物はクラブ自体とその評判を表すものであるから、それを奪い取るのは、ライバルのバリオを征服した象徴的なあかしであり、ひいては自分たちの力を示すことになる。それゆえにファンは自分の身体よりもひたむきにそうしたものを守ろうとするので、暴力沙汰の可能性が高まる。サッカーの試合で使う用具をめぐる殺人事件は決してめずらしくない。

　美しさと文化からパリにたとえられることも少なくないブエノスアイレスだが、その豊かなサッカーの歴史の陰に不気味な一面を秘めている。この街で最も重要な境界線を生み出しているのはサッカーである。境界線は、特定の地域を誰が本当に〝所有〟しているかを他者に見せつける示威的な行動を通して画定され、強化される。そのせいで、**行政上の境界にすぎないものが、理屈抜きの感情的なものに感じられることがよくある。**だから街を訪れた者は、同調するか挑戦するか、行動の選択を迫られる。サッカークラブのあるバリオは、単なる地区以上の意味を持ち、生き残るためには常に強化し続けなければならない境界線で区切られた自衛区域として機能する場合もある。その境界線は、権力者によって引かれたり、正当化されたりすることもあるが、実際には下層から上層へとボトムアップで成立する。

敵と味方を選別するさまざまな道具や情熱的な行動を用いてライバルのバリオを冒瀆するバーラス・ブラバスは、ギャングと多くの共通点を持っている。だが、ギャングは都市空間の奪い合いと縄張りの主張については、数多くの独特な手段を持っている。次章では、彼らの境界線の引き方に焦点を当ててみよう。

*1 現在、最後の2つのクラブは、ブエノスアイレスのすぐ南東にあるアベジャネーダ市を本拠地としているが、それでもブエノスアイレス州の一部であることに変わりはない。

*2 なぜスペイン語にしないのだろう？ その名称を発案した理事は単に英語の見た目と響きが好きで、理事会のメンバーを説き伏せたのだという。サッカー発祥の地への敬意からか、アルゼンチンには英語の名称を持つクラブが少なくない。ちなみに、リーベル・プレートがサッカークラブの名称としては平凡すぎると思う人がいるなら、ボカ・ジュニアーズの青と黄色のユニフォームの色は最初に通り過ぎた船の色に由来するものであることを思い出そう。その船はスウェーデン船だった。

18

Street Gangs in Los Angeles

ロサンゼルスのストリート・ギャング

このあたり《フッド》に住んでるなら、ギャングに入るのがクールだぜ。仲間はみんなギャングなんだから……みんな、家族そのものさ。家族になるのは仕事を見つけるより簡単だ。

——スヌープ・ドッグ（ヒップホップMC）

〝泥の都〟（フロリダ州ベル・グレイド）や〝失踪者の港〟（ワシントン州アバディーン）ならまだしも、〝アメリカのギャングの首都〟は、米国で最も不吉な都市のニックネームだろう。ロサンゼルスと言えば、すぐにハリウッドや料理、ビーチ、穏やかな気候を連想するが、ギャング同士が抗争を繰り返し、人種差別と暴力がはびこる裏の顔があることでも知られている。そうした邪悪な面は、音楽、ビデオゲーム、テレビなどで美化して描かれる。いまは、このだだっぴろい大都会のあまり知られていない場所を探索する〝ギャングツアー〟にも参

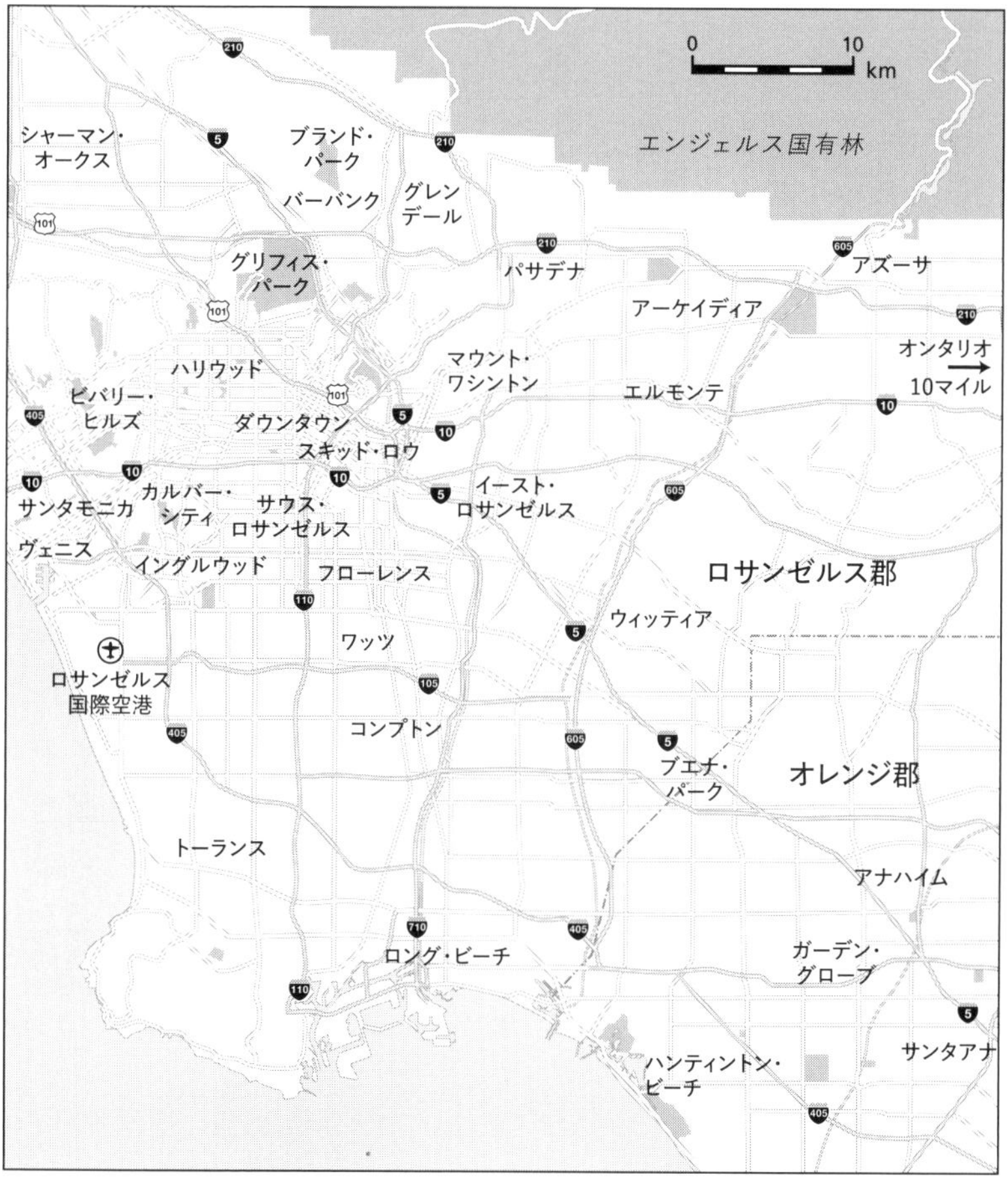
0
10
km
エンジェルス国有林
シャーマン・
オークス
ブランド・
パーク
バーバンク
グレン
デール
グリフィス・
パーク
パサデナ
アズーサ
アーケイディア
オンタリオ
10マイル
ハリウッド
マウント・
ワシントン
エルモンテ
ビバリー・
ヒルズ
ダウンタウン
スキッド・ロウ
カルバー・
シティ
サウス・
ロサンゼルス
イースト・
ロサンゼルス
サンタモニカ
ヴェニス
イングルウッド
フローレンス
ロサンゼルス郡
ウィッティア
ワッツ
ロサンゼルス
国際空港
コンプトン
ブエナ・
パーク
オレンジ郡
トーランス
アナハイム
ロング・ビーチ
ガーデン・
グローブ
サンタアナ
ハンティントン・
ビーチ
210
5
101
405
10
110
105
605
710

加できる。多くのギャングは、この街を訪れる観光客の鼻先で活動しているのだが。昼間は人気のカップケーキ・ベーカリー、高級ブティック、流行《はや》りのコーヒーショップが立ち並び、のんびりした地域《ネイバーフッド》と思われている街の一部は、夜間は恐ろしい縄張《フッド》りに様変わりする。なかには運から見放されたような地区も存在する。そこは昼間でも〝邪悪《ダーク》〟でミステリアスな場所とされ、名は知られているが、実際に目にするのはニュースでだけだ。

　ストリート・ギャングと縁の深い地域で暮らしている人は、地元の地理の込み入った事情を強く意識しており、〝安全な場所〟と〝危険な場所〟を分ける境界に敏感だ。その境界を見きわめるのはかなり難しいが、自分自身や所属するギャングの縄張りを主張する落書き、壁画が手がかりになる。これは、暴力を伴う報復の引き金となり得る危険な行為であり、縄張り間の境界は特に緊張感に満ちている。一部の縄張りは、フリーウェイなどの主要道路、線路、ロサンゼルス川などの明らかな障壁によって区切られている。だが、多くの場合、経験を通して学ぶしかない。たいていは大変不愉快な経験だが。だいたいの境界は住宅街の2車線道路の〝こちら〟と〝あちら〟くらい微妙だ。だから地元住民は、懸命に守られている見えない境界線を越えずに行ける場所と行けない場所の頭のなかの地図《メンタルマップ》を自分でつくらなければならない。

　そのような不穏な場所では、住民は身の安全を保つために、日々慎重に過ごす必要がある。ブエノスアイレスのバリオで間違った色やスポーツウェアを着たときと同じく、命取りになりかねない。ギャングの一員であれば、近くの店が敵の縄張りにあったら、わざわざ遠くまで食料品やガソリンを買いに行く場合もある。また、ギャングの境界線が移動するのに応じて、通る道も定期的に変更しなければならなくなる。そのために、ほんの短い散歩のはずが、目に見えない迷宮を通り抜ける複雑で遠まわりの道のりになる可能性がある。

　ギャングとはまったく関係ない人が銃撃戦に巻きこまれることも十分考えられる。実際、最近発生した発砲事件の犠牲者のなかには９歳の子供がいた。住民の多くが、自分が口出ししたことをギャングに知られるのを恐れて、警察への通報に消極的であるのは言うまでもない。こうしたリスクを考えれば、ロサンゼルスの象徴であるフリーウェイを走っているときでもないかぎり、そういう場所を目のあたりにする〝部外者〟がほとんどいないのもうなずける。彼らは別の惑星にいるようなものなのだ。

　ロサンゼルスにおけるギャングの犯罪史――言い換えれば、ロサンゼルスにおける社会的な絆と断絶の歴史――は、20世紀初頭にさかのぼる。〈白い柵《ホワイト・フェンス》〉のような象徴的な名前を持つメキシコ系のストリート・ギャングが、白人の近隣住民による人種差別的な攻撃からヒスパニックのコミュニティを守るために誕生した。[★1] もっとも、ギャングの活動が広く世間の関心を集めるようになったのは第二次世界大戦中だった。38番街ギャングのメンバーであるメキシコ系の５人が、ホセ・ガヤルド・ディアスという24歳の農場労働者を殺害したとして証拠不十分のまま有罪判決を受けた１９４２年のスリーピー・ラグーン殺人事件の裁判は、この件に関する偏見に満ちた言説に反感を持っていたメキシコ系のコミュニティを怒らせた。翌年、彼らに対して続いていたネガティブなメディア報道にあおられて、暴徒化した白人兵士が当時流行っていたズートスーツというぶかぶかで派手な服を着たメキシコ系の若者を襲撃した。白人たちの目には、ズートスーツは配給服地の無駄使いで、愛国心の欠如の表れと映ったのだ。たいていの場合、警察はメキシコ系のパチューコ[★2]だけでなく、そうした不快な身なりをしていない黒人やフィリピン系が暴力を振るわれても傍観しているだけだった。なかには、暴行に加わったあげく、加害者ではなく被害者を逮捕する警官もいた。こうしてロサンゼルスでは、保護と奉仕が役目であるはずの人々と、民族的および人種的にマイノリティの若者たちのあいだで、何十年にもわたって相互不信と暴力がぶつかり合うことになる。今日でも、ズートスーツの着用は〝公共の迷惑行為〟に該当するとして、ロサンゼルスでは違法になっている。

　第二次世界大戦が終わると、ストリート・ギャングの活動の中心は、イースト・ロサンゼルスからサウス・セントラル・ロサンゼルスへと拡大し、ヒスパニックだけでなく、黒人のギャングが次々と結成された。ワッツなど低所得者の集まる地域は、すでに人口過密と失業が問題になっており、若い黒人男性は、彼らを排除しようとする近くのコンプトンの白人労働者からしばしば攻撃を受けていた。黒人の若者が歓迎されていないことは、仲間意識や自分の帰属先を見つける機会（の欠如）からも明らかだった。ボーイスカウトの支部をはじめ、白人の若者には門戸を開くその他の組織から締め出され、労働市場や住宅市場、さらには教育制度における厳しい差別を肌で知った。スローソンズ、ビジネスメン、グラディエーターズといった初期の黒人ギャングは、その空白を埋めるために創設された。当時、メキシコ系ギャングはすでに近隣地区の支配権をめぐって抗争を繰り広げていたが、黒人ギャングの縄張りはおもに地元の学校とその周辺にあり、黒人の学生は縄張り内で、悪質なレイシスト団体であるスプーク・ハンターズのような好戦的な白人の若者のギャングから身を守ろうとした。ところが、白人が郊外に引っ越すにつれて（黒人家庭にはとうていできない選択だった）、一部の黒人ギャング同士で対立するようになった。特に、サウス・セントラル・ロサンゼルスのウエストサイド・ギャングは、普段からイーストサイドのライバルを見下しており、社会経済的な境界線をはさんで分断ができあがった。縄張りとその境界の重要性はさらに高まった。それでも、現在ストリート・ギャングの悪名の原因《もと》になっている暴力は、この時期ほとんど見られなかった。戦いの大部分は殴り合いに限定されており、極端なケースでナイフなど金属製の道具が使われるぐらいで、殺人はごく稀だった。

１９６５年になると、かつての人種対立が再燃した。マーケット・フライという黒人男性とその母親、義理の兄弟が、白人警官と立ちまわりを演じたことが、ロサンゼルス市警（ＬＡＰＤ）と州兵がワッツの街に投入された６日間の暴動のきっかけになった。その後、ギャングのメンバーの多くが、警察の嫌がらせと残虐行為に立ち向かう２つの黒人至上主義団体、ブラックパンサー党とUSオーガニゼーションに加入したこともあって、ギャング活動は一時的に休止した。しかし、サウス・セントラル・ロサンゼルスにおける黒人同士の新しい連帯は長続きしなかった。FBIのプロパガンダに惑わされて道を誤った2つの団体は、新人勧誘と支配権をめぐってたがいを敵と見なした。サウスイースト・ロサンゼルスを中心に、メンバー同士の撃ち合いが何度か行われたが、最も有名なのは、1969年1月17日にカリフォルニア大学ロサンゼルス校のキャンパスで起こった銃撃戦である。その際、ブラックパンサー党の2人の指導者アルプレンティス・〝バンチー〟・カーターとジョン・ハギンズが死亡した。黒人コミュニティ内で修復困難な分裂が生じ、暴力事件が路上で多発するようになった。

USオーガニゼーションとブラックパンサー党の深刻な弱体化が進む一方、マーティン・ルーサー・キング・ジュニアやマルコムXといった全国的な影響力を持つ黒人指導者が1960年代の終わりに暗殺されたことで、権威と抵抗の新しいシステムが必要になった。こうして、黒人ストリート・ギャングの第2期が始まった。なかでも全米に名を馳せたギャングは、クリップスとブラッズだった。クリップスの起源については諸説あるが、複数の情報源によると、サウス・セントラル・ロサンゼルスでライバル関係にあったギャングのメンバーで、まだ10代だったレイモンド・ワシントンとスタンリー・〝トゥッキー〟・ウィリアムズが創設したという。この2人は、もっと名の知れた敵と対決し、地元を事実上支配しようと考えた。[★3] クリップスの好戦性に怒った小規模のギャングは、ただちにブラッズを結成して対抗した。多くの若者——特に貧しく、産業が空洞化した都心部の男性にすれば、こうしたギャングは、地位や仲間だけでなく、それ以上に大切な金を得るための一番わかりやすい道筋だった（特に1980年代以降、クラック・コカイン市場で大儲けできた）。どちらのギャングも麻薬取引を行うことで、サウス・セントラル・ロサンゼルスの従来の境界をはるかに越えて勢力を拡大した。その過程で、何千もの新しいメンバーをスカウトし、数多くの小規模ストリート・ギャングを吸収して、米国の主要都市だけでなく、カナダのトロントやモントリオールにまで途方もない苦痛を持ちこんだ。

こうしたグループは、ギャング・カルチャーを共有していて、〝血《ブラッド》〟や〝不良品《クリップ》〟などと名乗ってはいるが、単一の階層組織ではなく、実際にはゆるやかに結びついたネットワークを構成していると考えたほうがいい。さらに言えば、一部では人種的な同質性はもはや存在せず、さまざまな出自のメンバーを歓迎し、同盟関係を結んでいる。とはいえ、ロサンゼルスのギャングの大多数は、依然として特定の人種的、民族的、国民的アイデンティティを持ち、名称もサンズ・オブ・サモア（サモアの息子たち）、エイジアン・ボーイズ（アジアの仲間）、アルメニアン・パワー（アルメニアの力）など、メンバーの出身地や地理上の由来を表していることが多い。ヒスパニックのギャングは、彼らが生まれ、いまも自分のものであると主張している地区の名称を使っている。勢力のあるメキシコ系のエルモンテ・フローレス

（ＥＭＦ）、フロレンシア13（Ｆ13）、オンタリオ・バリオ・スール（ＯＶＳ）、アヴェニューズ、アズーサ13（Ａ13）、ヴェニス13（ＶＳ13）、もっと多国籍の〈18番街〉などだ。13という数字がよく使われているが、これは、〝メキシカン・マフィア〟を表すＭがアルファベットで13番目の文字だからである。[*4] ロサンゼルスを拠点にするその他のギャングの名称、たとえばマラ・サルバトルチャ（ＭＳ－13）の由来はやや不確かだが、エルサルバドル（〝サルバ〟）のスラングでギャングを意味する〝マラ〟と、警戒や都会慣れを意味する〝トルチャ〟を合成したものであると言われる。ＭＳ－13は当初〝ストーナー〟ギャング（麻薬で恍惚状態《ストーンド》に）なって、ローリング・ストーンズなどのロックバンドの曲を聴くことで知られるヒスパニックか白人のギャング）と見られていた。だが、エルサルバドル内戦（１９７９～92）を逃れてきた者が大半を占めるメンバーは、ロサンゼルスの過酷なストリートで生き抜くためには、相手と同じ手段で戦わなければならないことにすぐに気づいた。１９８０年代初頭にはおおむね無害だったＭＳは、10年ほどたつと残忍なＭＳ－13に変貌し、麻薬、武器と人身の売買、恐喝、殺人などで悪名を馳せた。エルサルバドルの内戦が終結して、多くのメンバーが強制送還されたが、彼らはさまざまな不正取引のルートを利用して、中米や北米の一部にその活動を広げている。

もう１つ注意しなければならないのは、ストリート・ギャングの培養器《インキュベーター》は路上だけではない点だ。特に１９６０年代以降は、収監システムが鉄格子のなかと外に恐るべき集団を生み出した。[★5] 転機となった64年の公民権法は、〝人種、肌の色、宗教、国籍〟を理由にした差別を禁止して、全国で合法的に行われていた人種差別を終わらせたが、新たに人種統合された刑務所のなかでは、囚人が同じ人種でまとまる傾向が見られた。さらに１９８０年代と90年代の〝犯罪に厳しく《タフ・オン・クライム》〟の方針――麻薬所持や、執行猶予と仮釈放中の違反行為のような比較的軽くて小規模で暴力を伴わない犯罪に関与した人を投獄することを目的としていた――によって、カリフォルニアの刑務所は信じられないほどの過密状態になった。威圧的で不穏な施設のなかで人種別のギャングが勢力を拡大し、暴力で紛争を解決したり、メンバーに規律を守らせたり、無関係な囚人を脅して仲間に加えたりしたことは少しも不思議ではない。カリフォルニアの各刑務所で人種間の暴力が大変深刻になったため、州は危険人物と見なされる囚人を人種的に隔離するという非公式のルールを採用した。２００５年、連邦最高裁判所はカリフォルニア州に対して、この措置を中止するよう命じた。それでも最高水準のセキュリティを有する刑務所はまだ、特定の囚人の隔離は異なる出身の囚人同士が喧嘩する（そして、相手を殺す）ことを防ぐために必要であると考えている。その点について言えば、人種統合が行われた刑務所でも、大半の囚人は、生き延びるために同じ人種で固まるべきだと考えており、食堂のような共用スペースでは別の人種と距離を置いている。

　また、ヒスパニック・ギャングのメンバーのあいだで、地理上の大きなへだたりが最悪の暴力の基盤にもなっているのは興味深い。具体的に言えば、刑務所に入れられたときに、だいたいの者は所属していたストリート・ギャングに関係なく、スレーニョス（スペイン語で〝南部人〟という意味で、カリフォルニア南部の出身者のこと）か、ノルテーニョス（〝北部人〟という意味で、カリフォルニア北部の出身者のこと）に二分される。この地域的な分断が生まれたのは1970年代で、当時、かたや南カリフォルニアのメキシカン・マフィア、かたや北カリフォルニアのヌエストラ・ファミリアへの忠誠を公言していた2つのグループが対立していた。いまでは州のヒスパニックの刑務所《プリズン》ギャングとストリート・ギャングの大半が、セントラル・バレーの南の端を東西に横切る見えない線によって大まかに分けられ、スレーニョスかノルテーニョスのどちらかとつながっている。

かなり前から刑務所で特に深刻な問題になっている白人至上主義のギャングは、戦闘的な集団であるのを示すために、〝ペッカーウッズ〟と名乗ることが少なくない。この呼び名は、もともと貧しい白人を意味する19世紀のアフリカ系米国人のスラングで、当時は軽蔑的な意味で使われていたのだが、[★6]1960年代の激動のなかで団結を目指した人種差別主義者の白人の囚人たちがそれを拝借した。白人至上主義のプリズン・ギャングで最初にできたのは、公民権法の成立からまもなく、サンフランシスコ近郊のサン・クエンティン州立刑務所でマルクス・レーニン主義に影響を受けたブラック・ゲリラ・ファミリー（BGF）に対抗して誕生したアーリアン・ブラザーフッド（AB）である。疑い深く、神経過敏で、偏見に凝り固まったABは〝殺しを経験する《メイキング・ワンズ・ボーンズ》〟なる冷酷な加入条件を設けた。加入を希望する者は、敵対するギャングのメンバーや、人種の違う囚人か看守に暴行を加えるか、殺すことを要求された。こうして、容易に手に負えない人種間戦争が始まり、またたく間に米国の大部分の刑務所へと広がっていった。

ペッカーウッズは刑務所だけでなく、次第にストリート、とりわけ南カリフォルニアのストリートで数を増していった。現在、更生もせずに釈放された囚人が、委託殺人や個人情報窃盗、武装強盗、メタンフェタミン（訳注　覚醒剤の一種）の製造など、考えられるかぎりの犯罪にかかわっている。こうした集団は、鉤十字や88という数字[★7]などのネオナチに典型的なシンボルを好んで身につけていても、だいたいがイデオロギーより金銭欲に突き動かされ、別の人種のギャングと業務提携することもいとわず、大金を得られる事業に手を出す傾向がある。ただし、黒人と手を組むことはない。

いまや戦いの第一目標は利益になったとはいえ、白人至上主義のギャングはなおも人種の問題をなおざりにはしていない。メンバーには、70年前と変わることなく黒人の家族に嫌がらせや脅迫をして、住んでいる場所から追い出す悪質な者がいるし、人種憎悪をあおる発言も、新たなメンバーを引き寄せて取りこむために、いまでも刑務所で使われている。それでも昔から、たとえヒスパニックの祖先がいても、白人を自認し、白人種への忠誠を公言する者をメンバーに受け入れてきた例外的な白人至上主義のギャングもある。サクラメント近郊のカリフォルニア州少年院に収容されていたジョン・スティンソンが1978年に創設したナチ・ローライダーズ（ＮＬＲ）[★8]は、刑務所を拠点としたＡＢとの連携によって急速に拡大した。この時期、ＡＢの幹部の多くが独房に監禁されており、ギャングへの影響力が制限されていた。ＮＬＲはこのすき間を埋め、カリフォルニアの刑務所で――その後はほかの州の刑務所でも――ＡＢの広範な犯罪ネットワークのなかで仲介や代理を行った。そうしながら、保護は欲しいが、有名になって厳しい監視下にあるＡＢの直接の配下とは見られたくないスキンヘッドの若者たちをスカウトした。まもなく、元被収容者と、この敵意ある集団に引き寄せられた人々の両方で構成されたＮＬＲのストリート・ギャング版も登場した。現在に至るまで、ＮＬＲは一般人に対する人種差別、同性愛嫌悪などの死亡事件を含むヘイトクライムに関与して悪評を高めている。

残念ながら、ＮＬＲがプリズン・ギャングに正式に分類され、20世紀から21世紀への変わり目にスティンソン（それにＡＢのメンバーの何人か）を含むリーダーの有罪が確定しても、白人至上主義ギャングの活動を完全に阻止する効果は得られなかった。ＮＬＲとＡＢの残党は（かなり激論が交わされたらしいが）、地元の別の白人至上主義団体で、暴力性と攻撃性で知られたロサンゼルスのロング・ビーチのハードコア・パンク音楽界を起源に持つパブリック・エネミー・ナンバーワン（ＰＥＮＩまたはＰＥＮ１）に合流することを決めた。１９８０年代の英国で活躍した無政府主義《アナーコ》パンク・バンド〈ルーディメンタリー・ペナイ〉にちなんで名づけられ（もちろん非公認だ）、中産階級のメンバーが多いＰＥＮＩは、なりすまし個人情報窃盗や詐欺などホワイトカラー系の犯罪に関与していることで知られるが、それ以外に、ほかのストリート・ギャングから白人の若者を〝守る〟という口実で暴力犯罪に手を染めている。現在のPENIは、〝スキンヘッド――ストリート――プリズン〟という混合型《ハイブリッド》ギャングになっており、状況に応じて人種差別主義の暴漢と傭兵と詐欺師の三役をこなすメンバーの能力のおかげで、刑務所内だけでなく、富裕層の住む郊外住宅地でも勢力を誇っている。

ペッカーウッズと人種差別主義のスキンヘッド・ギャング（一部のグループはほかに、エクストリーム・スポーツ〔訳注　断崖や雪山などの厳しい環境下で行い、危険度や技術を競うスポーツ〕のプレイヤーも受け入れている）は、次第に南カリフォルニアの各地域で区別がつかなくなりつつある。そうは言っても、人種差別主義のスキンヘッド集団の大半は、いかにもストリート・ギャングらしい縄張りへのこだわりと、極右の政治思想を合わせ持っており、別個のカテゴリーに分類されることが多い。もちろん、政治思想はスキンヘッド集団に付きものというわけではない。1960年代のロンドンに起源のあるこの集団は多種多様で、必ずしも人種差別主義者とは限らなかった。ところが1970年代後半に、西欧各国が国内に移民に対抗する極右の民族主義者を抱えこむようになると、ほどなく米国でもネオナチのイデオロギーとシンボルに触発された人種差別主義のスキンヘッド組織（その一部はさらに、自らの目的のためにキリスト教や異教の図像を取り入れている）が台頭した。現在、人種差別主義スキンヘッドのギャング、あるいは〝仲間《クルー》〟の大部分は比較的小規模で、地方または地域単位で独立して活動することが多い。ギャングには大変めずらしく、目的は金ではなく、マイノリティのコミュニティや組織を脅すのを好む傾向があり、その方法は器物破損（ユダヤ系コミュニティの建物に鉤十字を描くなど）や暴力（スチール製のつま先のブーツで蹴ったり踏みつけたりする〝ブート・パーティ〟は、彼らの代名詞になった）だ。その結果、いまロサンゼルス大都市圏の特定の郊外地域で、地元住民の最大の脅威になっているのは、ライヒ・スキンズのような人種差別主義を標榜するスキンヘッド・ギャングである。

縄張り争いはオンラインでも

このように、ロサンゼルスは〝ギャングの首都〟の呼び名にふさわしく、ギャングの活動の広がりと、グループの多様性の両方で際立っており、ギャングによる犯罪が憂慮すべきほど常態化している。この種の犯罪統計には不確定な部分や食い違いがあるので控えめに言えば、殺人、重暴行、レイプなどギャングによる暴力犯罪が、ロサンゼルス市だけで毎年5000件以上起きている。さらに、こうした殺伐とした状況下で、ギャングのメンバーや罪のない一般人に対する警察のさまざまな残虐行為が発生している。なかでも特に目立つのは、〈路上暴漢に対する地域社会のリソース（CRASH）〉なるロサンゼルス市警の部隊だ。

CRASHは1980年代と90年代に、多数の民間人を何らかの犯罪の犯人に仕立てて、法の名のもとに殴打、銃撃、投獄などを行って非難を浴びた。レイシャル・プロファイリング（訳注　人種や肌の色、国籍、民族を基準に、職務質問や取り調べの対象を選ぶこと）は法執行機関の信用をさらに失墜させるのに、警察は定期的にティーンエイジャーを逮捕して、〝今後の参考のために〟指紋採取と写真撮影を行っている。それ以上に不面目な行いとして、ロサンゼルス郡保安局（LASD）が長年、銃撃や暴行、セクシュアルハラスメントといった典型的なギャング行為に秘密裏に従事する〝代理ギャング〟と呼ばれる警官グループを雇用してきたことがある。

ここ何十年も、ギャングの活動に対処するために、新しい法律や政策がつくられ、改定されてきたが、法執行機関はいまだに解決不能に思えるジレンマに悩まされている。1970年の〈威力脅迫および腐敗組織に関する連邦法（RICO法）〉は、当初イタリア系マフィアをはじめとした組織犯罪集団を対象にしていたが、のちに検事がギャング犯罪の共謀者を告発し、警備が厳重な連邦刑務所に投獄する際に適用できるようになった。だが、厳しい罰則はギャングのメンバーだけでなく、コミュニティ全体から強い反発を呼んだ。なかでも1988年の〈路上テロリズム取締および防止法（STEP）〉がわかりやすい事例だ。この法律はギャング活動への関与を犯罪と規定するもので、犯罪がギャングと関係している場合の罰則の〝強化〟など、その厳しい適用は14歳という若年者が更生する可能性を制限しているとして以前から批判されてきた。もう1つの論点は、民事の禁止命令《インジャンクション》に関するもので、これはギャングのメンバーが特定の地域に集まる権利を制限する目的で1980年代に初めて導入されたが、そのおかげで警察は職務質問ができるようになった。当初は2人以上が集まって、5分以上路上にとどまるといった無害な行為を禁止するものだったが、それでは万人の人権侵害になるという理由で、器物破損や不法侵入、迷惑行為、脅迫、路上排泄、さらにはギャングのシンボルカラーや手信号《ハンドサイン》の使用など、明らかな反社会的行為を禁止する目的に修正された。

暴行のような重罪の減少など一定の成功は認められるものの、インジャンクションはいまだに議論を呼んでいる。ギャングの縄張りと境界を表す地図がオンライン上で公表され、そこに警察の注目が集中することで、当該地域のイメージが悪化する恐れが出てきた。事実、地元のコミュニティは以前から、インジャンクションのせいで地域全体――とりわけ黒人とヒスパニックが圧倒的多数を占める地域――が汚名を着せられ、不法逮捕を含む警察の度を超した監視や嫌がらせに苦しめられていると主張している。人権擁護団体は、警察が都市の大部分にインジャンクションを適用することを阻止し、いまはその地域で暮らしていないか、すでにギャングとは縁を切った多くの人々が、法廷でギャングのメンバーとして扱われることに異議を唱えられるようにするために戦ってきて、ようやく2020年12月に大きな進展があった。

さらに言えば、20世紀が終わる直前に、ギャング活動の疑いがある人物や、ギャングと接触した可能性のある人物に関する情報を集めるために、〈カルギャング〉という州全体をカバーするデータベースが開発された。ところがそこには、メンバー間の連絡役など、ギャングに加入している証拠がほとんどないヒスパニックや黒人男性が数多く登録された。2016年に行われた州の監査では、登録時の年齢から見て、赤ん坊までリストに入れられていることが判明した。このデータベースに登録されると、たとえ軽微な犯罪であっても、重すぎる判決を受ける可能性があった。2020年夏、ロサンゼルス市警は、地域に対する責任を果たし、信頼を高めるために、今後はこのデータベースを参照しないことを選択した。

カリフォルニア州では黒人の男女の収監者数が不釣り合いなほど多く、これは司法制度――広く見れば米国社会全体に浸透した人種差別を反映したものだ。[★9] 宗教指導者、親、教育者、ギャングの元メンバー、青少年プログラムが力を合わせる協力戦略が、殺人の減少に効果があるのは正しく評価されているが、残念なことにギャングの犯罪は減少方向に向かわず、一進一退の状態にある。1992年のブラッズとクリップスの合意など休戦協定が結ばれたときは、こうしたグループのあいだにある橋がいつか修復されるのではないかと一瞬希望を抱かせられた。だが、いったん足を洗いかけたギャングのメンバー、とりわけ若者が、そこにしかチャンスがないと思える場所に戻ってしまうことはめずらしくない。

ギャング犯罪には、やればやるほど強化される自己増強の傾向がある。そうなるのは、社会的・経済的階層の向上、地位、仲間のいる安心感を追求する住民が、ギャングに加わるしか手段がないと考えがちなだけでなく、暴力や破壊行為のリスクを恐れて企業が逃げ出すので、コミュニティが収入を得る機会は失われ、税収が減って地域を〝浄化〟する資金も枯渇し、放棄された土地が増えてギャングの占有できるスペースが増していくからだ。

ギャング犯罪は、メンバーのあいだで巨額の金が動くことはあっても、コストがかかるものなのだ。そのために、ギャングに悩まされている地域は人工的につくり出された無秩序から抜け出せなくなり、世間の注目を一身に集めることになる。ジェントリフィケーション（訳注　都市内の低所得者居住地区に中産階層が入れ替わって移り住み、環境変化が起こること）によって、多くの人がダウンタウンやスラム街の周辺、さらには長年汚名を着せられてきたサウス・セントラル・ロサンゼルスの一部（2003年、ロサンゼルス市は地名から〝セントラル〟を外した。表面を取り繕っただけだが、驚くほど効果があった）を訪れたり、そこに住むようになったりしたが、ギャングの活動場所は依然としてそのままだ。

以前から危険で監視の行き届かない場所だった公園は確かに安全になったが、いまの様子を見ても、ロサンゼルスのストリート・ギャングによる凶悪犯罪が根絶されるとは思えない。スキッド・ロウというダウンタウンでは、ホームレスが始終ギャングの標的にされ、虐待されてきた。その一方で、北部郊外の一部地域は、ギャングの犯罪が移転してきたおかげで大変な被害を受けている。現在、ロサンゼルス市警の概算によれば、市内だけで450以上のギャングと4万5000人以上のメンバーが存在するという。地域を広大なロサンゼルス大都市圏まで拡大すれば、その3倍から4倍以上と推定される。また、ロサンゼルス市警と郡保安局のパトロールの管轄と活動方針の違いが、市の警察業務をさらに複雑にしている。

ギャング犯罪も進化を続けている。もともとは街路《ストリート》で生まれたものであるのに、一部の活動は警察が目を光らせているインターネットを利用して、自宅などのプライベートな空間から行っているギャングが数多く存在する。それでも、昔ながらの縄張り争いがなくなったわけではない。ソーシャルメディアでの対立や、ダークネット上の薬物販売をめぐる争いがあれば、たちまち街路での戦いが発生する可能性が高い。それに対して、ロサンゼルス市警は20年前に地理情報システム（GIS）を導入し、犯罪活動を効率的に地図化し、警官が最も必要とされる場所を特定できるようになった。ストリート・ギャングの縄張りの境界を固定したものと見なすインジャンクションの地図とは違い、現在の地図を使えば、警察はリアルタイムに犯罪行為に対応できる。たいていの場合、警察は危険が増大する前にギャングの行動を予測できる。だがそのためには、ギャングの流動的な生活様式の最新情報を常に把握していなければならない。

おそらく、仲間と縁を切って新しい生活を切り開こうとする人ほど、ギャングのメンバーを見分け、ギャング活動以外の人生を追求することの難しさを身にしみて感じているだろう。単にギャングから足抜けすればすむ問題ではないからだ。静かに生きるつもりだったストリート・ギャングの元メンバーが、敵対するグループに所属していたというだけの理由で、襲撃され、殺害されるケースも少なくない。足を洗っても警察につきまとわれ、逮捕される元メンバーがあとを絶たない。犯罪歴という汚名によって、雇用機会を大幅に制限される可能性もある。

　したがって、ストリート・ギャングの元メンバーの地域とのかかわりは、暴力で境界を定められ、抗争が繰り返される街で過ごした時間によって決められてしまう傾向がある。チャンスさえあれば、メンバーの多くはギャングをやめ、二度と戻らないだろう。だがその代わりに、新しいメンバーが暴力で自分たちのグループの縄張りを維持するために組織化され、警察当局はその変化に追いつくことを強いられる。これらの境界線は公式の地図には載らないはずだが、地元住民には市内のほかの境界よりも大きな影響力を持っている。境界を特定して視覚化できるかどうかが、生き死にを左右するとは言わないまでも、争いの絶えない場所で人間の行動に影響を与える可能性は大いにあるのだ。

*1　米国では、白い囲い柵が郊外の一戸建て住宅の象徴として語られることが多い。もっとも、20世紀半ばに物議を醸した差別的な住宅ローンと〝白人の郊外への脱出《ホワイト・フライト》〟のことを考えれば、多くの人にとって白い柵は、白人だけに可能な中産階級の〝アメリカン・ドリーム的な生き方〟の象徴でもある

ようだ。この点については次章の〝8マイル〟でもう少し掘り下げてみる。

*2 ズートスーツだけでなく、カロと呼ばれる英語交じりのスペイン語など、独特のサブカルチャーを持つメキシコ系米国人に付けられた呼称。

*3 〝愉快〟とはとても言えないが、興味深い事実がある。ウィリアムズはその後、実に風変わりな人生をたどった。反ギャング運動によってノーベル平和賞にノミネートされる一方で、死刑判決を受けて実際に刑を執行されたのである。

*4 〈ラ・エメ〉(La Eme あるいは La eMe) としても知られるメキシコ系マフィアは、1957年にカリフォルニア州トレイシーにあるデューエル職業訓練施設で、暴力から身を守るために結成されたメキシコ系収容者の小規模な集団が、麻薬取引を専門にする大規模な犯罪組織に成長したものだ。ラ・エメは1992年から、南カリフォルニアのヒスパニック・ギャングに対して、〝現在、刑務所にいる者と将来入ることになるメンバーの保護〟なる名目で、稼ぎの一部を支払うよう要求している。拒否すると、報復を受ける危険がある。

*5 この章のテーマであるストリート・ギャングではないが、ロサンゼルスには別のタイプのギャングも存在するので、簡単に紹介しておこう。香港や台湾を拠点とする三合会《さんごうかい》、日本のヤクザ、メキシコで結成されたシナロア・カルテルなど、一部のギャングは国際的な組織犯罪ネットワークに加わっている。チョーズン・フューやザ・ギャロッピング・グースのような別の団体は、〝ワン・パーセンターズ〟と呼ばれるモーターサイクル・クラブだ。この呼称は、1947年にカリフォルニア州ホリスターで暴動が発生、米国モーターサイクリスト協会がその責めを1パーセントの無法者のライダーに負わせたことに由来する。さらに21世紀に入ると、インターネットを利用したオルタナ右翼や白人至上主義者などがあちこちで台頭した。なかでも特に好戦的なのはオレンジ郡出身のライズ・アバブ・

ムーブメント（RAM）で、2017年にバージニア州シャーロッツビルで開催された〈ユナイト・ザ・ライト・ラリー〉という集会で暴力行為を扇動し、抗議デモの参加者を襲撃して死者を出したことで悪名を高めた。

＊6 〝貧乏白人《ホワイト・トラッシュ》〟とほぼ同じ意味で、南部諸州でアフリカ系を〝ブラックバード〟と呼んだのに対抗して、白人の意味に使われた〝ウッドペッカー〟（キツツキ）の前後を逆転したもの。現在でも、ペッカーウッズを自称する白人至上主義の男性の多くはウッドペッカーのタトゥーを入れている。それに対して、〝フェザーウッズ〟と呼ばれる女性は、羽《フェザー》のタトゥーを入れることが多い。

＊7 アルファベットの8番目の文字はHであるから、88は〝ハイル・ヒトラー〟を意味する暗号として白人至上主義団体でしばしば使われる。ほかにもルーン文字、ケルト十字、シャムロック（訳注 クローバーなどの三つ葉の植物の総称）などが好まれている。これらはどれも、白人の力と純潔さと犠牲的行為の史実に基づく象徴と考えられている。

＊8 ローライダーとは、〝低《ロー》く、遅《スロー》く〟あるように改造された自動車のこと。ローライダーは1940年代、白人や彼らが一般的に好むホットロッド（訳注 スピードが出るようにした改造自動車）との差別化を図ろうとしたメキシコ系のあいだで特に人気があった。したがって、NLRと名づけたことは、地元のメキシコ系文化の重要な側面を捉えた、きわめて象徴的な決断だった。

＊9 ここに憂慮すべき2つの統計データがある。現在、米国に住む黒人の成人10万人当たり1501人が刑務所に収監されている。これがこの10年でだいぶ減少した結果である。カリフォルニア州では、黒人は州の総人口の6パーセントにすぎないのに、刑務所では収容者数の28パーセントを占めている。

第4部

INVISIBLE LINES

「見えない境界線」は〝私たち〟と〝彼ら〟をどう分けているか

ここまで、境界線が物事を単純化し、世界の理解を深めるのに役立っている事例を見てきた。さらに、世界を支配したり、領有権を主張したりするために、境界線が用いられる事例にも注目した。第4部では、これら3つの機能が融合して、**ある集団や場所を別の集団や場所から分けるために、境界線が利用されている事例を取り上げる。**このような境界線は、しばしば経済問題に根差している。たとえば、西ドイツの元首相ヴィリー・ブラントが1980年に引いたブラント・ラインは、ひとり当たりのGDP（国内総生産）をベースとして、世界を豊かな北側と貧しい南側に分けた。その後の40年で各国の経済状況に大きな変化があったが、この境界線は〝先進国〟と〝発展途上国〟に対する私たちの見方に、依然として大きな影響をおよぼしている。[*1]

国家レベルで見ると、一般的に受け止められる境界、たとえば国を南北に分断する境界線（イングランド、イタリア、インドなど）も、明らかな経済格差だけでなく、社会的、政治的格差に基づいている場合が多い。もっとも、それらはさらに文化に根差した不明確な差異で構成されているかもしれない。例として、いわゆる特定民族の居住地《エスニック・エンクレーブ》とゲイビレッジについて考えてみよう。こうした地域は、住宅や雇用に関する差別的な政策や慣行、あるいは暴力行為によってほかの場所から排除された人々が集まって生まれる場合が多い。

宗教に関して言えば、宗教的な服装をしている人々が特定の場所から締め出されるとか、宗教団体が妥当と見なす服装をした人しか入れない場所があるなど、衣服は通常、見えない境界線の影響を受けている。

言うまでもないが、〝私たち〟と〝彼ら〟を区別する取り組みにおいて、人種は頻繁に中心的な役割を果たしてきた。とりわけ悲惨な事例としては、ナチス支配下のヨーロッパにおけるユダヤ人ゲットーや、南アフリカや南西アフリカ（現在のナミビア）での人種隔離政策であるアパルトヘイトが挙げられる。後者は、20世紀後半の大部分を占める期間、実施されていた。ただ、こうした差別が常に、人の居住権を決めるために行われるとは思わないでほしい。１９１９年、米国では〝赤い夏《レッドサマー》〟という悪名高い事件が発生し、おもに白人暴徒と白人至上主義者が、シカゴをはじめとする多くの地域で、人種を動機とした暴力行為を数カ月にわたって繰り返した。事件の引き金になったのは、７月のうだるような暑い日に、岸辺でひとときを過ごそうとしていたユージン・ウィリアムズという黒人の若者が、白人の男に石を投げつけられて溺死したことだった。ユージンはどんな〝罪〟を犯したのか？　彼のゴムボートが、ミシガン湖の水域を人種で分割している、目に見えない境界線をほんのわずか越えただけだった。つまり、見えない境界線は、単に何かを明示する以上の力を持っている。それらは、分断を生み出すメカニズムとして機能し、さまざまな場所を利用する権利や、その場所に対する認識や経験をかたちづくる力があるのだ。

この部では、デトロイトの〝8マイル〟から見ていく。8マイルは、差別的な住宅ローン政策と、黒人が圧倒的に多い都市部と白人が大多数を占める郊外とのあいだに存在する想像上の格差意識とが組み合わさることで、米国における人種隔離がどうかたちづくられ、強化されていったのかを示す良い例だ。〝パリの郊外〟はきわめて独特な進化を遂げた地域だ。しかし、想像上の見えない境界線の向こう側に存在する、貧しい地域に着せられた汚名《スティグマ》という点では、8マイルとある程度の類似性が見られる。

また、認識された差異が、障壁の構築を通して物理的なものになっていく可能性があることは検討に値する。そのような例として、北アイルランドにある〝平和の壁〟を取り上げる。さらに、物理的な障壁が取り除かれても、差異と格差の痕跡が長期にわたって残ることがあり、〝ベルリンの壁〟は見える境界線とは対極の見えない力が依然として残存している興味深い事例である。また、私たちの想像力や、そのなかにある思いこみや偏見が、異なる場所のあいだに境界を引くことがよくある。この点は、〝ウラル山脈〟と〝ボスポラス海峡〟という残りの2章でくわしく説明する。大陸は通常、主観の入る余地がない陸地という尺度によって定義されるが、この2章では、〝ヨーロッパ〟と〝アジア〟が文化の面で異なる大陸であるというかなり問題のある通念を検討する。

*1　ブラントがこの境界線を、分割のためのツールではなく、世界的な不平等を際立たせ、国際協力の強化を促し、〝北〟と〝南〟の格差を埋める手段として考えていたことは言及しておきたい。ブラントを委員長に頂く〈国際開発問題に関する独立委員会〉は、この目的のためにさまざまな提案を行ったが、そのなかでもブラント・ラインは今日でも有効性が高い。また、一般にフランスの人口統計学者アルフレッド・ソーヴィーの発案と言われる従来の3つの地政学的区分——〝第1世界〟（資本主義諸国）、〝第2世界〟（社会主義諸国）、〝第3世界〟（搾取の対象である非同盟諸国）——よりも客観性のある区分として、ブラントがこの境界線を考えたことは指摘しておく価値がある。さらに、冷戦終結から30年以上たったいまでも、〝第3世界〟について言及する人が多いという事実は、前述の概念とその境界線がいかに根強いものであるかを示している。

19

8 Mile

8マイル

すべての麻薬密売人に、すべての詐欺師に、すべての路上強盗に警告する。デトロイトを去るときだ。8マイルから出て行け！

——コールマン・A・ヤング（元デトロイト市長）

何千年にもわたって、人類は障壁を築く達人だった。ギリシャから中国に至るまで、壁などの守りを強化することは、多くの場合、他者に対する本質的な不信感の表れであり、集団同士を区別し、〝私たち〟や〝私たちの資源〟を〝彼ら〟から守るうえできわめて重要だった。強固な障壁は大幅に、あるいは完全に、移動と交流を妨げることができる。だから、それらを破壊したり、別の目的で使用したりすることには、実践的かつ象徴的な意味合いがあり、敵対勢力を妨害し、潜在的に抑圧する能力を持っていることの証明になる。おそらくこれが、

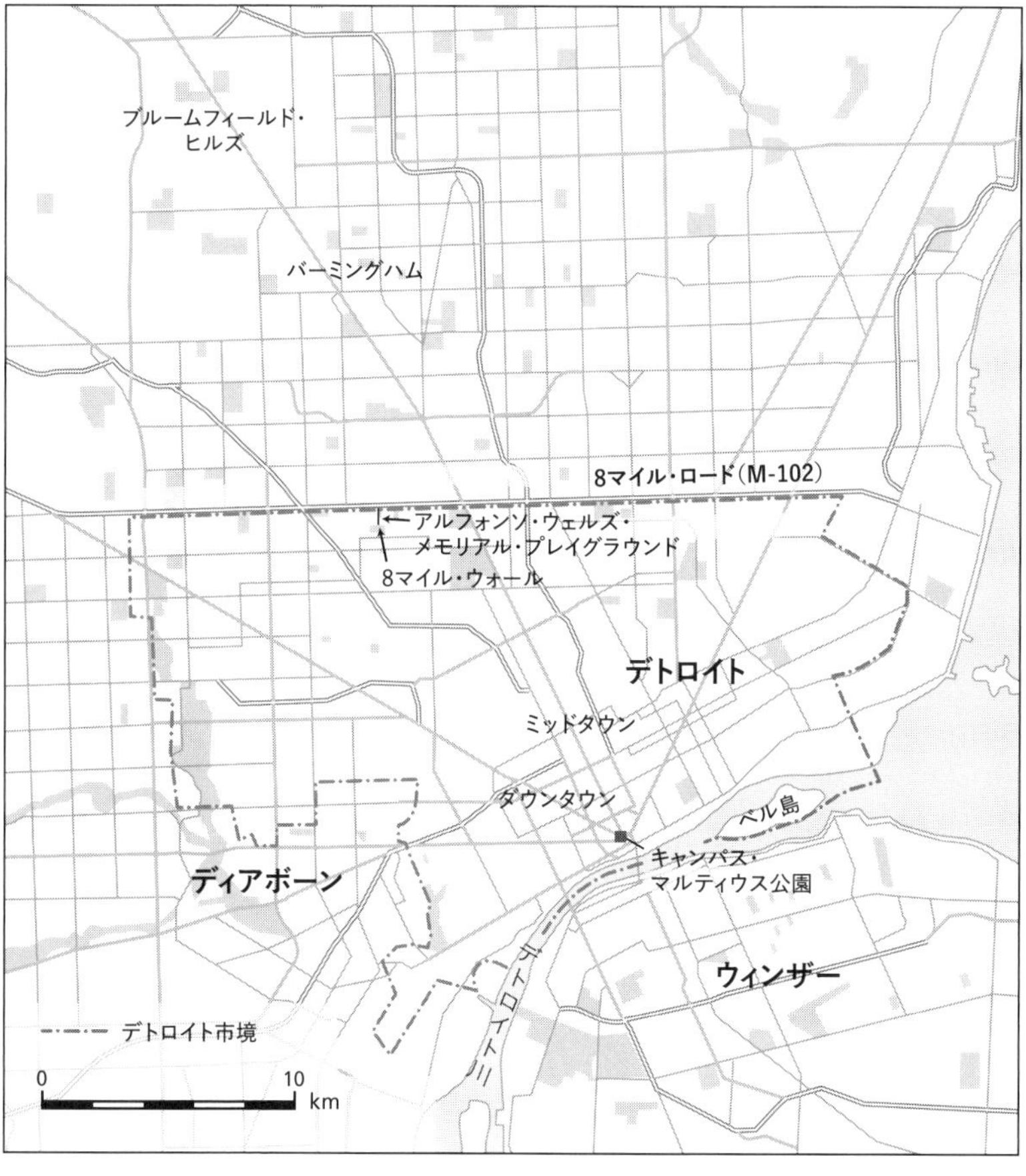
ブルームフィールド・
ヒルズ
バーミングハム
8マイル・ロード（M-102）
アルフォンソ・ウェルズ・
メモリアル・プレイグラウンド
8マイル・ウォール
デトロイト
ミッドタウン
ダウンタウン
ベル島
キャンパス・
マルティウス公園
ディアボーン
デトロイト川
ウィンザー
デトロイト市境
0
10
km

旧約聖書の〝エリコの戦い〟が、歴史的な裏づけがないにもかかわらず、何百万もの人々を魅了してきた理由だろう。エリコの戦いで、進軍するイスラエルの民は、世界初の重要な防壁と言えるものを、鬨《とき》の声、雄羊の角笛の音、純粋な決意だけで破壊することに成功した。これが石やレンガでできた手ごわい防壁でなかったら、誰がその破壊に興味を示すだろう。

今日でも、国家が領有権の主張を強化し、帰属性を明確化する手段として物理的な障壁を築く事例や、対抗措置として、その障壁を破壊したり、排除したりする事例はすぐに見つかる。そのような障壁は、アイデンティティ、所有権、影響力といった人間のさまざまな経験を内包しており、その意味において、物理的な形の隔離だけでなく、目に見えない心理的な隔離の原因にもなっている。

米国に目を向ければ、人種隔離と聞いてすぐに連想するのは南部だろう。南部諸州は、南北戦争（1861～65年）と奴隷制廃止（1865年）を受けて、〈ブラック・コード〉（黒人規制法）と〈ジム・クロウ法〉（黒人差別法）という黒人に対する広範な差別を容認する法律を制定し、黒人の権利の剝奪を継続した。

しかし、白人の偏見はもっとずっと広い範囲におよんでいた。19世紀半ばから終わりにかけて、公立学校、公共交通機関、レストラン、墓地など、さまざまな場所で強制された南部の人種隔離に対して、北部の白人の多くが非難の声を上げていたことは事実だ。さらに、1896年の〈プレッシー対ファーガソン裁判[*1]〉で、連邦裁判所が「人種的に分離された施設は、質的な差がないかぎり合憲である」という画期的な判断を下し、南部の人種隔離は扱いに差がない限り合法であると認めた。

この〝分離すれども平等〟という原則は、実は残酷な皮肉であり、州が後押しする人種差別をさらに促進した。にもかかわらず、多くの基準で、この国で人種差別が最も激しい都市として中西部と北東部の都市が長期間、上位を占めてきた。たとえば、米国の主要都市であるデトロイトだ。同名の川が蛇行しているおかげで、カナダの国境のすぐ北に位置するデトロイトは、決まって1位か2位にランクインする（米国のロックバンド、ジャーニーが歌う『ドント・ストップ・ビリーヴィン』では、〝サウス・デトロイト〟という表現が出てくるが、これはカナダ・オンタリオ州のウィンザーのことを指していると思われる）。

そして、よく議論になるが、デトロイトは1941年に白人と黒人のコミュニティを分断する壁を建設したことさえある。

〝8マイル・ウォール〟は、人種を隔離する目的で米国に築かれた物理的障壁のほんの一例である。ロサンゼルスからニューヨーク、ミルウォーキーからアトランタに至るまで、この国の各地にある数々の高速道路《フリーウェイ》は、異なる人種を物理的に分断する目的で、意図的にルートが決められた。

たとえば、シカゴのダン・ライアン・エクスプレスウェイは、白人のブリッジポート地区（シカゴの元市長リチャード・J・デイリーの家がここにあった）と黒人のブロンズヴィルを隔てていた。その他の主要道路は、黒人地区を解体するために使用された。なかには、出口につながっていない道路も存在する。ウェスト・ボルチモアにあるI－170という使われなくなった道路はその典型だ。したがって、2020年5月25日にミネソタ州ミネアポリスでジョージ・フロイドという黒人男性が白人の警察官に殺害される事件が起こったあと、人種間の不平等に抗議するデモ活動があちこちのフリーウェイで行われるようになったのは、ある種の象徴的な意味合いがある。異なる人種間の仕切りになっているどのフリーウェイも――さらに言えば、〝貧しい人の住む側《ザ・ロング・サイド・オブ・ザ・トラックス》〟という表現に深い意味を与えているどの線路も――米国社会におけるありふれた境界であると見なすことができる。

しかし、8マイル・ウォールの住宅開発業者《ディベロッパー》は、人種差別から利益を得ようとしていたという点で、とりわけ強欲だった。1935年、住宅所有者資金貸付会社（HOLC）は、全米250弱の都市における不動産投資の安全性を示す〝居住セキュリティマップ〟を作成した。この地図から〝赤線引き《レッドライニング》〟という言葉が生まれた。赤い色がいわゆる危険地域（4つのランクで最も貧しい地域）を示すのに使われたからだ。人口の15～20パーセントでも黒人がいれば、居住環境や設備の維持管理状態に関係なく、測量士はその地区を赤で示した。その結果、人種が都市空間に組みこまれるようになった。つまり、地域というものが、そこで暮らす人種の人口と、権力者たちが当てはめた道徳的判断とステレオタイプという単純なかたちに置き換えられたのである。従来の人種的ヒエラルキーは強化され、北ヨーロッパにルーツを持つ住人が多数を占める地域は最も望ましく、住宅ローンに対するリスクが最低水準であると見なされた。

反対に、黒人は存在するだけで、白人の不動産を脅かすものとして扱われた。前述のディベロッパーは、デトロイトのその地域がＨＯＬＣに〝危険〟と評価されたのを理由に、白人だけの住宅地を建設するための融資を連邦住宅局（ＦＨＡ）から断られると、既存の黒人コミュニティと新しい住宅地を隔てる壁を建設したら、ＦＨＡの決定は変更されるだろうかと問い合わせた。この提案は受け入れられた。デトロイトのエイト・マイル・ワイオミング地区に、高さ1・8メートル、幅0・3メートル、南北に3ブロックの長さのある壁が建てられ、ディベロッパーは融資と抵当保証を正式に認められた。

ある地域を危険な場所から憧れの場所へと変えるために必要だったのが、たった1枚の壁という控えめなものだったことが、20世紀半ばにおける人種差別の広がりの多くを物語っている。

さらに言えば、ディベロッパーが白人を呼びこもうとし、黒人の存在を軽視した例はこの壁だけではない。都心部の昔から白人が住んでいた地域に黒人が引っ越してくる恐怖を、全米の不動産業者があおり立てた。これがパニックを引き起こし、新しい住人によって治安が悪化し、資産価値が下落するというデマが飛び交った。白人家庭は、ニュー・ディール政策の寛大な補助金を活用して、郊外に新築の一戸建て（ガレージを備え、2、3人の子供のためのスペースがあり、白い柵に囲まれているという当時の典型的なマイホーム）を購入するよう政府に奨励された。

〝白人の郊外への移動《ホワイト・フライト》〟が始まると、多くの不動産業者が、都市部にある白人の古い家屋を法外な価格で黒人の買い手に売り、莫大な利益を挙げた。これは、貧困で人口過密の土地を離れたいという黒人の切実な願いと、彼らが利用できる住宅ストックが不足しているという事情を反映していた。言うまでもないが、黒人が白人を真似て郊外に引っ越すことはほとんどなかった。〝白人〟でない人々（その定義はさまざまだが）をそのような人気の高い地域から締め出すために制限契約が行われていたし、郊外の住宅を買えるだけの給料をもらっている人はきわめて少なかったからだ。多くの投機家は都心の物件を黒人に賃貸して、高い家賃を請求したが、住民が自宅や近所を維持するのは困難になった。投資もサービスも欠乏して、地域は荒廃するしかなかった。そうした荒廃ぶりを見た白人は、住民にその責めを負わせ、差別意識をますます強固にした。黒人は〝ゲットー〟に住めという考え方が、ふたたび主流を占めるようになった。

その一方で、〝モーターシティ〟（訳注　デトロイトの愛称）にふさわしい郊外は、（裕福な白人の）住民の車の所有を前提に建設され、20世紀の生活の絶対的な価値基準になった。8マイル・ウォールは、デトロイトのこの地域で暮らす白人にとって想像上の安全度を高める効果があり、不動産業者は、この壁があるおかげであちら側に住む黒人からいかに〝保護〟され、物件価値の低下が避けられるかを吹聴した。もっと広い見地で言えば、この壁は都市と郊外との新たな差異を補強し、ことに米国という背景においては、希薄とはとうてい言いがたい人種的な意味合いを帯びるようになった。とりわけ1967年にデトロイトを震撼させた大規模な黒人暴動の余波で白人住民の流出が本格化するまで、人種間の対立の象徴であり続けた。

現在、白人と黒人をこのように区別する法規は存在しない。1968年の公正住宅法では、住宅の販売、賃貸、融資における人種、宗教、国籍、性別といった特性に基づく差別を禁止し、レッドライニングを違法とした。建前上、いまでは黒人も自分の好きな場所で暮らすことができる。[*2] 8マイル・ウォールが公式の障壁だった時代は過去のものになったが、壁はいまも存在し、南部以外でも米国に人種隔離や人種差別があったことを示す名残となっている。芸術家たちは、アルフォンソ・ウェルズ・メモリアル・プレイグラウンドにある吹きさらしの壁を、この地域の住民（シャボン玉を吹く子供たちや公正な住宅販売を求める人々など）や、アフリカ系アメリカ人の歴史における重要人物（公民権活動家のローザ・パークスなど）の壁画で飾ってきた。ある事業型NPOは、非正規や失業中の地元住民がこの壁画を紹介するガラス製のコースターを制作して販売するのを支援している。この壁を登ることは、地元の若者にとって一種の通過儀礼になってきた。学校は、この壁を教材とする遠足を実施しており、2021年3月には、その重要性によってアメリカ合衆国国家歴史登録財に指定された。今日、この壁は不調和のシンボルではなく、共同体のシンボルとして利用されている。これが実質的に分割しているのは、各家庭の裏庭だけである。

とはいえ、これはこの地域が人種的に統合されたという意味ではない。地理的、そして特に心理的に根強い分断は、この壁の名前の由来になっている1ブロック北の道路によって非常に明確に表現されている。ちっぽけな8マイル・ウォールが南北にたった0・8キロメートルしかないのに対して、8マイル・ロード（この公道の正式名称はM－102）は、東西に33キロ以上にわたって走る主要道路である。その名は、モーターシティのホイールの中心《ハブ》とも言うべき広場、キャンパス・マルティウス公園の真北8マイル（約13キロメートル）にあることに由来する。前述したフリーウェイとは違い、8マイル・ロードは黒人住民を隔離または退去させる明確な意図を持って建設されたわけでも、方向づけされたわけでもない。むしろ測量士は、ミシガン州の手袋《ミトン》のような形をしたロウアー半島にある南部の郡を区分けする際の基線として、それまで未舗装だったこの道路を利用した。

ところが8マイル・ロードは、黒人が支配的な南部の貧しい都市と、白人が大多数を占める北部の豊かな郊外とを分断する道路と考えられるようになった。米国のレッドライニングとホワイト・フライトの歴史を踏まえれば、このような境界をつくっているのは8マイル・ロードだけではないが、この道路が最も有名な例であるのはほぼ間違いない。米国の都市衰退のシンボルであるデトロイト（このことは、デトロイトの空き地、廃ビル、凶悪犯罪、消滅しつつある自動車産業と広く関連づけて語られるが、この町の現状を正確に言い表しているわけではない）は、ミシガン州のなかで最も生活費の高いバーミングハムやブルームフィールド・ヒルズといった裕福な郊外と好対照をなしている。ここにある手入れの行き届いた家や活気のあるストリップモール（訳注　店が1列に隣接したショッピングセンター）は、デトロイトのウェイン郡の至るところにある老朽化した建物とシャッターが下ろされた商店とは大違いだ。さらに、北部は南部に比べて保守的な有権者の割合がはるかに高く、世帯の平均所得はかなり多く、貧困率は格段に低い。

人種だけでなく生活や心を分断するもの

このように、北部の郊外と南部の都市との格差については経験によって実証できるが、差異に関して一般に流布している印象のほうがいっそう説得力がある。多くの人にとって、道路は自分を〝内部の人間《インサイダー》〟と感じられる場所と、〝部外者《アウトサイダー》〟と感じられる場所を区別するものになっている。〝場違い《アウト・オブ・プレイス》〟であると見なされることへの恐怖は、凶悪犯罪と人種差別がいまだに日常的である国では些細な問題ではない。デトロイト市民のひとりは次のように言っている。「子供の頃、〝8マイルを越えるな〟とか〝8マイルを車で走るときは注意しろ〟とさんざん言われた。そういう〝仕切り〟は常に存在している……このあたりの住人のほとんどは、8マイルを境界線と考えている」。別の住民は、郊外居住者は8マイルを「地獄への入り口か何かのように考えている」と皮肉って、こう続けた。「白人はスポーツイベントに行くために決死の覚悟であれを越えて、用がすむと一目散に帰っていく。デトロイトと郊外を隔てる道路にすぎないのに」。1974年から94年までデトロイト市長を務めたコールマン・A・ヤングも、有名な就任演説のなかで、この道路を正式な境界であるかのように表現し、町の犯罪者は8マイル・ロードを越えて、二度と戻って来るなと強く求めた。予想されたことだが、北側の郊外居住者はこの演説には感銘を受けなかったようだ。それ自体が危険だとか、越えてはならない一線だとか、反対側を〝封じこめる〟障壁だとか、自分が拒絶するものを排除する障害だとか、人によって考え方もいろいろだろうが、注目すべきは〝概念〟としての8マイルがこれほどの強制力を持つようになった理由である。8マイルはあくまで高い鉄塔が目を惹く物理的実体であるとはいえ、その現実的な重要性は、8マイルが生み出した目に見えず、触知もできない境界線のなかに潜んで、その両側に住む人々の生活を分断し、指図をしているところにある。道路には、壁ほどの露骨な陰湿さはないかもしれない（もっとも、無害なただの大通りであると主張することで、かえってその陰湿さを際立たせてしまうこともある）が、私たちの頭のなかにある都市と郊外や、実際に体験する都市と郊外に大きな影響を与える力がある。

だからこそ、イメージの問題は常に重要だ。デトロイト市民のひとりが言うように、〝物語の半分〟しか語られていない可能性があるからだ。昔からある固定観念の先に目を向ければ、デトロイト市とその周辺地域の大きな変化が見えてくる。たとえば、しばしば見過ごされているデトロイト大都市圏の多様性だ。国勢調査の項目数に限りがあるので正確な規模は不明だが、ここには国内最大のアラブ系コミュニティがある。

また、道路の北側で低所得の白人と隣り合って暮らす中産階級の黒人が増えたために、8マイルという古い人種的・社会経済的な境界が曖昧になってきている。その一方で、南に引っ越す選択をする白人の郊外居住者は少なくないのだが、8マイル周辺の〝境界地域〟に行く者はほとんどおらず、急速に発展しているダウンタウンやミッドタウンエリアを選ぶケースが多い。この地域では、大規模なスポーツ競技場をオープンしたり改装されたりしており(ほかの米国の都市とは違って、ダウンタウンにある)、昔から私有の車が幅をきかせてきた街に路面電車が導入され、デトロイト川に浮かぶ牧歌的なベル島を州立公園に格上げするなど、再活性化のための大規模な取り組みが進行している。そうした中心街の再生に伴い、8マイル・ロードに沿った伝統的な都市と郊外の境界が、三重の同心円状帯域――発展著しい都会の中心円、それを囲む長年の投資引き揚げと貧困が巣食う半円、郊外居住者の豊かな半円――という構成に取って代わられつつある。以前なら郊外に住むことを選んだはずの若い知的職業人が、街の中心部の魅力に惹かれて大量に移り住んでいるので、私もある人から聞いたことのある「デトロイトでは何もかもが安い。土地も安いし不動産も安い」という共通認識は、近いうちに失われるかもしれない。だが、8マイル付近のスラム化に有効な対策がなされなければ、こうした恩恵が周辺部に届くことはないし、外側の2つの半円のあいだに厳格な境界が存在するという頑強な思いこみが乗り越えられることもないだろう。

　この境界を軽々と越えられる数少ない有名人がエミネムだ。たとえば、2002年に公開された『8マイル』という自伝的な映画のなかで、彼が演じるBラビットという白人青年は、クラック（訳注　コカインの粉末に脱臭剤と水を加えて熱してできた白い固形物の麻薬）の密売所、ストリップクラブ、酒屋、質屋、売春婦、トレーラーパーク（訳注　トレーラーハウスの駐車場）、みすぼらしいモーテルなどと縁が深い、この耐えがたい場所から逃げ出そうとする。ラップと自分の荒れた子供時代（彼は8マイルの両側の生活を体験していた）によって、エミネムはこの道路と周辺地域の代弁者《マウスピース》になり、住民の不安と苦悩を明確に表現した。彼は、都市生活と都市問題を強烈に描いた作品によって、ラップを見下してきた郊外の白人地域にもこのジャンルを普及させ、白人と黒人の根深い分断という米国社会の硬直性に異議を唱える特異な存在だ。8マイルは、ほかの場所が排除したがる〝悪徳《ヴァイス》〟を受け入れる、この世の果てのように思えるかもしれない。しかし、〝希望《ヴォイス》〟がないわけではないのだ。

　それでも、8マイルの悪評は依然として希望を上まわっている。その悪評を意識して、郊外居住者のなかには、8マイルを避け、わざわざフリーウェイを大まわりしてデトロイトへ通勤している人が多い。ある人は次のように言った。「できるだけあの道は避けるようにしている……ストリップクラブや酒屋が立ち並ぶあの通りはね」。車でここを通過する人も、スピードを上げて数多いホームレスの目の前を走り抜ける。長いあいだデトロイトが自動車をつくってきたように、自動車がデトロイトをつくった。だがその自動車によって、大都市圏の人々の多くは、この都市とのかかわり方を選り好みできるようになった。**8マイルは現在、好ましい目的地ではなく、社会的流動性と失望との境界、すなわち遠くに行けることと、どこにも行けないことの境界を思い出させて人を不快な気分にさせる存在になっている。**

8マイルはまさに、単なる一地方の社会のあり方を超越した概念的な力を備えた境界と言える。それは、ほとんどあらゆる面で二極化した国の象徴であり、〝アメリカン・ドリーム〟の実現を熱望する人々と、それを馬鹿げた夢物語だと考える人々との分断を示し、私たちの先入観や特権に疑問を投げかけ、現実以上に主張がひとつ《ウヌム》[★3]に統一されているいまの社会において、まったく異なる生活機会があることに気づかせようとする。それに、都市政策、都市計画、都市論によってどこにでも物理的な分断と精神的な分断が生じ得ることの理由を教えてくれる。つまり8マイルは、単なる道路をはるかに超えた存在なのだ。

なお、偏見に満ちた都市計画と都市政策の歴史のせいで、深刻で容赦ない分断を生み出した境界は8マイルに限らない。だが世界のほかの地域では、都市より郊外のほうが汚名や誤解に苦しんでいる。そこへはデトロイトから車では行けないので、飛行機を使うことにしよう。目的地は世界で2番目に旅行者が多い都市だから、旅はすんなり運ぶだろう。

＊1　この訴訟は、ルイジアナ州が1890年に制定した〈車両分離法〉の非現実性を検証したホーマー・プレッシーの巧妙な実験に焦点を当てている。8分の1黒人の血を引いていたプレッシーは、ルイジアナ州の法律で黒人に分類された。しかし、色白な彼が〝白人専用〟車両に乗ってもほとんど疑われなかった。自分の人種的アイデンティティを車掌に打ち明けたあと、プレッシーは逮捕され、車両分離法違反で告発された。最終的には最高裁判所で争われた彼の申し立ては、次のような主張にもとづいていた――アメリカ市民であり、ルイジアナ州の住民であり、黒人の血を引いているが、そのことが外見から容易にわからない自分にも、憲法で白人市民に認められた権利と特権が与えられるべきではないか。プレッシーの訴えは7対1で退けられたが、少数派の市民権を擁護したことで知られるジョン・マーシャル・ハーラン判事だけが異を唱えた。

＊2　もっとも、レッドライニングではないが、もっと微妙な差別は存在し、依然として問題になっている。たとえば、一部の場所では銀行のない地域への融資を差し控える傾向がある。この傾向は郊外よりも都市部のほうが強い。

＊3　ウヌム（unum）はラテン語で〝1〟を意味する。非公式だが古くからあるアメリカの国家標語〝多数から1つへ〟（E pluribus unum）でこの単語が使われている。

20

Paris's banlieues

パリの郊外

スタジアムがあるのは、パリではなくサン＝ドニだ。パリから近いけれど、悪いことは言わない、あそこには行かないほうがいい。パリとは違うんだから。

——ティエリ・アンリ（元サッカー選手）*

* このフランスの元サッカー選手は、2021－22UEFAチャンピオンズリーグ決勝が開催されるスタッド・ド・フランスのある地域について、CBSスポーツの番組でこんな発言をした。当然のことながら、サン＝ドニ市長は不快感を示し、ソーシャルメディアに次のような投稿をした。「ティエリ・アンリ氏へ。おっしゃるとおり、サン＝ドニはパリではありません。遺憾ながら、サン＝ドニは貧困率が非常に高く、標準に達しない住宅の割合もフランスのなかでは圧倒的に多い。公共スペースの治安の悪さは悩みの種で、いまだに克服できていません。ですが、サン＝ドニは巨大な可能性を秘めている都市です……私たちの市に対するあなたの侮辱は容認できない。サン＝ドニはパリではないが、私たちはそのことを恥とは思っていない」

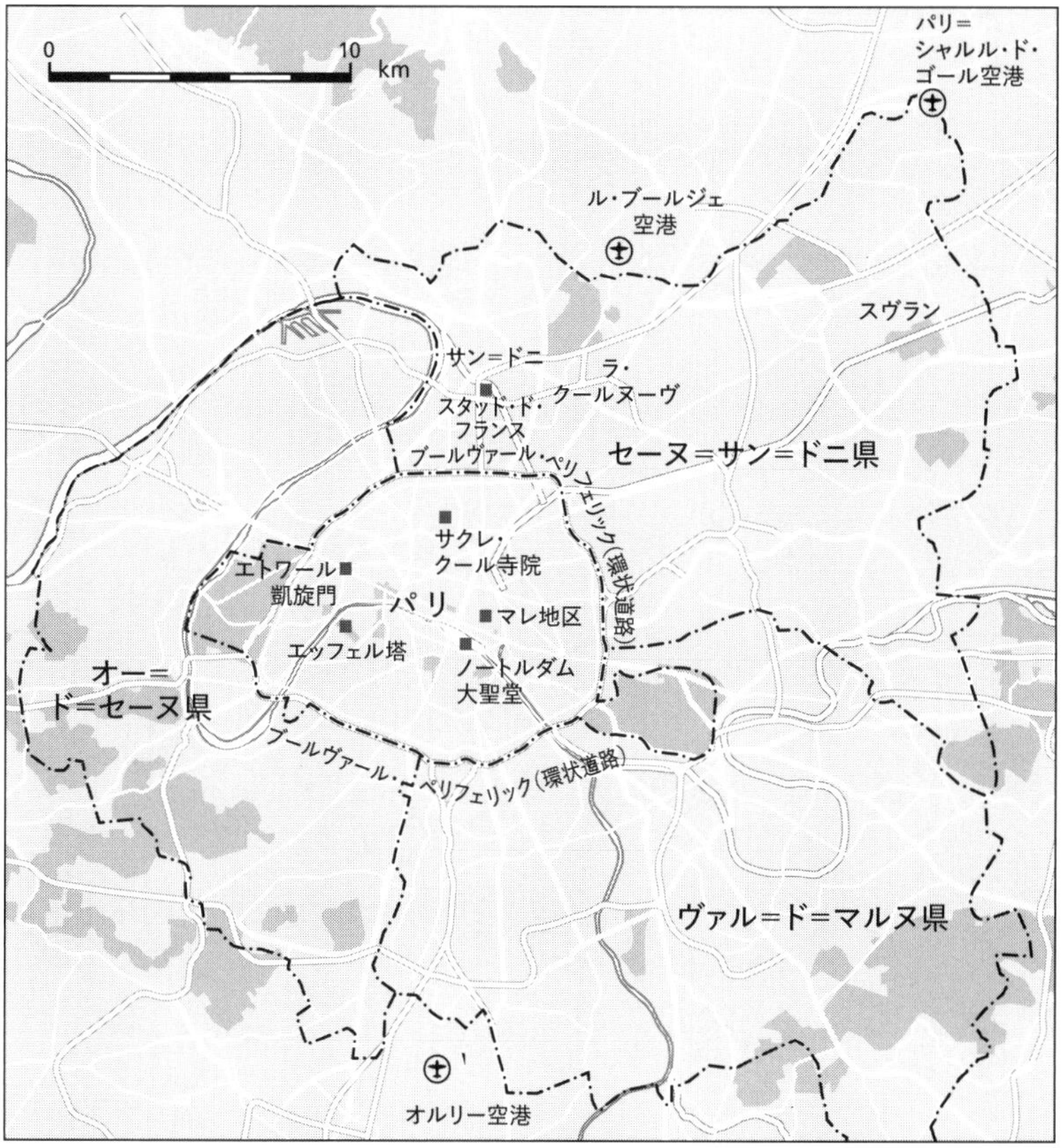
0
10
km
パリ＝
シャルル・ド・
ゴール空港
ル・ブールジェ
空港
スヴラン
サン＝ドニ
ラ・
クールヌーヴ
スタッド・ド・
フランス
ブールヴァール・ペリフェリック（環状道路）
セーヌ＝サン＝ドニ県
サクレ・
クール寺院
エトワール
凱旋門
パリ
マレ地区
エッフェル塔
ノートルダム
大聖堂
オー＝
ド＝セーヌ県
ブールヴァール・
ペリフェリック（環状道路）
ヴァル＝ド＝マルヌ県
オルリー空港

パリの通りに並ぶ魅力的な店や凝った装飾の外灯がやわらかな光を放っている。セーヌ川では、この街に数え切れないほどある呼び物《アトラクション》の前をエンジン音も高く通り過ぎるバトー・ムーシュ（遊覧船）から数カ国語の音声解説が聞こえてくる。みなに愛されているエッフェル塔が1889年のパリ万博[★1]に合わせて完成したとき、この塔は世界一高い建造物だった。エッフェル塔はいまも観光の目玉で、人々は完璧なアングルで写真を撮ろうと懸命になっている。数キロ離れたところにあるエトワール凱旋門は相変わらずの混沌ぶりで、タクシーやトラックが世界で最も有名な環状交差点を荒っぽい運転で走り抜ける。モンマルトルの丘では、日が暮れるとレストランにお客が集まってくる。パリの別名である〝光の都〟は、啓蒙主義の時代に学問と知識の中心地として栄え、大々的に街灯が導入された最初の都市であることに由来しており、その活気ある夜の経済活動《ナイトタイム・エコノミー》は、相も変わらず消費と享楽の価値を見せつけて、パリに満ちあふれる近代性、美しさ、進歩の象徴になっている。

だが、パリが何百万もの人々から〝愛の都〟と見なされるのに対して、その郊外に好意的な目を向ける人はほとんどいないに等しい。すべてに当てはまるわけではないが、英国や米国などの国々の郊外は、緑豊かな通り、広い家、裕福な住民、文化的均質性などを連想させることが多い。しかし、パリをはじめとするフランスの大都市の郊外は、コンクリートの巨大な建物が立ち並び、犯罪や失業が蔓延し、民族的・人種的に多様で、貧しく、財源不足の地域というのが一般的なイメージだ。郊外《バンリュー》を極力中立的に言い換えると、おおよそ〝要塞化された都市の壁で囲まれた行政区域〟ということになるが、実際のバンリューは、一貫して境界《フロンティア》を越えた場所、すなわちフランスの都市の魅力である豪華さ、ぜいたくさ、〝シック〟な感覚が、略奪、苦闘、疑念に取って代わる場所として描かれる。パリ首都圏の人口のおよそ8割が、厳密な意味でのパリ市ではなく、バンリューで生活しているため、これほど広大な地域にそんな深刻な汚名を着せられていることには意外な感がある。

レンガとコンクリートで徐々に強化されていった、都市と郊外との心理的な断絶の起源は、19世紀に見いだすことができる。現在のパリの美しさを考えると、当時のパリがいかに陰気な街であったかは忘れられがちだ。人口過密、混雑、病気の蔓延、陰鬱で危険——当時のパリは、同時代の評論家に繰り返し〝哀れな人々《レ・ミゼラブル》の街〟と評されていた。これを受けて、史上最も有名なコルシカ人の甥である皇帝ナポレオン三世（ルイ＝ナポレオン・ボナパルト）は、1853年に政治家のジョルジュ＝ウジェーヌ・オスマンに命じて、この時代遅れの街の近代化を進めさせた。曲がりくねって、薄汚れた、昔ながらの通りはバリケードを築くのに適していたので（ヴィクトル・ユーゴーを信奉する反乱者はそれを知っており、数度にわたる武装蜂起の際、市当局者をさんざんな目にあわせた）、オスマンによって、権力、記念碑的意義、効率性を強調する、長く、真っすぐで、これまでになく広い並木道に変えられた。市の中心部近くに集まっていた不潔なスラム街は取り壊され、ガラスなどの新しい建築資材を用いた立派な家屋、店舗、アーケード、劇場、オペラハウスが建てられた。公園、広場、下水道、噴水、橋、水路橋、鉄道駅なども建設された。要するに、街は美しく飾られ（当時としては斬新なコンセプトだった）、厳格な懲罰措置に支えられた美的価値が、長年ここで暮らす住民の具体的なニーズや関心に取って代わったのである。それどころか、パリのブルジョワにとってこの都市計画の大きな魅力は、事あるごとに〝危険な階級《レ・クラス・ダンジュルーズ》〟と呼んでいた労働者階級を、彼らの羨望の的だった街の中心部から排除できることだった。

　したがって、公衆衛生と治安の面で数多くの利点があるにもかかわらず、オスマン主導のパリ改造計画《オスマニザシオン》は、利他的行為とはとうてい言えなかった。オスマンのプロジェクトは、パリを消費重視の裕福な都市として際立たせる効果はあったものの、ほどほどの収入しかない人々はそこで暮らせなくなった。都会で暮らす労働者階級が少なからずいる英米とは違って、パリの労働者は都市の境界を越えて出て行かざるを得なかった。それも、出て行けたのは血の一週間《ラ・スメーヌ・サングラント》（1871年5月21日〜28日）の虐殺を生き延びた人たちだけだった。〝血の一週間〟では、数千の社会主義者のパリ・コミューン支持者《コミュナール》が戦死するか、フランス軍のパリ占拠後に処刑された。[*2] パリのエリートの側から言えば、〝忌むべき者たち〟はいまや視界から消えただけでなく、頭のなかからも消えたのだ。

　これはいまでも変わっていない。オスマニザシオンの遺産と言えば、この街の特色とも言える壮麗さがよく知られているが、街の境界を越えたところにまでおよぼした重大な影響はあまり知られていないか、無視されている。現在のパリの境界は、オスマンが登場する以前に〝ティエールの城壁〟というかたちで定められた。この城壁は、１８１４年にプロイセン軍の攻撃を受けて、わずか一日あまりでパリが陥落したことを受けて、侵略者から都市を守るために建設された環状の要塞である。しかし、１８７０〜71年にパリがふたたびプロイセン軍に包囲されたときに、城壁の防御が不十分であることが証明されたため、１８８０年代に解体が始められた。第一次世界大戦になると、城壁がフランスの戦争遂行の障害になったために解体が早まった。いまはごく一部を除いて撤去されている。しかし、パリをより広い世界から隔てる認識上の境界が消えることはなかった。

さらに、外環自動車道路《ブールヴァール・ペリフェリック》という環状のフリーウェイが完成したことで、新しい物理的な形態も持つことになった。〝ペリフ〟と呼ばれるこの道路はかつて壁があった場所をたどるように走っており、その交差点が〝ポルト〟と呼ばれるのは、以前そこに門《ポルト》があったところから来ている。現在、ペリフを越えるのは、パスポートやビザが必要な国境越えにたとえられることがある。実際には、この道路はパリとその郊外であるバンリューを隔てているにすぎないのだが。

住宅危機と移民の増加によってスラム化

バンリューの最も重要な進化は、第二次世界大戦後に起こった。フランスは戦時に街が破壊されたことによる住宅危機と人口増加に直面していた。人口増加を加速させたのは、アルジェリアをはじめとする国々から移民が押し寄せたことと、ベビーブームだった。ビドンヴィルと呼ばれるスラム街が都市周辺部に建設され、その住民が強いられた劣悪な生活環境はフランス国民にショックを与えた。解決策が必要だった。当局が採用したプランは、ファシストで反ユダヤ主義者でもあったスイス系フランス人の建築家、ル・コルビュジエの味気ないモダニズム建築だった。１９２０年代、ル・コルビュジエはパリ中央のマレ地区を平面化することを提案した。それは、長方形型のグリッドに十字型の同じかたちの塔を18基建てるという、誇大妄想的な〝ヴォアザン計画〟を実現するためだった。この計画が受け入れられていたら、パリはまったく違う街になっていただろう。それでも、緑の空間に囲まれた巨大な高層ビル群という彼の全体的なビジョン――これは、彼の〝現代都市《ヴィル・コンタンポレーヌ》〟や〝輝く都市《ヴィル・ラディユーズ》〟といった構想でも謳われていた――は、都市で実現させるのではなく、郊外のスラム街《ビドンヴィル》に代わる安価で優れた選択肢と見なされるようになった。

〝シテ〟と呼ばれるこの公共住宅団地の建設は熱意を持って滞りなく行われ、その典型は、〈ル・カトルヴァン・トレーズ（93）〉という管理番号で有名な、パリの北東に位置するセーヌ＝サン＝ドニ県の工業地帯である。しかし、93にかぎらず、こうしたモダニズムの団地は、パリ中心部の良き時代《ベル・エポック》建築や新芸術《アール・ヌーヴォー》建築の情熱とは対照的に、概して貧弱なつくりで、質素さが目立ち、ほぼ例外なく不人気だった。いや、不人気の原因は、ル・コルビュジエの

〝機能の分離〟という構想にもあった。〝機能の分離〟のおかげで、住民はわざわざバスに乗って職場や店に行かなければならなかった。さらに理解しがたいことに、幹線道路も鉄道も簡単には利用できなかったため、住民はパリの雇用やレジャーの機会から切り離され、隔離も同然の生活を送らざるを得なかった。やがて、比較的裕福な住民はこの全体主義的なライフスタイルから解放され、気に入った私有住宅へと引っ越すようになり、老朽化した公共団地にはほかに行く当てがない人々が暮らすようになった。

　シテは特に1990年代後半以降、政府のさまざまな介入によって解体され、代わりに地域経済を支え、社会的多様性《ミクシテ・ソシアル》を高めることが期待される中産階級をターゲットにした多種多様な住宅が建てられた。しかし、輸送や教育など、地域インフラにおける（最低限の）貧弱な公共投資は新住民を惹きつける力がなく、従来の住民の雇用機会は引き続き抑制された。それだけでなく、新旧住民がうまくやっていける保証はまったくない。新住民は地元での交流を避ける傾向があり、旧住民は倒壊の危険の高い建物ではなく、最貧層が暮らしている建物が先に取り壊されていることに不満を抱いている。地元のニーズや要望が考慮されなければ、建築環境の調整は見かけ倒しに終わるしかない。そのために、ほとんどの地域は再生どころではなく、徐々に劣化が進んでいるのが実情だ。

　こうした状況だから、〝バンリュー〟が過去半世紀のあいだ、フランスの低所得者層の暮らす住宅団地の呼び名になったのも不思議はない（ただし、ほかのフランス語圏ではもっと中立的な意味で使われている）。大切なのは、この表現には明らかに人種的、民族的、宗教的要素が含まれていて、バンリューと聞けばすぐに北アフリカや西アフリカ、中東などからの貧しいイスラム系移民が圧倒的多数を占める場所が思い浮かんでしまう点だ。もっとも、フランスでは人種や民族、宗教的帰属に関する統計データの収集を法律で禁じられているため、その解釈がどの程度正しいのかは明確でない。さらに言えば、必ずしも解釈に問題があるというわけではない。サッカーのスター選手であるキリアン・エムバペ（カメルーン系とアルジェリア系の家系）や、アヤ・ナカムラ（幼少期にマリからフランスに移住）など、フランス社会にはバンリュー育ちの有名人が数多く存在するからだ。問題は、バンリューという表現が、たいていの場合ネガティブな意味で使われることだ。

　前述のような例は、バンリュー住民《バンリュザール》による日常的なフランス社会への貢献として認識されるのではなく、ほとんどの場合、フランス本土にある〝外国〟の飛び地から〝逃げ出した〟マイノリティという例外的な扱いを受けてきた。彼らが、この国の典型的国民として認められるようになったのはつい最近のことだ。それでも一度でも間違いを犯せば、ふたたび〝救いがたいバンリュー出身者〟として非難を浴びることになる。[★3]

　多くのフランス人にとって、バンリューがフランス社会と対立する存在であるのは間違いない。一般に、〝本物の〟フランスとは白人と田舎のことであり、〝共和制の〟フランスとは愛国的で、法を順守し、世俗的であると理解されている。それに対してバンリューは、同化を拒む非友好的なマイノリティ（特に若い男性）の犯罪や反社会的行為の温床と見なされている。

２００２年、歴史学者ジョルジュ・ベンスサンが、エマニュエル・ブレナーというペンネームで、『共和国の失われた領土（Les Territoires perdus de la République）』を出版した。この本はフランスの学校教師の目撃証言録で、バンリューの若者が学校で〝イスラム化〟されて、所属するコミュニティだけでなく、フランス全体の脅威になりつつあると書かれており、議論を巻き起こした。これに関連して、元内務大臣のクロード・ゲアン（中道右派の旧国民運動連合の党員）は２０１１年に、フランス人は「もはや本国にいないと感じることがある」と主張し、「同化を拒む外国人コミュニティの形成」を非難した。

最近では、２０２２年の大統領選挙に向けて、中道右派の共和党の候補であるヴァレリー・ペクレスが、「街の秩序を取りもどし」、バンリューの「新しい野蛮人の暴力行為」に対処するため、「物置から〈ケルヒャー〉（訳注　ドイツの清掃機器メーカーでブランド名。高圧洗浄機で洗うことを〝ケルヒャーする〟と言う）を取ってくる」と発言した。[★4] 彼女は以前にもバンリューについて、イスラム主義の〝繁殖地〟であり、「（他人種、他宗派と交流しない）自己隔離、閉鎖的コミュニティ、教化を奨励している」と発言していた。

それに対抗するように、国民連合の候補であるマリーヌ・ル・ペンは、イスラム教徒《ムスリム》の女性に向かって、「ヘッドスカーフはイスラムの過激主義者が長年押しつけてきた制服である」

と言った。この無礼な発言は、特定のバンリューを「ほんとうの麻薬とイスラム過激派という麻薬の両方がある無法地帯」と表現した彼女の以前の主張と一致している。不幸にも、ここ数年フランスを悩ませている聖戦士《ジハーディスト》の攻撃の余波で、バンリューはイスラム原理主義を助長しており、これらの地域が〝フランス〟とは違うだけでなく、〝自由、平等、友愛〟という国家の基本理念と本質的に対立する場所であるという見方が広まった。不当に扱われてきたバンリューの危険なイメージは増すばかりで、その内側縁は認知された境界として機能し続けている。これは、デトロイトの8マイル・ロードと基本的に同じだが、汚名を着せられているのが郊外であるという点が異なっている。

こうした悪評には、決まってひどい誇張と単純化がつきまとう。たとえば、フランスにおけるテロ事件の犯人や、この数年のあいだにイスラム国に加わった2000人近くのフランス国民の全員が貧しいバンリューの出身者ではない。ところが、中産階級の快適な地域まで巻きこむテロリストの広範なネットワークを特定して分析するより、社会から取り残されたバンリューを宗教的過激主義と結びつけて考えるほうがずっと楽なのだ。

さらに言えば、若いムスリムが警察との小競り合いに巻きこまれた場合、宗教が絡んでいることはごく稀で、日常的に直面している差別に反発したためであるほうがずっと多い。

それに、すべてのバンリューが、貧しくて要注意《サンシブル》であるとか、緊急の支援を優先的《プリオリテール》に必要としている地域というわけではない。以前は自立した小さな町だったこともあり、歴史的にも重要な中心地を持ち、いまだにパリより物価が大幅に安いことから中産階級の土地購入者や賃借人のあいだで人気が高い地域もある。大雑把ではあるが、豊かなバンリューは都市中心部の風上に当たる西側にあることが多い。これには、西からの卓越《たくえつ》風（訳注　ある地域で、ある期間にもっとも吹きやすい風）で都市が汚染されるのを防ぐ狙いがあって、英国などでも見られる社会経済的動態である。しかし、フランスに相当数存在する極右主義者は――極右にかぎったことではないが――以前から問題が絶えない地域で起きた事件を、バンリュー全体の問題に一般化しようとしてきた。その結果、〝バンリューのせいにする〟はよく使われる政治手法となり、それを使って厳格な法執行と移民規制の正当化が好き勝手に行われるようになった。[*5]

イスラム教徒のヘッドスカーフ着用をめぐる議論[*6]であろうと、2015年のシャルリー・エブド襲撃事件の記念式典（バンリュー出身の少数の若者がこの追悼式を批判して、多くのフランス人の怒りを買った）であろうと、バンリュー住民に対する批判的なメディア報道が鎮静化することはめったにない。多くの人は、バンリューと聞けば、ギャングの銃撃、麻薬捜索、車の放火などを想像する。バンリューに対する偏見は、かくも根深い。

人種的、民族的、宗教的マイノリティという背景を持つ若者は、過去40年以上にわたって定期的に生まれてきた、フランス社会における市民権と包摂《インクルージョン》をめぐる暴動が起きると、必ず世間の注目にさらされた。若者たちは、資格には問題がないのに、住所や名前を聞かれたとたん求職を拒絶されてしまうことに強い不満を抱いている。[★7] 評判の悪い地域にあえて本社や支社を建設する大企業はまずないから、就業の機会はさらに限られてくる。警察による暴力行為で注目を集めた事件と、レイシャル・プロファイリングの多くがほとんど公表されていないこと——ロサンゼルスのストリート・ギャングの章で取り上げた問題と類似している——は、警察当局の信用を損ねている。

２０１８年11月から、白人が主体の〝黄色いベスト《ジレ・ジョーヌ》運動〟（訳注　燃料費の値上げに反対する抗議活動をきっかけに、フランス全土に広がったマクロン政権に対する反対運動）が起きて国内外の注目を集めたが、多くのバンリュー住民はこの運動によって自分たちの政治的な発言力が相対的に低いことを思い知らされ、不満をさらに強めただけだった。疑いの目を向けてくる国家と、一度も暮らしたことがなく、絆もほとんど感じない両親の祖国とのあいだで板ばさみにされ、バンリュー住民はどこにも帰属するところがないという思いにさいなまれている。彼らはパリの近くで生きているが、パリの内部で生きているわけではない。フランス人でありながら、外国人のような扱いを受けている。汚名をそそぐチャンスがなければ——特に、投票権のない若者や、フランス国籍を持たないその両親が、民主制のプロセスから排除されていることを考えれば——貧困と不満の連鎖はさらに続いていくだろう。

バンリュー住民がほかのフランス社会から、社会経済的、人種的、民族的、宗教的に分離されていることを、ジャーナリストはしばしば〝アパルトヘイト〟と表現し、元首相のマニユエル・ヴァルスもこの言葉を使ったことがあるが、これらの地域が都市と郊外の住民を分離するように設計されてきたことを考えると、まったく的外れな表現とは言い難い。バンリューの外で暮らす人々には、こうした地域を訪れる理由がほとんどないことも、境界の両側の住民が感じる隔たりと格差の固定化につながっている。折に触れて、そうした空気はさらに広い地域へと広がっている。本章の冒頭で引用したティエリ・アンリの警告はその典型だ。その後不幸にも、レアル・マドリード対リヴァプールのチャンピオンズリーグ決勝戦を台無しにする大混乱が発生したことを考えると、アンリの警告は予言的と言えるかもしれない。もっとも皮肉なことに、この事件は〝あまりにも高圧的な取り締まり〟という別の理由で起きたのであるが。[*8]

だが、バンリューに関する固定観念にとらわれた人に、事件の真相を話しても何の意味もない。たとえば、著名な極右政治家であるエリック・ゼムールなどは、彼らしい下品な言い方で、責めを負うべきは「バンリュー住民、略奪者、泥棒」であるとし、「問題はセーヌ＝サン＝ドニ県がもっぱら外国の飛び地になっている」ことで、その場所は「もはやフランス語が通じず、フランス流の服装が見られず、フランス的な慣習があるとは言いがたい」と断言し、警察には責任がないとした。ゼムールによると、バンリュー住民の多くは〝ラカーユ〟（レイシスト用語で、大まかな意味は〝ゲットーのクズ〟）で、根絶される必要があるという。彼がヘイトスピーチで有罪判決を受けた過去があるのも大いに納得できる。

残念ながら、バンリューが広大なフランス社会から隔絶された機能不全の場所であると考えているのは、ゼムールだけではない。それというのも、（ときおり歪曲されることのある）ニュース報道と並んで、多くの人がバンリューについて知る数少ない情報源に、映画も含まれているからだ。その最たるものが、マチュー・カソヴィッツが監督し、１９９５年に公開された映画『憎しみ』だ。この作品でカソヴィッツは、さまざまな民族的ルーツを持つバンリュー出身の若者が直面する、失業、麻薬、警察との敵対といった共通体験を描いている。また、ラジ・リ監督の『レ・ミゼラブル』（２０１９年）は、社会的に無視された地域で起きる犯罪や当局との対立を強調するために、２００年前の蔑まれた都市生活者の苦闘を描いたヴィクトル・ユーゴーの小説からタイトルを借用した。こうしたものを観ると――これらの映画がバンリューの生活をきわめて繊細に描写しているのは事実なのだが――そこではまったく進歩が見られず、極貧状態が昔からずっと続いているように思える。まさに、″表面は変わっても中身は変わらず《プリュ・サ・シャンジュ・プリュ・セ・ラ・メーム・ショーズ》″なのだ。

全体状況に大きな変動がないなか、２０１６年にはパリ大都市圏《グラン・パリ》なる新しい行政区が生まれた。これがつくられた目的の１つは、バンリューと都市を統合し、その過程で地域間の大きな格差を解消することだった。前向きな一歩とは言えるが、バンリュー住民の多くは懐疑的であり、たとえほんとうに変化が起きたとしても、大いに嫌われているブールヴァール・ペリフェリックが存在するかぎり、パリとその隣接地域のあいだの不和は解消しないと考えているようだ。それに、こうした物理的な境界が私たちの行動と移動性に大きな影響をおよぼす可能性があるのは確かだが、それが生み出す認識上の境界も、少なくとも私たちが世界をどのように認知し、経験しているかという点では、同じ程度に重要である。現実的に見て、いつか〝ペリフ〟が移転する日が来たら、何世代にもわたるバンリューの汚名も一緒に消え去るのだろうか？　次章では、固体によって強化されているものの、それに決定的に依存しているわけではない見えない境界線の強靭《きょうじん》さについて検討する。

*1　フランス語で〝国際博覧会《エクスポジシオン・ユニヴェルセル》〟と呼ばれる博覧会。バスティーユ襲撃とフランス革命の開始から100周年を記念して開催された。ありがたいことに、博覧会の委員会はエッフェル塔と同じ高さのギロチンを設置するという提案を拒否してくれた。もしこの提案が実現していたら、絵はがきの絵がどうなっていたか想像してみてほしい。

*2　もともとは長年にわたる政治的・社会経済的格差に根ざしたものだったが、おもに普仏戦争（1870〜71年）におけるフランスの屈辱的敗北が引き金になった。この戦争後、パリ・コミューンはパリを占拠して革命政府を樹立したが、2カ月ほどしか続かなかった。暴動の最終週となる血の一週間のあいだに、パリ・コミューンの支持者はこの街の新しくて広い並木道が、オスマンが取り壊したかつての中世的な通りと比べて、バリケードづくりには適さないのを思い知らされた（オスマンは1870年に解任されていた。おもな理由は、会計実務における問題だった）。

*3　たとえば、2010年のサッカー・ワールドカップで、フランスの男子代表チームが完敗した直

後、選手がレイモン・ドメネク監督に対してストライキを起こした。この事件について、フランスの哲学者アラン・フィンケルクロートは、チーム内の〝民族と宗教の対立〟を批判し、選手を〝マフィアの掟しか知らない悪党ども〟とこき下ろした。同様に、あるスポーツ・リポーターは、チーム内の〝育ちの悪い郊外出身者〟に責任をなすりつけ、ロズリーヌ・バシュロ健康・スポーツ相（当時）は〝近所の有力者〟の悪影響について言及した。

*4 〈ケルヒャー〉はこの発言にすぐに対応し、「商標のいかなる使用も即時停止してほしい」と要請した。自分たちが「良識ある市民の価値観を守っていても……（商標が）暴力や危険と」結びつけられてしまうのを懸念したのだという。このドイツの清掃機器メーカーがいらだつのももっともだ。2005年、セーヌ＝サン＝ドニ県ラ・クールヌーヴの悪名高きシテで、2発の流れ弾が子供に命中して死亡する事件が起こると、当時の内務大臣で、のちに大統領になるニコラ・サルコジは即座に、ケルヒャーでこの住宅団地を〝掃除してやる〟と誓った。のちに、極右政治家ジャン＝マリー・ル・ペンとマリーヌ・ル・ペン父娘も同じ隠喩を使っている。

*5 ゲアンへのインタビューは、セーヌ＝サン＝ドニ県の自治体《コミューン》、スヴランであった麻薬摘発と銃撃事件に始まり、移民の管理と統合の問題まで、またしても得るところが多いものだった。彼の話では、スヴランでは移民社会を〝麻薬密売人が牛耳っている〟という（「われわれのもとに来るのは、われわれのルールに従う者だけで、その逆ではない」）。

*6 ヘッドスカーフは、その他の〝人目を引く〟宗教的シンボルとともに、2004年にフランスの公立学校で禁止された。その後の2010〜11年には、一般の公共スペースでもニカブやブルカのような顔全体を覆うベールの着用が禁止された（さらに、2022年のフランス大統領選挙に立候補したマリーヌ・ル・ペンは、着用禁止をすべてのイスラム教のヘッドスカーフへと拡大すると公約した）。

＊7　こうした不公平感は、フランス都市政策国立観測所の2015年のレポートに「〝優先地域〟の出身である場合、ほかの条件がすべて同じであっても、5年間の高等教育を卒業した男性が高度な職業に就く可能性は22パーセント低い」と書かれていることでも裏づけられる。

＊8　スタジアム周辺のトラブルに関するフランス元老院（上院）の調査によって、決勝戦の主催者に過失があったことが判明、ジェラルド・ダルマナン内務大臣に非難されたリヴァプール・ファンの疑いは晴れた。これを受けて、形ばかりの謝罪はしたものの、ダルマナンは臆面もなく〝サン＝ドニの非行〟に責任を転嫁した。そのため結局、汚名は当局ではなく、この地域に着せられることになった。

21

The Peace Lines

平和の壁

壁を破壊せよ

——ベルファストにある〝宗派主義を終わらせろ〟の壁画より

北アイルランドの多くの人にとって、壁は日常生活の一部になっている。その名は、〝平和の壁〟。部分的には波形鉄板やレンガ、スチールでつくられたり、有刺鉄線を張られたりした、長さ5キロメートル超、高さ6メートル超の物理的な障壁も存在する。もともと、この構成国《カントリー》、あるいは地域《リージョン》、あるいは地方《プロヴィンス》で（本書のほとんどの事例と同様、この地域の呼び名と定義はいまなお論議が続いている）、暴力の嵐が吹き荒れた1960年代後半から建設の始まったこの壁は、事実上紛争に終止符が打たれた1998年の聖金曜日の合意（ベルファスト合意）のあとも建設が継続された。壁画や落書きが描かれた壁は単なる障壁ではなく、激しく対立する政治的見解や帰属意識のキャンバスでもある。この壁の存在は、和平プロセ

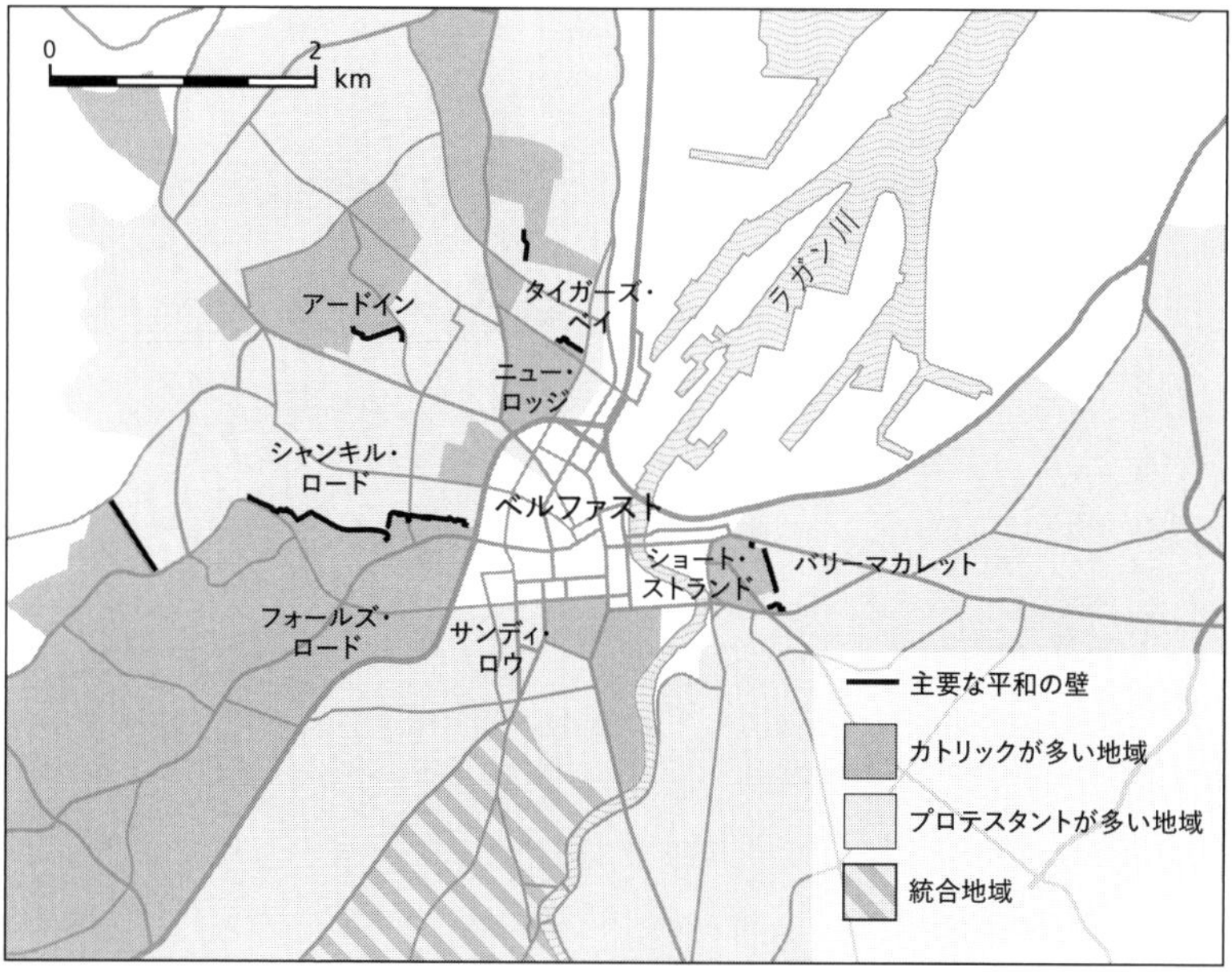
0
2
km
アードイン
タイガーズ・
ベイ
ニュー・
ロッジ
ラガン川
シャンキル・
ロード
ベルファスト
ショート・
ストランド
バリーマカレット
フォールズ・
ロード
サンディ・
ロウ
主要な平和の壁
カトリックが多い地域
プロテスタントが多い地域
統合地域

スが成功裏に終わっても、社会における境界や障壁が簡単には消えないことをはっきりと思い出させてくれる。むしろ、そういった境界は進化し、発展することさえある。

ようやく〝北アイルランド〟という名で知られるようになったこの土地には、長い分断の歴史がある。とりわけ17世紀初頭に始まったイングランド人とスコットランド人入植者によるアルスター地方の植民地化には、アイルランド語とカトリックが支配的な地域を、英語化し、プロテスタントに改宗させるという目的があった。ところが、〝植民地《プランテーション》〟によって達成された成果には限界があった。国王の望みどおり、数多くのカトリック教徒が土地を追われたが、消滅はしなかったからだ。20世紀初頭までに、イングランド、スコットランド、ウェールズとともに連合王国を構成するようになったアイルランドのこの地域は、共存困難《クラック》[★1]な２つの地域——カトリックが支配的な西部と、プロテスタントが多い東部に分裂した。

アイルランド人の自治を求めたホーム・ルール運動は１８７０年に端を発するものだが、１９１６年の復活祭の週に、アイルランドの共和主義者はさらに一歩踏みこんで、英国支配に対して武装反乱を起こし、完全独立を目指した。この〝イースター蜂起〟は英国軍（第一次世界大戦に気をとられていたが）に鎮圧されたものの、軍の暴力行為を目のあたりにした多くのアイルランド人が英国への不信感をさらに募らせ、独立の要求をさらに強める結果になった。１９１８年12月の英国総選挙で、共和主義のシン・フェイン党はアイルランドの選挙区で圧勝、すぐさまアイルランドの完全独立を宣言した。この件と、アイルランド共和軍

（ＩＲＡ）のメンバーによる巡査２名の殺害に激怒した英国政府は、分離独立派の政府とその支持者の弱体化に着手した。

独立戦争は（その最中に、ゲーリックフットボール〔訳注　アイルランドの伝統的な球技〕の試合中に起きた英国軍の無差別発砲や、コークにおける大規模な放火といった凄惨な事件があった）１９２１年まで続き、同年にようやく停戦が実現して、アイルランドの独立を承認する条約（英愛条約）の調印が行われた。いや正しくは、アイルランドの大半の独立だった。26の県《カウンティ》が今日のアイルランドの前身であるアイルランド自由国として独立する一方で[*2]、北部の比較的小さい部分（６つのカウンティ）は、以前よりも広い自治権を認められて、英国内にとどまった。その理由は次のようなものだった。アイルランドのほかの地域とは異なり、北部地域の人々は１９１８年の選挙で、英国の一部としてとどまることを目指すアイルランド統一主義者党に票を投じていた。彼らの多くは英国の宗教で最も高い割合を占めるプロテスタントで、それに対してアイルランドの残りの部分はカトリックが主流だった。したがって、この分割は最善の妥協案と考えられたのだ。

新しい国境線を引くのは困難な作業だった。この島の多くの場所で暴力事件がやまず、新しいアイルランドは前述の条約をめぐって内戦に突入した。特に問題になったのは、辛うじて北アイルランド側に位置する、国境の一部となる都市の将来だった。当時もいまもカトリック教徒が大多数のアイルランド民族主義者《ナショナリスト》や共和主義者《リパブリカン》にとって、この都市は〝デリー〟

として知られ、カトリックが多数を占めていることから、アイルランドの一部でなければならなかった。

一方、プロテスタントが多く、一般にアイルランド人よりも英国人としての意識が強い統一主義者《ユニオニスト》や王政支持者《ロイヤリスト》は、この都市を〝ロンドンデリー〟と呼び、そのプロテスタントとしての長い歴史から、北アイルランドの一部、ひいては英国の一部であると考えている。デリー／ロンドンデリーの名称問題は、いまでもその人の政治的立場や信仰を判断する際の指標になる。北アイルランドの別名である〝アルスター〟にも似た意味合いがある。アルスターは、分割線で分けられたアイルランド北部の伝統的な地域だ。[★3] 統一主義者がこの名称を使うときには、〝カトリック〟のアイルランドにくれてやる領土はもっと小さいほうがよかった、というニュアンスがある。それを不快に思う共和主義者は、北アイルランドという〝英国的な〟名称を避け、〝ザ・ノース（北部）〟、〝ザ・ノース・オブ・アイルランド（アイルランドの北部）〟、〝ザ・シックス・カウンティーズ（６つのカウンティ）〟などと呼ぶことが多い。２０１６年、英国はＥＵ離脱《ブレグジット》を決定した。北アイルランドの有権者でブレグジットを支持したのは44パーセントにすぎなかったが、カトリックや民族主義者よりもプロテスタントや統一主義者のほうが割合が高く、投票結果に社会の分断が表れていた。ＥＵ離脱を受けて、貿易、さらには北アイルランドの未来そのものが不確実な状態が続くなか、いまもこの国境は争点であり続けている。

平和の壁を理解するには、そうした状況を踏まえる必要がある。壁自体は歴史が浅く、2つの敵対する勢力を区別するために設計されたものだ。デリー／ロンドンデリー、ポータダウン、ラガン、そして特に首都のベルファスト内につくられた平和の壁は、もともと1960年代から98年の聖金曜日の合意まで続いた〝厄介事《ザ・トラブルズ》〟と呼ばれる紛争の期間に、民族主義者、共和主義者、カトリックが支配的な地域を、統一主義者、王政支持者、プロテスタントが支配的な地域から物理的に分離するために建設された。[*4] ザ・トラブルズという呼称は、この期間を特徴づける暴力性や敵意を控えめに表現している。

同様に、〝平和の壁〟のほうも見事に楽観的な命名であり、この壁が実現したのは〝戦いの不在〟だけで、平和ではなかった。ザ・トラブルズの起源については諸説ある。一説によれば、政治、雇用、住宅などで長いあいだ差別されてきたカトリックが、デリー／ロンドンデリーで公民権を訴える平和的なデモを行い、警察の弾圧を受けた1968年10月に始まったとされる。そうではなく、17世紀の戦争におけるプロテスタントの勝利を記念する毎年恒例のパレードが、同じ都市のボグサイド地区で暮らすカトリック住民の反対運動を引き起こした1969年8月であると主張する者もいる。この市民の暴動は、警察と地元の統一主義者に阻止されたが、たちまち北アイルランド各地で同様の事件が起きた。数日後の夜、王政支持者の集団がベルファストのボンベイ・ストリートにあるカトリック教徒の家々を焼き尽くした。その後、宗派間の暴力や民兵組織の暴力が常態化し、地元コミュニティと英国軍は分断した両方のコミュニティを守るために、急いで障壁を建設することになった。

だが、本書でここまで見てきたように、境界線を引くのは見た目ほど容易ではない。なかには、知らないうちに障壁の反対側に組みこまれている人たちもいた（一軒だけの場合もあった）。銃撃や爆破は、ロックバンド・クランベリーズのプロテストソング『ゾンビ』のなかで痛切に歌われているように、[★5]住宅地にまで広がった。30年間ほどのあいだに、3500人以上の命が失われた。死者の3分の2は平和の壁から500メートルと離れていない場所に住んでいた人々だった。

1994年の停戦によって始まった和平プロセスで、確かに戦闘は減少したものの、物理的および心理的な境界はその後も拡大し続けた。これは平和の壁にもそっくり当てはまる。聖金曜日の合意以来、平和の壁は高くなり、数も増えた。特に、ベルファストの北と西にあるプロテスタントとカトリックの労働者階級がたがい違いに住む地域では、平和の壁にはいまでも実用的な目的がある。フォールズ・ロードの共和主義者やカトリックの住民は、シャンキル・ロードの王政支持者やプロテスタントと自分たちを隔てる障壁がなければ不安を感じるだろう。同じことが、シャンキル・ロードの住民にも言える。

平和の壁はまた、住民にとって重要な象徴的役割を果たしている。そこに描かれた絵やメッセージが住民に、共和主義者ではボビー・サンズやキーラン・ニュージェント、王政支持者ではジャッキー・コールターやスティーヴン・マッキーグなど、地元の英雄や殉教者を忘れないようにしてくれている。

また、国際的な立場から、より広い大義を共有できると思われる諸外国のグループとの連帯を表明するイラストやメッセージもある。パレスチナは、独立と発言権を望むという共通の思いから共和主義者側の壁画に描かれ、イスラエルは統一と協調という、より適用範囲の広いテーマで王政支持者側の壁画に引用される。同様に、共和主義者側の壁画のなかには、カタルーニャ、バスク、キューバ、公民権、反アパルトヘイト、BLM（ブラック・ライヴズ・マター）への支持を明確にしているものもある。一方、王政支持者側の壁画は、歴代の、そして当代の英国君主を賛美するものが少なくない。つまり、立場が違えば、同じ絵やメッセージが感動的にもなるし、逆に煽動的にもなるわけだ。戦闘員を描いたものや、敵対勢力に対する警告など、好戦的な主張も多い。このように、平和の壁に描かれたもので、その地域の政治的立場や宗派を判断できる。

15年以上にわたって、平和の壁の撤去をめぐる議論が行われたすえに、2023年に完全撤去という目標が定められた。とはいえ、その進捗ははかばかしくない。安心して暮らすためには、これらの障壁が不可欠であると考える人が多いからだ。紛争で親類や友人、隣人を亡くしていることを思えば、気持ちは理解できる。物理的な境界がある生活に慣れきった住民は、関係改善につながる可能性があるとしても、未知の領域に足を踏み入れるより、現状維持を好む傾向が強い。差異がすっかり常態化されているのだ。

壁の撤去でアイデンティティが失われる

壁の撤去について双方で同意がある場合でも、所有権、立法措置、政治的責任が曖昧であることが、撤去の動きを阻害する要因になる可能性がある。平和の壁がなくなったら、新しい住宅団地を開発できるかもしれないが、人口の変動が支持基盤に与える影響に政治家は神経をとがらせている。政治家たちは、地元住民が共有するアイデンティティと近隣地区の密接な関係に支えられているため、次の選挙が危うくなるのを恐れて、積極的な行動を取れないでいる。たとえ障壁の撤去によって、深刻な貧困に陥っている地域に、長期にわたる大きな経済的利益がもたらされる可能性があるとしても。また、はるばる遠くから平和の壁の壁画を見にくる旅行者が地域に必要な収益をもたらし、地元住民の一体感に貢献しているという事実も、壁を壊す取り組みを妨げる原因になっているようだ。多くの人にとっては、門があれば――開かれるのは日中だけで、警察が配置されるのであれば――それで十分なのだ。一時的なものだったはずの平和の壁は、いまや永続しそうな雰囲気を漂わせている。

なお、北アイルランドにある境界は平和の壁だけではない。それは〝境界面〟と呼んだほうがよさそうなもので、隔離されたコミュニティが接する物理的な場所を指す。警告的な意味合いがすぐにわからなくても、門や植物の列が似たような働きをする場合もある。北アイルランドの多くの通りに並ぶ旗は、両者の相違についてもう1つの重要な手がかりを与えてくれる。王政支持者のあいだで好まれるのはユニオンジャックやアルスター・バナーで、民族主義者はアイルランドの三色旗を好む。この三色旗は、カトリックの色である緑に、あえて伝統的なプロテスタントの色であるオレンジを加えたデザインだが、普通はカトリックのコミュニティのシンボルと見なされる。

また面白いのは、最も無難であるはずの聖パトリック旗が、どちらのグループにも特に愛されていないことだ。今日に至るまで、旗は平和の壁と同じく、居場所を明確にすることで敵対者を遠ざけるのではなく、逆に引き寄せてしまう恐れがある。ひいきのサッカーチームのように一見無害なものでさえ、敵愾心《てきがいしん》を刺激する可能性があり（スコットランドのグラスゴーを本拠地とするセルティックとレンジャーズは、一方がカトリック、もう一方がプロテスタントの住民に人気がある）、本書のブエノスアイレスの事例で見たように、特定の地域で〝間違った色〟を誇示するのはいまでもまだ危険な行為になる。同様に、プロテスタントの地域でカトリックの学校の制服を着たり、その逆も推奨されない。

教育自体が重要な境界になっている。青少年の9割以上がいまだに大部分、または完全に宗派で分けられた学校に通っている。親が率先して全宗派を受け入れる学校に子供を通わせる動きは、特定の宗派にとらわれない選択肢として確立されたが、そういう子供はごく少数にとどまっている。ほかの宗派の子供と交わる機会が最小限に抑えられているため、子供は幼い頃からずっと（少なくとも自発的に動かなければ）平和の壁の反対側の人々とは出会わずに暮らしていくことができる。そのため、多くの学生がカトリックの教義やプロテスタントの教義についてはごく限られた月並みなことや、何世代にもわたって伝えられてきた可能性のある偏見ぐらいしか知らないと言うのも無理はないのだ。

こうした知識の境界を克服するのは困難であって、若者の立派な取り組みに期待するだけでなく、大人たちも物理的な壁と認識上の壁の両方を破壊する順応性を持たなければならない。

むろん、重要な社会的・政治的な境界も残存している。北アイルランドの大部分、とりわけ労働者階級のコミュニティでは宗派を超えた結婚はいまだにめずらしく、隔離された地域の住民はいまなお威嚇、暴言、飛び道具など、平和の壁越しの小規模な暴力の標的にされることがある。一般人同士のこうした不和は北アイルランド議会《ストーモント》でも見られ、2つの主要政党であるシン・フェイン党と民主統一党（DUP）は多くの点で一般市民よりも大きな隔たりを持ち、正反対のイデオロギーを掲げている。それを見ると、信頼の構築は、往々にして壁の建設より難しいことがよくわかる。

この点について言えば、夏の〝行進の季節《マーチング・シーズン》〟（訳注　北アイルランドでは4月から8月を指し、各地で各種団体のパレードが行われる）ほど議論を呼ぶ問題はないだろう。オレンジ・オーダー（プロテスタントで王政支持者の組織）のメンバーは、1690年のボイン川の戦いでカトリック軍に勝利したオラニエ公ウィレム3世（イングランド王ウィリアム3世）を祝ってマーチングバンドとともにパレードを行う。カトリックにすれば、この行為は勝利主義（訳注　自らの宗派の正当性に絶対的な信を置き、他派を悪と決めつけること）でしかない。さらにあちこちで、プロテスタントのコミュニティがアイルランドやカトリックのシンボルとか人形《ひとがた》などを燃やす、大々的な〝十一夜〟のたき火も行われるため、騒動に発展する可能性は常に存在する。それに比べると共和主義者のパレードはさほど多くなく、それも勝利を記念するのではなく、1916年のイースター蜂起、1972年1月30日の〝血の日曜日〟事件（IRAメンバーの容疑者が裁判なしで拘留されたことに対してデリー／ロンドンデリーでデモ活動を行っていた市民を英国兵が銃撃、14人が死亡した）、民族主義者の結束を固める役目を果たした共和主義者の囚人による1970年代から80年代にかけてのハンガーストライキなど、陰鬱な出来事の記憶を呼び覚ます趣旨で行っている。対抗デモもめずらしくなく、ザ・トラブルズのあいだは双方が相手のテロを非難し合った。

同じく広範囲におよぶ紛争を経験してきたほかの社会に比べると、ここでは過去を清算し、和解を実現する試みは、通り一遍のものが多かった。個人が人間関係を構築し、意識を変える有益な手段を提供する教育機関やスポーツクラブ、コミュニティの美術プログラムはさほどの貢献ができなかった。最も対決姿勢の強い（そして、最も目立つ）壁画の一部は撤去されるか、せめてもう少し〝中立的〟なもの——ベルファストの産業史や地元の著名人のものなどに変えられてきた。

　また近年では、さまざまコミュニティのアーティストが協力して、宗教色のない新しい壁画があちこちで描かれている。それでも、子供たちの壁画と民兵組織の壁画が並ぶこともあるし、カトリック教会と対峙するマルティン・ルターのような、闘争色は薄いが特定宗派に偏る壁画がいまでもめずらしくない。北アイルランドでは、壁画は単にコミュニティの見解を表しているだけでなく、コミュニティを実際に動かしてもいるのだ。

　結局のところ、平和の壁に描かれるテーマが変わっても、それが描かれるキャンバス自体はコミュニティを分離する物理的障壁として残っていく。人々は、合法的に、排他的に、少なくとも優先的に自分のものであるはずの土地を手放さざるを得なくなるのを心配して、平和の壁を取り除くことに消極的だ。壁は、安心と不安、帰属と禁制という昔ながらの相矛盾する感覚をもたらす。障壁を除去したいという思いはあっても、除去が実現するのは危害の心配がなくなったときであり、その安心感が得られるのは境界の存在に依存する部分が大きいといういたちごっこになる。言い争いではなく、分かち合うための協力がなければ、対立はいつまでもくすぶり続けるだろう。

　要するに、平和の壁はとりわけ込み入った境界であり、人間と土地のかかわりの複雑さについて多くのことを物語っている。認知された差異を一定期間、具体的に表現するだけではなく、人々がある考えを学びとる助けをするので、将来も長く維持されることになる。特に壁画を通して、一種の対話をつくり出している。地元住民は壁画を使って自分の信条や関心事を発信し、そのメッセージが別のコミュニティ、訪問者、未来の世代に伝えられていく。

つまり、平和の壁は、目に見えない信条や姿勢を見えるものにする力を持っている。それがあれば、どちらの側の人間も自分が適切な場所にいるのかどうかがすぐにわかる。もし適切な場所にいるなら、自分の帰属感を守るために境界を維持しようとするだろう。そのために、〝私たち〟を定義し続けるだけでなく、少なくともそれと同じくらい、たとえどんなに疑わしくても、自分たちの完全な対立物である〝彼ら〟を定義し続けていく必要がある。相手側をステレオタイプ化して捉えれば、いつまでも分断が現実であり続け、〝リアル〟な境界と認識上の境界の両方を取り除くことに対する関心をさらに失わせる原因になる。それだけでなく、平和の壁の破壊は、コミュニティの自己理解と空間の要求の両方を消し去るように見えてしまうだろう。

広い意味で言うと、境界を取り除くことは、人がアイデンティティを失うか、あるいは少なくともそれを是認することに等しいと思われているきらいがある。したがって、人は憎しみと不安に基づいて建設された境界がなくなるのを望んでいるかもしれないし、そう望むべきなのだろうが、自分が目にしているものが、必ずしも最も長期的な影響をおよぼす境界ではないことを認識する必要がある。壁やフェンスは、ほかの人間や物体を排除する意図や、ある土地が自分のものであると明確に定める意図がなければめったに設けられない。私たちが**〝自分たち〟と〝他者〟を区別して見ているかぎり、心理的な境界が物理的な境界へと発展する可能性は常に存在する。**

さらに、ひとたび物理的な境界ができ上がると――前章で検討したパリを囲むブールヴァール・ペリフェリックが類似例だ――それを支える心理的な境界を消滅させるのはさらに困難になる。平和の壁のような具体的な境界の撤去が難しいのは実証されているが、頭のなかにある境界を破壊するのはさらに難しい。おそらく、物理的な障壁を撤去したあとも、見えない境界線の重要性が存続することを最も適切に表しているのは、次章で紹介する例だろう。

*1　クラック（craic）とは、よく使われるアイルランド語で、〝ともに楽しいひとときを過ごす〟という意味がある。

*2　すぐあとで見るように、名称については依然としてアイルランド島全域で激しい論争が行われている。アイルランド憲法第4条には、「国名はエール（Éire）、英語でアイルランド（Ireland）とする」と明記されている。どちらの名称もアイルランド国内で使われているが、1948年制定のアイルランド共和国法第2条では、この国を〈アイルランド共和国《リパブリック・オブ・アイルランド》〉という長い名称で呼ぶことを定めている。今日に至るまで、とりわけ英国政府や国際サッカー連盟（FIFA）では〝アイルランド共和国〟を使う場合が多いが、〝アイルランド共和国〟であれ、さらにめずらしい〝南アイルランド〟であれ、アイルランド国内で使われることはほとんどない。

＊3　アルスターは伝統的に、北アイルランドの6つのカウンティ（アントリム、アーマー、ダウン、ファーマナ、ロンドンデリー／デリー、ティロン）に加えて、アイルランドの3つのカウンティ（カヴァン、ドニゴール、モナハン）で構成されている。

＊4　1920年代と30年代に建設された平和の壁もあるが、いまは残っていない。

＊5　クランベリーズはアイルランドのロックバンドで、ボーカル担当のドロレス・オリオーダンは、この反宗派ソングは1993年にイングランドのウォリントンで死者を出した、IRAによる2件の爆破事件に大きな影響を受けたと語っている。

22

The Berlin Wall

ベルリンの壁

人間の頭のなかにある壁は、ときとしてコンクリートの壁よりも耐久性がある。
——ヴィリー・ブラント（元西ドイツ首相）

世界には、境界線が国境線になった例があふれるほどある。なかでも最も有名で最も悪名高いのが、シリル・ラドクリフの国境画定線だ。第二次世界大戦後に、大英帝国から独立したインドとパキスタン（パキスタン東部はのちにバングラデシュとして独立する）を分割するための境界線だった。英国の弁護士であるラドクリフは、パリから東には行ったことがないのに、はるかに遠い場所の境界線を引くよう依頼された。[★1] 彼の境界線は、主として宗教人口（インドはヒンドゥー教徒、パキスタンはイスラム教徒が中心であると考えられ、その他の宗教の信者は事実上、無視された）を基準にする一方で、鉄道線路、運河、用水路など既

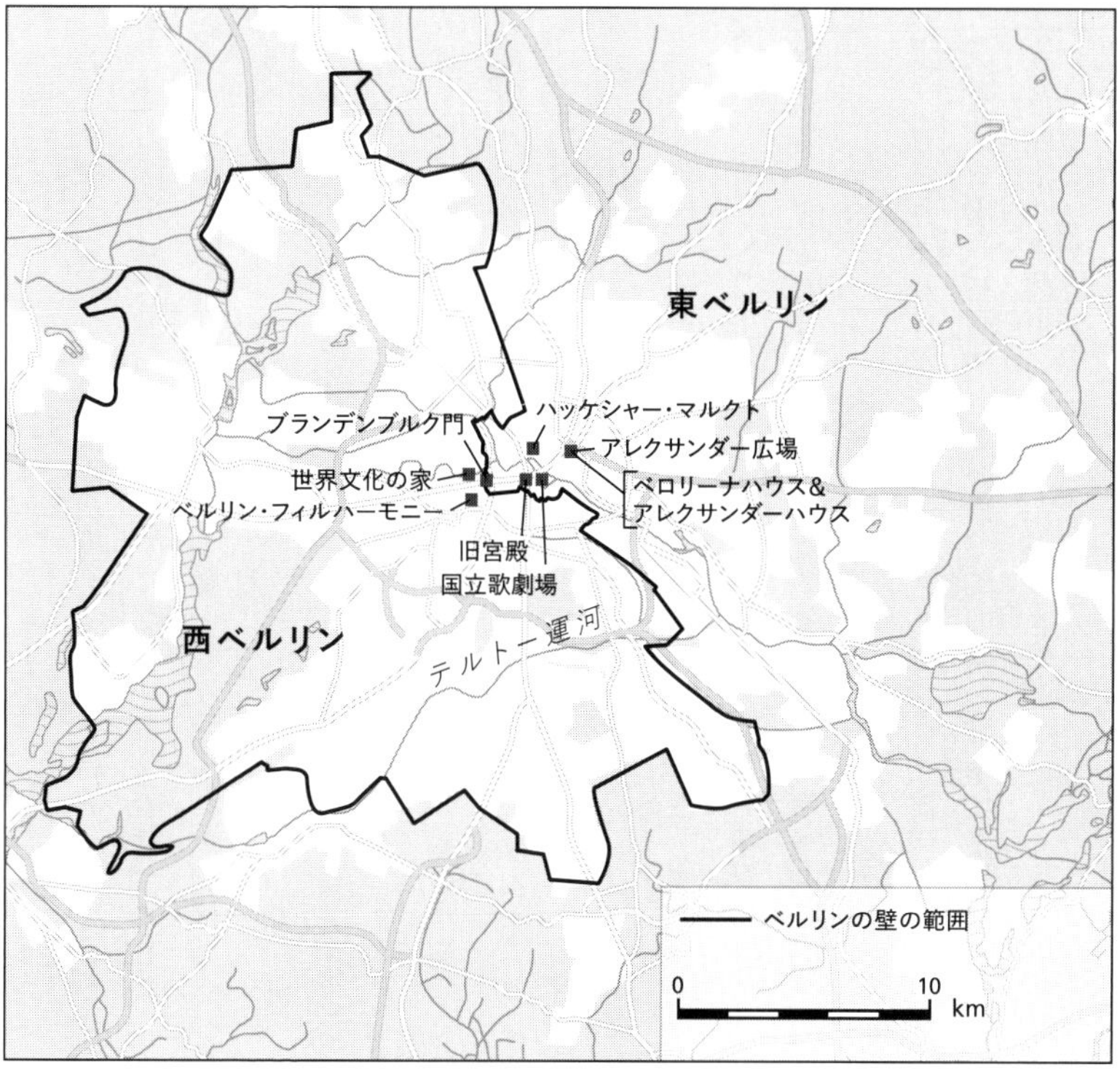
東ベルリン
ハッケシャー・マルクト
ブランデンブルク門
アレクサンダー広場
世界文化の家
ベロリーナハウス&
アレクサンダーハウス
ベルリン・フィルハーモニー
旧宮殿
国立歌劇場
西ベルリン
テルトー運河
ベルリンの壁の範囲
0
10
km

存のインフラの混乱を最小限に抑えることを目的としていた。それから70年以上たついまでも、この国境線は激しい論争の的になり、戦争の舞台にもなっている。それでもこれまで公式の、しかも厳重に警備された国境が取り除かれた例はいくつもある。国境線が消えると境界も解消されるのだろうか？　ベルリンに関して言えば、必ずしもそうではないようだ。

　ベルリンの壁の物語は広く知られている。ドイツ民主共和国（東ドイツ）が1961年に建設したその壁は、社会主義の東ベルリンと東ドイツ全体を、資本主義の西ベルリンから切り離した。極左イデオロギーを堕落させる恐れのある西側の〝ファシスト〟を締め出すのが目的とされたが、実際は、もっぱら西側へ逃げる人――とりわけ専門家や熟練工――の流れをせき止めるために機能した。やがて壁はコンクリート、有刺鉄線、電気柵、監視塔、投光照明、車両侵入を防止する溝、警備兵、番犬で構成された複雑なシステムになった。1989年11月9日、ベルリンの壁は開かれ、たちまち粉砕されたが、それまでに壁を越えようとして亡くなった人が100人を超えた（正確な数は不明）。たいていは、東ドイツの国境警備隊の銃撃によるものだった。だが、この壁を越えることは決して不可能ではなかった。東ベルリンの5000人以上が、トンネルを掘ったり、極寒のテルトー運河を泳いだりするなど、さまざまな方法で脱出に成功した。曲芸師のホルスト・クラインなどは、使われていない電線を歩いて渡ったという。[★2]この壁の破壊によって、ベルリンは公式的にも精神的にもふたたび1つの都市になることができた。

いまではベルリン市の展示物や記念物として残るだけになったが、それでも東西間の格差の痕跡は残っている。ベルリンの一部の地域では、そこに国境があったなどとはとうてい想像できない。たとえば、ベルリン市の象徴であるブランデンブルク門のすぐ近くにはかつて壁が存在し、東西の往来を遮断していたが、その壁もいまは跡形もない。それでもじっくり観察すれば、以前あったベルリンの壁の両側の差異が立ち現れてくる。

まずは建築。第二次世界大戦のベルリン空襲後、街の大部分で再建が必要になった。西ベルリンは、マーシャル・プラン（訳注　米国の対西ヨーロッパ援助計画）のおかげで相当額の再建資金を使えたので、大会議場《コングレスハレ》（現在の〈世界文化の家〉）やベルリン・フィルハーモニーといった未来的な建物を新築したり、国立歌劇場《シュタッツオーパー》や旧宮殿《アルテス・パレー》といった象徴的意味合いのある建物を建て直したりした。

一方、東ベルリンは、低予算で高効率の近代化計画を選択した。これは単なる経済的な理由だけではなく、イデオロギー的な選択であり、東ドイツの指導部が、戦争を生き延びたほかの建物は放っておいて、見るからに実用的なベロリーナハウスやアレクサンダーハウスを修復したことからもそれがわかる。大型で組み立て式《プレハブ》のコンクリート板を使用した東ベルリンのパネル建築物《プラッテンバウ》という住宅は、１９６０年以降、ほぼ例外なく何種類かの標準テンプレートを用いて建築された。テンプレートには、Ｐ２（プラッテンバウ２）やＷＨＨ Ｇｔ 18（大型パネルを使用した18階建ての住宅タワー《ヴォーンホーホハウス・グロースターフェルバウワイゼ18》）といった、味気ない名前がつけられていた。

似たような外見の建物は西ベルリンでも建設されたが、西側の都市建築家はもっと革新的なモダニズムの建築理念を採用し、住民がオープンスペース、植生、文化施設を利用できるように努めた。きわめて微妙だが、そうした違いはいまでも見てとれる。

次に電車の路線。ベルリンの路面電車《トラム》の地図を調べると、路線網が大きく東に偏っているのがわかる。地理的に現在の中心部に近い主要な乗換駅、たとえばハッケシャー・マルクト（東ドイツ時代は〈マルクス・エンゲルス・プラッツ〉という名称だった）、アレクサンダープラッツ、ディルクセンシュトラーセなどは、旧東ベルリンの西端近くに集まっているが、ほぼすべての路線が東に広がっている。東ベルリンがその路線の多くを維持したのに対して、西ベルリンは地下鉄（Ｕバーン）やバス路線を延長することを選択した。その一部は現在、かつてのトラムの路線をたどって走っている。１９６７年の終わりまでに、西ベルリンのトラムはすべて廃止された。再統一後、新しいトラムの路線が旧西ベルリンで段階的に開通したが、トラムについてはいまでも旧東ベルリンのほうが優勢だ。そしてご想像のとおり、ベルリンの西側は東側よりもＵバーンのサービスがはるかに充実している。

東ベルリンのシンボルとして、おそらく最も根強い人気を誇っている〝アンペルマン〟（小さな信号機の男）は、公式かつ強制的な分断があったことを示すさらなる証拠になる。[*3] 横を向き、大きな頭、特徴的な鼻と唇、つば付きの帽子という姿の小さなアンペルマンは、東ドイツでなされた何度かのイデオロギー的な決定を物語っている。ドイツの交通心理学者カール・ペグラウが1961年に考案したアンペルマンは、もともと〝進め〟を右向きにする予定だったが、東ドイツの政治傾向を考慮して、すぐに左向きに変更された。また帽子は社会主義よりも資本主義のイメージが強く、政治的な問題になったが、社会主義の要人や東ドイツの指導者のエーリッヒ・ホーネッカーが麦わら帽子をかぶっているのをテレビで見たペグラウは、そのままにすることにした。その後、冷戦時代に西側の価値観が優勢になり、アンペルマンは歴史に葬られる可能性もあったのだが、カルト的な魅力（と生々しさ）を支持する世論の声が存続を後押しした。

東と西をつないだキャラクター

ではなぜ、アンペルマンはいまでも人気があるのだろうか？　単なるシルエットにすぎないのだが、〝進め〟のときは手を伸ばしてしっかり歩き、〝止まれ〟では腕を左右に伸ばし、脚を閉じて、じっと立っている。やせていて輪郭がはっきりしない西側のシンボルよりも、はるかに表情が豊かに見える。彼らは規律を要求しており、〝止まれ〟と言われた通行人は、その命令に従わなければならない。東ドイツが存続しているあいだ、アンペルマンは多くの人に愛されて有名になり、連載漫画、ゲーム、ラジオ、子供向けのテレビ番組にも登場した。その人気は再統一後もほとんど衰えなかった。だが皮肉なことに、郷愁を誘うアンペルマンは徹底的に商業化され、地元住民が〝観光客用のアトラクション〟と呼べるものになってしまった。ベルリン中心部に展開して、アンペルマンを〝ベルリンを象徴するブランド〟と謳う〈デディケイティッド〉ショップは、クッキーの抜き型からコンドーム（〝今夜壁を壊しましょう——安全に〟という印象的なコピーが英語で書かれている）まで、幅広い商品を販売している。また、アンペルマン・カフェやアンペルマン・コーヒーバイク（訳注　ペダルを漕いでコーヒー豆を挽く屋台）は店や屋外で飲み物を提供している。

アンペルマンは、西側の信号灯に取って代わられるどころか、西側の地区や、旧西ドイツの都市の一部の交差点にまで広まり始めている。それが意味するのは、アンペルマンはいまも旧東ベルリンに集中しているものの、もはや東西の厳格な区分を示す証拠ではなくなっているということだ。ドイツにおけるジェンダー平等に対する関心の高まりを反映して、アンペルフラウという女性版のアンペルマンも各所で採用され、さらに、アンペルペルヒェンという同性カップルも、隣国オーストリアの一部地域やミュンヘンで見かけるようになった。

東西の相反するイデオロギーに由来する名前が付けられている通りも、かつてこの都市が分裂していたことを明確に示している。東側では、カール・マルクス、フリードリヒ・エンゲルス、ローザ・ルクセンブルク、カール・リープクネヒト（訳注　ルクセンブルクとリープクネヒトはドイツ共産党の創設者）といった社会主義および共産主義を象徴する人物への賛美や、アドルフ・ヒトラーが１９３３年に首相に任命される前にドイツ共産党のリーダーだったエルンスト・テールマンを追悼する公園や彫像を見られる。反対に西側では、プロイセン王妃ゾフィー・シャルロッテのような歴史上の有名な王族、民族主義の作曲家であるリヒャルト・ワーグナー、大地主のマリー・ルイーゼ・ベルクマンが尊ばれている。

それに、経済的・政治的な差異も消えたわけではない。資本主義体制への移行は、東側の大部分の地域で大変な苦難を伴った。競争の激化によって何千もの人が職や経済的な安定を失ったからだ。賃金と年金の格差は大きな議論を呼び、東側から西側への頭脳流出によって、一部の旧社会主義地域では西側に対する疑念が深まった。過去30年、東側では国の方針に幻滅する人が多かったため、ポピュリスト政党はおもに東側で党勢拡大のチャンスを見いだしている。ドイツ議会の主要政党になった極右の〈ドイツのための選択肢（AfD）〉は、ベルリン東部を中心に、旧東ドイツの各地域に食いこんでいる。その一方で、旧西ドイツにおける同党の勢力は伸び悩んでいる。ベルリンの西半分を訪れた人が目にするホロコースト犠牲者の記念碑が大変に多いこともまた、この地域が分断されていたことを物語るものと言っていいだろう。AfDはドイツの威信を損なうとして、これらの記念碑の存在を激しく批判し、旧東ドイツの支配政党、ドイツ社会主義統一党の流れを汲む左翼党も、ベルリン西部を拠点とする政党や主要全国政党に対する有権者の不満を利用して、近年旧東ベルリンの一定地域で支持を集めている。同じく、単純化されているのは間違いないが、評論家や世論調査機関の多くが、分断の影響は東西で対照的であることを指摘している。西側にはEUや米国に好意的な見方をする人が多いが、東側では目をそむける人が多い。ベルリン再統一後に両方で暮らした経験を持つベルリン市民は次のように言っている。「東側の人間はいまだに親露派が優勢で、反米感情が強い」。一部のドイツ人が、政治的だけでなく、文化的にも言語的にも、ヴェッシー（西側の人）とオッシー（東側の人）を区別し続けているという事実——〝頭のなかの壁《ディー・マアー・イム・コプフ》〟と呼ばれることが多い——は、非公式な社会的境界もまだ残っていることを示している。

（ちなみに、アカシカもいまなお境界線を認知しているらしい。ベルリンのはるか南の、旧西ドイツと旧チェコスロヴァキアを隔てる鉄のカーテンがあった場所を、アカシアは決して横切らない。古い電気柵、武装した警備兵、番犬はとっくに消えたし、当時を覚えているアカシカはもう1頭もいないはずなのに。おそらくは、昔の境界線は越えないというイデオロギー的決断をしたのではなく、親から新しい移動ルートを教わったのだろう）

　境界を魅力的なものにするのは、こうした変化からの回復力である。物理的な国境線のような目に見える現象から生まれたものではあるが、その現象がとっくになくなったあとでも、大半、あるいは全体が目に見えないかたちで存続する場合がある。したがって、建設よりも破壊のほうが短時間ですみ、容易であるという従来の前提は必ずしも正しくない。いまやベルリンの壁が存在していた期間よりも、崩壊したあとのほうが長くなっているが、それでもまだ顕著な痕跡が残っている。その意味で、**分断は生存のための壁のような人目に立つ物質**

的現象がなくても成り立っていく。もっとありきたりなものを通して存続することもある。注意して観察すれば、街路から職業センターまでさまざまなものが見つかるはずだ。

とはいえ、観察する目も過ちを犯しやすい。結局のところ、自分が見たさまざまなもの、経験したさまざまなことをつなぎ合わせ、現実に根ざしたパターンなのか、そうでないのかを見分けるのは、私たちの想像力にほかならない。私たちの憶測や偏見が、一度も行ったことのない場所の様子を思い浮かべさせることもあり得る。長い時間をかけて、それを何度も繰り返すことで、〝私たちの土地〟と〝彼らの土地〟に関するある種の神話が、いつのまにか事実《ファクト》として扱われてしまうことさえある。ある場所がほかの場所とはどうしても違わなければならない理由を、2つを分ける境界の位置を、いったい誰が決めているのだろうか? この疑問を心に留めておいてほしい。さあ、同じ大陸をもう少し移動してみよう。

*1　表向きの理由は、無知であるほうが公平な判断ができる、だった。

*2　体が冷え、疲れ果てたクラインは、西ベルリン側に落下し、両腕を骨折した。その着地に、いつも観客に見せている優雅さはなかったようだ。

*3　衛星画像で見ると、ベルリン市がかつて分断されていたことが明かりの違いからもわかる。西側の蛍光街路灯はどぎつい黄白色だが、東側の安物のナトリウム灯はやわらかいオレンジ色だ。

23

The Ural Mountains

ウラル山脈

次のような誤った信念が常に存在する。「ここはほかの場所とは違う。そんなことは起こるはずがない」

——アレクサンドル・ソルジェニーツィン『収容所群島　1918—1956文学的考察』

ヨーロッパとは、一体何なのか？　答えはわかりきっている。大陸だ。ところが、地球にあるたくさんのものと同様、実際は見た目以上に複雑である。広く受け入れられている大陸の定義——切れ目のない広大な陸地——を持ち出すと、ヨーロッパが大陸としてきわめて不適切な例であることがたちどころにわかる。シナイ半島とスエズの部分でアジアに軽くキスしているアフリカとは違って、ヨーロッパとアジアの陸の境界は数千キロメートルにおよぶので、2つの別々の陸地でなく1つの連続した陸地のように見える。スエズと同じく、南北

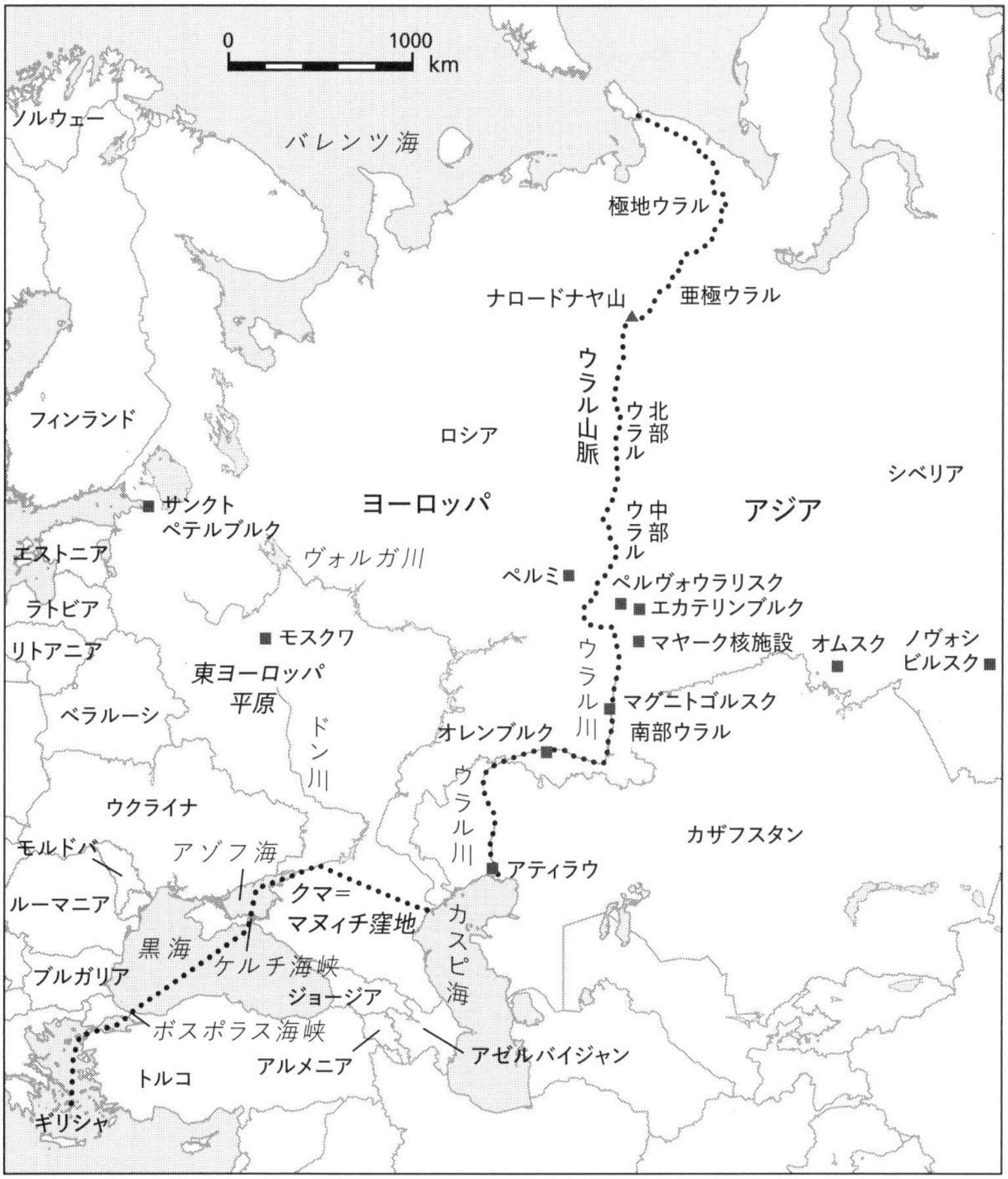
0
1000
km
ノルウェー
バレンツ海
極地ウラル
ナロードナヤ山
亜極ウラル
ウラル山脈
北部ウラル
フィンランド
ロシア
シベリア
サンクト
ペテルブルク
ヨーロッパ
中部ウラル
アジア
エストニア
ヴォルガ川
ペルミ
ペルヴォウラリスク
ラトビア
エカテリンブルク
モスクワ
マヤーク核施設
オムスク
ノヴォシ
ビルスク
リトアニア
東ヨーロッパ
平原
ウラル川
マグニトゴルスク
ベラルーシ
ドン川
オレンブルク
南部ウラル
ウクライナ
ウラル川
カザフスタン
モルドバ
アゾフ海
アティラウ
ルーマニア
クマ＝
マヌィチ窪地
カスピ海
黒海
ケルチ海峡
ブルガリア
ジョージア
ボスポラス海峡
アルメニア
アゼルバイジャン
トルコ
ギリシャ

アメリカが分かれるのはパナマの細長い地域だけだから、パナマも船乗りが巨大な陸地を迂回することなく、運河を通って移動できる地理的な近道として重宝されたのは当然だった。さらに、アフリカと南北アメリカが別々の構造プレート上にあるという地質学的特徴は、それぞれが大陸を形成している正当な理由になる。

それに比べて、大陸を名乗るヨーロッパの主張ははるかに根拠薄弱だ。この主張を裏づけるのは、次章で検討するトルコ北西部の狭いボスポラス海峡だけだろう。この海峡はヨーロッパとアジアを明確な線で分割しており、地理だけでなく文化的に見てもかなりの妥当性を持つと考えられてきた。また近くには、ユーラシア・プレートとアナトリア・プレートという構造上の境界もある（ただしこの境界は、ボスポラス海峡に沿っておらず、垂直に走っている）。そんな程度なのだ。ボスポラス海峡の北の黒海と南のエーゲ海は、大陸の境界の延長であると見なせるかもしれない。ところが黒海の北には、東ヨーロッパ平原という広大な土地が、サンクトペテルブルクの北1000キロのバレンツ海まで続いている。キエフ大公国がひどい目にあったように、大部分が低地の東ヨーロッパ平原は、東からの侵略者に対する物理的な障壁の役目をほとんど期待できない。実際、13世紀のモンゴル軍は、かつて強大だったこの連合体（訳注　キエフ大公国はいくつかの公国によって構成されていた）の征服に成功している。アジアの帝国がこんなにもたやすく同じ陸地に拡大できるのだから、ヨーロッパを独立した大陸と見るのは無理がある。

むしろ、ユーラシア・プレートの名称にある、ヨーロッパとアジアを合わせた造語である〝ユーラシア〟が、ヨーロッパを定義することの難しさを教えてくれる。前述の基準——切れ目のない広大な陸地で、水か、多くの場合プレートによって区切られている——に照らせば、ヨーロッパはまったく大陸ではない。どちらかと言えば、比較的小ぶりなイベリア半島、イタリア半島、ユトランド半島、スカンジナビア半島などを持つアジアの大半島と言うほうが当たっている。事実、何世紀にもわたって他地域に圧倒的な影響をおよぼしてきたとはいえ、地域によっては、ヨーロッパはユーラシア大陸の一部にすぎないと考えられている。とはいえほとんどの地域では、〝ヨーロッパ〟は〝アジア〟と異なる場所であるとするのが慣習になっている。そして当然のように、恣意的に設定されたとしか思えない境界が2つの大陸を隔てていると長いあいだ考えられてきた。

地図帳やインターネットでヨーロッパの地図を開くと、決まって特定の地域が現れる。スコットランドやノルウェーから直線距離で1000キロほどのところにあるアイスランドは、北西の隅に位置して、グリーンランドの端と並んでいる場合もある。地中海全部、あるいは大部分が南を占めていて、しばしばモロッコ、アルジェリア、チュニジアの端っこがスペインやイタリアに向かって突き出している。普通トルコは全体、もしくは一部が描かれている。トルコ全体が入っている場合、アルメリア、アゼルバイジャン、ジョージアも描かれていることが多く、そのあたりは〝ヨーロッパのバルコニー〟と呼ばれることもある。

だが、ロシアは微妙だ。1700万平方キロ以上の広さがあるロシアは、ヨーロッパ全体の面積の3倍近い。[*1] 総面積の4分の1にも満たないロシア国内の〝ヨーロッパ的な〟部分でさえ、ヨーロッパ最大の国ウクライナの6倍をはるかに超える。ロシア全土を含む地図は、正確に言えば、ヨーロッパを小さく見せる効果がある（これは些細な問題ではない。標準的な投影法と言えるメルカトル図法の世界地図が昔からヨーロッパ人のあいだで人気なのは、高緯度に向かうにつれて陸地が膨張する特徴があり、特に北ヨーロッパが実際よりもはるかに大きく見えるからだ。そのため、自分の国の大きさを自慢しようとするヨーロッパの指導者は、ペーターズ図法〔訳注　面積比を正確に表現できる投影法〕よりもメルカトル図法の世界地図を使うように勧められる）。結果として、ロシアの西端部分だけがヨーロッパの地図に含まれることが多い。そしてほぼ例外なく、その境界《カットオフ》は南北に走り、同じ名称の川によってカザフスタンまで伸びているウラル山脈だ。

ウラル山脈がヨーロッパとアジアの境界と見なされる要因は何なのだろう。だいたい、ウラル山脈はとりたてて注目に値する山脈ではない。全長約2500キロ、世界で7番目の長さがあるとはいえ、はるかに有名で頭抜けたヒマラヤ山脈よりはずっと短い。1800メートルを超える山は世界中におよそ1300あるが、ウラル山脈の最高峰であるナロードナヤ山（人民の山）は1894メートルで、かろうじてそのリストに入る程度だ。重要なものであれ微妙なものであれ、山脈をはさんだ両側の陸地には、どんな違いがあるのだろうか。

1つはその地質だ。ウラル山脈は群を抜いて古く、大陸プレート同士の衝突によって2億5000年前から3億年前に形成されたことは注目に値する。[★2] プレートの境界は残っていない。しかし、南北の〝ウラル主断層〟という形で、西側のヨーロッパと東側のアジアのあいだに一種の分割線がある。ここで起きた過去の地殻運動によって山脈の両側に違いが生じ、その痕跡が残っている。西側の岩は、かつてのバルティカ・プレートの堆積物で形成され、石灰石、砂岩、苦灰石《くかいせき》を含んでいる。一方、東側の岩はおもに玄武岩、すなわち海洋地殻とかかわりの深い高密度の火成岩である。特に石灰岩は風化しやすいため、西側斜面は洞穴や陥没穴が目立つ。これは、ケンタッキーの一部やクロアチア、スロヴェニアと似ていなくもない。西の大西洋から卓越風が吹いてくることもあって、西側の斜面の気候は穏やかで湿潤であり、南北に生える広葉樹、針葉樹、苔に代表される緑豊かな景観が特徴的だ。それに対して東側の斜面はなだらかで乾燥していて、冬場は雪こそ少ないものの、気温が非常に低い。したがって、東側の植物相は松林を多く含み、北に行くに従って地衣類が多くなる。また、さまざまな気候的・地質学的な要因によって、西側の川は一般的に東側よりも広いが、湖は小さく、数も少ない。

こうした対照的な地質から、西側と東側では異なる鉱床が見つかるのではないかと予想できる。実際、前者はもっぱら化石燃料だが、後者では化石燃料以外にも数多くの金属や鉱物資源が見つかる。さらに重要なのは、17世紀半ばから、天然資源が豊富に眠っているウラル山脈の重要性が、ロシア社会で語り継がれてきた点だ。ウラル山脈で発見され、採取されている天然資源には次のようなものがある。瀝青炭《れきせいたん》、亜炭《あたん》、石油、天然ガス。経済価値の高い鉄、銅、ニッケルなどの鉱石。金、プラチナ、ダイアモンド、エメラルド、アメジスト、トパーズなどの貴金属、半貴金属、宝石の鉱床（その多くは、金細工師ピーター・カール・ファベルジェが制作した世界的に有名なイースター・エッグに使用されている）。西側のペルミや東側のエカテリンブルクといった街は、18世紀に製錬の拠点となり、シベリアルート――〝茶の道《ティーロード》〟とも呼ばれる交易ルート――が整備されると、西のモスクワと東の中国を結ぶ都市になった。

１９３０年代、ヨシフ・スターリンが主導した最も有名な計画集落であるマグニトゴルスクは、ウラル山脈南麓付近に建設され、ソ連の鉄鋼業の中心地として発展した。マグニトゴルスクは、米国で言えば、ピッツバーグやゲーリーに近い都市だ。さらに、１９４１年６月のバルバロッサ作戦のあと、ナチスがソ連に対して奇襲攻撃をかけると、スターリンは西部のロシア人と産業を（それだけでなく、防腐処理をほどこしたウラジーミル・レーニンの遺体とエルミタージュ美術館の膨大なコレクションも一緒に）そっくりウラル山脈や、山脈を越えた場所へと避難させようとした。これは、敵軍がそれほど東までは来ないだろうと確信してのことだった。その後のソ連の反転攻勢は、産業の生産力に支えられていた。のちの冷戦時代、ソ連当局は核実験のためにウラル山脈を利用した。工業の伝統があることに加え、外の世界から目立たないのが核実験にうってつけだった。史上最悪の原発事故であるチェルノブイリ事故より前に発生した1957年のキシュテム事故[★3]でさえ、さほど国際的な注目を集めなかった。要するに、ロシアの近現代史におけるウラル山脈の役割はきわめて大きかったわけだ。

今日、採鉱、冶金《やきん》、工学、化学処理は、ウラルにある諸都市の経済の中心になっており、ひいてはロシア経済全体にとっても重要な意味を持つ。それでも、ウラル山脈を意味のある大陸の境界とする理由が年代や地質や天然資源だけなのかと言えば、その説には大いに議論の余地がある。そうした点についてある程度の類似性を有する北アメリカのアパラチア山脈が、大陸を二分しているなどと主張する人はどこにもいないはずだ。人口という要素のほうがもっと有効な差異を生み出す可能性がある。ロシア全土と比較すればごくごく小さい〝ヨーロッパ的な〟部分には、この国の住民の4分の3以上が暮らしていて、ほぼすべての主要都市がここにある。人口密度の高いこの地域とは反対に、ウラル山脈の東側に広がる広大なシベリアは、中世の地図でよく〝竜が出る〟と注意書きされる場所のような扱いを受けている。ほぼカナダとインドを合わせた大きさがあり、人口はモロッコよりも少ないシベリアは、刑務所、強制収容所《グラーグ》、厳しい冬と結びつけて考えられることが多い。これは、ロシア西部が精巧な建築物、クラシック音楽、文学を連想させるのと対照的だ。それだけでなく、人里離れた広大な荒地という評判によって、シベリアは少数民族の再定住などソ連当局者が知られたくない秘密を隠すのに格好の場所になった。

一方、ウラル山脈の先のロシアにはほとんどなじみのない西欧諸国では、シベリアはミステリアスで危険な〝東洋〟と考えられるようになった。必ずしも大陸の境界というわけではないにしても、このことがウラル山脈を一種の境界にしているのは間違いない。ただし、こうした認識上の区分けを過度に単純化しないことも大切だ。ウラル山脈の東側には、ノヴォシビルスクの青緑色の鉄道駅や、オムスクにある金のドームの生神女就寝大聖堂《しょうしんじょ》のような荘厳な建築物が数多くあるし、逆にサンクトペテルブルクやモスクワが穏やかな気候で知られているわけでもないのだから。それでも、印象の力とでも言うべきか、〝既知〟で〝温かい〟ロシアと〝未知〟で〝冷ややかな〟ロシアという明らかな区分けが、ロシアの国内外で容易に生まれることはこれまでにも証明されてきた。

ウラル山脈をはさむ両側の地域の違いが、大陸の境界線であるには具体的証拠——わずかな地質の違い、かなり微妙な人口動態、気候と風景のいくつかの差異——があまりに弱いところから、この境界を正当化するためにもっと主観的な相違点が探し求められてきた。しかし、なぜほかでもないウラル山脈なのだろうか。アナクシマンドロス、ミレトスのヘカタイオス、ヘロドトスといった、専門分野としての地理学の基礎が築かれるのに重要な役割を果たした古代ギリシャの学者はみな、もっと南西にあるコーカサス山脈でアジアからヨーロッパを切り離している。忘れてならないのは、彼らが川と海の大きさの違いは別にして、客観的基準を水域に求め、2つの大陸はそれによって区分けされるという信念に基づいて判断した点だ。地理の知識が増すにつれて、ギリシャ人は何度も境界の修正と拡大を繰り返した。やがてタナイス川（現在のドン川）が一般的な境界線と考えられるようになり、2世紀につくられたプトレマイオスの世界地図によって、ヨーロッパ人のあいだでそれが強い確信となった。プトレマイオスの地図では、この川が〝既知〟の世界の中心近くに位置していた。[*4]

その後、時代を経るにつれてユーラシアの境界は、アゾフ海、ケルチ海峡、黒海、ボスポラス海峡を通って南方に伸び、18世紀になるまでそう伝承された。つまり、**非常に長いあいだ、ヨーロッパとアジアは水を基準にした境界によって区分けされていたのである。**

スウェーデンの陸軍将校で地理学者でもあったフィリップ・ヨハン・フォン・シュトラーレンベルクが、ロシアの政治家で歴史家のワシリー・タチーシチェフの支持を受けてパラダイムシフトを引き起こしたのは1730年のことだった。16世紀以降に相次いで発表されたロシアの地理に関する研究を利用して、フォン・シュトラーレンベルクは、ドン川は大陸の境界線として不十分であると強く主張した。それは、ドン川の規模が比較的小さく、ロシア南部に偏っているからだった。彼は代わりに、伝統的な境界を拡大し、ヴォルガ川地域を越えたところで、そこに都合よく横たわっているウラル山脈の背骨に沿って北へ伸ばした。フォン・シュトラーレンベルクとタチーシチェフは、対照的な傾斜、植生、鉱物といった前述のウラル山脈の特徴の一部を挙げてその根拠とした。

だが、フォン・シュトラーレンベルクの頭には、もう1つ重要な〝文化的〟根拠があった。ピョートル大帝（ピョートル1世）によるロシアの〝ヨーロッパ化〟の取り組み――とりわけニェンという古いスウェーデンの町をサンクトペテルブルクという新しい首都にする取り組みを称えて、壮大で、近代的で、皇帝にふさわしい西側の〝ロシア〟と、荒れ果てて、手に負えない植民地である東側の〝シベリア〟を分離しようとしたのだ。その過程で、彼はヨーロッパ人が次のように考えてくれることを期待した。ロシア皇帝《ツァーリ》は、自分の国（の西側）を、ヨーロッパのパートナーとして歓迎されるような、効率的で、綿密に設計され、学問的な国家に改造することに成功したのだ、と。これはまた、新しい帝国政府にとっても大きな関心事だった。人口の大半が遊牧民で、しかもイスラム教徒か仏教徒であり、中央政府の管理が大変難しい南東ロシアの大草原《ステップ》地帯の掌握に手を焼いていたからだ。

フォン・シュトラーレンベルクの境界線の発表を受けて、優秀な研究チームがウラル山脈とその住民を調査するために派遣された。彼らはウラル山脈の広がりと規模には失望したようだが、自然地理を調査し、理解を深めることには素直に同意した。彼らは報告のなかで、東側の〝アジア人〟がツァーリの権威に刃向かうにちがいないという西側の推測を裏づけた。ロシアに内在する〝文明的〟分断という考え方は、今日までずっと議論を呼ぶテーマになっている。たとえば、大作家フョードル・ドストエフスキーも共感していた19世紀のスラブ主義の思想運動は、ロシア人の意識をヨーロッパではなく、アジアに向けさせようとした。[★5]ロシアとカザフスタンが文化的帰属意識をヨーロッパとアジアのどちらに求めるべきか、あるいは、これらの国がヨーロッパとアジアを独自に融合できるかについての意見の対立は、いまも変わらず続いている。
ヨーロッパとアジアのあいだに（何らかの）境界があるという考えは、単に（あるいはおもに）大陸の構造ではなく、人間の解釈に基づいているので、大きな力を持っている。バルバロッサ作戦の最中に、アドルフ・ヒトラーの気持ちが変わったのがそのことをよく表している。ヒトラーは当初、ウラル山脈が大陸の境界線であるという説を信じており、「ウラル山脈の西側に、外国の軍隊は存在しない」ことを保証すると誓ったが、すぐにこの控えめな山脈が境界線としては不十分であるのに気づき、次のように述べた。

ヨーロッパとアジアという2つの異なる世界の境界が、それほど高くもない山の連なりでつくられていると考えるのは馬鹿げている。ウラル山脈の長い連なりは、山脈以上の意味を持っておらず、ロシアの大河の1つが境界であると定めても問題はない。いや、地理的に見れば、アジアは明確な切れ目なしにヨーロッパに入りこんでいるとさえ言える。

そこでヒトラーは、実体は持っているがやや控えめな山脈の代わりに、〝生存圏《レーベンスラウム》〟★6なるナチの大方針を打ち出し、〝ゲルマン世界〟と〝スラブ世界〟のあいだの人種的境界線として機能し得る、アーリア系ドイツ人入植者の〝生きた壁〟を支持することにした。地図に描ける特定の場所に依存しないこの境界は、柔軟性がきわめて高いため、ドイツ軍の前進に伴ってさらに東へ移動させることが可能だった。その後、ウラル山脈という境界の概念はロシアの指導者にも否定されることになるが、その理由はまったく別だった。フランス大統領シャルル・ド・ゴールが1959年のスピーチで、ヨーロッパを〝大西洋とウラル山脈のあいだ〟に広がる土地と表現して、ヨーロッパ諸国の統合を呼びかけると、ソ連の首相ニキータ・フルシチョフは、外国の指導者がソ連の領土内に(何らかの)仕切りが存在するとほのめかしたことに激怒したと伝えられている。フランス外務省はソ連側に対して、今後このような軽率な発言をしないと約束しなければならなかった。

ヨーロッパとアジアをまたぐ

それでも、ロシアを貫く目に見えない陸の境界線が存在するという信念は、徐々に定着していった。誤解のないように言うと、フォン・シュトラーレンベルク以降の地図製作者が全員、彼の引いた線に忠実に従ったわけではなかった。これは、見解の相違が日常茶飯事の分野では、驚くことではない。フォン・シュトラーレンベルクの線を恣意的だと非難する者もいたが、彼らが提案した線も根拠薄弱でしかなかった。黒海とカスピ海をつなぐコーカサス北部のクマ＝マヌィチ窪地は、もう1つの境界線として長いあいだ支持を集めていたが、時がたつにつれて、ロシア以外では境界線として用いられることが少なくなった。高地、川、流域、行政単位、宗教といった要素はいずれも、さまざまな場所で境界を正当化するために利用されてきたが、最終的にウラル山脈——山脈の南部から、南と西に流れるウラル川によって延長されている——が最も広く受け入れられる境界になった。現在一部の地域では、その象徴性を強めるように物質的構造物が建てられている。オレンブルクやアティラウといった〝大陸をまたぐ〟都市にあるウラル川を渡る歩道橋や、エカテリンブルク近郊のペルヴォウラリスクにある方尖塔《オベリスク》などがその代表だ。さらに、マグニトゴルスクという都市は、〝ヨーロッパとアジアが出会う場所〟を公式のモットーに採用している。

これらの街はいまでも訪れる価値のある興味深い場所と言えるが、このヨーロッパとアジアの境界線は、多くの点で中身のない名ばかりの境界線である。簡単に言えば、この線をはさんだ2つの村には違いがほとんどない。これが、その正確な位置をめぐっていまだに多くの議論が行われているおもな理由だ。加えて、ウラル山脈は歴史的に見て、さまざまな先住民族が住んでおり、南部のバシキール族、中部のハンティ族、はるか北のネネツ族やコミ族など、その多くは遊牧民だったか、いまも遊牧民であるため、人口動態に基づく境界線は流動的だ。一般に〝文化《カルチャー》〟という単語は、大陸に存在する差異を正当化するためによく引き合いに出されるが、そうした議論の余地のある表現だけを根拠に場所を定義するのは問題が多い。たとえば、シリアとヴェトナムは同じ広大な陸地の上にあり、どちらも〝アジア〟の国と見なされている。しかし、両者の文化には大きな隔たりがある。

要するに、ウラル山脈は人間の境界としては実に曖昧である。山脈の両側を比べると、いくつか明白な差異があるのがわかる。たとえば、西側ではロシア正教会が大きな影響力を持っているが、東側では仏教、テングリ信仰（訳注　テングリとは、トルコ・モンゴル語族・シベリア諸族の天空神）、その他の土着信仰など、少数派の信仰に固執する傾向が強い。それでもそういったものだけでは、ウラル山脈が大陸の境界線と同じくらいの重要であるという主張を正当化するには不十分であるように思える。ヨーロッパとアジアのあいだに存在するどんな文化的境界も、急激な変化が生じるのではなく、ゆるやかに変わっていくので、厳密な境界線を引こうとする取り組みとは相容れない。したがって、ロシアやカザフスタンでは境界線の代わりに、注意深く観察すれば識別できる微妙な差異を認識し、尊重しながら文化の統合を可能にする越境的〝地域〟が話題になることがある。ただそれでは、〝西洋〟と〝東洋〟の文化的・大陸的な境界が、よくて単純化されるだけであり、最悪の場合、均質化されてしまう。それならば、私たちの世界観を根本的に考え直すことになるとしても、人文地理学よりも自然地理学に基づいて大陸を定義するほうがまだましかもしれない。

人類ははるか昔から、世界とかかわるときにいつも考え直してきた。ウラル山脈でさえ、境界としてのイメージはしぶとく残っているものの、満場一致でヨーロッパとアジアを隔てる境界と見なされたことは一度もなかった。次章で紹介するのは、ウラル山脈よりもはるかに長い歴史があり、明確に定義された水域と、文化的な境界線としての独自の主張が組み合わさって、十分に検討すべき重要性を持つ境界である。

＊1　この計算では、ロシアはまったくヨーロッパに含まれていない。
＊2　比較すると、ロッキー山脈は7000〜8000万年前に、ヒマラヤ山脈は4000〜5000万年前に、アンデス山脈は2500〜3000万年前に形成された。
＊3　マヤークとしても知られる。
＊4　ちなみに、プトレマイオスの地図はタナイス川が境界線であると明示しているわけではないが、この地図には後世に残る、別種の測定可能な見えない境界線が使われていた。前例がないほど系統だったやり方で緯度と経度を表示したのだ。
＊5　ドストエフスキーは次のように主張した。ロシアの「希望はヨーロッパではなくおそらくアジアにある。われわれの未来においては、アジアが救済になるだろう」
＊6　入植者植民地主義。文字どおりの意味は〝生活空間〟。

24

The Bosphorus

ボスポラス海峡

2つの世界が出会うところ、祖国トルコの誉れ、トルコ史の宝物、トルコ国民に慈しまれる街――イスタンブールは、全国民の中心にある。

――ムスタファ・ケマル・アタテュルク（トルコ共和国初代大統領）

トルコをトラキア（ヨーロッパ側）とアナトリア（アジア側）に分ける、狭いボスポラス海峡をフェリーで渡る旅行者は、高まる興奮を抑えられない。彼らがデッキに群がり、シミット（訳注　トルコを代表するリング状のパン）をむしゃむしゃ食べながら、あちこちで跳ねるイルカを目で追っているかたわらで、イスタンブールの市民は新聞を読んだり、スマートフォンで音楽を聴いたりしている。このフェリーの旅は、日々の通勤の一部なのだ。頭上を照りつける太陽の熱は、わずか30キロ北にある黒海から吹いてくる涼しい風でいくらか和らげら

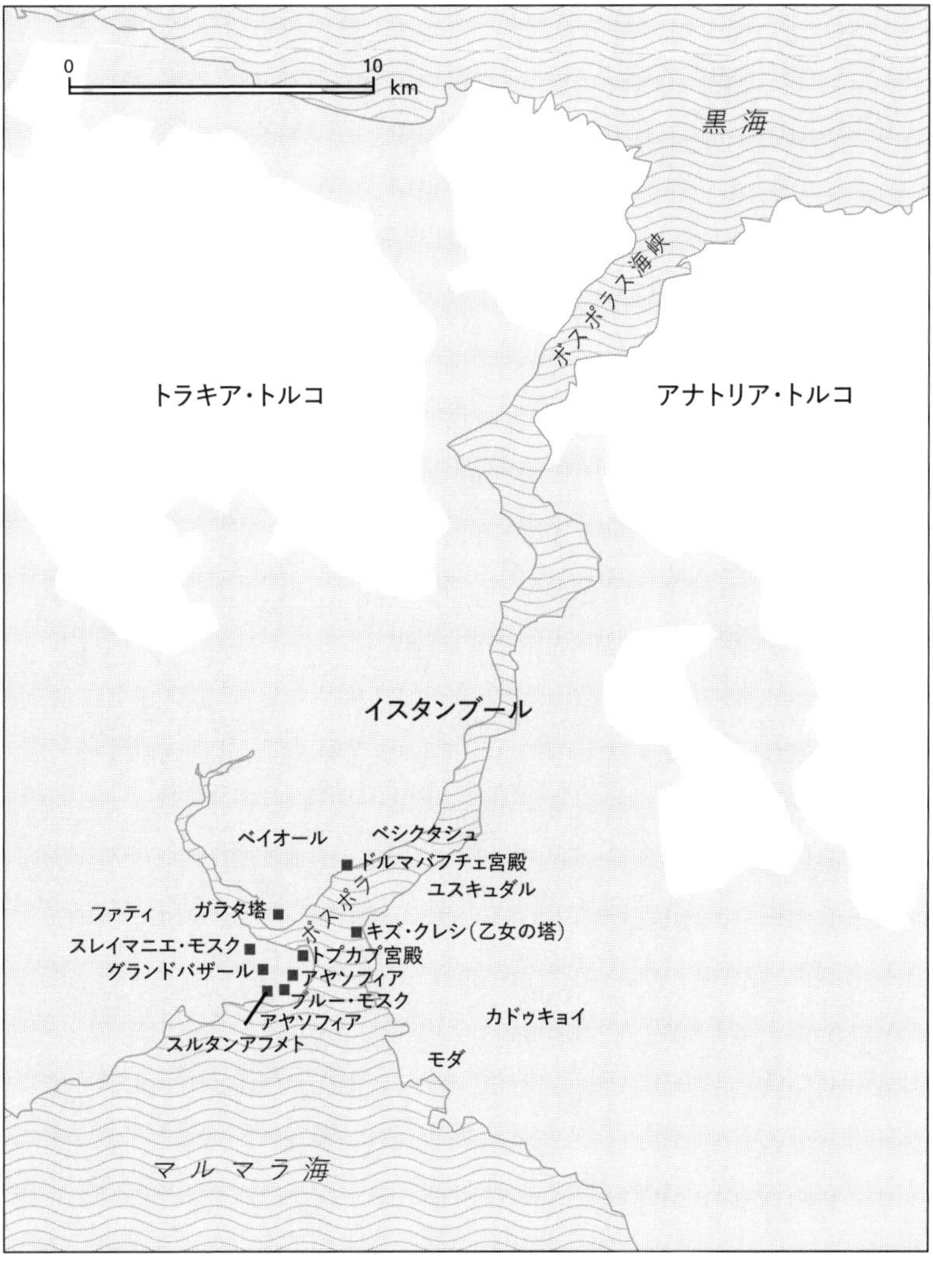
0
10
km
黒 海
ボスポラス海峡
トラキア・トルコ
アナトリア・トルコ
イスタンブール
ベイオール
ベシクタシュ
ドルマバフチェ宮殿
ユスキュダル
ファティ
ガラタ塔
ボスポラ
キズ・クレシ（乙女の塔）
スレイマニエ・モスク
トプカプ宮殿
グランドバザール
アヤソフィア
ブルー・モスク
アヤソフィア
カドゥキョイ
スルタンアフメト
モダ
マ ル マ ラ 海

れる。船尾のトラキア側に見えるガラタ塔の円錐形の屋根や集合住宅が次第に小さくなり、船首のアナトリア側の、カドゥキョイやユスキュダルにあるパティオ・レストランやイスラム教寺院の尖塔《ミナレット》が近づいてくる。やがて、小さな乙女の塔《キズ・クレシ》が姿を現す。言い伝えによると、キズ・クレシはビザンツ帝国の皇帝の娘の逸話にちなんで名づけられたものだという。娘は、毒蛇に嚙まれて死ぬという神託があったため、18歳になるまで幽閉された。だが、残酷な運命のいたずらで、皇帝から誕生日プレゼントに贈られた異国の果物が入った籠のなかに毒蛇が忍びこんでいて、娘は神託通りに毒蛇に嚙まれて死んでしまった。人々はフェリーを降り、幸運を期待して四方へ散っていく。新しい大地が待っている。

一度に2つの大陸を訪れるこの機会は、伝統と経験の多層構造とも言えるイスタンブールに新しい魅力を加えている。とはいえ、そうした境界をまたぐ能力を度外視しても、イスタンブールには継続と変化の独特な組み合わせから生じる神秘性のようなものが備わっている。ギリシャの都市ビザンチウムを占領したローマ皇帝コンスタンティヌス1世は、この街を〝ノヴァ・ローマ〟(新しいローマ)と呼んでローマ帝国の新しい首都にした。7つの丘があり、地理的に帝国の中心に位置していた新首都は、衰退しつつあったイタリア半島の旧首都よりも、戦略的に重要な意味を持っていた。330年、皇帝は自分の名前にちなんで街をコンスタンティノープルに改称し、この地域をキリスト教に改宗させるという自身の使命の一環として、数多くの教会の建設に着手した。

最も有名な建物であるアヤソフィア（ハギアソフィア）は、イスタンブールの数々の変化を要約している。537年、キリスト教の教会堂《バシリカ》として建設されたアヤソフィアは、[★1]1453年に街がオスマン軍の手に落ちると、モスクとして利用されるようになった。1935年にはトルコ共和国の世俗化政策の一環として博物館になったが、2020年にレジェップ・タイイップ・エルドアン大統領によって、モスクに復帰した。さまざまなかたちでの街の要塞化と、〝ヨーロッパ的な〟ビザンチン様式とバロック様式が組みこまれた多くのモスクを考えると、イスタンブールは橋と障壁の両方の役割を果たし、〝既知〟の世界の中心でありながら、辺境に位置している場所と考えられる。

もっともウラル山脈と同様、ボスポラス海峡には大陸の境界と見なさなければならない明確な物理的理由がない。ボスポラス海峡は比較的控えめな水路[★2]で、ダーダネルス海峡やマルマラ海などの別の地味な水域とともに、ヨーロッパとアジアの仕切りを形成している。むしろ、ボスポラス海峡が大陸の境界と見なされるのは、もっぱら歴史的および象徴的な理由からだ。

中世になると、ボスポラス海峡はキリスト教のヨーロッパとイスラム教のアジアを隔てる境界線と見られるようになり、その後ヨーロッパが啓蒙主義の時代に入ると、〝理性、民主制、近代性〟と〝感情、専制、変化への抵抗〟との対比で考えられるようになった。何世紀ものあいだ、キリスト教のハプスブルク帝国の強敵だったオスマン帝国は、ヨーロッパでは

〝アジア〟の典型と考えられていた。その見方は、オスマン帝国を根本的に異質な劣った世界として描いた異国趣味の絵画に表れている。★3

一方、オスマン帝国の指導者は18世紀末までヨーロッパに常設の大使館を置かず、ヨーロッパの外交官にコンスタンティノープルまで来るよう要求した。彼らは、ヨーロッパ南東部の大半を征服したにもかかわらず、自分たちの帝国がヨーロッパの一部であるとは考えていなかった。それでも、オスマン帝国の拠点の多くは、ボスポラス海峡西側のファティ地区とベシクタシュ地区に置かれていたため、帝国西部の辺境に比べると、この海峡の境界としての重要性ははるかに低かった。

この点でボスポラス海峡を、トルコが2つの異なる世界にまたがっているという広い意味から切り離して考えるのは不可能だ。オスマン帝国は急速に近代化し、国力を増しつつあったヨーロッパ諸国に追いつくべく、19世紀半ばにタンジマート★4という教育、経済、法律、政治の諸改革を行ったが、1920年代から30年代にかけて、新生トルコ共和国の建国者で初代大統領であるムスタファ・ケマル・アタチュルクが、トルコ社会のほぼすべての面の刷新を加速した。姓とラテン文字が採用され、一夫多妻制や、フェズというトルコ帽が禁止された。オスマン帝国の本拠地だったコンスタンティノープルはイスタンブールに改名され、アンカラに民主政府が樹立された。世界に最後まで残っていたイスラム国家最高権威者《カリフ》の統治国は、教育と政治における宗教の役割を規制する世俗的なフランス風の国家になり、ヨーロッパ諸国の法体系がイスラム教の法律であるシャリーアに取って代わった。

しかし、既存の伝統を捨て、手のひらを返すようにかつての敵の慣習を取り入れたこの〝西欧化〟政策は、多くのトルコ人には衝撃だった。さらに、1923年にアタチュルクが権力者の地位に就く直前にギリシャとトルコのあいだで始まり、物議を醸した住民交換――トルコ領内のギリシャ正教徒とギリシャ領内のイスラム教徒（そのほとんどが難民だった）との相互移住――によって、自国は〝キリスト教の〟ヨーロッパとは違うという意識がトルコに残ることになった。

複雑に混ざり合う西洋と東洋

トルコでは、人々の〝西洋〟と〝東洋〟の受け止め方はいまでも複雑だ。文化面で言えば、トルコ人の多くは宗教の影響力については〝東洋〟に、自由なライフスタイルの選択については〝西洋〟に目を向けている。このことは、イスラム教徒が多数を占めるほかの国と比べて、トルコのアルコール摂取率が高く、規制がゆるいことに表れている。イスタンブールでは、イスラム教の礼拝の呼びかけやスーフィー教（訳注　イスラム教神秘主義の一派）の旋回舞踏といった長年続いている宗教的慣習は、ビジネスパークや屋上バーなどで行われている。15世紀から続くバザールは、ショッピングとエンターテインメントの巨大な複合施設と競合している。食事をする場合、人通りの多い場所にある屋台で、ケバブ、ブレク（訳注　パイに似た料理）、フラットブレッドといった伝統的なトルコ料理を買うこともできるし、世界の美食を提供する高級レストランに行くこともできる。また、世俗主義――過去には、一部の公共建築物でヘッドスカーフの着用が禁じられたこともある――を掲げているが、トルコはヨーロッパでイスラム協力機構に加盟している2つの国の1つであり（もう1つはアルバニア）、国民の大多数はスンニ派イスラム教を信仰している。したがって、国家としてのトルコと都市としてのイスタンブールの政策が調和しないことがあっても不思議はない。

ヨーロッパとアジアの境界という点について言えば、最近トルコが外交関係においてその役割を演じることが特に顕著になっている。近年、トルコのEU加盟交渉（トルコはかねてから、ヨーロッパとアジアの架け橋になると主張してきた）[*5]は行き詰っており、トルコとNATOとの関係（トルコは1952年、東欧、中東、中央アジアにおけるソ連の影響力を牽制するためにNATOに加盟した）も、民主制、報道の自由、人権といった〝西洋〟の価値観と見なされる問題をめぐって緊張している。トルコは〝東洋〟に目を向けていると評する人も多く、この国の政治と社会の一部でイスラムの果たす役割が増していることと、EUとのあいだの非難の応酬にそれが表れている。南東ヨーロッパと中東の十字路に位置し、隣国シリアの内戦と、それによる移民や宗教的過激主義をめぐる危機で不安定になったトルコは、対立する利害を天秤にかけて判断を下さざるを得なくなっている。しかし、2022年にロシアがウクライナを侵攻することで始まったロシア・ウクライナ戦争において、両国の仲介役を熱心に引き受けたことは、この国が独自の地政学的行動に前向きに取り組んでいることの表れだろう。とはいえ、そうした綱渡り外交は緊張を強いられ、過去10年にわたってトルコ国内の二極化が進んだのも無理はないと言える。

今日、ヨーロッパとアジアは、ボスポラス海峡にまたがる3つの橋と2つのトンネル（現在、3つめのトンネル建設が提案されている）によって結ばれている。これらはみな、1500万以上の人口を擁し、間違いなく世界最大の〝大陸横断〟都市であるイスタンブールの混雑を緩和するための取り組みである。ボスポラス海峡を定期的に通過するタンカー、新しい国際空港などの近年の大規模プロジェクト、船舶の往来を管理する新しい運河の建設計画は、グローバル社会における主要な結節点としてのこの街の重要性を改めて示すものである。だが実際には、海峡をはさんだ両岸に明白な違いはほとんどない。確かに、この街の有名な呼び物《アトラクション》の大多数と、ホテルやレストランや大使館は都市の西部、すなわちヨーロッパ側にあるスルタンアフメット（旧市街）、ベイオール、ベシクタシュなどの地域に集中している。広くて、活気のあるヨーロッパ側は多くの旅行者を惹きつけ、しばしば〝近代的〟（つまりヨーロッパ的）であると言われる。しかし、モダなどのアナトリア側の地域も、独自の食文化、歓楽街、その他のアトラクションを大事にしている。アナトリア側は、〝伝統的〟（つまりイスラム的）と思われているが、ファティのような保守的な地域でもヨーロッパ側との共通点が見られる。さらに、両方の海岸地区には、オスマン帝国時代に建設された壮大なヤリ（水辺の邸宅）が並んでいる。したがって、この境界は象徴的な意味合いのほうが強いと言える。

それでも、ボスポラス海峡は、イスタンブールの新旧文化のバランスをとる能力を内部に抱えている。これは、海峡の語源にも見いだすことができる。その名称は古代ギリシャのボスポロスに由来し、おおよそ〝牛の通り道〟と訳される。つまり、〝ボスポラス〟は事実上〝オックスフォード〟（訳注　牛〔オックス〕が歩いて渡った浅瀬〔フォード〕が原義）を意味しているのだ。この逸話は、ギリシャ神話の神々の王であるゼウスが、たくさんの愛人のひとりを、自分の妻であり、妹でもあるヘラから隠すために牛に変えたというもので、伝説と俗っぽさが絶妙にブレンドされている。

そして、両岸に明確な差異がないにもかかわらず、ボスポラス海峡はいまだに重要な大陸の境界と考えられている。たとえば、プロゴルファーのタイガー・ウッズが、２０１３年にトルコで初めて開催されるゴルフの欧州ツアーをＰＲするために、ボスポラス海峡の橋のうえでティーショットを披露しただけでなく、ボスポラス海峡大陸間水泳大会や、〝２大陸をまたぐ〟ユニークなイスタンブール・マラソンの参加者がこの海峡を渡っている。

サッカーにも少し触れておこう。サッカーは、世界中の何百万もの人々にとって、地理に根ざした自分のアイデンティティを他者と区別するための有力な手段だ。イスタンブールには、ガラタサライSKとフェネルバフチェSKという大きなサッカークラブがあり、〝大陸間ダービー〟で競い合っている。これは、単なるサッカーチームの対決ではなく、トラキアとアナトリアの対決でもあるのだ。これまで見てきたように、文化的な基準がかなり疑わしい境界であっても、特定集団の個性の手がかりとなるものを数多く持っているのだ。

＊1　そのうえこの場所には、かつてメガレ・エクレシア（偉大な教会）とテオドシウス教会という2つの教会があった。この2つの教会は、それぞれ404年と532年の暴動の際に破壊された。メガレ・エクレシアが4世紀に建設される前は異教の寺院が建っていた可能性がある。

＊2　ボスポラス海峡は、最も広い場所で3・7キロしかない。最も狭い場所はわずか750メートル。また、深さは最も深い場所で124メートルくらいだ。

＊3　それが特によく表れているのは、エドワード・サイード『オリエンタリズム』の原書の表紙絵で使われているフランスの画家ジャン＝レオン・ジェロームの油絵『蛇使い』（1879年頃）である。

＊4　文字どおりの意味は〝再編成〟。

＊5　これも、戦略地政学的に重要な地域を区別するために、いくぶん曖昧に引かれた境界線の好例だ。なお、古代オリエント文明発祥の地〝肥沃な三日月地帯〟（1万1000年前には現在の中東地域の北部もそこに含まれていたと推定される）と同じく、〝中東〟という呼称がヨーロッパや北米の知識人や政治家のあいだで頻繁に使われるようになったのは、20世紀初頭とかなり最近のことである。彼らの見解は自国の帝国主義的野望を具体化したものだった。

第5部

INVISIBLE LINES

「見えない境界線」は文化を守る砦

目に見えない境界線は、捉えどころがない分、それを取り除こうとする試みに対して、きわめて強い耐性を持っている。壁やフェンスは破壊できるが、差異に対する思いこみはいつまでも残る可能性がある。それでも場合によっては、私たちが同意しているかどうかに関係なく、外の世界と一定の距離を取り続ける正当な理由を持っている集団もある。

言語は普通、文化の保存という問題と密接に関係している。モントリオールの西部では英語話者が多数を占めているが、東部ではフランス語話者が優勢である。これによって、この都市（とケベック州）では両方の言語が保持されることになった。ケベック州では、フランス語が唯一の公用語だが、カナダ全体では幅広い地域で英語が使われている。

音楽もまた、地理に根ざした文化的独自性の基準になっている。たとえばレゲエは、１９６０年代後半にジャマイカで誕生して以来、この国の〝貧民街《テネメント・ヤード》〟と深く結びついている。レゲエ・アーティストは、地勢的にしろ隠喩的にしろ自分たちを見下ろしている裕福で無関心で傲慢な〝丘《ヒルズ》〟とは対極にあるこの地区を、正真正銘のレゲエの本場であるとしてきた。貧民街の人々と富裕層を隔てる差異の感覚は、レゲエの歌詞のなかに頻出する。

丘のコンクリートの城に住む君には
ゲットー暮らしがどんなものだかわからないよ
足の踏み場もないくらい狭い場所で生きているのさ
君がひとりぼっちで城にいるあいだ

――デニス・ブラウン『コンクリート・キャッスル・キング』

食品もそうだ。フランスの同名の地方[*1]でつくられたシャンパン（シャンパーニュ）や、ヨークシャーの強制《フォースト》ルバーブなどがそれに当たる。フォーストルバーブは、イングランドの歴史ある地域ヨークシャーの〝ルバーブ・トライアングル〟[*2]だけで栽培されている。ヨークシャーはまた、１９６８年から92年まで、スポーツにも見えない境界線を引いていた。地元のクリケットチーム〈ヨークシャー・カウンティ・クリケットクラブ〉の〝ヨークシャーらしさ〟を維持するため、境界外で生まれた選手がプレーするのを禁止していたのだ。この規則は、のちにイングランド代表チームのキャプテンになるマイケル・ヴォーン（グレーター・マンチェスター生まれ）をプレーさせるために変更された。ヴォーンの一家はヨークシャーのライバルであるランカシャーの出身だが、彼自身は9歳からヨークシャーで暮らしていたため、加入が認められたらしい。それでも、いまだに外国人選手を排除しているスポーツチームが存在する。アスレティック・ビルバオというスペインのサッカーチームだ。このチームはバスク民族主義を支持し、「地元出身の選手とサポーターがいれば、外国人は必要ない」という考えのもと、〝バスク人オンリー〟の方針を貫いている。*3

この最後の部では、固有の文化を排除してしまう恐れのある広い社会から、自分たちの文化を守ろうとしている特殊なコミュニティを見ていく。初めの2章では宗教の教団を取り上げる。1つは〝エルヴィム〟。戒律を順守するユダヤ教正統派が、安息日の信仰を実践するために構築した、効率的な見えない境界だ。もう1つは〝アチェ〟。この地域では、シャリーアに基づいて、世俗主義が建前のインドネシアから自分たちを区別している。次の〝北センチネル島〟はアンダマン・ニコバル諸島の島の1つだが、島民の孤立状態を維持するために周囲を見えない緩衝地帯で囲んでいる。

続く2つの章は、目に見えない非公式の言語上の境界に焦点を絞る。1つは〝ブルターニュ地方〟。2世紀以上にわたってフランス語化政策が実施されてきたこの地方では、ブルトン語とガロ語が復活の兆しを見せている。もう1つは〝ドイツ〟。16世紀にマルティン・ルターが聖書をドイツ語に訳してから、ドイツ語の標準化がある程度進められてきたものの、依然として方言の地理的差異がきわめて重要な意味を持っている。

最後の章は宗教の話題に戻り、エルヴィムやアチェと比較すると、はるかに広範囲で、はるかに定義の難しい米国の〝バイブル・ベルト〟（聖書地帯）に焦点をあてる。バイブル・ベルトは宗教色が強い地域であり、特に福音派プロテスタントの政治的影響力を無視できない。このことが、バイブル・ベルトが米国のなかで独特な地位を築く要因となっている。

*1　実際、ワインは地理的な差異が明確で、〝土地の個性《テロワール》〟という概念は、最終生産物に影響を与える地域の環境的特性（気候や土壌など）を表している。そのため、地域ごとに大きく異なるワインが生産されているフランスやイタリアのような国々では、ワイン産地の目に見えない境界を地図に描くことが可能である。

*2　20世紀初頭の一時期、ウェイクフィールド、モーリー、ロスウェルのあいだの23平方キロの土地は、世界のフォーストルバーブの9割を生産していると信じられていたことだ。

*3　このサッカークラブは、バスク地方で生まれた選手、またはこの地方のアカデミーで育成された選手のみ加入を認めている。

25

Eruvim

エルヴィム

よくわきまえなさい、主があなたたちに安息日を与えたことを。そのために、6日目には、主はあなたたちに2日分のパンを与えている。7日目にはそれぞれ自分の所にとどまり、その場所から出てはならない。

――『出エジプト記』第16章第29節（日本聖書協会『聖書　新共同訳　旧約聖書続編つき』より引用）

ニューヨーク市ブルックリン区のウィリアムズバーグを東西に走るブロードウェイを越えると、戸惑いを覚えるかもしれない。コーヒーショップ、ワインバー、流行に敏感な人《ヒップスター》に愛されるインスタ映えのするブランチスポットは、控えめなシナゴーグや、活気のある律法に適《コーシャ》った肉屋やパン屋に取って代わる。トリルビー（訳注　中折れのあるフェルト帽子）やビ

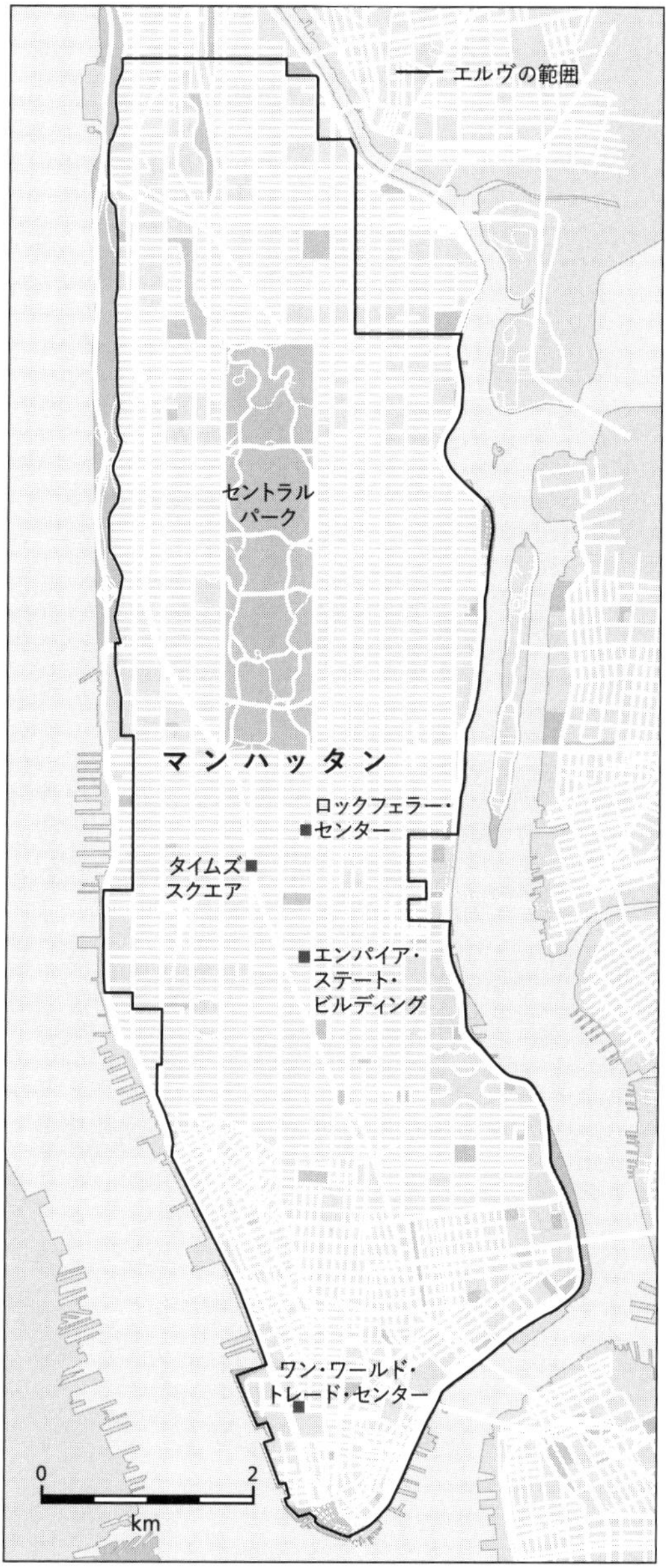
エルヴの範囲
セントラル
パーク
マンハッタン
ロックフェラー・
センター
タイムズ
スクエア
エンパイア・
ステート・
ビルディング
ワン・ワールド・
トレード・センター
0
2
km

ーニー（訳注　まるい縁なし帽）はシトレイメル（毛皮の帽子）に、フランネルやデニムの衣服はフロックコートになる。だが、さらに微妙な境界も存在する。それは、ここで暮らすユダヤ教徒にとってこのうえなく大切だが、それ以外の人々は見過ごしてしまいがちなワイヤーのことだ。

このワイヤーは、ウィリアムズバーグのエルヴ（eruv、複数形はエルヴィム［eruvim］あるいはエルヴィン［eruvin］）の一部を形成している。エルヴは、数千人のユダヤ教正統派が、シャバット（ユダヤ教の安息日）に求められる生活を送れるようにするための一種の儀礼的な囲い地のことだ。ユダヤ教の律法トーラーは、ユダヤ教徒が金曜日の日没から土曜日の日没まで労働することを禁じているが、この労働には〝私的な領域と公的な領域のあいだでいかなる物体を運ぶ〟ことも含まれる。ジレンマに陥るのは明らかだ。自宅からシナゴーグまで行く場合、子供を抱く、乳母車を押す、ステッキや車いすを使う、といったことは許されるのだろうか？　また、家の鍵はどうすればいいのか？　多くの人は自宅から一歩も出られなくなるではないか。エルヴ（おおよそ〝混ぜ合わせること《ミクスチャー》〟という意味）は、シャバットの期間中に、その内部を単一の私的領域と定義し直すことで、このジレンマを解決する。ワイヤー以外にも、既存の壁、フェンス、鉄道線路、さらには川も使って空間の輪郭を描き、側柱《がわばしら》を表す垂直の柱やポールを備えた、一種の間に合わせの建物をつくり出す。

つまり、自宅の出入り口を開閉しても、巨大な建物がそのエリアを囲んでいると見なせるのだから、たとえささやかなものでも、既存のインフラを最大限活用できるこの方法はコミュニティの周囲に連続した壁を設置するよりも現実的な選択肢だと言える。エルヴの〝側柱〟に当たるポールには、タルムード（訳注　ユダヤ教の口伝律法〈ミシュナ〉と、これに対する注釈〈ゲマラ〉を集大成したもので、ユダヤ人にとりモーセ五書〈トーラー〉に次ぐ権威を持つものとされる）の要件を満たすため、〝レチ〟と呼ばれる細長い板やチューブが慎重に取りつけられていることが多い。

その結果、私たちが慣習的に公共物と考えているスペース（建物、公園、道路）が、厳格なユダヤ教徒の私的空間になる。もっともそれは、エルヴの境界が損なわれていないかぎりにおいてだが。毎週シャバットに先立って、ラビかコミュニティの指導者がエルヴ全体を調べて、ワイヤーがどこも損なわれていないことを確かめる。たとえ1カ所でも欠陥が見つかると、すみやかに応急処置を施さなければならない。面白いことに、安息日に電気の使用を控えるはずのユダヤ教徒が、週の残りの日にエルヴの状態を監視し、ソーシャルメディアの専用アカウントで報告を行っている。なお、一部のエルヴが驚くほど広範囲にわたり、しばしば往来が激しい都心に位置していることを考えると（たとえば、マンハッタンのエルヴは、区の大部分に広がっている）、ひとりでは大変な作業になる場合もある。

こうした事実に驚いている人もいるかもしれない。さらに言えば、マンハッタンだけがこのような特徴を持っている場所ではない。ワシントンＤＣのエルヴは街の半分以上の広さで、そのなかには数多くの史跡がある。ウエスト・ロサンゼルスのエルヴは、250平方キロ以上をカバーしている。ブルックリンは、少なくとも10のエルヴで構成されているようで、そのいくつかは隣接している。厳格なユダヤ教徒はこうやって、シャバットのあいだも私的空間と見なせる場所を広げている。米国以外の都市でも数十のエルヴが見られる。カナダの大きなユダヤ人コミュニティ、ラテンアメリカやヨーロッパの主要なユダヤ人街（意外にもパリやベルリン、ブダペストにはそれが存在しない）、オーストラリアと南アフリカの一部、イスラエルのほぼすべての町や都市だ。

物理的境界であり社会的境界でもある

それでも、エルヴのヴァーチャルな不可視性は、ユダヤ社会内部でのものも含めて、議論の対象にならざるを得ないだろう。厳格なユダヤ教正統派は同質のグループと見られることが多いが、実際には、ユダヤ教の聖典や儀式に対する解釈が異なるさまざまな宗派によって構成されている。イスラエル国民の多くは、政府が定めたエルヴを政治的な決定であると否定しており、なかにはユダヤ教の律法を独自に解釈して、自らエルヴの建設に乗り出す人もいる。このことは、エルヴがもう1つ別の重要な境界になっていることに気づかせてくれる。つまり、エルヴは〝公的《パブリック》〟と〝私的《プライベート》〟を隔てる物理的境界であるだけでなく、ことにユダヤ教においては、相対立する現代世界の見方を分ける社会的境界でもあるのだ。

広い意味で世俗的と言えるユダヤ教徒に言わせれば、エルヴはゲットー化の促進や反ユダヤ主義を誘引するだけでなく、宗教的原理主義者の住民が優勢な地区で暮らすのを嫌う人が多いせいで、不動産価格を下落させるリスクがあるという（現実には、コミュニティに先行してエルヴがつくられるのではなく、ある場所に存在するコミュニティによってエルヴがつくられる場合のほうが多いのだが）。それに対してユダヤ教正統派のなかには、エルヴは信者が安息日を正しいやり方で過ごさなくてすむようにするとか、ユダヤ教の慣習を骨抜きにすると考えている人や、既存のエルヴの多くは独自の厳格な基準を満たしていないと主張する人がいる。物理的境界は確かに頑丈かもしれないが、社会的境界のほうが乗り越えるのが困難な場合はよくある。

エルヴは目につきにくいものであるのに――エルヴ内部で生活または労働している人々は、その存在にさえ気づいていないし、別の宗教の信者やエルヴを支持しない者にその存在を認めさせることを目的につくられているわけでもない――それが象徴していると思われるもののために激しい論争を引き起こし、その結果、広く知られるようになった。とりわけ、エルヴを宗教的マイノリティ（および広い社会と融合していないコミュニティ）による土地の占拠だと考える人は、伝統的な地域社会への挑戦であるとか、すべての〝部外者〟が歓迎されていないことを暗示するものだと主張して、設置計画に反対してきた。国の都市計画法や宗教の自由の問題へのかかわり方によって、エルヴの支持者は要求の実現に少なからず苦労させられてきたが、面白いことに、米国やカナダでは公益事業会社と厳格なユダヤ教正統派という一見無関係に思える2つのグループが、エルヴの建設で手を組むことがめずらしくない。それでも、エルヴに対する反対運動や、こっそりワイヤーを切断してエルヴを傷つける行為はいまでもよく耳にする。

エルヴは一般に電柱や半透明のワイヤーで構成されているので、見つけるのは難しいかもしれない。それでも土曜日の朝に、集会に行き来するユダヤ教正統派の家族を目にすれば、エルヴに足を踏み入れたことに気づくはずだ。エルヴによって利用者は、シャバットに則った地理的な境界を拡大し、共有スペース、主要なコミュニティ施設の空間的分布、古代ユダヤの儀式を実践する範囲を定められる。ただ皮肉なのは、ほかの人々と同じように街路を使えるようにするこの方法が、彼らの独特な服装やイディッシュ語を目立たせる原因にもなっていることだ。また、毎週数時間だけの問題に対処するために必要とされ、残りの時間は最も厳格な信者であっても一顧だにしないというエルヴの一時的な役割は、その存在をいっそう興味深いものにしている。

世界を見渡せば、宗教上の境界設定はエルヴに限ったことではないが[*1]、エルヴは最も微妙な例と言えるかもしれない。その存在に気づいても、ほとんどの人は単なるワイヤーと柱として無視できるが、厳格なユダヤ教徒には信仰の実践を容易にしてくれる方便なのだ。信者はこのようにして、古代と現代の両方から突きつけられた問題、すなわち何世紀にもわたって続く伝統に取り組むことと、変化の激しい世界で生きることを両立させている。したがって、エルヴは世界でもユニークな活動範囲《ニッチ》を特徴づける境界線だが、それは外部の人間が思いこんでいるような陳腐なものとはほど遠い。しかし、厳格な教義に根ざした境界が、都市近郊の比較的小規模な場所に限定されているとは思わないでほしい。次章で見るように、さまざまな宗教上の法制度や世俗の法制度を反映した見えない境界線は、州全体に引かれている場合もある。それは、異質なコミュニティの敵意を和らげ、大きく異なる世界観、哲学、生活様式を維持するための取り組みなのだ。

＊1　別のすばらしい例として〝ミーカート〟が挙げられる。ミーカートは、5つの場所を結ぶ境界で、メッカに向かうイスラム教の巡礼者が、イフラームという神聖な状態に入る場所を示す。境界を越える前に、特別な浄化の儀式を行い、巡礼用の衣服を身に着けなければならない。境界を越えると、縫製された衣服の着用（男性の場合）、香水や香料の使用、性交といった、ほかの場所で一般的に認められている行為が禁止される。

26

Aceh

アチェ

自由とは、他者との距離を維持することである。

——ハサン・ディ・ティロ（自由アチェ運動の指導者）

多様性のなかの統一《ビンネカ・トゥンガル・イカ》——インドネシアが掲げているモットーは、計り知れないほど変化に富む社会を調和させようとするこの国の取り組みを表現している。６３３の民族が暮らすインドネシアは東西に細長い国で、その長さは、米国の太平洋岸から大西洋岸までの距離を上まわる。インドネシアの法制度は、主として国内法（その大半は、およそ３５０年間続いたオランダの植民地支配に影響を受けている）をベースにしているが、それぞれのコミュニティに固有の慣習法《アダット》も認められている。２０１９年に行われた直近の総選挙では、政治的な主義主張や経済的な立場だけでなく、宗教的または世俗的な価値観を代表する20もの政党が競

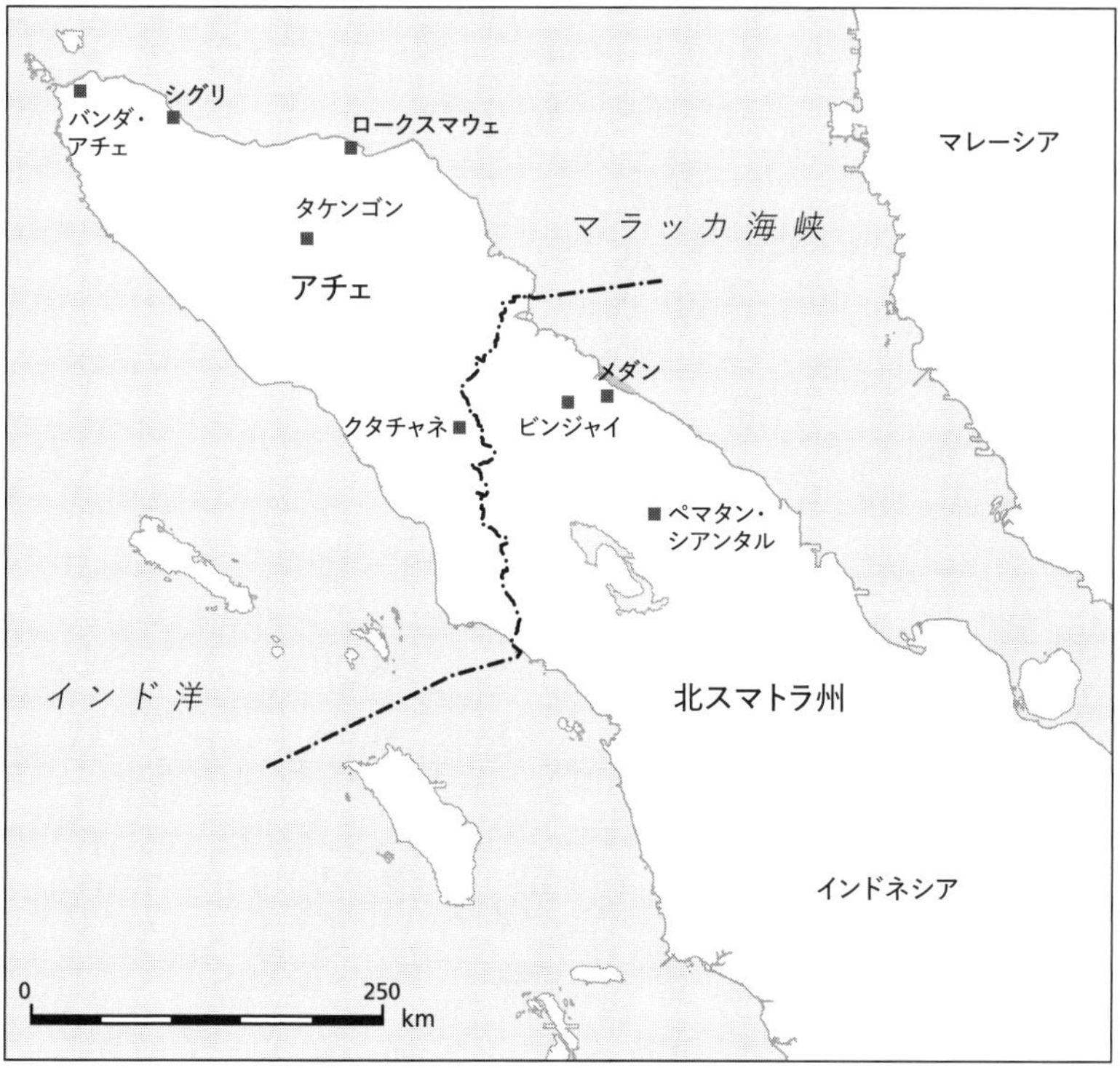
シグリ
バンダ・アチェ
ロークスマウェ
マレーシア
タケンゴン
マラッカ海峡
アチェ
メダン
クタチャネ
ビンジャイ
ペマタン・シアンタル
インド洋
北スマトラ州
インドネシア
0
250
km

い合った。全国に、公式に認められた6大宗教以外に250種類ほどの宗教が存在し、信仰はこの国のもう1つの注目すべき差異を生み出している。

スンニ派が圧倒的多数を占めるインドネシアのイスラム教は、国全体で2億2500万人を超す信者を抱えている。この数は世界最大で、バングラデシュ、アフガニスタン、サウジアラビアの3国の信者を合わせても追いつかない。それでいながら、1945年の独立以来、世俗主義を掲げるこの国では、常に宗教が重要な争点になっている。パンチャシラというインドネシアの建国5原則は、宗教的価値観と世俗的価値観の調和というこの国の課題を端的に表している。第一原則は唯一神信仰であり（インドネシアには数百万ものヒンドゥー教徒が暮らしているため、いくぶん問題がある）、第三原則はインドネシアの統一である。[*1] けれども、もっと正確な言い方をすれば、インドネシアの憲法はこの国が世俗主義の単一共和国であると謳っているのに、1つの州は世俗的ではなく、インドネシア全体と親和性が高くない。地図上では、その州と残りの部分の境界は一見無害に見えるが、現実にその境界をまたぐのは別世界に足を踏み入れるのに等しいのだ。

インドネシアでシャリーアを公式に実践しているアチェは、イスラム教スンニ派に帰依し、その教えを厳格に順守してきた長い歴史から、〝メッカのベランダ〟というぴったりの愛称で呼ばれている。スマトラ島北西端にあって、インド洋の彼方にあるアラビア半島を指さすように尖っている。アチェがイスラム教の勢力範囲になった時期は定かではないが、おそらく中東、東アジア、東南アジアを行き来するイスラム教徒の貿易商によって、インドネシアが国家としてまとまり始めた初期にイスラム化されたのだろう。13世紀、ヴェネツィアの冒険家マルコ・ポーロは、この地にイスラム教徒のコミュニティがあったと書き残している。16世紀初頭、アチェはスルタン（訳注　カリフが授与した政治的有力支配者の称号）の支配国になった。その後、政治的にも経済的にも強力な国に成長し、特にポルトガル帝国には厄介な敵になった。1870年代には、〝オランダ領東インド〟の名のもとに現在のインドネシアの大半をすでに実効支配していたオランダに占領された。だが、首都のバンダ・アチェを失っても、アチェ人は20世紀に入ってからも激しい武装抵抗を続けた。それはアチェ人の独立心の表れであり、その精神は戦いを通して鍛えられた。トゥンク・チ・ディ・ティロをはじめとする宗教指導者《ビュラマ》のもとに団結したアチェ人は、聖戦《パラン・サビル》なる独特の自爆攻撃を含むゲリラ戦術を駆使して戦った。それに対して〝異教徒〟のオランダ軍は、〝和平工作〟という名目で何度かアチェ人のコミュニティを殲滅した。大虐殺は、第二次世界大戦で日本軍がオランダ領東インドを占領する1942年まで続いた。

占領中、日本の戦争遂行を支援するのを条件に、民衆の民族主義感情をあおることを容認されていた革命家スカルノとモハマッド・ハッタ[★2]は、1945年に日本が降伏すると、インドネシアの独立を宣言した。だが、この動きに不満を持つ2つの勢力があった。1つはオランダ。インドネシア独立の正当性にオランダが異議を唱えたことで、両国は4年間の戦争に突入し、国際的な介入が必要になった（訳注　インドネシアは1949年に正式に独立した）。もう1つはアチェ。島民の大部分は独立を熱狂的に支持したが、アチェ人は、新国家を支持する側と、オランダと協力関係にあった旧体制を支持する側に分かれ、武力衝突が起きた。

　ジャワ島に拠点を置く中央集権化された新しいインドネシア指導部に対するアチェ人の反感は、その後数十年にわたり増大する一方だった。大幅な自治が与えられるものと予想されていたのに、1950年に北スマトラ州に吸収されたアチェは、1953年から59年まで、大規模な組織〈インドネシア・イスラム国〉（訳注　イスラム過激派組織〈ダルル・イスラム〉のこと。イスラム教国家の建設を目標に掲げていた）の一翼を担って州の独立を目指して戦った。1950年代、インドネシア政府が提案したさらに大きな自由によって、アチェの反乱はいくぶん勢いを失ったが、スカルノのあとを継いだスハルトは世俗主義を堅持し、〝新体制〟の一環として、インドネシアの政治と社会における宗教、とりわけ政治的イスラム主義の役割を最小限に抑えることに尽力した。アチェにすれば、インドネシア政府はイスラム教とイスラム法を尊重せず、住民の利益を無視して地域の石油と天然ガスを独占し、人口移動政策《トランスミグラシ》でジャワ島の〝外国人〟であるインドネシア人を人口密度が低い地域に再定住させようとした許しがたい相手だった。そのため、ディ・ティロのひ孫であるハサン・ディ・ティロを中心に1976年に自由アチェ運動（GAM）が結成され、分離独立の武力闘争がふたたび始まった。[*3] その後20年間、両者は拷問、死刑執行、学校や村全体の焼き討ちなどさまざまな人権侵害があったとして非難合戦を繰り広げた。

　こうした殺戮と混乱の歴史があったものの、おそらくアチェを世界的に最も有名にした出来事は、スハルトの失脚[*4]から数年後の2004年12月26日に発生したスマトラ島沖地震だろう。アチェは震源地に最も近い陸地であったため、津波の襲来をまともに食らい、犠牲者17万、家を失った人が数十万という未曽有の被害を出した。この大惨事に慰めを見つけられるとすれば、GAMとインドネシア政府が、被災者に人道的支援を行う目的で、停戦に合意したことだ。2005年8月、両者はフィンランドのヘルシンキで平和条約に調印した。

　とはいえ、アチェとインドネシアのほかの地域との歴史的な差異が消えることはなかった。今日、とりわけアチェを際立たせているのはシャリーアである。あるアチェ人は次のように言っている。「2つの州（アチェと隣接する北スマトラ）の根本的な違いは、その土地の統治体制が宗教的価値観を受け入れているかどうかだ。アチェでは、イスラム法と結びついた政治制度に社会が従わなければならないが、北スマトラ政府は普遍法あるいは国法を採用している」。アチェは1999年から、シャリーアに基づく一定の規則を採用するようになったが、それはおもに州当局ではなく特定の小規模利益団体によって管理されている。2001年にはさらに大きな変化が生じた。インドネシア政府がアチェの敵意を和らげるために、州の自治権の拡大を認めたのだ。これによってアチェは、アルコールやギャンブルなどシャリーアに違反する行為を犯罪とする法律を通せるようになった。ギャンブルはインドネシアでも違法だが、アチェに行く旅行者は、絶対にアルコールを持ちこまないようにと忠告される。州の境界の両側の違いで最も大きいものは、間違いなく法と法の執行にかかわることである。たとえば2001年2月、インドネシア政府は公立学校が生徒に宗教的な衣服を強制するのを禁止した。キリスト教徒の少女がスポーツをする際に、イスラム教徒のジルバブ（ヘッドスカーフ）をかぶるように強制され、物議を醸したのがきっかけだった。さらに、2005年から13年にかけて、女性警察官のジルバブ着用が全面的に禁止された。こちらの禁止は、インドネシアにおける世俗主義の解釈の変化によるものだった。宗教上の問題に中立性を担保する措置として、当局から押しつけられたように見えるものから、個人の選択と信仰の自由を尊重することが可能な仕組みへの変化を反映していた。ちなみに、こうした法律がアチェにはいっさい適用されなかった。アチェでは、女性警察官がジルバブの着用が義務づけられているだけでなく、男性警察官と同様に、ほかの女性にジルバブの着用を強制する任務も負っている。体にぴったり沿うズボンを着用することも、アチェの女性は禁止されている。

〝道徳警察〟のいる場所

こうした違反行為への対処は、単に〝犯人〟に口頭で注意すればすむわけではない。飲酒から婚外の〝親密な関係〟に至るまで、違反者を公開で鞭打ちすることは、アチェではよく見られる刑罰だ。手を握る、ハグをする、あるいは一緒にいるだけでも違反者と見なされ、怒号を浴びせる見物人の面前で、フードをかぶった執行人に鞭で打たれる。しばしば十代の若いカップルが犠牲になってきた。同性愛はインドネシアではタブー視されているが違法ではない。しかし、アチェ（および西スマトラ州のパリアマン市）は例外で、普通は少なくとも70回の鞭打ち刑に処される。近年のアチェは、伝統的に男性中心だった専門職を女性に開放することで、時代に多少なりとも歩み寄る姿勢を見せている。これは、法執行機関に女性の鞭打ち部隊が加わるという意味でもある。注目すべきは、問題とされる違反がインドネシアの刑法に含まれていない場合のみ、非イスラム教徒もシャリーアの対象になるということだ。もっとも、彼らはイスラム教徒と同じ刑罰、たとえば懲役刑の代わりに鞭打ち刑を選択することが認められている場合が多い。

それゆえ、〝道徳警察〟はアチェならではの顕著な特色であり、この州が悪と見なす行為に絶えず目を光らせている。家、ホテルの部屋、海岸、美容院――さまざまな場所が監視対象になる。ほかに考えられる場所は映画館だ。映画は公式に禁止されているわけではないが、暗いなかで男女が隣り合って座り、わいせつなシーンを目にする可能性がある空間に対して批判があることは容易に想像できる。実際、あの津波以来、オープンした映画館は1つもない。踊りはアチェの文化遺産だが、一部地域では、男性の性欲を刺激しないように成人女性が人前で踊ることが禁止されている。さらに、２０１５年のバンダ・アチェでは、イリザ・

サアドゥディン・ジャマルという初の女性市長のもと、セクシュアルハラスメントから守るという名目で女性の夜間外出禁止令が発せられた。[★5]
それどころか、この先さらに社会が懲罰的になる可能性がある。不倫した者への石打ちの刑の導入は、かろうじて州知事によって禁止された。斬首刑は、２０１８年の殺人事件の際にも議論になったが、インドネシア政府はいまのところ、同国の刑法が唯一認めている死刑が銃殺刑であるという理由で、州当局に執行を思いとどまらせている。人権活動家によるアチェの無慈悲な刑罰への異議申し立ては、インドネシアとアチェの法律と自治の分離という複雑な事情があるため、ほとんど進展が見られない。
それもあって、インドネシアが大枠では国際的な資本主義体制と一般的な統治形態に近づく姿勢を強めているのに対して、アチェはますます独自路線を貫いてきた。事実、指導層が不必要に寛容だと思われるほかの地域と一線を画するため、アチェが頑なで容赦ない姿勢をとっていることを示す例には事欠かない。
そういう観点で見ると、チュ・ニャ・ムティアの例は実に興味深い。この女性はアチェ出身の反植民地主義の闘士で、２０１６年からインドネシアの１０００ルピア紙幣の肖像画に使われているが、紙幣の彼女はジルバブを身に着けていない。アチェの当局はヘッドスカーフを着用した肖像画にしようとしたが、ムティアをはじめ同時代の多くのアチェ出身の女性がこの慣習に反対していたという証拠が残っているため、シャリーアの厳格な適用を標準化しようとする当局の取り組みは簡単ではない。それでも、いずれシャリーアは完全に標準化されるだろう。意図的かどうかはわからないが、アチェは自分たちとは別の思想や生活様式に左右されなくなっているからだ。たとえば2018年の法律はこの州にあるすべての金融機関にシャリーアの原則（特にローンの利子の禁止）の順守を求めており、〝従来型の〟銀行は、この地の支店の方針を変更するか、撤退するかを選ばざるを得なくなっている。イスラム法に従わない者にどんな影響がおよぶかはまだわからないものの、このようにイスラムの慣習を包括的に実践すれば、これまでずっとアチェへの進出をためらっていた外国企業の抵抗感が強まり、信仰と法律が相まって、この州がさらに特異な地域になりそうだ。

また、意図的に生み出されたアチェの特殊性と、多くの企業が投資を渋っていることによって生じた社会的・経済的な影響ははっきり表面化している。2004年の津波がアチェの開発遅れの要因であるのは間違いないが、その後かなりたっても隣接する北スマトラ州に追いつけないでいる。津波直後の海外からの支援は、おおむね感謝をもって受け入れられたのだが、災害対応の段階で、国際機関と外部からの影響に懐疑的な地元団体とのあいだで緊張が高まった。たとえば、あるイスラム主義の組織は、ほとんど成果はなかったのだが、被災を悪用して原理主義思想を広めていると非難された。また、キリスト教への改宗活動の先兵でないかと疑われた国際人道支援団体は、性差別と個人の慎み深さに関する同州の法規のせいで支援提供がはかどらず、何度も挫折感を味わった。アチェはその後、住居と交通インフラの大部分を改善するだけでなく、津波博物館をオープンしたり、人目を引く大災害の遺物（水上発電所や内陸に運ばれた大型漁船など）を保存したりして観光客にアピールしようとしたが、海岸沿いの風景や文化遺産を売り物にするほかの地域より、外国からの観光客を惹きつけられないでいる。アチェの開発は津波で大きなダメージを受けていないという主張は誤っているが、インドネシアのほかの地域で見られる多元的共存に同州が抵抗していることが国内投資を妨げる大きな要因であるのは認めなければならない。その結果、ある地元民が言ったように、「メダン（北スマトラ州の州都）のインフラ開発と経済活動は、バンダ・アチェと比べてはるかに進んでいる」。さらに、収入源が限定されているため、多くの住民は、この地域にはびこる厳しい貧困状態から逃れようと苦闘を強いられている。

イスラム教およびイスラム法と、その他の宗教および世界観の分断も拡大する一方だ。生存者の多くは、優美なバイトゥラマン・グランド・モスクが津波の被害を事実上無傷で免れたことが、イスラム教が〝真の信仰〟であることのあかしだと信じている。さらに一部の人は、このことから、アッラーが運命をすでに決定しているのであれば、未来の災害の被害を減らそうとする取り組みはどれも無益であるという結論を導き出した。それとは対照的に、キリスト教徒はイスラム教徒に下される厳しい刑罰を免除されることが多いとはいえ、何世代にもわたってこの地で暮らしていてもイスラム教徒からよそ者扱いされ、自警団（地元当局はその行為を黙認しがちだ）がキリスト教の施設を攻撃する事件が定期的に発生している。

今日のアチェでキリスト教徒が抱く差別感は、近隣の北スマトラがインドネシア最大のプロテスタント人口を擁し、多数の仏教徒も暮らしていて、多様なコミュニティと多元的な社会を実現していることでますます強まっている。

ここ20年ほど、一部の地方自治体はアチェ方式に注目して、シャリーアを適用する独自の規則を導入しようとしてきた。これを可能にしたのは、スハルト失脚後の政治の地方分権化だった。一部地域では、ジルバブを着用する女性が増加しており、宗教上の問題を含むアイデンティティ・ポリティクス（訳注　人種・民族・宗教などをアイデンティティとする集団の利害を主張する政治）は大きな公共問題になりつつある。アチェのイスラム主義の指導者は、自分たちがインドネシアの新しい法律モデルを開拓していることに満足しているようだ。それでもアチェは、ほかの法制度を無視してシャリーアを厳守している点でユニークであり、依然としてインドネシアの他地域と比べて、きわめて異なった存在と受け止められている。重要なのは、アチェの指導層もこの違いを自覚し、強調している点だ。たとえば、２００５年の和平協定の結果、アチェは合法的に州独自の政党を持つことを認められたばかりか、２０１３年に同州の指導層はＧＡＭの分離主義者が掲げたバナーを州旗に採用して、国の統一を目指すインドネシア政府を挑発した。州旗の採用はすぐに撤回されたが、この論争はアチェがイスラム教との関連で劇的に転換しないかぎり、表向きはインドネシアの一部でありながら、ほかの地域から自分たちを切り離そうと模索していることを示唆している。

このように、境界は固定されたものである必要はない。時代とともに重要度が変化するプロセスの場合もある。結局のところ、境界という概念を繰り返し持ち出し、徐々に厳格なルールを適用していくと、2つの場所のあいだに障壁が生まれ、それが強化される。地図上の単なる線のように見えるもの――この場合は、2つの州の境界――であっても、現実の生活世界における意味のある分断と感じられることがある。法律、文化的および宗教的慣習、伝統（忘れられがちだが、伝統は必ずしも〝古い〟ものとは限らず、絶えず創出されている）、それに、そのすべてを住民の大部分が順守していることによって、ある領域がほかの領域と区別される可能性がある。単なる政治的分裂以上に、アチェと北スマトラ（およびインドネシアのほかの地域）との境界は、多様性で知られる国のなかで著しく異なる生活様式を際立たせ、公式のものにする力を持っている。住民を恐れさせ、かつ受け入れさせる新しい法律を適用することで、現実の分離と認識上の分離の両方が確立される場合がある。揺るぎない価値観――その価値観は、なぜか境界の反対側と共有されることがない――を社会が具体化し、次世代に伝えていければ、孤立が経済に悪影響をおよぼすことをさほど気にしない政治指導者も少なくないのだ。

過去数世紀にわたって、特定の集団がほかの集団との差別化を図るときに、宗教が重要な手段となることが証明されてきたが、手段はそれ1つではない。さらに言えば、マイノリティを広い社会に吸収するのではなく、むしろ隔離という手段をとるほうが、中央政府やその他の多数派勢力によって受け入れられる可能性があるのは注目に値する。次章では、領域の内部にある境界が、たがいの安全を担保するだけでなく、社会制度、開発レベル、交流意欲といった幅広い違いを際立たせるうえで大きな役割を果たしている事例を見ていく。

＊1　パンチャシラという名称は、サンスクリット語の〝5原則〟に由来し、仏教の五戒《ごかい》を模している。インドネシアでは、独立を達成する直前の1945年に、革命のリーダーであるスカルノによって初めてこの考え方の概要が示された。さまざまな宗教理念と政治哲学を融合させることで、スカルノはこの5原則を特定の宗派にとらわれず、すべてのインドネシア人が共有できるものと考えた。しかし、世俗主義と（特に）イスラム教の特定主義（訳注　神の恩寵は人類全体ではなく特定の選ばれた個人のみにもたらされるという説）との適切なバランスを見つけることは、たびたび困難をきわめた。

＊2　日本の占領軍当局が導入した〝ロームシャ〟（強制労働従事者）政策の残酷性をこのふたりが無視したことは、激しい論議を呼んだ。

＊3　アチェ語で〝ゲウラカン・アチェ・メウルデカ〟という。

＊4　スハルトは、1997年のアジア通貨危機（インドネシア経済にとりわけ深刻な影響を与えた）と政治改革を求める学生主導の抗議運動を受けて、1998年5月21日に大統領職を辞任した。

＊5　ジャマルの政治家としてのキャリアは前例がないほど華々しい。2019年には、インドネシア国会の下院に当たる国民代表評議会（DPR）のアチェ州代表に女性で初めて選出された。

27

North Sentinel Island

北センチネル島

主よ、この島では誰もあなたの名前を聞いたことがなく、その機会さえありません。ここは悪魔の最後の砦《とりで》なのでしょうか？

――ジョン・アレン・チャウ（宣教師）

グローバル化した社会において、地球にはもはや未踏破の場所は残っていないと思うかもしれない。だが実際は、〝非接触〟を維持している先住民グループが少なくとも100は存在すると考えられている。現代世界との交流を望んでいない人々や、その必要性を感じない人々と、調和――あるいは少なくとも共存――していくにはどうしたらいいのだろうか。そもそも、私たちは彼らとの交流に取り組むべきなのだろうか。

北センチネル島は、公式にはインド洋のベンガル湾にあるアンダマン・ニコバル諸島の一部だが、文明の年代がまったく異なるグループを隔てる境界線を引くという難問に関するき

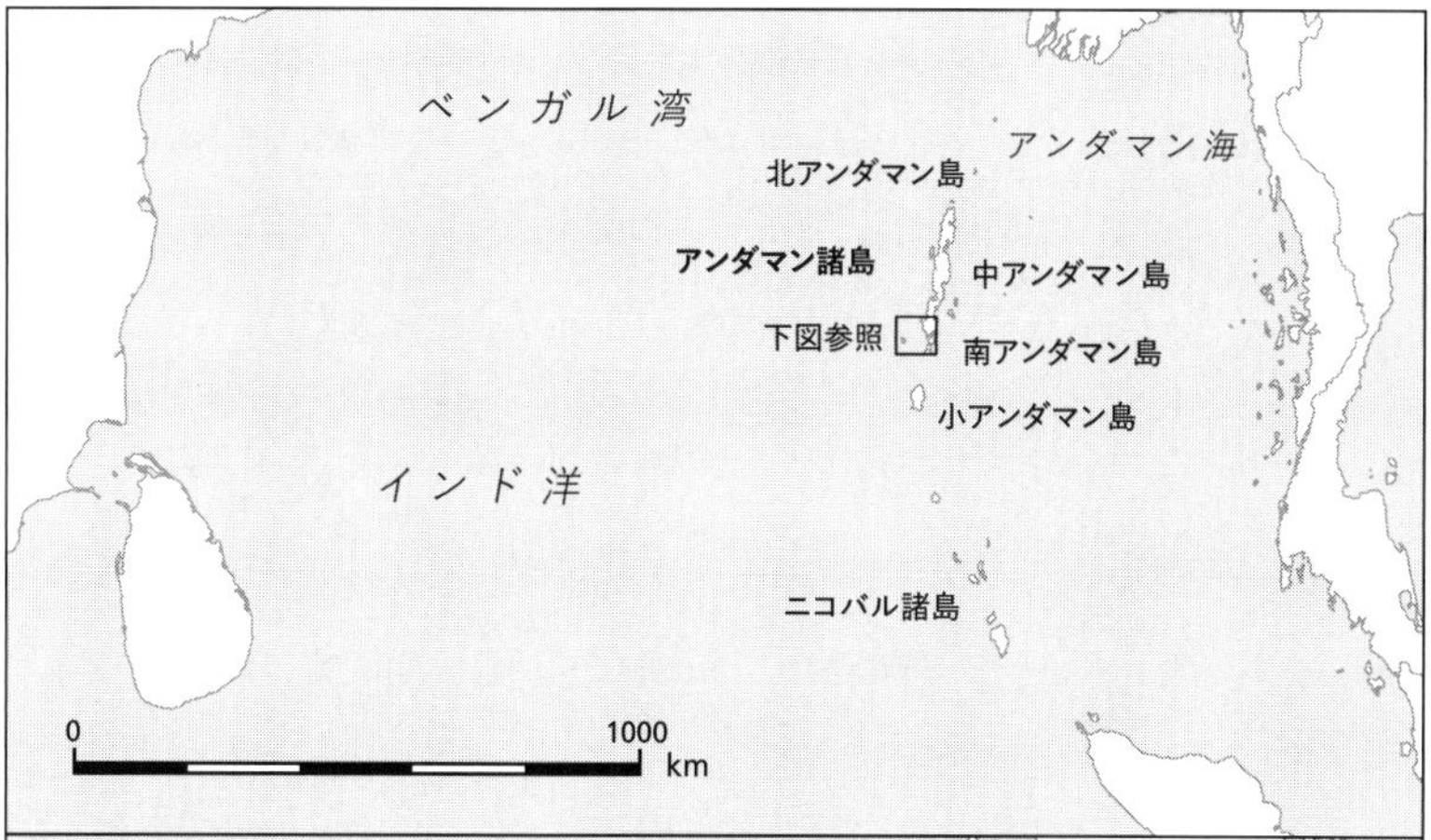
ベンガル湾
アンダマン海
北アンダマン島
アンダマン諸島
中アンダマン島
下図参照
南アンダマン島
小アンダマン島
インド洋
ニコバル諸島
0
1000
km

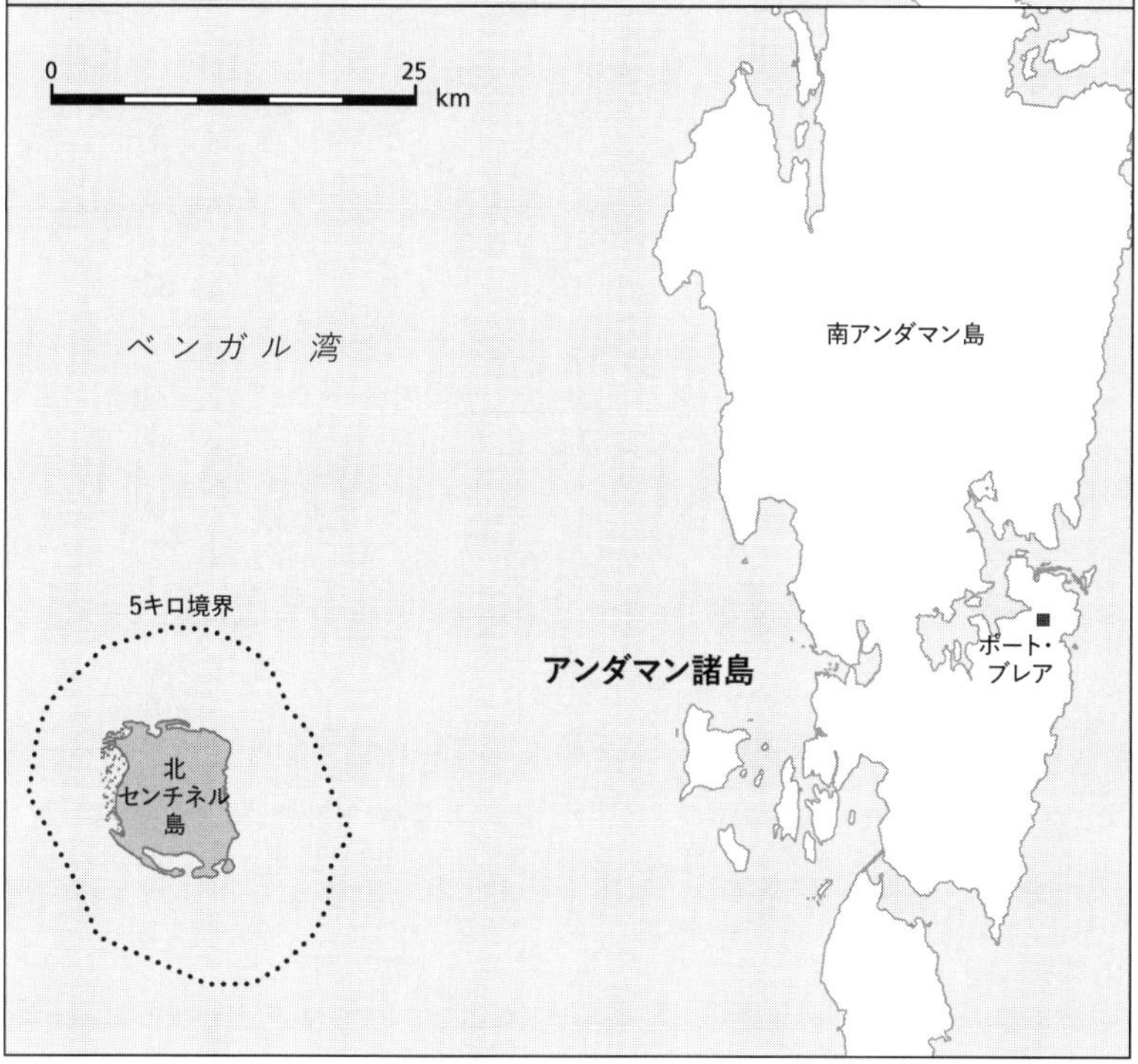
0
25
km
南アンダマン島
ベンガル湾
5キロ境界
アンダマン諸島
ポート・
ブレア
北
センチネル
島

わめて興味深い一例になっている。行政レベルで見ると、近代国民国家の国境内にあるにもかかわらず、北センチネル島はインド政府やその他の外部関係者の干渉から保護されており、島民ではない人間が、この島の5キロメートル以内に立ち入ることを禁止されている。島民が、現代社会のほかのどの人間とも言語を共有しておらず、本格的な接触を求めていないことを踏まえると、彼らがこの法的措置に気づいていないか、無関心であると考えるのが妥当だろう。そこには、世界とのかかわり方がまったく異なる者同士のあいだに境界線を引くことの皮肉が表れている。[*1]

といっても、そういった境界が取るに足りないものであるというわけではない。ジョン・アレン・チャウというキリスト教の宣教師が、２０１８年11月に苦難の末に知ったように、厳重に守られているこの境界は間違いなく双方に認識されているのである。

26歳のチャウは、多くの人々にとって世界の相互接続性の象徴である米国の出身だった。彼は、北センチネル島と〝残りの世界〟を隔てる見えない境界線をまたいだ最初の人間ではなく、そのために命を落とした最初の人間でもなかった。それでもチャウを特異な存在にしたのは、自分の意志で境界線を越え、世界中の無数の人々にとってきわめて重要なもの――彼の信仰――を反対側にもたらそうとしたことだった。チャウに先立って北センチネル島に到着した人々は、だいたいは偶然であるか――１８６７年のニネヴェ号、１９７７年のルスリー号、１９８１年のプリムローズ号といった大型船はみな岩礁に座礁したものだ――人間の差異の〝証拠《エビデンス》〟を無理に手に入れようとする有害な目的のどちらかだった。

後者の例としては、英国の海軍将校モーリス・ヴィダル・ポートマンらが1880年にこの島に渡り、高齢の夫婦と4人の子供を誘拐した事件が挙げられる。この遠征は人類学的な調査が目的だったようだ。ポートマンらは誘拐した島民を50キロほど離れたアンダマン・ニコバル諸島の首都ポート・ブレアに連れて行ったが、免疫のない大人はすぐに病気にかかって死亡した。ポートマンらは、誘拐した子供たちを贈り物とともに急いで島に返した。しかし、子供たちが島に病気をもたらし、ほかの島民が犠牲になった可能性は十分に考えられる。それ以来、よそ者が強く拒絶されるようになったのは驚くに当たらない。その他の偶然の遭遇としては、近くの流刑地から逃亡した囚人とふたりの漁師が、それぞれ1896年と2006年に、殺害されたか、殺害を強く疑われている事件がある。

接触を持った人や生還した人の話を通して、外部の世界は北センチネル島の島民（センチネル族）に関する情報を集めた。たとえば、農業の代わりに狩猟採集を行っているという話から、〝石器時代〟の人間のような生活だと言われることがあったが、実際はそうではなく、難破船の金属から矢をつくるなど、近代的な素材を生産的に再利用しているらしい。また、小型で細いカヌーのような舟もつくっており、パント舟（訳注　両端が方形の浅い平底の小舟）の要領で長い竿を使ってこの舟を漕ぎ、槍やナイフ、弓矢を運んでいる。衣服は、腰ベルトか紐、ネックレス、ヘッドバンドくらいだ。差し掛け小屋、生はちみつ、野生の果物、漁網、木製のバケツが、インド国立人類学研究所のトリロクナス・パンディットによって確認されている。パンディットは、25年間近く、たいていは遠距離で島民とかかわりながら、誰よりもこの隠遁的なコミュニティと友好関係を築いてきた。彼と研究仲間は、弓矢の攻撃や卑猥なジェスチャーなど、敵意で迎えられることもあったが（最初の訪問時に同行した警察官の何人かが、現在ポート・ブレアの博物館に展示されているセンチネル族のさまざまな品物を押収したことが原因だったのかもしれない）、穏やかな遭遇もあった。

なかでも、1991年に数人の島民が訪問者の小型ボートに平和的に近づいたことは注目に値する。パンディットはまた、長年にわたって、自分が持っていった贈り物に対する島民のさまざまな反応を書き留めた。島では手に入らないココナッツはもちろん、金属製の深鍋やフライパンは特に歓迎された。一方、1974年の訪問で彼が持って行ったブタと人形は、ただちに槍で突かれて砂に埋められた。このとき同行した『ナショナル ジオグラフィック』のドキュメンタリー映画の監督は、腿に弓矢の攻撃を受けている。

言語が境界をつくる

北センチネル島に関する私たちのこういった知識はごく限られたもので、それ以外はもっぱら推測に基づいている。遠くから撮った写真と、人類学者が推定した島の調達可能な食料から、どうやら人口は15人から500人の範囲で、下限に近いそうだ。世帯構造、男女関係、力関係といった日常的な問題に関することはほとんど何もわかっていない。興味深いもう1つの謎は、人間がこの島に渡った時期だ。しばしば推測されているように、島民は5万5000年以上前から孤立した生活を送っていたのだろうか。それとももっと時代の下った、海水位が低かった頃に陸橋《ランド・ブリッジ》を通って島に渡ったのだろうか。衛星画像を見ると、この島が森に覆われており、砂浜とその外側のサンゴ礁に囲まれ、南東端に小島があるのがわかる。しかし、それ以上のことはほとんどわからない。

(逆にセンチネル族の側から見て、訪問者の慣習がいかに謎めいているかを想像してほしい。たとえば、1981年にプリムローズ号の乗組員を救出する際に使用されたヘリコプターの仕組みを理解するのはとても無理だろう)

それに、今後すぐに何か新しい発見が得られるとも思えない。パンディットは成功したが、2004年のインド洋大津波の直後、島民の安否確認のために島へ向かった遠征隊が体験したように、現代世界との接触は島民の敵意を呼び起こした(訳注 2004年のスマトラ島沖地震とその後の津波で、北センチネルは大きな被害を受けたと見られる。安否確認のために島に接近したヘリコプターに、島民は弓矢で攻撃をしかけてきた)。この島の住民がたくましく、よそ者の助けを必要としていないのは明らかだった。事実、2005年以降のアンダマン・ニコバル諸島政府の無干渉政策に後押しされて、このコミュニティが数千年間孤立状態で存続したことと、インフルエンザなど私たちにはありふれた病気が深刻な被害を与えることを考えれば、どんなに善意ある接触であっても島民の迷惑になるだけだ、というのが現在の多数意見になっている。これまで世界の多くの原注民が入植者に土地を追われ、外界との接触によってアルコール中毒や糖尿病に苦しめられてきた。それを考えると、この（不）活動が最も賢明な方針であるのかもしれない。なおアンダマン諸島では、過去2世紀にわたる部外者との継続的な接触によって原住民の人口が著しく減少している。[★2]

これはいまなお大きな問題として残っている。たとえば、ツーリズムは現代の娯楽として深く根づいているが、強い懸念を寄せられることがあり、なかでも当該地域のほかの場所で行われている〝ヒューマン・サファリ〟は近年激しい議論を巻き起こした。北センチネル島から近い南アンダマン島と中アンダマン島のジャラワ族の被害は特に深刻だ。ジャラワ族は、足を骨折したコミュニティの若者が1990年代にインドの村の近代的な病院で治療を受けたあと、何世紀も続けてきた孤立の方針をわずかに緩めた。それにつけこむように、旅行会社は現在、ジャラワ族の居住地域を車で通過するツアーの宣伝を行っている。それはまるで希少動物を探す旅のようであり、ジャワラ族の生存に欠かせない動物に害を与える可能性がある。さらに、侵入者が地元の木材や野生動物の肉を盗んだり、酒やタバコや病気をあとに残していくことも少なくない。

この諸島の自然の美しさは巨大な観光産業に発展する可能性を秘めているが、サバイバル・インターナショナルのような人権機関は、一部の観光客が北センチネル島への接近を試み、観光客と島民双方に危険が生じるのではないかと妥当な懸念を抱いている。センチネル族の写真を撮ったり、ビデオに撮影したりすることは禁固刑に値する犯罪であり、インドの治安部隊が島の周辺でパトロールを行っている。しかし2018年になって、インド政府はこの地域の29の島の訪問要件を緩和した。これによって、センチネル族が搾取や望まない関与を受ける可能性が高まった。実際、このパトロールもチャウに突破されたことがあるのだから、同じことが繰り返される可能性は否定できない。

大きさはマンハッタンと同じくらいだが、開発という点で真逆にある北センチネル島は、境界の決定という点において、世界で最も興味深い場所の1つである。インド政府は島民の生存については一定の責任があるのを認めているが、この島が（とりわけ）アッサム州や西ベンガル州のような自治行政区画であるとはひと言も言っていない。

それに対して、センチネル族は自分たちをインドやほかの国の一部であるとは認めておらず、事実上の自治社会を構成している。このことはチャウの死後、インド政府も米国政府も――さらにチャウの家族も――センチネル族を告発しなかったのに、チャウの島への接近を助けた7人の漁師を、彼の命を危険にさらした罪で告発していることからもわかる。

また、漁師たちはセンチネル族がチャウの死体が埋めるのを見ていたのだから、死体の回収は可能と言えば可能だったのだが、島を事実上支配しているコミュニティへの敬意と、島民が免疫を持たない病気を蔓延させてしまうのを恐れて、断念せざるを得なかった。それを考えると、この境界は島民を部外者や、その統治体制や法体制から守ったり、島独自の法体制を避けるように部外者に警告したりするだけのために存在しているわけではない。〝現代世界〟に生きる私たちが、社会や協調、交流という概念を理解する手段としても存在しているのだ。

両者の世界観やコミュニケーションのかたちがまったく違うことを考えれば、これは克服するのがきわめて難しい境界であると言える。現代の物の見方や構造を、同じ世界観を共有していない集団に当てはめるのは無理がある。〝北センチネル〟や〝センチネル族〟という呼び名でさえ、彼らが自分たちのことをどう表現しているのかを知ることもできない私たちが勝手に使っているにすぎない。言語とは、世界中の境界を創造し、維持するうえで重要な要素である。次章では、現代性、文化、伝統という問題が、それほど遠くない場所にも存在することを見ていこう。

★1　1970年の遠征の際に建てられた、この島がインドの一部であると主張する石碑も、この島の島民にはどうでもいいようだ。

★2　たとえば、小アンダマン島のオンゲ族は、1900年には670人だったが、現在は120人まで減少したと推定されている。

28

Brittany's Linguistic Lines

ブルターニュ地方の言語境界線

時は紀元前50年。ガリア地方はローマに完全に占領された。いや、完全にではない……あるガリア人の小さな村が不屈の抵抗を続けていた。そのため、トトラム、アクアリアム、ローダナム、カンペンディアム（訳注　トトラムは〝ラム酒のショット〟、アクアリアムは〝水槽〟、ローダナムは〝アヘンチンキ〟、カンペンディアムは〝概要〟の意味）といった陣地に駐屯するローマ兵は気が気でなかった……。

――ルネ・ゴシニ&アルベール・ユデルゾ『アステリックス』（古代ローマを舞台にしたフランスのコミック）

フランスの北西端から大西洋を見渡すと、ブルターニュ地方がなぜ長いあいだ、ヨーロッパの最果ての境界と思われていたのかがすぐにわかる。ごつごつした海岸に激しい波が打ち

イギリス海峡
ケルト海
ノルマンディー
プルーア
サン＝マロ
ビニック
サン＝ブリュー
ブルトン語圏
ブレスト
コート＝ダルモール県
ガロ語圏
フィニステール県
ブルターニュ
カンペール
レンヌ
イル＝エ＝ヴィレーヌ県
モルビアン県
ロリアン
ヴァンヌ
大西洋
ペイ・ド・ラ・ロワール
ゲランド
バツ＝シュル＝メール
ダルジャントレ線
セビヨ線
現代の言語境界線（未確定）
ビスケー湾
0
100
km

寄せ、ときおり遠くに船が見えるだけで、危険な自然環境を前にしても、ある程度の安心感を与えてくれる。この地を舞台にして世界的に人気を博したコミック『アステリックス』は、強大なローマ帝国に追いつめられながらも抵抗するのをやめない、ガリアの小さな村の小柄で勇敢な戦士の物語だ。ブルターニュ地方で一番へんぴなところにある県の名称フィニステールでさえ、そこが世界の果てであることを証明している。というのは、フィニステールはラテン語で〝地の果て〟を意味するフィニス・テラエ（ブルトン語でペン・アル・ベド）から来ているからだ。

もっとも、ブルターニュ地方はおなじみのヨーロッパ本土と、何千平方キロの広さがあるミステリアスな海との境界になっているだけではない。それ自体がさらに、異なる地域のアイデンティティ、世代、社会階級、将来への希望を仕切る見えない言語境界線によって、うっすらと刻み目をつけられているのだ。

ブルターニュ地方が、ヨーロッパ本土で唯一残っているケルト語系言語であるブルトン語（イギリス海峡の北に少数の話者がいるコーンウォール語やウェールズ語と関係がある）の拠点であることはある程度知られている。しかし、ブルターニュ地方には、ガロ語というもう1つの地域言語があるのを知っている人はごくわずかだ。2つの言語間の相違を反映するように、ガロ（Gallo）という単語は、ブルトン語で〝外国の〟を意味するガル（gall）に由来しているため、研究者はかなり昔から2つの言語が話されている居住地を分ける地理的境界線の画定に取り組んできた。

早くも1588年に、ベルトラン・ダルジャントレという地元の歴史学者が、北海岸のビニックから南部のゲランドまで境界線を引き、西側がブルトン語、東側がガロ語の地域であるとした。1886年、地元の民俗学者ポール・セビヨは、コート=ダルモール県北部にあるプルーア(ブルトン語でプロウハ、ガロ語でプロハ)という町から、ビスケー湾のバツ=シュル=メールまでの線に境界を変更した。

ややアプローチが異なるが、その3年前に歴史学者のジョゼフ・ロトが、ブルトン語の最大領域と、ロマンス語とブルトン語の影響がある〝混合ゾーン〟を定める2本の境界線を引いている。今日、もっぱら近代がもたらしたさまざまな難問のせいで、どの境界線も明確に定義されているとは言いがたい。しかし、ブルトン語とガロ語のコミュニティを区別するという考えは、いまでも多くの住民や研究者に受け入れられており、これらの古い境界の数キロ東のサン=ブリューからヴィレーヌ川の河口までが新しい境界であると主張する人もいる。

さらに、行政で認められた名称ではないが、西側は〝下ブルターニュ〟(ブルトン語でブレイズ=イゼル、フランス語でバス=ブルターニュ)、東側は〝上ブルターニュ〟(ブルトン語でブレイズ=ウヘル、ガロ語でオト=ベルタエイン、フランス語でオート=ブルターニュ)という表現がいまだによく使われている。ガロ語はブルトン語とフランス語からの借用語が非常に多く、ブルトン語は伝統的にフランス語の影響からかなり離れたところにあったため、

〝上ブルターニュ〟は、それ自体が一種の境界であるとか、ブルトン語話者にとっての緩衝地帯であると見なされることがある。

このような言語的特徴は、長年にわたりブルターニュが独立の気風を維持することに役立ってきた。歴史的に見て、ブルターニュ地方の西部はケルト系が暮らしていた。それは特に、4世紀から6世紀にかけてアングロ・サクソン人がブリテン島に侵入したことを受けて、コーンウォールとウェールズからケルト系ブリトン人がこの地に移住してきた結果である。

一方、アルモリカと呼ばれる東半分は、強大なローマ帝国の影響下にあった。ガロ語は、ラテン語の話し言葉である俗ラテン語を介して生まれたものと思われる。やがて、ブルターニュ（ブルトン語でブレイズ、ガロ語でベルタエイン）という名称が一般的になり、内外の国境に多少変更があったものの、1532年にフランスに併合されるまで自治国として機能し、ブルターニュ公国を名乗った。

それ以来、ブルターニュの人々はこの豊かで独特な歴史と文化に強い愛着を持っており、フェストゥ＝ノズ[*1]のような文化活動、郷土料理、グウェン・ア・ドゥ（白と黒）と呼ばれる独自の旗にその気持ちがうかがえる。ブルターニュが、2016年のフランス政府による大規模な行政改革において、名前と境界が修正されなかった唯一の地域であるという事実は、強い独自性の証拠になっている。

それでも、特に18世紀後半のフランス革命以来、ブルターニュの言語は危機にさらされてきた。いや、ブルターニュの言語だけではない。フランス革命以後、オック語、アルザス語、コルシカ語、フラマン語、バスク語など、フランスに存在する多くの地方言語を軽視するさまざまな政策が実施された。ブルトン語は、フランス語だけが保証するとされる国の結束に反するものと見なされ（当時、フランス語を話したり理解したりすることは、必ずしも一般的とは言いがたかった）、ブルトン語を学校で話した子供ははずかしめを受け、体罰を与えられた。その後、ブルターニュ地方の孤立状態が弱まっていき、特に19世紀後半の鉄道の拡大によって、ここフランスのほかの地域の人の移動が活発になると、ブルトン語はフランス語と比較して、経済発展に貢献しないとか、ブルターニュ地方の〝後進性〟を示すものと見なされ、自分の村の外にほとんど出ない農民の言語というイメージが定着した。

　反対に、フランス語は長年エリート層の言語であると考えられ、これを話すことが新体制への忠誠のあかしになった。なお、標準フランス語とかなり重なるところのあるガロ語は、理解不能な地方訛り《パトワ》であると軽んじられた（パトワは、地方言語に無教養な田舎者の言語というレッテルを貼るために、よく利用された言葉である）。実際、〝ガロ語でまた話をする《ス・ルメトル・ア・パルレ・ガロ》〟という表現は、この言語が欠陥のあるフランス語にすぎないことを暗に示すために長いあいだ使われてきた。時がたつにつれ、ガロ語の話者もその姿勢を受け入れて、ガロ語を使うのは家庭内などの私的な会話に限定するようになった。こうした嫌がらせの結果、ブルターニュ地方の都市部の住民には祖先の言葉を捨ててフランス語を話す者が多くなり、〝近代的〟

な町と〝前近代的〟村とのあいだに、事実上、社会言語学的・社会経済的な境界線が引かれることになった。

フランスのマスメディアは第二次世界大戦まで、民間伝承や伝統主義の中心地としてブルターニュ地方を否定的に伝えていた。その時期、ブルトン語を使う実質的、あるいは潜在的な分離主義運動は、多くの場合、ナチスの協力者であるかのように扱われた。フランス語こそレジスタンスの指導者たちの愛国的な言語という一般的なイメージが強まるにつれて、ブルターニュ地方の言語はますます否定すべきものになった。しだいに親は自分の子供とフランス語で会話することが多くなり、その結果、孫と祖父母のあいだの社会言語学的な境界がいっそう強化された。

一方で、ガロ語とブルトン語を隔て、フランス語とガロ語を隔てる伝統的な地理的境界は徐々に意味を失った。一説によると、１８８０年代は約２００万人がブルトン語を話せたが、一世紀たつと、話せる人の数が50万から60万人に減ったという。ガロ語話者の人口は、フランス語との関係が深いこともあって特定困難な状態が続いたが、今日では、ブルトン語とガロ語はそれぞれ20万人程度の話者しかいないと推定されており、しかも高齢層に集中しているため、どちらの言語もユネスコによって〝深刻な絶滅の危機に瀕している言語〟に指定されている。

曖昧になっていく境界

第二次世界大戦後、フランス語の優位性が損なわれないかぎりは、こうした地方言語を保存すべきであるという考えに、フランスの政治家が徐々に理解を示すようになった。世論の圧力もあり、この目標を達成するためにいくつかの法律が成立した。直近のものは、２０２１年に制定された、地方言語の保護と普及を目的とするモラック法である。[*2] どちらもフランスが主要メンバーである欧州評議会と欧州連合（ＥＵ）のおかげで、少数言語の擁護者がより包括的な国語政策の実行を期待できるようになったことは特筆に値する。

なかでも、バスク人が始めた〈バスク語にイエス〉というプロジェクトに触発された〈ブルトン語にイエス〉によって生まれたブルトン語庁（Ofis Publik ar Brezhoneg）は、道路標識から広告宣伝まで、会社や団体におけるブルトン語の使用の促進に中心的な役割を果たしている。

フランスでは長年にわたり、カトリックの聖人やフランスの歴史上の人物にちなんだ名前を持っていない人が弾圧され、ブルトン語やほかの地域の名前を付けることは事実上禁止されてきた。だが１９６０年代からは、フランス国民が子供に好きな名前を付ける自由（常識の範囲内であるが）が徐々に広がった。ブルトン語の教育も、ブルターニュ各地にあるディワン（発芽）という学校の力で一般的になった。ディワンは、バスク地方のイカストラやウエールズのアスゴルに触発されて１９７７年に最初の学校が設立され、深刻な財政問題を抱えながらも、家族を中心とした言語の伝達が失われつつあることによる格差の是正に、数十年にわたって大きな役割を果たしてきた。その結果、いまの学生は大学でブルトン語を履修できるようになった。同様に、１９７０年代から、ガロ語の推進派もベルタエイン・ガレイズ（ガロ・ブルターニュ）、マエーゾエ（〝今後〟）、さらにはガロ語教師協会といった組織を通して、自分たちの言語を普及させてきた。進捗はブルトン語よりも遅いが、ガロ語は学校だけでなく、フェテス・ガレーセス（ガロ語フェスティバル）などの文化活動や、さまざまな創造的取り組みを通じて、地元のラジオ、テレビ、活字媒体で徐々にその存在感を高めている。

それと同時に、ブルターニュ地方とフランスのほかの地域との言語上の境界と、ブルターニュ地方内部の言語上の境界はどちらも曖昧になりつつある。ブルターニュ地方やほかのフランスの地方に来る移民、なかでも過去40年にわたる北アフリカからの移民によって、アラビア語をはじめとする言語や、フランスの国民意識内部のイスラム教の立ち位置は、多くの政治指導者の重大な関心事になった。とりわけ教育に関しては。だが、ブルターニュ地方について言えば、ブルトン語とガロ語が今日どのようなスペリングで、どのような発音であるべきか、ほとんど合意ができていない。ブルトン語は、４大方言（ケルネ、レオン、トレゲル、グウェネド）からなり、それぞれ方言にはさらに独自の差異があると考えられている。そのため、村ごとに言葉が大きく異なる。そして、スペリングは少なくとも3種類あるため、表記の標準化は大変な作業だ。

こうしたことから、自分のルーツに興味があっても、両親や祖父母がブルトン語を教えることに消極的なため、一度もブルトン語を学んだことのない若い世代に教えるブルトン語をどれにすればいいのか決められなくなっている。そのために、学校や大学が数多くあるブルターニュ地方の人口密集地を中心に、〝ネオ・ブルトン語〟が出現することになった。ネオ・ブルトン語はレオン方言にきわめて近い。しかし、〝ネイティブの〟ブルトン語には、フランス語からの借用語が数多くあるのに対し、ネオ・ブルトン語はケルト語に由来し、フランス語風に発音される新語を多く採用している。

ただ、ネオ・ブルトン語に批判がないわけではない。一般に、高齢のネイティブ・スピーカーは、ほぼ例外なく口伝えでブルトン語を学び、読み書きはフランス語しかできない。それに対してネオ・ブルトン語の話者は、幅広い言語スキルを身につけているが、その言葉は地元の農家や漁師が使う言葉ではなく、都市部の若い話者のために、地域のエリートが考えた難解な言葉であるという批判が少なくない。さらに、伝統的な言語を標準化することを目的として、印刷物、ラジオ、テレビ、インターネットで使用されるネオ・ブルトン語は、人々の教育水準、居住地域（特に、この地方の主要都市であるレンヌとその他の地域）、年齢によって、〝伝統的〟な話者と〝新規〟の話者とのあいだに断絶が生じる原因にもなった。

ガロ語に関しても事情は同じで、ほとんど合意が得られていない。数十年にわたり、ガロ語は、それを話す人々からもフランス語の一方言にすぎないと思われていた。一部地域では、標準フランス語との明確な区別が難しく、ブルトン語と同様に、村ごとに差異がある（市街地よりははるかに共通性が維持されているが）。さらに言えば、ガロ語話者の子孫のなかには、最近になってようやく自分の祖先がガロ語を話していたと知った人もいる。そのような人は、祖先がブルトン語を話していたと勘違いしており、一度もガロ語を学んでいなかった。

それでも進展がないわけではない。ガロ語は1978年のブルターニュ文化憲章にはパトワではなく地域方言《パルレ》と書かれたが、2004年から、言葉の地位の向上を反映して言語《ラング》と表現するようになった。以降に学習を始めた人々は、ガロ語にポジティブな印象を持ち、自信を持ってこの言語を話しているようだ。これは、内心ガロ語の価値に疑念を抱いていた高齢の話者とは対照的だ。このように、ガロ語は昔よりも言語の差異を受け入れることに前向きな国で生き残る最善の方法を模索中だが、人の移動が盛んになったせいで、ガロ語を定義することが以前にも増して困難になった。

この点に関して、新しい分断が生じている。それは、21世紀のフランスにおけるブルトン語とガロ語の状況の違いだ。ブルトン語は、フランスのほかの地域から地理的にかなり離れており（これはコルシカ語にも言えることだ）、ケルト語派と言語的に似ていることから、ますます〝本物の〟言語であると見なされるようになった。下ブルターニュ経済の重要な貢献者である観光客の多くが、この地域の現代的な二言語主義《バイリンガリズム》と、ケルト的あるいは準ケルト的な伝統という特色を高く評価し、この地域がフランスの残りの地域とは違うと〝感じている〟。

一方、フランス語にはるかに近いガロ語は、ブルターニュの象徴として、また独自の言語としては、一般の人々の意識のなかでなかなか同様の正統性を得られず、ガロ語話者はそれを不満に感じている。ガロ語はまた、さまざまなメディアで一般的とは言いがたく、ブルトン語が学校や図書館、介護施設、その他の機関で需要があるのとは対照的に、ガロ語の知識はせいぜい〝おまけ〟程度の扱いにとどまっている。

さらに特筆すべきは、ブルトン語話者が、フランスにおける長年のフランス語中心主義に対抗してガロ語話者と団結するのではなく、距離を置きがちな点だ。彼らは、ガロ語が〝ロマンス語に近すぎる〟ため、協力にメリットはないと考えている。したがって、ブルトン語の独自性の強力なシンボルになっているのはブルトン語そのものということになる。言語は、フランスへの融合に対抗する一定の保護膜を提供しつつ、地域のアイデンティティを強化しているのだ。

もちろん、世界には言語の境界が数多く存在するので、[*3] ブルターニュが唯一の事例ではない。しかし、この地域は1つの国のなかにあって、その国からいまだに公式に認められていない隣接する2つの言語が直面する困難と、世界観、社会的階層、世代などに基づいて生じた付随する境界を垣間見るめずらしい機会を提供してくれる。この事例は、言語がアイデンティティの強力な源になり得ることを示しており、地域の人間の独自性を際立たせ、帰属意識を明確にする。少数言語が話されている場所、つまりその場所と〝外部〟を隔てる見えない境界が見いだせる場所を特定することで、今後の存続が問題になっているユニークなコミュニティの現状を理解できるようになる。

次章では、地域のなかの差異を特定し、理解し、維持することが目的であれ、あるいは一定の標準化を達成するために差異を消失させることが目的であれ、方言の地図化が有益である事例を検討しよう。

＊1 〝夜祭り〟のこと。伝統的な音楽と踊りを現代化したものが披露され、祭りの収益はブルトン語団体の支援に使われる。

＊2 この法律によって、学校は地方言語ですべての教育を行うことが可能になり（それ以前は、せいぜい50パーセントだった）、コミュニティが運営する学校は、学生が暮らす地方自治体から資金提供を受けられ、新生児の名前の登録など民法上の身分にかかわる行為において、地域の発音区別符号を使えるようになった。ブルターニュ出身の国会議員ポール・モラックが主導したこの法案は、賛成247票、反対76票（エマニュエル・マクロンの票を含む）、棄権19票と、国民会議で大方の支持を獲得した。モラックは、ブルターニュの賛歌『我が父祖の土地』（Bro Gozh ma Zadoù。これは偶然にも、

ウェールズの国歌 Hen Wlad Fy Nhadau とコーンウォールの賛歌 Bro Goth agan Tasow と、同じ意味とメロディーを持っている）を同郷の同僚と歌って祝った。

★3 おそらく、料理の名前が付いているスイスのレシュティグラーベンとポレンタグラーベンほど想像力をかき立てる境界線はないだろう（訳注 レシュティは〝ゆでたジャガイモを炒めたもの〟、ポレンタは〝イタリア料理の濃いトウモロコシ粥〟、グラーベンは〝溝〟の意味。フランス語ではそれぞれ rideau de rösti〔レシュティのカーテン〕と rideau de polenta〔ポレンタのカーテン〕となる）。これらはスイスの言語境界線の名称で、前者はフランス語とドイツ語を、後者はイタリア語とドイツ語を分けている。

29

Germany's Dialect Lines

ドイツの方言境界線

駅しかわからない（〝さっぱりわからない〟の意味）

――ドイツ語のイディオム

ドイツで列車を捕まえるのは、だいたいが愉快な体験だ。ドイツの列車は時間に正確なことで有名だが、それだけでなく、車内はいつもきれいで、快適で、高速で、駅の標識は明瞭だ。ただし、いまだに誤解の種になることがある。たとえば、土曜日午前8時15分の列車について、北東部ロストック出身の人は、「土曜日（Sonnabend）の〝9時に向かって15分（viertel neun）〟」と言い、南部ローゼンハイム出身の人は、「土曜日（Samstag）の〝8時15分過ぎ（viertel nach acht）〟」と言う。Samstag の Tag（〝日〟の意味）でさえ、南部での使用が一般的で、北部ではオランダ語と同じスペルで、英語の day にも近い Dag が主流だ。実際、ドイツ語には子音や単語に数多くのバリエーションがあり、ドイツ全土にはさまざまな方言

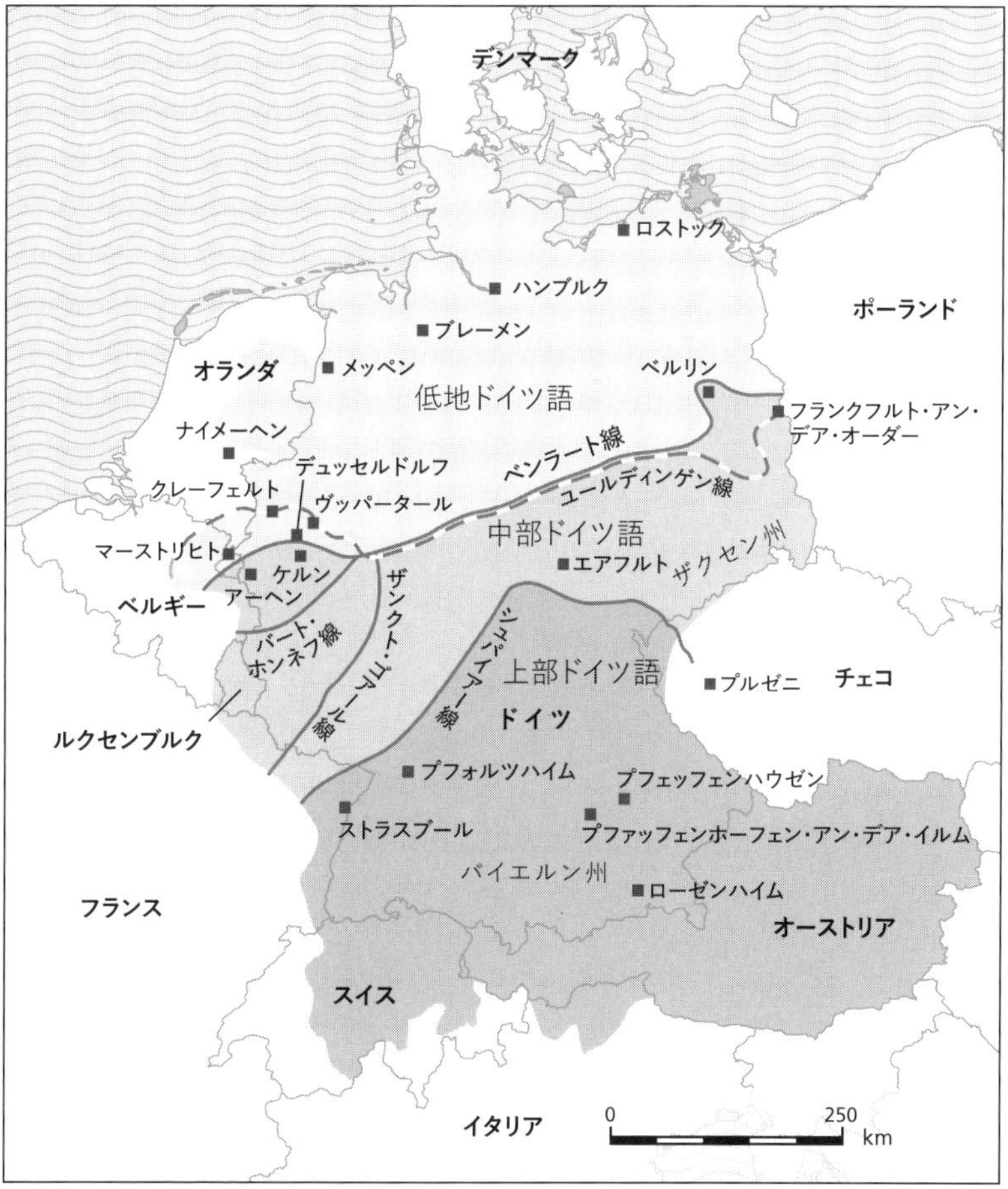
デンマーク
ロストック
ハンブルク
ポーランド
ブレーメン
オランダ
メッペン
ベルリン
低地ドイツ語
フランクフルト・アン・デア・オーダー
ナイメーヘン
デュッセルドルフ
ベンラート線
クレーフェルト
ヴッパータール
ユールディンゲン線
中部ドイツ語
マーストリヒト
ケルン
エアフルト
ザクセン州
アーヘン
ベルギー
ザンクト・ゴアール線
シュパイアー線
バート・ホンネフ線
上部ドイツ語
プルゼニ
チェコ
ドイツ
ルクセンブルク
プフォルツハイム
プフェッフェンハウゼン
ストラスブール
プファッフェンホーフェン・アン・デア・イルム
バイエルン州
ローゼンハイム
フランス
オーストリア
スイス
イタリア
0
250
km

がある。その数は、方言の定義の厳密さにもよるが、250を超えると考えられている。

確かに、方言に地理的な特徴があるのはドイツ語だけではない。イングランドのニューカッスル・アポン・タインとブリストルでは発音がかなり異なっており、米国のボストンとニューオーリンズも同様だ。発音の違いによって境界を定められる。たとえば、イングランドではbathやsconeの発音は南北で異なり、米国ではyou allとy'allの違いがある。[*1] 使用する単語やフレーズも大きく異なる。英国人がbun、bap、barm、batch、cob、teacake、muffinなど、数多くあるロールパンを表す単語のどれかを口にしたら、その人の出身地の見当がつくかもしれない。同じことは米国の細長いサンドイッチを指す単語にも言える――sub、hoagie、hero、grinder、zeppelin……。どうやらパンには不思議なほど人を結びつける力と、荒々しく分断する力の両方があるらしい。腹が減ってくるので、話を戻そう。19世紀後半になってようやく統一されたものの、2つに引き裂かれて20世紀の大半を過ごしたドイツは、地域方言が比較的高い水準の耐久力を持っているという点で非常に魅力的な場所だ。

本書にとってとりわけ興味深いのは、ドイツでは長いあいだに、〝等語線〟という言語上の境界線が何本か引かれたことだ。この等語線は、3大方言地域の境界を画定し、ドイツ語の変種を明確に地図化している。ドイツ語に、旅への強い願望（Wanderlust）だけでなく、遠く離れた場所へのより明確な憧れ（Fernweh）や、おそらくそれに関連した到達しがたいものへの切なる思い（Sehnsucht）を表す単語があるという事実は、とりわけパンデミックによる旅行制限から脱しつつあるいまの時代において、ドイツ語のAnziehungskraft（魅力、あるいは〝引力〟）をさらに高めている。

ドイツ語は大まかに、上部ドイツ語、中部ドイツ語、低地ドイツ語という3つの方言地域に分けられる。ドイツの地図で確認しようとした人が混乱するのは、上部ドイツ語が南部の地方に当てはまることで、これは〝上部〟という名称が南部の特徴である高地と結びつくためだ。

反対に低地ドイツ語は、低地平野が広がるドイツ北部を指す。この差異は〝高地ドイツ語子音推移〟というゆっくりとした歴史的プロセスの結果である。それによって、南部方言は徐々に音韻（音）が変化し、特に多くの単語の子音p、d、k、tが、f、t、ch、ß（ss）またはzに置き換わった。南部にあるアルプス山脈の一部遠隔地では、さらなる変化が起こった。その変化はスイスの一部でいまでも見られ、〝子供〟を意味するKindの代わりにKchindが使われている。

対照的に、北部方言の大部分はこの変化の影響を受けなかった。中部ドイツ語方言はいい具合に中立的な立場にあり、この地域の方言は程度の差はあれ、子音変化に従っている。この移行の時期はいまだに不確かだが、多くの言語学者は3、4世紀頃から9世紀にかけて起こり、その一連の波のなかで、一部の地域はほかの地域よりも大きな影響を受けたものと考えている。フン人の侵攻をはじめとする出来事と、それに伴う4世紀からのゲルマン系の移動――とりわけ、ランゴバルド人とフランク人の移動――は、彼らの地理的分布だけでなく、言語と方言の形成にも大きな影響を与えたようだ。

　こうした子音推移の総体的な結果が、方言のパッチワークとも言える状況である。この寄せ集め《ミッシュマッシュ》をよりよく理解するために、低地、中部、上部という3つの分類を使って、子音推移による変化の度合いによって方言を分類している。もっとも、これは決して完璧な分類ではなく、多くの言語学者がさらに精緻なものにして、南北だけでなく東西を含む、具体的な地域差を反映させた分類を考案してきたが、いまだにドイツ語話者は低地、中部、高地という分類を使っている。

　もっと言えば、等語線によって分類された3つの包括的な題目で容易に地図化することが、ドイツ語という複雑な言語を理解するための簡便な手段になる。なお、〝簡便さ〟はドイツ語の特徴で、ドイツ語にはOhrwurm（耳の虫、〝頭のなかに残るキャッチーな曲〟という意味）、Treppenwitz（階段の冗談、〝後知恵〟）、Naschkatze（つまみ食いをするネコ、〝甘党〟）といった多くの複合名詞があり、長くなりがちな言葉を1つの単語でコンパクトに言い表せる。

　ベンラート線という等語線は、maken（つくること）のようなkの音を使用する北部方言と、子音推移の結果kがchに変わり、machenを使うようになった南部方言を区分けしている。北ドイツを走るこの等語線は、ほとんどの地図ではアーヘンの近くからスタートし、デュッセルドルフのすぐ南のベンラートを通過、ベルリンを回って、フランクフルト・アン・

デア・オーダーに達し、最後にポーランドとの国境を越える。

ユールディンゲン線という別の等語線は、デュッセルドルフからライン川を数キロ上ったところにあるクレーフェルトという地区にちなんで名づけられた。その場所では、〝私〟を意味する語は南の ich とは異なる ik となる。

ユールディンゲン線は、オランダとベルギーの両方の国境を通過する。k と ch を分ける共通の傾向を見れば、ユールディンゲン線がベンラート線と似たコースをたどるのは不思議ではないが、首都ベルリンを取り囲むブランデンブルク州など、ところどころで異なる。たとえば、ユールディンゲン線は、ベンラート線とは違ってベルリンの南側を通る。さらに、オランダとベルギーの国境付近で、2本の等語線は別々に分かれ、実質的にリンブルフ方言の境界を定めている。リンブルフ方言の地域の中心には、マーストリヒトがあるが、ドイツのデュッセルドルフ地域でも話されている。以上をまとめると、この2本の等語線は、低地ドイツ語を、中部ドイツ語と上部ドイツ語から分けている。

中部ドイツ語地域には、何本かの等語線が存在する。特に、オランダ、ベルギー、ルクセンブルクと接するドイツ西部の国境近くには、ライン川にちなんで〝ライン扇状地域〟という複雑な三角地帯がある。この場所では、リンブルフ方言と標準オランダ語の識別だけでなく、さまざまなフランク語の特定も可能で、おおよそオランダのナイメーヘンからフランス北東端の地域をカバーし、ケルンやボンといったドイツの主要都市を包囲している。この地域の中部ドイツ語方言は、特定の単語内のtとs（ザンクト・ゴアール線）、vとb（ボッパルト線）、pとf（バート・ホンネフ線）といった子音を基準に、北部と南部を区別できる。つまり、ここは最も複雑な等語線が集まる地域であり、各標準語にはっきりとした違いがあるにもかかわらず、話者が依然として地元の方言を使って、国境の反対側の他者とコミュニケーションが取れる場所なのだ。

　最後に、中部ドイツ語と上部ドイツ語を区別するために、現在フランス領であるストラスブールに近い場所から北東に延び、ドイツ中部チューリンゲン州のエアフルト近郊を頂点として南東に針路を変更し、チェコ共和国西部のボヘミア地方にあるプルゼニまで走る、逆V字形のシュパイアー線がある。欧州議会があるストラスブールから、ピルスナービールの世界的中心地であるプルゼニまで走るシュパイアー線は、特に破裂音ppと破擦音《はさつ》pfを区別する。〝リンゴ〟を意味するAppelとApfel、〝コショウ〟を意味するPeperとPfefferなどがその例だ。また地図を見ると、南ドイツではプフォルツハイム（Pforzheim）、プファッフェンホーフェン・アン・デア・イルム（Pfaffenhofen an der Ilm）、プフェッフェンハウゼン（Pfeffenhausen）など、pfが付く地名を多く目にする。

　一方、ヴッパータール（Wuppertal）やメッペン（Meppen）など、ppが付く地名は北側のほうが多い。そしてもちろん、この子音推移の影響を受けていないゲルマン系の言語である英語は、pfを取り入れず、低地ドイツ語と同じppを保持した。さらに興味深いことに、一部のドイツ人は〝ヴァイスヴルストの赤道〟と呼ばれる、シュパイアー線にほぼ沿った南北の料理の境界線に言及することがある。その境界線の南では、バイエルンの伝統的な白ソーセージをよく見かける。また、1866年の普墺戦争(プロイセン＝オーストリア戦争)のあと、すぐにオットー・フォン・ビスマルクが率いるプロシアを中心とした北ドイツ連邦と、どちらかと言えばオーストリア寄りの南部諸国のあいだの境界基準となったマイン川は、中部ドイツ語と上部ドイツ語の境界線と見なされることがある。

方言は他者を寄せつけないためのものだった

言うまでもないが、これらの境界線は完全ではない。どの方言の話者も国内のほかの地域に気軽に引っ越すことができるし、新しい土地で長く暮らして土地の言葉にいくらか影響を受けたとしても、もともとの話し方が保持される場合があるからだ。

等語線は厳格に定義されているように見えるが、実際には人々の発音が徐々に変化する移行ゾーンを示しているにすぎない。結局、どの言語も方言の連続体で構成されており、〝最も純粋な〟形式に近づくほど、その言語はほかの話者に理解できなくなっていく。これは、ある等語線を越えても、まったく異なる方言に突然遭遇するわけではなく、人々の話し方や単語の選択がわずかに異なるドイツ語を耳にする可能性があるという意味だ。それでも、大きな規模で見ると、ハンブルクやブレーメンといった北部の都市出身者は、バイエルンのような南部の州にいる同国人の会話（書き言葉は別にして）を理解するのに苦労するかもしれない――特に、辺境の山岳地方の会話は。たとえば、私の妻は自分の出身地であるヨークシャーの田舎の方言に、私が苦労したことをよく話題にするが、そんな英語の比ではないのだ。ちなみに、ドイツ語話者が強い嫌悪感を覚えやすい方言は、ドイツ東部で話されている中部ドイツ語方言の上部ザクセン語だと言われることが多い。上部ザクセン語は、めずらしい母音と〝不明瞭な〟子音が特徴だ。

1871年にドイツが統一されるずっと前に、この地域方言の寄せ集めを標準化する試みが行われていた。16世紀初頭の印刷ブームの追い風を受けた神学者のマルティン・ルターは、この動きの中心的な存在だった。かつて勢力を誇った北部のハンザ同盟は、中世低地ドイツ語を使用したが、南部人はさまざまな上部方言を使用し、さらにルターが糾弾したカトリック教会の指導者たちは、一般的ではない中世ラテン語を好む傾向があった。ルターは、新約聖書の初の翻訳（1522年）と、旧約聖書も含む完全な翻訳（1534年）において、ドイツ中東部に位置する故郷ザクセンの宮廷言語を採用し、より広い地域で読まれるように上部ドイツ語の要素も組みこんだ。

このようにして、ルターはさまざまな言語が話されていた神聖ローマ帝国領内で前例のない数の読者が聖書を読めるようにし、宗教改革を成し遂げただけでなく、ドイツ語改革にも着手したのである。この言語のバトンは、衒学《げんがく》趣味で有名だった哲学者のヨハン・クリストフ・ゴットシェートに引き継がれた。1748年に出版された彼の『ドイツ語の言語技法の基礎』(Grundlegung einer deutschen Sprachkunst)は、一貫性のある表記法の確立に貢献した。それ以来、〝標準ドイツ語〟と呼ばれる中部と上部ドイツ語の方言を融合させた新しいドイツ語を、学校が標準化することがおもな課題となった。今日、標準ドイツ語は、イギリス英語の〝容認発音〟[★2]と同じく、政府、教育機関で一般的に使用されている。なお、この規格を説明するドイツ語の単語はさまざまで、標準ドイツ語、高地ドイツ語、文章ドイツ語などがある。最後の〝文章ドイツ語〟はスイスで一般的だ。

当然ながら、その他のドイツ語を話す国やコミュニティも独自の方言を持っている。一部のスイス・ドイツ語は、アルプス山脈の地理的隔離が何世紀も続いた結果、ほかのドイツ語話者、特にドイツ北部の人々にはほとんど理解不能な言語になっている。対照的に、オーストリアで話されるドイツ語の大部分は、バイエルン州の典型的な上部ドイツ語方言と似ている。ただし、オーストリアの最西端は例外だ。そこで話されるドイツ語は、一般にリヒテンシュタイン、スイス東部、ドイツ南西部で使用されるアレマン語に近い。

南北アメリカにおいて、少数のドイツ語話者のコミュニティで使用されている言語は、その創設者の方言に基づいている。たとえば、〝ペンシルヴェニア・ダッチ〟はドイツ南西部のプファルツ地方に起源があり、いまだにこの地域のプファルツ方言(Pfälzisch dialect、ここでもpfの音が登場する）にやや似ている。また、ブラジル南部の一部、アルゼンチン北東部、パラグアイ南部で話されているフンスリック語は、プファルツ地方のすぐ北のフンスリュック方言と関係がある。

これらの移民方言の存続は、ほかの言語の浸透を許さず、方言で移民仲間とコミュニケーションを取るという話者の意志に強く依存してきた。この点において、等語線は少なくとも片方が〝外部〟の特徴の侵入を妨げる意志を持っていることを条件としており、そのような境界は等語線の存在が示唆するように、混ざり合っていないことをよりどころにしている。しかし、現代世界において、完全な孤立を保つのは難しい。

実際、方言について言えば、境界の維持と境界の不透明さという対立する力学の典型が見られるのは、20世紀後半のドイツをおいてほかにないだろう。第二次世界大戦後、東ドイツから西ドイツへの大量移民が発生したことによって、さまざまな地域方言が弱体化する一方、大量の人間の流入に慣れていなかった農村地域においても標準ドイツ語が有力になった。これは、各地のドイツ語話者が、特定の地理的領域に限定されるのではなく、突如として国じゅうに広がったためである。

既存のコミュニティの大半は新参者の便宜のために自分たちの伝統的な言葉を変えることには消極的だったし、新参者のほうも新しい方言になじむのに時間がかかったので、標準語のほうが使い勝手がよく、比較的権威のある言葉と見なされるようになった。これは特に、両親が話す言葉と同世代が話す言葉のあいだの断絶を感じるようになった若い世代に言える。鉄のカーテンの時代に、西側は英語から新しい言葉を採用し、東側はロシア語で同様のことをして（〝宇宙飛行士〟を意味するastronautとKosmonautなど）、東西間で言語上の差異がある程度生じた。それでも、今日まで続いている東西間の差異の大半は、この比較的短命だった境界よりもはるかに古い起源を持っているため、地方言語に深く根づいている。

地元メディアは、方言の維持にしばしば熱心に取り組んできたが、マスメディアの台頭と、人々が国じゅうを移動する傾向が強まったことで、方言の特徴は薄まった。流行に敏感でデジタル機器を使いこなす若年層が新しい考えにさらされることで、世代間のギャップが拡大した（そうした傾向は都市部で顕著だ。あるベルリン市民は、都市部には方言に対する「一定の平準化効果がある」と言った）。その一方で、特に農村部の年配者は、もっぱら同じ方言を話す人と交流するため、彼らの伝統的な言葉は維持されている。いやそれどころか、移民の流出入がいまだにめずらしい農村部とその他の地域のあいだで、将来、新しい等語線が引かれる可能性もある。そういった境界を地図化することで、ドイツとほかの国のあいだの文化交流の度合いに関する洞察が得られるかもしれない。

ルターによるドイツ語の標準化も方言を完全に消せなかったように、彼の宗教改革もまた、各地に影響をおよぼし、事実上分裂状態にあったドイツをようやく統一させはしたが、今日に至るまで北部のプロテスタントと南部のカトリックという大きな分断を残すことになった。

しかし、宗教に基づいて地理的な分裂が見られる国はドイツだけではない。次章では、特に興味深い事例について検討しよう。周囲とは異なる宗教的熱情にちなんで名づけられた地域だ。

＊1　興味深いことに、ピッツバーグ地域には、スコットランド系アイルランド人が使用していた you ones に由来する yinz という独自の表現がある。

＊2　それに対して、アメリカ英語には明確な標準語がない。しかし、ネブラスカ州とアイオワ州のアクセントは最も訛りがないと主張する人もいる。

30

The Bible Belt

バイブル・ベルト

4人に1つ教会があり、各ストリップモールに教会が2つあるとしたら……そこはバイブル・ベルトかもしれない。

——ニール・カーター（高校教師）

巨大な十字架がフリーウェイを見渡している。広告掲示板《ビルボード》が、イエスを讃えよ、とドライバーに命じる。キリスト教ラジオ局の番組が近くの車から聞こえてくる。その車の後部ウィンドウには、イクトゥス（ジーザス・フィッシュ）（訳注　初期キリスト教の隠れシンボル）のステッカーが貼られていて、ナンバープレートは神の名を思い起こさせる。谷を降りると、前方に小さな町が見え、教会の尖塔が民家の低い屋根の上に現れる。アメリカ合衆国は表向き世俗国家ということになっているかもしれないが、南部の大半の地域がキリスト教の強い影響を受けているのは明らかだ。

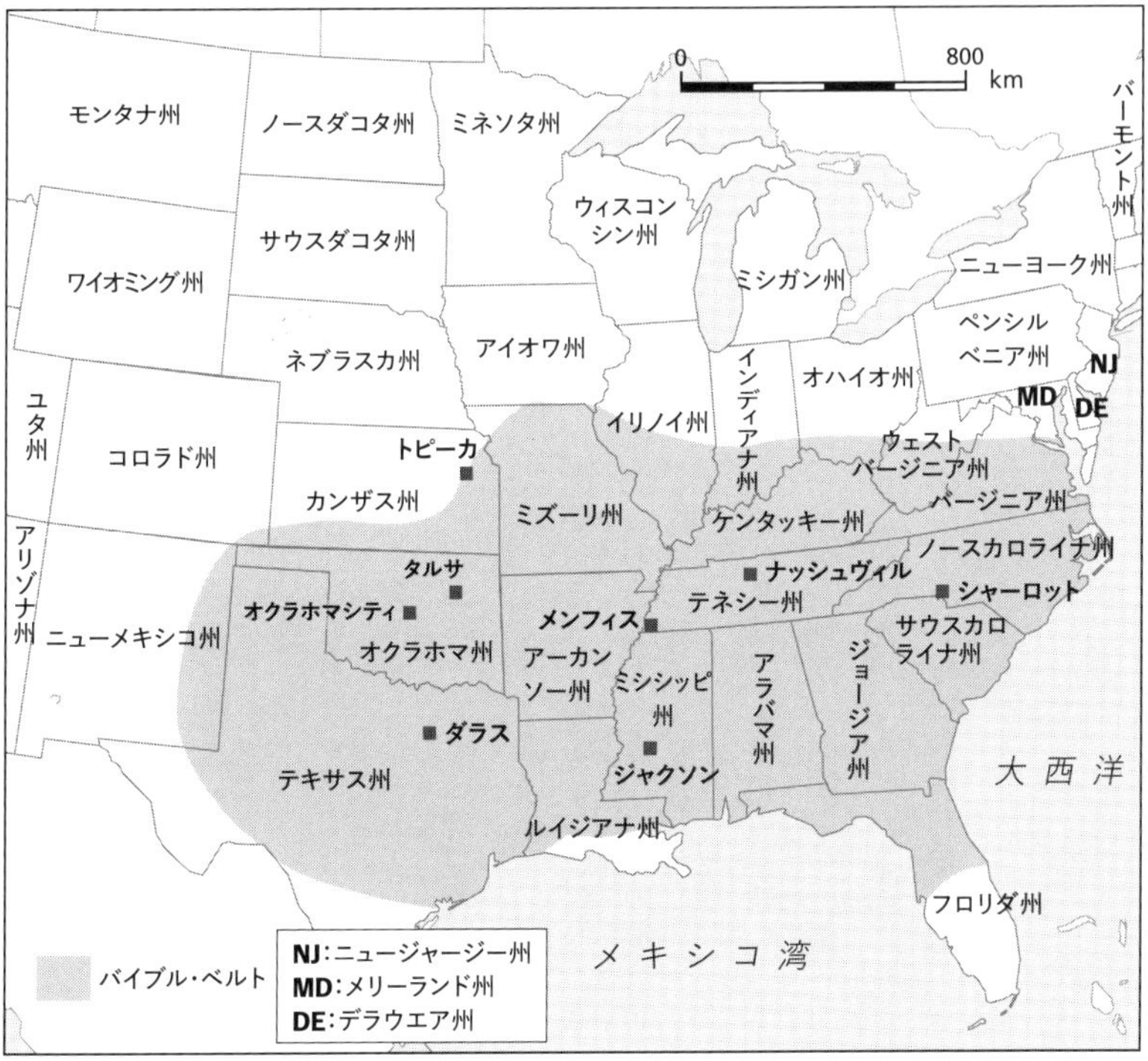
0
800
km
モンタナ州
ノースダコタ州
ミネソタ州
バーモント州
ウィスコンシン州
サウスダコタ州
ワイオミング州
ミシガン州
ニューヨーク州
アイオワ州
ネブラスカ州
ペンシルベニア州
NJ
ユタ州
インディアナ州
オハイオ州
MD
DE
イリノイ州
トピーカ
コロラド州
ウェストバージニア州
カンザス州
バージニア州
ミズーリ州
ケンタッキー州
アリゾナ州
ノースカロライナ州
タルサ
ナッシュヴィル
オクラホマシティ
テネシー州
シャーロット
メンフィス
ニューメキシコ州
オクラホマ州
サウスカロライナ州
アーカンソー州
ミシシッピ州
アラバマ州
ジョージア州
ダラス
ジャクソン
大西洋
テキサス州
ルイジアナ州
フロリダ州
メキシコ湾
バイブル・ベルト
NJ：ニュージャージー州
MD：メリーランド州
DE：デラウエア州

私は大学で〈宗教地理学〉という講座を担当している。初回の授業ではたいてい学生に、教会など宗教施設の具体名は挙げずに、地元で宗教コミュニティのある、またはあった形跡を見つけたことはないかと尋ねてみる。聖人にちなんで名づけられた通り、共同墓地、ハラール（訳注　イスラム法上で許される食べ物）やコーシャのレストランなど、学生はさまざまな例を挙げていく。さらに〝南部〟的なものについては、必ず南部出身者か、その地域にくわしい学生が言及する。永遠の地獄を警告するメッセージや、特定の教会を訪れることを奨励するメッセージが、屋外広告板《ビルボード》に書かれているのを見たことがあると言う。また、大学のあるイリノイ州東北部のシカゴと、ほんの数時間南に行った、イリノイ州、ケンタッキー州、ミズーリ州、インディアナ州南部が交わる場所との文化的差異について語る。議論を進めるうちに、南部を宗教色が強い地域の典型と考えているのが最初に話をしてくれた学生だけではないことにいつも気づかされる。

〝バイブル・ベルト〟という呼び名は、1世紀近く前に、米国のジャーナリストで風刺作家でもあるヘンリー・ルイス・メンケンが、南部と中西部の農村に福音主義が浸透していることを揶揄するために編み出した造語だ。しかし、米国人の素朴な生活を嘲笑して英国兵士が歌ったものに対抗して、米国兵士がのちに国民的愛唱歌になる〝ヤンキー・ドゥードル〟という替え歌をつくったように、南部人もバイブル・ベルトを自分たちの敬虔さを表すフレーズとして使うようになった。徐々に、バイブル・ベルトと米国の残りの地域で大きな差異が確認されていった。

特筆すべきは、宗教性（信仰心の強さ、宗教の重要度、毎週礼拝に参加しているか、毎日祈りを捧げているかを回答者に点数で答えてもらうなど、さまざまな方法で評価された）がほかの地域よりもかなり高い点だった。ただし、ユタ州は例外かもしれない。西部のユタ州では、人口の半数以上が社会的に保守的な末日聖徒《まつじつせいと》イエス・キリスト教会（訳注　モルモン教として知られるプロテスタントの一派）の信者を自認しているからだ。

しかし、バイブル・ベルトは別の点でも際立っている。カトリックと、メソジスト派、ルター派、長老派、米国聖公会派といったプロテスタントの主流派は、伝統的にほかの大多数の州で優位を占めているものの、ここ50年くらい、それらの宗派への帰属意識が深刻な退潮傾向にある。それに対して南部諸州では、福音派プロテスタントの教会、とりわけバプティスト派、ペンテコステ派、無宗派が勢力を誇っている。もちろん、福音派は米国のほかの地域でも代表的な宗派である。しかし、ここでは別の分断が現れている。中絶や同性愛に断固反対するベルト内の教会と、こうした問題に対して多くの信者が徐々に軟化の姿勢を見せているベルト外の教会との分断だ。

それどころか、いまや南部とその他の地域の最も顕著な違いは宗教であると言えるかもしれない。植民地時代の米国で2つの有力一族のあいだで起きた境界争いを解決するために引かれたものであるのに、のちに南部（奴隷制は合法）と北部（奴隷制は違法）の境界であるという悪評を得ることになった。かつてのメイソン＝ディクソン線のような宗教上の公式な境界線は存在したことがないが、宗教は南部政治をかたちづくるうえで長年重要な役割を果たしてきた。ミシシッピ、アラバマ、サウスカロライナ、テネシーのような南部の州は、近年の選挙において、共和党の強固な地盤であることが証明された。南部における宗教と政治の密接な関係を反映して、今日でさえ一部のコミュニティは南北戦争を、キリスト教の将来をめぐる〝神学的〟な対立であり、南部の〝敬虔な〟兵士が自らの信仰を守るために北部の〝異端者〟と戦ったものと表現している。

1979年に設立された保守的宗教組織で南部志向の〈モラル・マジョリティ〉は、長いあいだ米国政治におけるキリスト教保守派の動員に重要な役割を果たし、前世代の白人福音主義者に支持されたキリスト教ナショナリズム[*1]——とりわけ、1940年代から50年代のテレビ伝道師ビリー・グラハムの活動は注目に値する——に新たな活力を与えた。福音派の指導者ジェリー・ファルエルのもと、1979年に正式に発足したこの運動は、1960年代以降の米国社会の自由主義的な流れ（性革命、同性愛者の権利獲得、公立学校における宗教の場所を制限する最高裁判所の諸判決、〈ロー対ウェイド事件〉という中絶の全国的な合法化を認める1973年の最高裁判所の判決など）に対して、そうした動きはどれも政治や日常生活における伝統的なキリスト教の道徳観の低下を意味すると主張して抗議集会を行った。モラル・マジョリティは、米国的な〝家族観〟を守って普及させると表明、メディアと草の根活動を通じてその価値観を宣伝し、愛国的な旗のもとに宗教的保守派の広範な同盟を結集した。支持した共和党の大統領候補ロナルド・レーガンが1980年に大統領に選出されたことで、モラル・マジョリティは自信を持ち、80年代には有力な政治勢力に成長したが、いくつかの理由で1989年に解散した。理由としては、非難すべきさまざまな〝敵〟がいる保守派のライバルの出現、レーガンの後継者をめぐる指導部の意見対立、資金の大幅な減少などが挙げられる。

もっとも、組織自体は消滅したものの、モラル・マジョリティは絶対的な影響力とコネという強力な遺産を残したので、今日のキリスト教右派はそれをフルに利用して、同性愛、性教育、安楽死、中絶などの問題に関して社会的保守派の立場を築き上げた。

共和党のドナルド・トランプが大統領に選出された2016年の選挙は、さまざまな点でキリスト教右派の何十年にもわたる取り組みの集大成となった。2度の離婚を経験し、長年〝プレイボーイ〟と呼ばれてきたトランプは、伝統的な宗教保守派の手本とはとうてい言えなかったが、同じくジェリーという名前のファルエルの息子によって大統領候補に推薦された。米国のキリスト教徒の伝統は危機にさらされている、[★2]とキリスト教ナショナリストの心情に直接訴えかけ、ファルエル・ジュニアを「我が国で最も尊敬すべき宗教指導者」と大げさに称えたトランプは、福音派白人層の77パーセントの票を獲得した。これは、ジョージ・W・ブッシュやミット・ロムニーなど、もっと強く自分の宗教性を訴えたかつての共和党候補と変わらぬ得票率だった。

キリスト教保守派はまた、連邦最高裁判所でも中心的な役割を演じ、信仰も世論も関係なく、すべての人に影響をおよぼす裁決を行ってきた。最も有名な事例が、〈ロー対ウェイド事件〉の判決を覆して議論を呼んだ２０２２年の〈ドブス対ジャクソン女性健康機構事件〉であり、この判決によって、各州は以前と同じくそれぞれ独自の中絶法を定める権利を取り戻した。もっとも世論調査によれば、一般市民は６人の保守的な最高裁判事（そのうちの３人はトランプによって任命された）に比べて、中絶に対する嫌悪感がはるかに少ないことが実証されている。この６人はいま、避妊や同性愛など、昔から厳格なキリスト教徒が反対してきた問題に関連する過去の判決を再検討するつもりのようだ。

さらに、地理的な重要性を反映して、２０２２年の判決が出るとすぐに、中絶法に関してある種のパターンが見られるようになった。バイブル・ベルト内とされる州が早々と中絶の禁止または強い制限に動き、[★3] 北東部の大部分と西海岸、さらにイリノイ州とハワイ州はこの権利を擁護した。

分断をなきものとせず認めることから始める

米国内の大半の地域に対してバイブル・ベルトの多数の住民が持つ差別化意識は、文化面でも体験できる。ほかの地域からの移住者、特に自分をキリスト教徒と考えていない人々は、福音派プロテスタントが南部の標準を決めるほどこの地に浸透しているのに驚いたと言う。どの教会に通っているのかと尋ねられることもめずらしくない。食事の前には祝福の言葉が唱えられ、集会は祈りで始まる。「神の祝福がありますように《ゴッド・ブレス・ユー》」は、しばしば「ありがとう《サンキュー》」の代わりに使われ、一部の地域では、「さようなら《グッドバイ》」の代わりに「祝福された一日を《ハヴ・ア・ブレスト・デイ》」と言う（〝グッドバイ〟もキリスト教に由来しており、「神のご加護がありますように《ゴッド・ビー・ウィズ・ユー》」の短縮形ではあるが）。たいていの郡では、復活祭はキリスト教の祝日とされ、酒類の販売が禁止される。ほかの一部の郡では、年間を通じて酒類の販売とサービスが禁止されたり、日曜日に時間制限が設けられたりしている。ジョエル・オスティーン、ポーラ・ホワイト、クレフロ・ダラーのような指導者は、ラジオ、テレビ、活字メディア、インターネットを駆使し、場所にとらわれずに幅広い聴衆に向けて説教をして有名になった。[★4] 公立学校で禁止されているにもかかわらず、教師が授業中に祈りの指導をしていると語る南部の学生も少なくない。面白いことに、〝非キリスト教の信念体系〟を支持しているという理由で、アラバマ州は1993年から2021年まで公立学校でヨガを教えることを禁止していた。瞑想と〝ナマステ〟という挨拶はいまだに禁止されている。この地域の住民には、アメリカ合衆国自体が神の啓示によって生まれたものだと考える人がいる。

当然のことながら、南部一帯ではさまざまなかたちでキリスト教が公的な存在になっているために、都市部と農村部の区分も含めて、バイブル・ベルトの目に見えない境界の位置を正確に特定するのは困難になっているが、それでも特定の試みは続けられてきた。そこで問題になるのは、バイブル・ベルトを構成する要素は何かという点である。大方の人は、福音派プロテスタント（特にバプティスト派）が大きな存在感を持ち、社会的保守派の価値観が優勢な地域ということで意見が一致している。そうなると、テキサスやオクラホマ、カンザス、ミズーリ、イリノイ、インディアナの一部など、満場一致で〝南部〟と見なされるわけではない地域も、似たような宗教的・政治的特徴を持っているという理由でバイブル・ベルトに含まれることになる。だが、境界を決める際に一部の宗派を無視してもいいのか、範囲をどうやって決めるのかという点については、合意はないに等しい。そのため、空間上の境界を決めようとすると必ず異論が出てくる。

また、〝留め金《バックル》〟とも言うべきバイブル・ベルトの非公式首都についても合意にはほど遠く、ジャクソン、メンフィス、ナッシュヴィル、ダラス、シャーロット、オクラホマシティ、タルサ（後者2つは、〝地理的には〟南部ではなく、オクラホマ州の都市である）と並べても、候補に挙がっている都市のほんの一部にすぎない。反対に、〝地理的には〟南部の一部、たとえばフロリダ州南部やルイジアナ州は、カトリックの住民が相当数いることもあって、バイブル・ベルトの一部とは認められない場合がある。

バイブル・ベルト内部でも人種的な分裂が存在する。たとえば、多くの都市にはいまでも厳格な住み分けがあり、ほとんどの教会は白人だけ、あるいは黒人だけの教区民で構成されている。黒人の投票傾向と宗派は白人と一致しない場合が多い。そういったこともあるので、もっぱら人口の差異に基づいて、バイブル・ベルトを大まかに西部と東部に分けたほうがいいと主張する者もいる。バイブル・ベルトが存在することを前提にすれば、米国の北西部にはそれと正反対の〝アンチャーチト・ベルト〟（教会に属していない地帯）という、ほかの地域よりずっと教会員の数が少ない地域もあると言われてきた。それでも、概念としての〝バイブル・ベルト〟のほうが、人々の口の端にのぼる頻度ははるかに高い。もっとずっと小規模だが、スカンディナヴィアや中央ヨーロッパ、オーストラリアの都市近郊など、世界のほかの場所でも類似した例がいくつか認められる。

一部の地域で相変わらず福音派プロテスタントの人気が高まっている事実を見ると、将来バイブル・ベルトが拡大して、その見えない境界がカンザス、ミズーリ、イリノイといった州を越えてさらに北や西へ移動し、南部の大半の地域で変わらず信仰が重要性を持ち続けていることを実証するのではないかと考えるのも、あながち見当外れとは言えないかもしれない。宗教の主要教義を繰り返し引き合いに出し、それが地域の独自性の中心にあると見えるようにすれば、その信仰が隅々まで広まり、住民が従うべき規範になる可能性がある。それを受け入れる人はそこにとどまり（あるいは、別の地域から引っ越してくる人もいるだろう）、受け入れられない人は出て行くことを選択するだろう。この移動を通じて、特定の宗教と地域の結びつきが強化される。たとえば、1つの郡における宗教人口の小さな変化が、選挙期間中に予期せぬ重大な問題となる場合もあるため、地元だけでなく全国的な関心の的になることも考えられる。

このように、北アイルランドの事例といくらか似たところもあるが、バイブル・ベルトの境界はその内部で暮らしている人だけに関係があるのではなく、人が周囲とどの程度快適に調和できるかを示唆するものでもある。それはまた、大多数の市民の世界観を知る手がかりになるし、〝外部〟の人間が政治的な主張をしたり予測したりする際の手がかりにもなる。分断が進む社会にあって、私たち全員に影響がおよぶ問題について、そうした境界線が世論の断層線となると考えるのはきわめて合理的だ。私たちの感じる格差を正しく理解したければ、見えない境界線を探さなければならない。それは目立たないものかもしれないが、その存在は容易に感じとれる。固定したものもあれば、頻繁に移動するものもあるかもしれないが、1つ確かなのは、どんな場合もすぐに消えてしまうことはない点だ。

＊1　アメリカ合衆国はキリスト教国であるため、キリスト教の伝統が守られなければならないという信念を指す。なお、モラル・マジョリティが最も有名ではあったが、当時広く米国民に知られていた唯一のキリスト教右派のグループではなかったことに注意してほしい。ほかにも、〈キリスト教徒の

声〉〈宗教円卓会議〉〈全米キリスト教行動連合〉〈アメリカのための仲介者〉など、さまざまなレベルの影響力を持つ団体が存在した。

＊2 現在の米国民が昔に比べて宗教に熱心ではないことを示す証拠はいくつか存在するのだが、いまでも連邦議会の議員の9割近くが自分をキリスト教徒であると考えている。なお、どの宗教にも属していないと回答したのは、元民主党員で現在は無所属のアリゾナ州上院議員キルステン・シネマひとりだった。

＊3 13州（そのうちの8州は〝南部〟と考えてよさそうだ）が、〈ロー対ウェイド事件〉判決の破棄を見越して、半年とたたずに中絶を違法とする〝トリガー法〟を制定した。これを書いている時点で、これらの州全部がトリガー法を成立させたわけではないが、テキサスとオクラホマの2州は、州検察局ではなく民事訴訟によってこの法律を執行できるようにすることで、2022年の判決が出る前に、ほぼすべての中絶の禁止を実現した。また、別の6州は〈ロー対ウェイド事件〉以前から、独自の法律で中絶を禁止している。

＊4 たとえば、新型コロナウイルスがアメリカで猛威を振るい始めた直後、オスティーンの説教がネット上で400万を越えるビューを獲得した。いまでは彼のX（旧ツイッター）のフォロワーは1000万を超しており、7冊の著書が『ニューヨーク・タイムズ』紙のベストセラーリストで1位になっている。このことから、かなりの信奉者がいるのがわかる。

エピローグ　ウクライナ、ロシア、〝ヨーロッパ〟の想像上の境界線

当初から、彼ら（ウクライナ人）は、私たちを団結させるものすべてを否定して国家の建設に取りかかった。彼らは意識を、ウクライナで暮らす全世代の、何百万もの人々の歴史的記憶をゆがめようとしたのだ。

――ウラジーミル・プーチン（ロシア連邦大統領）

隣国との関係はたがいの文化を豊かにする。しかし、それは1つになるということではない。私たちがあなたたちのなかで溶けてなくなることでもない。両国は違う国だ。しかし、それは敵同士であるという理由にはならない。私たちは自分で自分の国の歴史を決めたいだけだ。平和に、穏やかに、誠実に。

――ヴォロディミル・ゼレンスキー（ウクライナ大統領）

ここまで本書では、2つのものを区分けしたり、世界を管理したりするために認知され、引かれたさまざまな見えない境界線を検討してきた。それは法律や政策、人間の決断によって作意的に生まれることがある。また、私たちは両者を区別している自覚がほとんどないが、経験を通して〝こちら〟が〝あちら〟とは異なる場所であり、安全で快適と感じる〝この場所〟と、どうやら〝場違い〟なところにいると気づいて退出するか、それまでの行動を変更せざるを得ない〝あの場所〟という感覚を育んでいる。世界の認知地図《メンタルマップ》に引かれる境界線は、文化的、社会的、政治的、環境的、気象学的その他、世界を適切に分割できるあらゆる方法で、人間の地球とのかかわりのさまざまな側面を明らかにする。地球の複雑さとそこで暮らす人間の多様性を考えれば、私たちが単純な解答を探そうとするのは当然ではなかろうか？

境界線は、私たちが自分なりに世界を理解し、明確なかたちを与えたいときには、非常に使い勝手のよい、効率的な方法である。その主体が地球の働きを説明するパターンを探す科学者であれ、投資や資源の優先順位を決めようとする政府であれ、望ましい信仰を信者に実践させたい宗教団体であれ、境界線は片方ともう一方を区別する手段になってくれる。境界線が有機的につながって現れる場合でも、それは私たちの先入観を、つまり〝私たち〟と〝彼ら〟についての私たちの想定を――それぞれの側が何を主張し、何を要求しているのかについての想定を――反映している。そして、絶えず認知され、感じられ、理解されることによって、境界線は人間と世界との関係に幅広い影響をおよぼす。

背筋も凍るロシアのウクライナ侵攻は、境界の重要性と、それがさまざまな個人や集団によって構築され、区分けされ、反復され、異議が唱えられる方法が一様ではないことを示す良い例とも言える。境界の問題に焦点を当てることはたやすいが——特に注目すべきは、ロシアが軍事侵攻中にウクライナの主権を尊重しなかった点だ——この戦争の根本にあるのは、両者を区別するために引かれた境界の持つ、それぞれが競合する独自性神話である。ところがこうした境界はきわめて主観的なだけではなく、多くの場合、驚くほど非論理的であり、経験的な裏づけを持たない推測と偏見から生まれたものなのだ。

〝西側〟（それ自体が含みのある複合概念だ）でも見られる、〝2つのウクライナ〟が存在するというよくある主張を考えてみよう。1991年8月にウクライナがソ連から独立して以来、さまざまな識者が、民族性と言語（ウクライナ人・ウクライナ語か、ロシア人・ロシア語か）、宗教（ウクライナ正教会・カトリックか、ロシア正教会か）[*1]、立ち位置（ヨーロッパ・〝西側〟か、ロシア・〝東側〟か）を基準にして、西部・北西部と、東部・南東部を大まかに分ける断層線の存在に言及してきた。なかには、この考え方を補強するために、自然地理学（森とステップ）や人間の居住地（大部分が田舎の北西部と、都市化され工業地域である南東部）の差異を根拠にして、ウーマニ市とハルキウ市のあいだに境界線があると公言する者さえいる。30年以上前から、外国人によるウクライナ関連の論考や報道は、そうした差異に基づくウクライナ分裂の可能性と、それがヨーロッパのほかの地域の安全保障におよぼす影響に関するものが大半を占めてきた。

そういった言説ははなはだ疑わしい点が多い。たとえば、ウクライナ人を自認する人々でも、母国語はロシア語だと思っている。北西と南東の言語上の差異をおおまかに示す全国地図も、ウクライナ語は農村部で一般的だが、ロシア語話者はしばしば都市部に集中しているという地方規模の力学を覆い隠してしまう傾向がある。さらに、ウクライナには多くのバイリンガルがいることを認める必要がある。特に２０１９年にウクライナ語が唯一の国語と定められて以降、[★2] 彼らはさまざまな社会状況に合わせて、話す言語を選択していると考えられる。同様に、多くの市民は自分の民族性がウクライナ人とロシア人をミックスしたものと考えている。ウクライナの国民意識が、ロシアの国民意識とはまったく違うかたちで発展してきたという世に流布する説は、かなりの割合の国民が二重国籍者を自認している事実だけでなく、西にあるポーランドがウクライナの国家建設において、長年にわたって対抗する〝他者〟になってきた事実も無視している。ウクライナ西部が、ウクライナの国民意識のある種の〝中心地《ハートランド》〟になっているという見方も根拠が薄弱だ。いくつかの報告によると、独立後のウクライナ統合の動きは、現在の東部地域で始まったそうだ。だがロシア化の脅威によって、この考え方は西部へ押しやられ、ポーランドのナショナリズムと競いながら成長したのだ。

では、ウクライナ国内にある境界線については何が言えるだろう？　これは容易ではない。ほかの主観的な境界と同様に、ウーマニ―ハルキウ間の境界線は実体のない概念にすぎないのだが、繰り返し引き合いに出されることで現実のものになる可能性もある。２０２２年３月、ウクライナ国防省情報総局のキリーロ・ブダノフ局長は世界にこの点をはっきり認識させるために、ロシアの軍事行為が〝ウクライナを南北朝鮮のようにする試み〟であると強調した。この戦争では、分断はロシア側の利益になるが、これまでのところウクライナ国民が侵略に対して強い連帯と結束を示しているのを見ると、そういった境界線はどれも分裂を示す確実な根拠にはならず、モスクワ側の作り話のように思える。インド分割（インド－パキスタン分離独立）や、旧ユーゴスラヴィア解体の恐怖から得た教訓を活かしたいところだ。その２つは、外部勢力の支配下にあったさまざまな民族が同居する地域[*3]という点で似ており、各民族の文化的同質性を示し育成するために、境界が認知され設けられた。時間がたたないとわからないが、これを書いている時点で、争奪戦が行われているクリミア半島と、ドンバス地方のドネツィクとルハーンシクという反政府勢力の占領下にある２つの地域（ドネツィクとルハーンシクでは、ロシアと同じく、フェイスブック、インスタグラム、グーグルの使用が禁止されているため、新しいメディアへのアクセスという見えない境界線を形成していると言える）を除けば、ロシアの支配を望む声はほとんどないようである。

現在のウクライナ国内は、多くの外国の識者や関係者が信じているか、信じようとしているよりも、はるかに分断が少ない。冷戦時代のように真っ二つに分断されるのではなく、この戦争はいまのところ、〝西側〟の機構への加入という大多数のウクライナ国民の強い決意が前面に表れている。誤解のないように言うと、ウクライナは独立以来さまざまな地政学の力学に引っ張られ、その投票傾向はしばしば北西部と南東部のあいだに地理的差異があることを示してきた。とりわけ、親欧米派のヴィクトル・ユシチェンコとユーリヤ・ティモシェンコが、それぞれ2004年と2010年に親露派のヴィクトル・ヤヌコーヴィチと争った大統領選でそれが顕著だった。それでも、おおむね欧州連合（EU）と北大西洋条約機構（NATO）への加盟が、ユーラシア経済共同体（EAEC）とその後継であるユーラシア経済連合（EEU）、さらにはウクライナが一度も本格的に参加しなかった[★4]独立国家共同体（CIS）への加盟よりも強く望まれてきた。

その結果、おそらくウクライナを〝有名にした《オン・ザ・マップ》〟2つの出来事（1つは2004年11月から05年1月にかけての〝オレンジ革命〟で、選挙違反と汚職に抗議する大規模な運動が行われた。もう1つは2013年11月から14年2月にかけて続いた全国規模の市民運動〝ユーロマイダン〟で、ヤヌコーヴィチがEUではなくロシアおよびEEUとの連携を強化する方針を固めたことに対して集団デモが行われた）[★5]はいずれも、ウクライナがほかのヨーロッパ諸国と協調するだけでなく、ほかのヨーロッパ諸国のように見られたいという、全員一致ではないにしても大多数の国民の願望を反映していた。

これは国民が覚醒する強烈な瞬間であり、あらゆる立場のウクライナ人が団結して、健全な民主制度を求める過程で、不正投票と脅迫がめずらしくない東の大国から自国を切り離す機会になった。これらの出来事が明らかにしたように、ウクライナの前途は〝ヨーロッパ〟になること、つまり〝ロシア〟にはならないことだった。

この場合のヨーロッパは、ウラル山脈の事例で見たように、何よりもまず概念としてある。つまり、自由、民主主義、法の支配、公共の秩序といった価値観を包含した観念的な複合概念である。ウクライナがいまだに抱えている大きな課題は、〝西側〟に自国を位置づけることの正当化であり、同時に、〝東側〟や〝向こう側〟と結びつくことの多い集産主義、弾圧、腐敗から身を遠ざけることである。かつて、ウクライナの第2代大統領であるレオニード・クチマは、ウクライナとロシアの文化的な差異を強調しようとしたが、2期目（1999〜2005年）に権威主義へ方向転換したため、その試みは未完に終わった。〝ヨーロッパらしさ〟を喚起することは――あるいは少なくとも〝ロシアらしくなさ〟を喚起することは――自力では不十分なのだ。

この目標を達成するのは容易ではなく、おそらく不可能だろう。ヨーロッパの計画に対するイデオロギー的な関与と、クレムリンとの宥和政策を両立させなければならないからだ。だからこそロシアのプーチン大統領は、NATOの段階的な東方拡大と並んで、そうしたことをロシアの脅威と見なしてきたのだ。たとえば、2022年2月24日のウクライナ侵攻の初日に、国民向けに行ったプーチンの演説を見てみよう。そのなかで彼は、ロシアと〝西側〟のあいだには、比喩的で、したがって実際には見えない「超えてはならない一線《レッドライン》」が存在すると表現している。

わが国にとって、これ（ロシアに対する封じこめ政策）は究極的には生きるか死ぬかの問題であり、一民族としての歴史を踏まえた未来にかかわる問題である……これはまさに、何度も語られてきたレッドラインだ。彼ら（〝米国とその同盟国〟）は、その一線を越えたのだ。

この演説は、ウクライナをEUの諸機構に近づけ、ひいてはロシアとの文化的・政治的な距離を広げさせることを目指した〝西側〟の政策と構想――特に、欧州近隣政策（ENP、2003年より開始）と東方パートナーシップ（EaP、2009年より開始）――に対する長年の非難の集大成となった。2014年2月に、ユーロマイダンによって独裁的なヤヌコーヴィチが追放されたあと、プーチンはまたしても目に見えない想像上の境界を設定して、ウクライナをロシアの勢力圏内に強引に〝復帰〟させようとしてきた。[*6]

この境界線はどこで見つけることができるのだろう。ウクライナ国境でのロシア軍の新しい動きがあった2021年7月にプーチンが発表した、とりとめのないエッセイのような文章が参考になる。この文章のなかでプーチンは、ロシア人とウクライナ人が「1つの民族」であり、その「文化的、宗教的、経済的に緊密な関係」は、「不和の種をまく」ことにより

「同じ民族同士を対立させる」張本人である「外部の支援者や雇い主」によって繰り返し損なわれてきた、と主張している。こんな調子で、プーチンは、ウクライナの指導者たちが「歴史を神話化して書き換え、私たちを団結させるあらゆるものを消し去り、ウクライナがロシア帝国とソ連の一部であった時代を占領と述べ始めている」と考えている。さらに彼らは、長年「外国の介入」によって「略奪」されてきたロシアのように、「ウクライナ国民から金を奪い、それを西側の銀行に保管」してきたそうだ。

2014年よりかなり前から、米国とEU諸国は、体系的にかつ一貫して、ロシアとの経済協力を縮小し制限することをウクライナに強要した……ウクライナをヨーロッパとロシアの障壁に変え、ロシアに対抗する足がかりとすることを目指した危険な地政学ゲームが行われ、ウクライナはそこに徐々に引きずりこまれたのだ。

つまりプーチンに言わせれば、ウクライナが〝西側〟と〝東側〟のあいだの境界として機能しているという考えは西側の作り話であり、ロシアという熊を飼いならすための小細工ということらしい。見えない境界線はウクライナそのものではなく、実際にはウクライナ西部の国境にあって、それがこの国をロシアの一部にしている。〝ロシアの〟土地とその境界というこの独特な理解は、その後に起きたことの説明になっている。それは、ナルシシズムに根差し、民族自決という言いまわし（「ウクライナが今後どうなるか——それは国民が決めることだ」）と、虚栄心からくる無関心と大胆さ（「私は確信を強めている。キエフはドンバス地方をまったく必要としていない」）に根ざした侵略である。徐々に明らかになってきたが、２０１４年のクリミアを含めて、軍隊の占領下にある地域で実施されたロシアへの併合を求めるいかさまの国民投票について彼の支持者が何と言おうと、プーチンはウクライナ市民の要望を尊重することにまったく関心がない。彼の関心事は、ウクライナがロシアの国境内に組みこまれることだけで、〝西側〟の考えなど知ったことではない。彼はずっと、西側のＥＵやＮＡＴＯに対抗するため、ＥＥＵや集団安全保障条約機構（ＣＳＴＯ）のような、ロシアを中心としたユーラシア同盟の拡大に努めてきた。この地政学上の国際的な分断は、ウクライナ内部のいかなる地理的分断よりもはるかに重大な意味がある。これはぜひとも識別する必要のある見えない境界線である。

　国民の多くが明らかに特別な苛立ちを抱いているにもかかわらず、ウクライナは不可避的に長年〝西側〟の機構ではなく、ロシアにとって意義ある存在と考えられてきた。事実、プーチンは長年、ＥＵのような機構を持つよりも、（彼自身の誇大妄想的なやり方で）ウクライナを受け入れるという壮大な決意を表明してきた。ＥＵは、ウクライナを地政学的な資産《アセット》ではなく、経済的視点から自由貿易のパートナーとして見る傾向が強かった。[★7] したがって、長年〝西側〟に見過ごされてきたウクライナが、いまや外交政策上の主要な懸案となり、民主主義と主権という〝ヨーロッパの〟中核をなす価値観と、専制政治と権利侵害とのあいだの象徴的な境界と見なされているのはやや皮肉な感じがする。スラブ語の〝国境地帯〟、または〝境界地帯〟が国名の由来であると広く信じられているウクライナ[*8]は、人目につかず、忘れ去られた存在だったが、突如、世界の関心の的になった。これまでのところこの戦争は、遅ればせながら、ヨーロッパ人の頭のなかで描く境界より西側に世界の関心を移動させたようだ。それが、ウクライナのゼレンスキー大統領がEUに向けて呼びかける際に強く訴えてきたものだった。

私たちはヨーロッパの対等なメンバーになるために戦っている……あなた方が私たちの側にいることを証明してほしい。私たちを見捨てないことを証明してほしい。あなた方がほんとうにヨーロッパ人であることを証明してほしい。そうすれば、生は死に勝ち、光は闇に勝つだろう。

しかし、このことが国民の多くが長年切望してきた、ウクライナのEU加盟やNATO加盟につながるかどうかは不明である。[*9]

この先どうなろうとも、少数派以外のウクライナ国民が、都市の破壊や民間人の集団墓地を目にしたいま、〝東側〟に寝返る可能性は低いだろう。EUはいまではウクライナの主要な貿易パートナーであり、ウクライナはEUの貿易ルールを段階的に適用してきたため、ロシアとの距離はますます広がっている。また、〝西側〟に住む人々は、隣国を攻撃するロシアの残虐さを見て、ウクライナは独立した存在でなければならないという思いを強くしている。いまはもう〝西洋文明〟と〝伝統的な文明〟との境界として、ウクライナの西側にポーランド、スロヴァキア、ハンガリーの境界が走っているのではなく、国際政治学者サミュエル・ハンチントンが鉄のカーテンの崩壊後に主張して注目されたように、地政学的な境界はさらに東に存在し、少なくともウクライナ国民の大多数は、ロシアの行動や想定から切り離されているように見える。それどころか、長い目で見れば、この衝突はいずれウクライナがロシアと決別することを確実にするだろう。元米国国家安全保障担当補佐官のズビグニュー・ブレジンスキーは２０１６年に次のように言っている。「重要なのは、ウクライナがヨーロッパの一員でなければ、ロシアはヨーロッパの一員になれないが、ロシアがヨーロッパの一員でなくとも、ウクライナはヨーロッパの一員になれることだ」

　地図上の境界は、２つの国が隣接する場所を表せるが、ある場所がどこで終わり、別の場所がどこから始まると人々が信じているかを視覚化するのは難しい。そのような境界――想像され、変化し、論争の的になり、思いこみとステレオタイプであふれ、単純そうだが、複雑な要素で構成されている――には、常に熟慮が求められる。それが私たちも頻繁に遭遇する境界線であり、言葉や意識で絶えず再現されることによって、逆に私たちの思考や行動をかたちづくり、枠にはめている。また、その外見からは想像できないが、私たちに見えない境界線は同じくらい説得力があり、はるかに効果的であると言える。見えないもの、知覚されるもの、感情に訴えるもの、とりとめのないものに対処することによって、初めて私たちは世界における自分の位置を真に理解できるのだ。

＊1　分離の政治問題化の1つとして、2019年1月に、ウクライナ正教会がようやく強大なロシア正教会から正式に独立できたことは注目に値する。

＊2　それに関連して、そして北アイルランドの事例で見たように、ここでも名称の選択は、アイデンティティや政治的世界観を表している。近年、西側のメディアは、ウクライナの首都をロシア語の〝キエフ〟（Kiev／Киев）ではなく、ウクライナ語に従った〝キーウ〟（Kyiv／Київ）と呼ぶようになっている。同様に近年、英語の出版物は国名の前の定冠詞 the を省略することが増えているが、それはこの国がもっと大きな実体（歴史的にはロシア）の単なる一地域であることを暗示するのを避けるためだ。

＊3　ウクライナの場合、過去1000年にわたって、モンゴル帝国、ポーランド・リトアニア共和国、ロシア帝国、オーストリア帝国（と、のちのオーストリア＝ハンガリー帝国）、チェコスロヴァキア、ルーマニア、ソヴィエト連邦、そして現在のロシア連邦が、この国のさまざまな地域を支配してきた。

＊4　ウクライナは、ソヴィエト連邦のあとを継ぐ国家連合CISの創立に賛成して創設メンバーになったが、ロシアの影響力の強い超国家的な組織に新たに獲得した自治権の大部分を移譲することに難

色を示した。こうした懸念があったため、ウクライナはＣＩＳ憲章を批准して正式な加盟国になることを拒否して準加盟国の地位にとどまり、その後ロシアとの関係が悪化して、２０１８年にＣＩＳからの脱退を表明した。

＊5　ヤヌコーヴィチは、おもに大統領の任期延長を実現する目的でそうした行動に出た。これは思想的なものか、ロシアとの同盟を望む人々の願望の反映であるかはわからないが、少なくともヤヌーコヴィチ個人の現実的な判断だった。

＊6　皮肉にも、親欧米派のウクライナ人の多くはＥＮＰにも不満を感じている。それは、ウクライナがヨーロッパの境界の外にあって、北アフリカ、レバント（訳注　エーゲ海および地中海東岸の地方）、コーカサス（訳注　黒海とカスピ海にはさまれた地方）の国々と同程度に〝ヨーロッパらしくない〟地域だと暗に語っているからだ。

＊7　東欧政治の専門家であるカタリーナ・ヴォルチュクは、２０１６年に次のように書いている。「ウクライナがヨーロッパを選択することを、ＥＵはあまり気にしていないのに対して、ロシアは気にしすぎている。これがウクライナの抱える難問だ」

＊8　この説には異論がある。ほかに有力な説は〝国内〟の意味に近いというもので、世界のこの地域を周縁化するのではなく、前景化することに熱心な学者たちのあいだで支持を集めている。

＊9　議論の余地はあるが、冷戦の遺産と〝ヨーロッパらしさ〟の各国の解釈を反映して、旧ソ連の構成国ではエストニア、ラトビア、リトアニアの３カ国だけが、２００４年にＥＵとＮＡＴＯへの加盟を果たしたことは興味深い。

謝辞

ここで取り上げた境界や帯域とは異なり、本書の構想段階から私が受けた支援は明白で疑う余地がない。本書の可能性を見いだしてくれたアンドリュー・ナーンバーグ・アソシエイツのアンドリュー・ナーンバーグと素晴らしいチームに感謝する。そして、初期の原稿に目を通して鋭く博識なコメントを寄せ、出版の世界が初めての私を導いてくれた優秀な代理人のマイケル・ディーンに心から感謝する。このプロジェクトに対するあなたの熱意は本物だった。本書の完璧な本拠地になってくれたプロフィール・ブックスにも感謝する。私のデビュー作に揺るぎない信頼を寄せてくれたアンドリュー・フランクリン、編集プロセスをしっかりと見守ってくれたジョージナ・ディフォード、広報活動で巧みな手腕を発揮してくれたロバート・グリーア、そして何よりも、最初の打ち合わせ以来、手際よく原稿を編集し、助言と励ましを与えてくれたカラー・シングルトンに感謝する。あなたたちの努力、熱意、専門知識がなかったら、本書はもっと質の低いものになっていただろう。真摯で慎重な校閲を行ってくれたロバート・デイヴィス、魅力的で見事な表紙をデザインしてくれたルイス・ガバルドニ、本書の見えない境界線をすばらしい地図で表してくれたドミニク・ビドウにも感謝する。さらに、イギリス国内および国際的にこの作品に対する関心を高めるための、アンドリュー・ナーンバーグ・アソシエイツとプロフィール・ブックスのマーケティング／権利チームの取り組みに敬意を評したい。

本書は、パンデミック期間中の個人的なプロジェクトだった可能性も十分考えられた。しかし、さまざまな人が、意識的かどうかにかかわらず、これを具体的なものにするよう励ましてくれた。まず、ただ書くために書くことがいかに楽しいかを気づかせてくれたテッド・ナロンに感謝したい。また、私のアイデアを知って、探究が必要なさまざまな見えない境界線を教えてくれ、有益な情報を与えてくれる人々や資料を紹介してくれた方々にも感謝している。パスカル＝アン・ブロート、ユアン・ハーグ、プラテーク・ナガラジ、ガブリエル・パンクハースト、サンディープ・パテル、ルル・ラチュカ、マイケル・レバク、ロバート・ヴァンダーベック、アリズカ・ワルゲナガラ、ボー・チャン、その点においてあなたたちの貢献を無視することはできない。匿名を条件にインタビューに応じてくれた人もいた。忙しいなか時間を割いてくれたあなたにとても感謝している。

最後になったが、さまざまな方法でこの作品に不可欠な貢献をしてくれた私の家族に深くに感謝する。父のアランへ。「見えない境界線」の概念化を助けてくれたこと、出版プロセスについて詳しく教えてくれたこと、多岐にわたる物事に私たちと同じ情熱を持ってくれたことに感謝する。きょうだいのナサニエルへ。啓発的なニュース記事、有益な図表、ユーモラスな地図を送ってくれたことを感謝する。それらはみな、本書の執筆で役立った。母のレオネへ。ロックダウンの最中に毎週オンラインでクイズを行い、私の知識と興味の境界を広げるきっかけを与えてくれたことと、本書に対するあなたの確固たる自信に感謝する。そして妻のエレノアへ。学生時代のときのように本や雑誌に埋もれながら細かい調査を行っていた私に対するあなたの愛情と思いやり、そして忍耐に感謝する。本書を実現できたのは、あなたたち全員との大切な絆があったからだ。

注記

本書の調査にあたり、多数の書籍、学術論文、ニュース記事、ウェブサイトを読み、さまざまな国の人々と話をした。読者のなかに、特定の事実や物語の起源に興味がある人がいることは承知している。しかし、私の考えにインスピレーションを与えた情報源を網羅した文献目録をつくろうとすると、本書の倍のサイズになってしまうだろう。したがって、私の調査で特に有益だった資料のみを以下に列挙することにした。興味がある読者はこのリストをもとに自ら探求の旅を続けていただきたい。この注記は章ごとに構成されている。引用元のテキストを含む資料（該当する場合）は、登場順に最初に挙げられている。次に、追加資料が著者名のアルファベット順に一覧になっている。一部の資料（特にフランス語で書かれた資料）は私自ら翻訳するか、ネイティブスピーカーの力を借りた（おもにドイツ語で書かれた資料）。すべての間違いの責任は著者の私にある。

まえがき

資料

Antony Galton, 'On the ontological status of geographical boundaries', in Matt Duckham, Michael F. Goodchild and Michael Worboys (eds), *Foundations of Geographic Information Science* (New York, Taylor & Francis, 2003), pp. 151–71.

Doreen Massey, For Space (London, SAGE Publications, 2005).

Yi-Fu Tuan, *Space and Place: The Perspective of Experience* (Minneapolis, University of Minnesota Press, 1977).〔イーフー・トゥアン『空間の経験：身体から都市へ』、山本浩訳、筑摩書房、1988年〕

第1部　「見えない境界線」が地球を理解するのに役立つ理由

1　ウォレス線

引用元

'In this archipelago': アルフレッド・ラッセル・ウォレス、ヘンリー・ウォルター・ベイツに宛てた手紙（1858年1月4日）, in John van Wyhe and Kees Rookmaaker (eds), Alfred Russel Wallace: *Letters from the Malay Archipelago* (Oxford, Oxford University Press, 2013), p. 147.

'a dead leaf'; 'perhaps the most perfect case'; 'the variability of the toes'; 'not

only as a token': Alfred Russel Wallace, *The Malay Archipelago* (Singapore, Periplus Editions, 2008), pp. 99, 101, 32, vi.〔アルフレッド・ラッセル・ウォレス『マレー諸島』、宮田彬訳、思索社、1992年〕
'solved the problem of existence' and 'I took thought': Thomas Henry Huxley, *Science and Christian Tradition: Essays* (New York, D. Appleton, 1894), pp. 238, 239.
'My work is now nearly finished': Charles Darwin, *On the Origin of Species: By Means of Natural Selection, or the Preservation of Favoured Races in the Struggle for Life* (London, John Murray, 1859), pp. 1–2.〔チャールズ・ダーウィン『種の起源　上下』、渡辺政隆訳、光文社、2009年ほか〕
追加資料
Jason R. Ali and Lawrence R. Heaney, 'Wallace's line, Wallacea, and associated divides and areas: History of a tortuous tangle of ideas and labels', *Biological Reviews*, vol. 96, no. 3 (2021), pp. 922–42.
Edward J. Larson, *Evolution: The Remarkable History of a Scientific Theory* (New York, Modern Library, 2006).
Peter Raby, *Alfred Russel Wallace: A Life* (London, Chatto & Windus, 2001).〔ピーター・レイビー『博物学者アルフレッド・ラッセル・ウォレスの生涯』、長澤純夫、大曾根静香訳、新思索社、2007年〕
Ross A. Slotten, *The Heretic in Darwin's Court: The Life of Alfred Russel Wallace* (New York, Columbia University Press, 2004).
Alfred Russel Wallace, 'On the physical geography of the Malay Archipelago', *Journal of the Royal Geographical Society of London*, vol. 33 (1863), pp. 217–34.

2　竜巻回廊
引用元
'I had never been': Chris Paul, in Joe Gerrity, 'New Orleans Hornets buzz: The quotable Chris Paul', *Bleacher Report* (26 December 2009).
追加資料
Walker S. Ashley, 'Spatial and temporal analysis of tornado fatalities in the United States: 1880–2005', American Meteorological Society, vol. 22, no. 6 (2007), pp. 1214–28.

Matthew Cappucci, 'Tornado Alley in the Plains is an outdated concept. The South is even more vulnerable, research shows', *Washington Post* (16 May 2020).
P. Grady Dixon et al., 'Tornado risk analysis: Is Dixie Alley an extension of Tornado Alley?' Bulletin of the American Meteorological Society, vol. 92, no. 4 (2011), pp. 433–41.
John P. Gagan, Alan Gerard and John Gordon, 'A historical and statistical comparison of "Tornado Alley" to "Dixie Alley"', *National Weather Association Digest*, vol. 2 (2010), pp. 145–55.
World Population Review, 'What countries have tornadoes?' and 'Tornado Alley states' (2023).

3　赤道無風帯とサルガッソー海

引用元

'This second arm': Jules Verne, *Twenty Thousand Leagues under the Sea* (New York, Butler Brothers, 1887), p. 250.〔ジュール・ヴェルヌ『海底二万里』、村松潔訳、新潮社、2012年ほか多数〕
'He was continually laughing': William Smith, A Natural History of Nevis, and the Rest of the English Leeward Charibee Islands in America. With Many Other Observations on *Nature and Art* (Cambridge, J. Bentham, 1745), Letter VIII, p. 188.
'So, by a calenture misled ...': Jonathan Swift, 'Upon the South-Sea Project', *The Works of Jonathan Swift*, vol. 2 (Dublin, George Faulkner, 1744), p. 137.
'Most of the day': Christopher Columbus, journal entry (Friday 21 September 1492), in *The Journal of Christopher Columbus* (During His First Voyage, 1492–93), and Documents Relating to the Voyages of John Cabot and Gaspar Corte Real, ed. and trans. Clements R. Markham (London, Hakluyt Society, 1893), p. 27.

追加資料

Leslie Acton et al., 'What is the Sargasso Sea? The problem of fixing space in a fluid ocean', *Political Geography*, vol. 68 (2019), pp. 86–100.
Jeff Ardron et al., 'Where is the Sargasso Sea? A report submitted to the Sargasso Sea Alliance', Duke University Marine Geospatial Ecology Lab &

Marine Conservation Institute (2011).
Mélanie Béguer-Pon et al., 'Direct observations of American eels migrating across the continental shelf to the Sargasso Sea', Nature Communications, vol. 6 (2015), 8705.
Eric Betz, 'Mystery of the vanishing eels', *Discover Magazine* (7 September 2017).
Daniel Klocke et al., 'Rediscovery of the doldrums in storm-resolving simulations over the tropical Atlantic', *Nature Geoscience*, vol. 10 (2017), pp. 891–6.
National Oceanic and Atmospheric Administration (NOAA), 'What is the Sargasso Sea?' (4 January 2021) and 'What are the doldrums?' (16 December 2021), oceanservice.noaa.gov/facts/sargassosea.html and oceanservice.noaa.gov/facts/doldrums.html#:~:text=Known%20to%20sailors%20around%20the%20world%20as%20the%20doldrums%2C%20the,and%20south%20of%20the%20equator.
Sargasso Sea Commission, 'The protection and management of the Sargasso Sea: The golden floating rainforest of the Atlantic Ocean', *Sargasso Sea Alliance* (2011).

4　南極周極流と南極収束線

引用元

'Great God!': ロバート・ファルコン・スコットの日記（1912年1月17日）。Scott Polar Research Institute, Cambridge, www.spri.cam.ac.uk/museum/diaries/scottslastexpedition/page/7/.

追加資料

Antarctic and Southern Ocean Coalition (ASOC), 'Protecting Antarctica' (2023), www.asoc.org.
Ceridwen Fraser, 'Antarctica may not be as isolated as we thought, and that's a worry', *The Conversation* (26 May 2016).
Zambra López-Farrán et al., 'Is the southern crab Halicarcinus planatus (Fabricius, 1775) the next invader of Antarctica?', *Global Change Biology*, vol. 27, no. 15, pp. 3487–504.
P. Mark O'Loughlin et al., 'The Antarctic region as a marine biodiversity

hotspot for echinoderms: Diversity and diversification of sea cucumbers', *Deep-Sea Research II*, vol. 58, nos 1–2 (2011), pp. 264–75.
Ryan Smith et al., 'The Antarctic CP Current' (2013), oceancurrents.rsmas.miami.edu/southern/antarctic-cp.html.
Elizabeth Truswell, *A Memory of Ice* (Canberra, ACT, ANU Press, 2019).

5　北極樹木限界線
引用元
'Yesterday was wood': Yoji K. Gondor, Fine Aphorisms, Proverbs and Philosophical Quotes From *Around the World* (Sacramento, CA, Sintesi Point Publishing, 2014), p. 11.
追加資料
ACIA, Arctic Climate Impact Assessment (Cambridge, Cambridge University Press, 2005).
Kevin Krajick, 'Where trees meet tundra, decoding signals of climate change', Columbia Climate School (16 November 2016).
G. M. MacDonald, K. V. Kremenetski and D. W. Beilman, 'Climate change and the northern Russian treeline zone', Philosophical Transactions of the Royal Society of London B: *Biological Sciences*, vol. 363, no. 1501 (2008), pp. 2285–99.
Ben Rawlence, '"The treeline is out of control": How the climate crisis is turning the Arctic green', *Guardian* (20 January 2022).
Ben Rawlence, *The Treeline: The Last Forest and the Future of Life on Earth* (New York, St Martin's Press, 2022).
Andrew D. Richardson and Andrew J. Friedland, 'A review of the theories to explain Arctic and Alpine treelines around the world', *Journal of Sustainable Forestry*, vol. 28, nos 1–2 (2009), pp. 218–42.

6　マラリア・ベルト
引用元
'Defeating malaria is absolutely critical': Tedros Adhanom Ghebreyesus, 'Ending malaria for good', *HuffPost* (25 April 2016).
'This disease is habitual': *The Genuine Works of Hippocrates, trans. Francis*

Adams, vol. 1 (London, Sydenham Society, 1849), pp. 196–7.
追加資料
Rachel Carson, *Silent Spring* (Boston, Houghton Mifflin, 1962).〔レイチェル・カーソン『沈黙の春』、青樹簗一、新潮社、2004年〕
Centers for Disease Control and Prevention (CDC), 'Malaria' (19 August 2022), www.cdc.gov/parasites/malaria/index.html.
Ismaël Chakir et al., 'Control of malaria in the Comoro Islands over the past century', *Malaria Journal*, vol. 16, no. 387 (2017).
Richard G. A. Feachem et al., 'Malaria eradication within a generation: Ambitious, achievable, and necessary', The Lancet, vol. 394, no. 10203 (2019), pp. 1056–112.
Timothy C. Winegard, *The Mosquito: A Human History of Our Deadliest Predator* (New York, Dutton, 2019).〔ティモシー・ワインガード『蚊が歴史をつくった：世界史で暗躍する人類最大の敵』、大津祥子訳、青土社、2023年〕
World Health Organization (WHO), 'Malaria' (6 December 2021), www.who.int/news-room/fact-sheets/detail/malaria; and 'Global Malaria Programme' (2023), www.who.int/teams/global-malaria-programme/reports.

第２部 「見えない境界線」が地球環境に影響をおよぼしている

7 コカラル・ダム

引用元
'We cannot expect charity': Joseph Stalin, quoted in Lydia Mihelič Pulsipher and Alex A. Pulsipher, *World Regional Geography: Global Patterns, Local Lives*, 3rd edition (New York, W. H. Freeman, 2006), p. 179.
追加資料
Nikolay Vasilevich Aladin et al., 'The zoocenosis of the Aral Sea: Six decades of fast-paced change', *Environmental Science and Pollution Research*, vol. 26 (2019), pp. 2228–37.
Dene-Hern Chen, 'The country that brought a sea back to life', BBC Future (23 July 2018).
Igor S. Plotnikov et al., 'Modern state of the Small (Northern) Aral Sea fauna', Lakes and Reservoirs: Research and Management, vol. 21, no. 4 (2016), pp. 315–28.

Aliya Uteuova, 'Northern Aral's promise stunted by dam height, international disputes', *Eurasianet* (28 October 2020).
Kristopher D. White, 'Nature–society linkages in the Aral Sea region', *Journal of Eurasian Studies*, vol. 4 (2013), pp. 18–33.

8　秦嶺・淮河線

引用元

'We will declare war': Li Keqiang, quoted in Lucy Hornby, 'China declares war on pollution', *Financial Times* (5 March 2014).

追加資料

Douglas Almond et al., 'Winter heating or clean air? Unintended impacts of China's Huai River policy', *American Economic Review*, vol. 99, no. 2 (2009), pp. 184–90.
Avraham Ebenstein et al., 'New evidence on the impact of sustained exposure to air pollution on life expectancy from China's Huai River Policy', *Proceedings of the National Academy of Sciences of the United States of America*, vol. 114, no. 39 (2017), pp. 10384–9.
Hannah Gardner, 'China's unlikely divide over home heat', *National* (25 January 2013).
Xiaopeng Ren, Xiaohui Cang and Andrew G. Ryder, 'An integrated ecological approach to mapping variations in collectivism within China: Introducing the triple-line framework', *Journal of Pacific Rim Psychology*, vol. 15, no. 1 (2021), pp. 1–12.
Ai Yan, 'As winter arrives, will the debate over heating systems in China continue?', *CGTN* (19 November 2020).

9　グリーンベルト

引用元

'Human society and the beauty of nature': Ebenezer Howard, *Garden Cities of To-morrow* (London, Swan Sonnenschein, 1902), p. 17.〔エベネザー・ハワード『明日の田園都市：新訳』、山形浩生訳、鹿島出版会、2016年〕

追加資料

Marco Amati and Makoto Yokohari, 'Temporal changes and local variations in

the functions of London's green belt', *Landscape and Urban Planning*, vol. 75 (2006), pp. 125–42.
Robert Beevers, *The Garden City Utopia: A Critical Biography of Ebenezer Howard* (New York, St Martin's Press, 1988).
Robert Fishman, *Urban Utopias in the Twentieth Century: Ebenezer Howard, Frank Lloyd Wright, and Le Corbusier* (New York, Basic Books, 1977).
Peter Hall, *Cities of Tomorrow: An Intellectual History of Urban Planning and Design Since 1880*, 4th edition (Chichester, Wiley-Blackwell, 2014).
Alan Mace et al., 'A 21st century Metropolitan Green Belt', *London School of Economics report* (2016).
Lewis Mumford, *The City in History: Its Origins, Its Transformations, and Its Prospects* (New York, Harcourt, Brace & World, 1961).〔ルイス・マンフォード『歴史の都市　明日の都市』、生田勉訳、新潮社、1969年〕

10　チェルノブイリ立ち入り禁止区域

資料

Victoria Gill, 'Chernobyl: The end of a three-decade experiment', BBC News (14 February 2019).
R. F. Mould, *Chernobyl Record: The Definitive History of the Chernobyl Catastrophe* (Bristol, Institute of Physics, 2000).
William C. Roberts, 'Facts and ideas from anywhere', *Baylor University Medical Center Proceedings*, vol. 33, no. 2 (2020), pp. 310–16.
Jim T. Smith and Nicholas A. Beresford (eds), *Chernobyl: Catastrophe and Consequences* (Berlin, Springer, 2005).
World Nuclear Association, 'Chernobyl accident 1986' (2021), www.world-nuclear.org/information-library/safety-and-security/safety-of-plants/chernobyl-accident.aspx.

11　イーム

引用元

'To some the sermon': Albert Camus, *The Plague*, trans. Stuart Gilbert (New York, Vintage International, 1991 [1947]), p. 100.〔アルベール・カミュ『ペスト』、中条省平訳、光文社、2021年ほか〕

'a watch is constantly kept': *Samuel Pepys, Diary* (4 September 1665).〔サミュエル・ピープス『サミュエル・ピープスの日記　第6巻（1665年）』、臼田昭訳、国文社、1990年〕
追加資料
Colin Hall, 'The Boundary Stone', Stoney Middleton Heritage Centre Community Group website (3 November 2014).
Victoria Masson, 'Why is Eyam significant?', Historic UK website.
Philip Race, 'Some further consideration of the plague in Eyam, 1665/6', *Local Population Studies*, vol. 54 (1995), pp. 56–65.
Eleanor Ross, 'Did this sleepy village stop the Great Plague?', *BBC Travel* (29 October 2015).
Giovanni Spitale, 'COVID-19 and the ethics of quarantine: A lesson from the Eyam plague', *Medicine, Health Care, and Philosophy*, vol. 23, no. 4 (2020), pp. 603–9.

12　国際日付変更線

引用元
'Only the Krauses let him down': Arthur C. Clarke, *Childhood's End* (1953; repr. New York, Del Rey Books, 1966), p. 76.〔アーサー・C・クラーク『幼年期の終わり』、池田真紀子訳、光文社、2007年ほか〕
追加資料
Clarke Blaise, *Time Lord: Sir Sandford Fleming and the Creation of Standard Time* (London, Weidenfeld & Nicolson, 2000).
Tom Garlinghouse, 'The international date line, explained', *Live Science* (23 June 2021).
Seth Mydans, 'Samoa sacrifices a day for its future', *New York Times* (29 December 2011).
Allen W. Palmer, 'Negotiation and resistance in global networks: The 1884 International Meridian Conference', *Mass Communication and Society*, vol. 5, no. 1 (2009), pp. 7–24.
Eviatar Zerubavel, 'The standardization of time: A sociohistorical perspective', *American Journal of Sociology*, vol. 88, no. 1 (1982), pp. 1–23.

第3部 「見えない境界線」が人間に領有権を主張させている

引用元
'Long live free Flanders': Vlaams Belang politician, quoted in 'Parliament dissolves itself, paving the way for June vote', France 24 (6 May 2010).
追加資料
'Yellow car owners join rally in support of "ugly" car', BBC News (1 April 2017).

13 トルデシリャス条約

引用元
'No one can give away' and 'Rulers and to the Free': Hugo Grotius, The Freedom of the Seas: Or the Right which Belongs to the Dutch to Take Part in the East Indian Trade, 1633, trans. *Ralph Van Deman Magoffin* (Kitchener, ON, Batoche Books, 2000), pp. 47, 7.
追加資料
Eneko Arrondo et al., 'Invisible barriers: Differential sanitary regulations constrain vulture movements across country borders', *Biological Conservation*, vol. 219 (2018), pp. 46–52.
Stephen R. Brown, 'Treaty of Tordesillas: The 1494 decision still influencing today's world', *History Reader* (12 April 2012).
Lawrence A. Coben, 'The events that led to the Treaty of Tordesillas', *Terrae Incognitae*, vol. 47, no. 2 (2015), pp. 142–62.
William Eleroy Curtis, *The Authentic Letters of Columbus*, vol. 1, no. 2 (Chicago, Field Columbian Museum, 1895).
Charles Garcia, 'Was Columbus secretly a Jew?', CNN (24 May 2012).
Papal Enyclicals Online, 'Inter Caetera: Division of the undiscovered world between Spain and Portugal', (4 May 1492); 'Dudum siquidem' (26 September 1493); 'Ea quae' (24 January 1506); 'Aeterni regis' (21 June 1481).
Tatiana Waisberg, 'The Treaty of Tordesillas and the (re)invention of international law in the Age of Discovery', Meridiano, vol. 47, no. 18 (2017), e18003.
Simon Wiesenthal, *Sails of Hope: The Secret Mission of Christopher Columbus* (New York, Macmillan, 1973).〔シモン・ヴィーゼンタール『希望の帆：コロ

ンブスの夢、ユダヤ人の夢』、徳永恂、宮田敦子訳、新曜社、1992年〕
14　ビル・タウィール
引用元
'This is your chance': Jeremiah Heaton, 'The world's first crowdfunded nation' (2015), www.indiegogo.com/projects/the-world-s-first-crowdfunded-nation#.
追加資料
Alastair Bonnett, *Unruly Places: Lost Spaces, Secret Cities, and Other Inscrutable Geographies* (Boston: Houghton Mifflin Harcourt, 2014).〔アラステア・ボネット『オフ・ザ・マップ：世界から隔絶された場所』、夏目大訳、イースト・プレス、2015年〕
Gareth Johnson, '5 micronations that have claimed Bir Tawil', Young Pioneer Tours, www.youngpioneertours.com/micronations-claimed-bir-tawil.
Dean Karalekas, *The Men in No Man's Land: A Journey Into Bir Tawil* (Global Adventures Press, 2020).
Rudraneil Sengupta, 'Meet Suyash Dixit, the man who would be king', *Mint* (5 January 2018).
Jack Shenker, 'Welcome to the land that no country wants', *Guardian* (3 March 2016).

15　アウトバック
引用元
'Australia lives with a strange contradiction': Kate Grenville, interview, Penguin Random House, www.penguinrandomhouse.com/books/286492/the-idea-of-perfection-by-kate-grenville/9781101175033/readers-guide.
追加資料
Director of National Parks, Australian Government, 'Uluru-Kata Tjuta National Park: Values statement' (14 May 2015).

Phoebe Everingham, Andrew Peters and Freya Higgins-Desbiollesc, 'The (im)possibilities of doing tourism otherwise: The case of settler colonial Australia and the closure of the climb at *Uluru*', *Annals of Tourism Research*, vol. 88 (2021), 103178.
Pew Trusts, 'A modern Outback: Nature, people and the future of remote

Australia' (2014), www.pewtrusts.org/en/about/news-room/opinion/2014/10/a-modern-outback-nature-people-and-the-future-of-remote-australia.
Allan James Thomas, 'Camping outback: Landscape, masculinity, and performance in The Adventures of Priscilla, Queen of the Desert', *Continuum*, vol. 10, no. 2 (1996), pp. 97–110.
Jillian Walliss, 'The right to land versus the right to landscape: Lessons from Uluru-Kata Tjuta National Park, Australia', in Shelley Egoz, Jala Makhzoumi and Gloria Pungetti (eds), The Right to Landscape: *Contesting Landscape and Human Rights* (Farnham, Ashgate, 2011), pp. 153–64.

16　地雷と構成体境界線

引用元

'The political union': Gavrilo Princip, quoted in Vladimir Dedijer, *The Road to Sarajevo* (New York, Simon and Schuster, 1966), p. 341.

追加資料

ITF Enhancing Human Security, 'Annual report 2021', www.itf.si/publications/annual-reports.
Ajdin Kamber, 'Bosnian countryside scarred with landmines', *Institute for War & Peace Reporting* (1 November 2013).
Mine Action Review, 'Bosnia and Herzegovina: Clearing the mines 2022', www.mineactionreview.org/assets/downloads/BiH_Clearing_the_Mines_2022.pdf.
Snjezana Musa, Željka Šiljković and Dario Šakić, 'Geographical reflections of mine pollution in Bosnia and Herzegovina and Croatia', *Revija za geografijo*, vol. 12, no. 2 (2017), pp. 53–70.
Frank D. W. Witmer and John O'Loughlin, 'Satellite data methods and application in the evaluation of war outcomes: Abandoned agricultural land in Bosnia-Herzegovina after the 1992–1995 conflict', *Annals of the American Association of Geographers*, vol. 99, no. 5 (2009), pp. 1033–44.

17　ブエノスアイレスのサッカー

引用元

'I'm from the craziest gang of all': River Plate supporters, quoted in William Huddleston, 'Kicking off: Violence, honour, identity and masculinity in

Argentinian football chants', *International Review for the Sociology of Sport*, vol. 57, no. 1 (2022), p. 46.
追加資料
Pablo Alabarces et al., 'Argentina', in Jean-Michel De Waele et al. (eds) *The Palgrave International Handbook of Football and Politics* (London, Palgrave Macmillan, 2018), pp. 469–84.
Eduardo P. Archetti, 'Argentinian football: A ritual of violence?' *International Journal of the History of Sport*, vol. 9, no. 2 (1992), pp. 209–35.
Teun Heuvelink, '"Mobsters and hooligans": The identity construction of the barra brava of Boca Juniors in the Buenos Aires neighbourhood La Boca' (unpublished master's thesis, Universiteit Utrecht, 2010).
Joel Horowitz, 'Football clubs and neighbourhoods in Buenos Aires before 1943: *The role of political linkages and personal influence*', *Journal of Latin American Studies*, vol. 46 (2014), pp. 557–85.
Salvemos al Fútbol, 'Muertes en la historia por la violencia en el fútbol argentino' (2022), salvemosalfutbol.org/lista-de-victimas-de-incidentes-de-violencia-en-el-futbol.
Fernando Segura M. Trejo, Diego Murzi and Belen Nassar, 'Violence and death in Argentinean soccer in the new millennium: Who is involved and what is at stake?', *International Review for the Sociology of Sport*, vol. 54, no. 7 (2019), pp. 837–54.

18　ロサンゼルスのストリート・ギャング
引用元
'When you in the hood': Snoop Dogg, quoted in Elizabeth Day, 'Snoop Dogg: "Women are getting empowered. Now I have a daughter, I understand"', *Guardian* (19 June 2011).
'race, color, religion': *United States Civil Rights Act* (1964).
追加資料
Anti-Defamation League (ADL), 'With hate in their hearts: The state of white supremacy in the United States' (3 March 2017), www.adl.org/resources/reports/hate-their-hearts-state-white-supremacy-united-states.
Avishay Artsy, 'Gang borders create invisible walls in Los Angeles', *KCRW* (13

March 2018).
Gregory Christopher Brown, James Diego Vigil and Eric Robert Taylor, 'The ghettoization of Blacks in Los Angeles: The emergence of street gangs', *Journal of African American Studies*, vol. 15, no. 2 (2012), pp. 209–25.
Mike Davis, *City of Quartz: Excavating the Future in Los Angeles*, 2nd edition (London, Verso, 2006).〔マイク・デイヴィス『要塞都市LA』、村山敏勝、日比野啓訳、青土社、2001年〕
John Gramlich, 'Black imprisonment rate in the US has fallen by a third since 2006', *Pew Research Center* (6 May 2020).
James Queally, 'Los Angeles must change use of gang injunctions under court settlement', *Los Angeles Times* (26 December 2020).
Southern Poverty Law Center (SPLC), 'Intelligence report special edition: Aryan prison gangs' (7 January 2014), www.splcenter.org/20140106/intelligence-report-special-edition-aryan-prison-gangs.
Al Valdez, 'The origins of Southern California Latino gangs', in Thomas Bruneau, Lucía Dammert and Elizabeth Skinner (eds), *Maras: Gang Violence and Security in Central America* (Austin, University of Texas Press, 2011), pp. 23–42.
Vera Institute of Justice, 'Incarceration trends in California' (2019), www.vera.org/downloads/pdfdownloads/state-incarceration-trends-california.pdf.

第4部　「見えない境界線」は〝私たち〟と〝彼ら〟をどう分けているか

資料

Nicholas Lees, 'The Brandt Line after forty years: The more North–South relations change, the more they stay the same?', *Review of International Studies*, vol. 47, no. 1 (2021), pp. 85–106.
Marcin Wojciech Solarz, '"Third World": The 60th anniversary of a concept that changed history', *Third World Quarterly*, vol. 33, no. 9 (2012), pp. 1561–73.

19　8マイル

引用元

'I issue a warning': Coleman A. Young, quoted in Deadline Detroit, 'Gallery: 8 Mile Road, name-checked by Coleman Young, immortalized by Eminem' (25

June 2020).
追加資料
Douglas S. Massey and Nancy A. Denton, American Apartheid: Segregation and the Making of the Underclass (Cambridge, MA, Harvard University Press, 1993).
Johnny Miller, 'Roads to nowhere: How infrastructure built on American inequality', *Guardian* (21 February 2018).
Scott A. Mitchell, 'Spaces of emergent memory: Detroit's 8 Mile wall and public memories of civil rights injustice', *Communication and Critical/Cultural Studies*, vol. 15, no. 3 (2018), pp. 197–212.
Jeff Rice, D*igital Detroit: Rhetoric and Space in the Age of the Network* (Carbondale, Southern Illinois University Press, 2012).
Richard Rothstein, *The Color of Law: A Forgotten History of How Our Government Segregated America* (New York, Liveright, 2017).

20　パリの郊外
引用元
'Be careful, the stadium': 'Thierry Henry, "Le stade est à Saint-Denis, pas à Paris, croyez moi vous ne voulez pas être à S-D"', YouTube (5 May 2022).
'Dear Thierry Henry': Mathieu Hanotin, quoted in 'Thierry Henry: Ses propos sur la ville de Saint-Denis, en direct à la télévision américaine, engendrent la polémique!', *Public* (8 May 2022).
'ethnic and religious divisions ... a gang of thugs': Alain Finkielkraut, quoted in 'Finkielkraut: Une équipe de "voyous"', *Europe 1* (20 June 2010).
'ill-bred suburban brats': 'Insupportables', So Foot (19 June 2010), www.sofoot.com/insupportables-128020.html.
'neighbourhood kingpins': Roselyne Bachelot, quoted in Stéphane Beaud (with Philippe Guimard), Traîtres à la nation? Un autre regard sur la grève des Bleus en Afrique du Sud (Paris, Éditions La Découverte, 2011), p. 18.
'sometimes feel like': Claude Guéant, quoted in 'Guéant: les Français "ont parfois le sentiment de ne plus être chez eux"', *Le Poin*t (17 March 2011).
'the creation of foreign communities': Claude Guéant, quoted in 'Guéant en banlieue de Paris pour plaider contre le communautarisme', *Le Point* (17

November 2011).
'take the Kärcher out ... return order ... the violence': Valérie Pécresse, quoted in 'Election présidentielle 2022: Valérie Pécresse veut "ressortir le Kärcher de la cave" en matière de sécurité', *Le Monde* (6 January 2022).
'an immediate halt ... violence ... we defend': Kärcher, quoted in 'German pressure-hose maker asks French politicians to stop using its name', *The Local* (11 January 2022).
'clean [the housing estate]': Nicolas Sarkozy, quoted in '19–29 juin 2005: France. Annonce par Nicolas Sarkozy du "nettoyage" de la cité des 4 000 à La Courneuve', *Universalis* (20 June 2005).
'breeding ground ... promot[ing] self-segregation': Valérie Pécresse, quoted in Christine Ollivier, 'Valérie Pécresse: "On n'éradiquera pas l'islamisme si on ne casse pas les ghettos urbains"', *Le Journal du dimanche* (5 December 2020).
'The headscarf is a uniform': Marine Le Pen, quoted in William Dupuy, 'Le Pen confronté à des femmes musulmanes portant le hijab lors d'un procès de campagne, leur disant que le voile est "radical"', *Dernières Nouvelles* (15 April 2022).
'areas of lawlessness': Marine Le Pen, quoted in Abel Mestre, 'Marine Le Pen entend "mettre l'islam radical à genoux"', *Le Monde* (25 March 2012).
'drug traffickers ... reign supreme ... It has to be the one': Claude Guéant, quoted in 'Interview de M. Claude Guéant, ministre de l'intérieur, de l'outre-mer, des collectivités territoriales et de l'immigration', *Vie Publique* (28 June 2011).
'All other things being equal': Observatoire national de la politique de la ville (National Observatory of Urban Policy), annual report 2015, www.onpv.fr/uploads/media_items/ra-2015-synthese-uk.original.pdf, p. 28.
'delinquency in Saint Denis': Gérald Darmanin, quoted in 'Champions League final: French interior minister apologises to Liverpool fans for ticketing chaos', *Sky Sports* (28 June 2022).
'banlieusards, looters ... the problem is ... we hardly speak French': Éric Zemmour, quoted in 'Incidents au Stade de France: Pour Eric Zemmour, « les racailles font la loi" en Seine-Saint-Denis', *La Dépêche* (30 May 2022).

追加資料

Emmanuel Brenner, *Les Territoires perdus de la République* (Paris, Éditions Mille et une nuits, 2002).
Juliet Carpenter, 'The French banlieue: Renovating the suburbs', in Bernadette Hanlon and Thomas J. Vicino (eds), *The Routledge Companion to the Suburbs* (Abingdon, Routledge, 2019), pp. 254–65.
David Garbin and Gareth Millington, 'Territorial stigma and the politics of resistance in a Parisian banlieue: La Courneuve and beyond', *Urban Studies*, vol. 49, no. 10 (2012), pp. 2067–83.
Tanvi Misra, 'The othered Paris', *Bloomberg CityLab* (16 November 2017).
Matthew Moran, 'Terrorism and the banlieues: The Charlie Hebdo attacks in context', *Modern & Contemporary France*, vol. 25, no. 3 (2017), pp. 315–32.
George Packer, 'The other France', *New Yorker* (24 August 2015).
Justinien Tribillon, 'Dirty boulevard: Why Paris's ring road is a major block on the city's grand plans', *Guardian* (26 June 2015).

21　平和の壁

資料

Stanley D. Brunn, Sarah Byrne, Louise McNamara and Annette Egan, 'Belfast landscapes: From religious schism to conflict tourism', *Focus on Geography*, vol. 53, no. 3 (2010), pp. 81–91.
Cain Burdeau, 'Will Northern Ireland's "peace walls" ever come down?', *Courthouse News Service* (28 June 2019).
Peter Geoghegan, 'Will Belfast ever have a Berlin Wall moment and tear down its "peace walls"?', *Guardian* (29 September 2015).
Andrew Hill and Andrew White, 'Painting peace? Murals and the Northern Ireland peace process', *Irish Political Studies*, vol. 27, no. 1 (2012), pp. 71–88.
Siobhán McAlister, Deena Haydon and Phil Scraton, 'Violence in the lives of children and youth in "post-conflict" Northern Ireland', *Children, Youth and Environments*, vol. 23, no. 1 (2013), pp. 1–22.
Laura McAtackney, 'Peace maintenance and political messages: The significance of walls during and after the Northern Irish "Troubles"', *Journal of Social Archaeology*, vol. 11, no. 1 (2011), pp. 77–98.

David McKittrick and David McVea, *Making Sense of the Troubles: The Story of the Conflict in Northern Ireland* (Chicago, New Amsterdam Books, 2002).

22　ベルリンの壁

引用元

Willy Brandt, quoted in Marc Fisher, 'Leader of a shattered nation', *Washington Post* (15 November 1992).

追加資料

'In Berlin, quirky reminders linger from East–West divide', *Al Jazeera* (4 November 2019).
Rachel Boate, 'East–West relations at a crossroads: German reunification and the GDR: Ampelmännchen', *Shift*, vol. 10 (2017).
Rick Noack, 'The Berlin Wall fell 25 years ago, but Germany is still divided', *Washington Post* (31 October 2014).
'For red deer, Iron Curtain habits die hard', *NPR* (1 May 2014).
Emily Pugh, *Architecture, Politics, and Identity in Divided Berlin* (Pittsburgh, PA, University of Pittsburgh Press, 2014).
Dana Regev, 'Deutsche Wiedervereinigung: Was Ost und West noch trennt', *DW* (3 October 2020).
Michael John Williams, 'Die Mauer im Kopf: The legacy of division in German politics', *Atlantic Counci*l (7 November 2019).

23　ウラル山脈

引用元

'There always is': Aleksandr Solzhenitsyn, *The Gulag Archipelago 1918–1956*, trans. Thomas P. Whitney and Harry Willetts (London, Vintage, 2018 [1973]), p. xxiv.〔アレクサンドル・ソルジェニーツィン『収容所群島：1918-1956文学的考察　1～6』、木村浩訳、新潮社、1974～7年〕
'hopes lie perhaps'; 'If you only knew': Fyodor Dostoevsky, quoted in Hans Kohn, 'Dostoevsky's nationalism', *Journal of the History of Ideas*, vol. 6, no. 4 (1945), pp. 408, 393.
'no foreign military forces': Adolf Hitler, in 'Martin Bormann's minutes of a meeting at Hitler's headquarters (July 16, 1941)', German History in

Documents and Images, germanhistorydocs.ghi-dc.org/docpage.cfm?docpage_id=2289.
'It's absurd to try'; 'living wall': Adolf Hitler, in H. R. Trevor-Roper, *Hitler's Table Talk, 1941–1944: His Private Conversations*, trans. Norman Cameron and R. H. Stevens (London, Enigma Books, 2008), 23–5 September 1941.〔アドルフ・ヒトラー『ヒトラーのテーブル・トーク：1941-1944　上下』、ヒュー・トレヴァー=ローパー解説、吉田八岑監訳、三交社、1994年〕
'between the Atlantic and the Urals', Charles De Gaulle, speech, 25 March 1959, quoted in Anton W. DePorte, 'De Gaulle's Europe: Playing the Russian card', F*rench Politics and Society*, vol. 8, no. 4 (1990), p. 30.
追加資料
Pekka Korhonen, 'Changing definitions of Asia', *Asia Europe Journal*, vol. 10 (2012), pp. 99–112.
Joshua Kucera, 'The friendliest border', *Roads & Kingdoms* (13 February 2017).
Colum Leckey, 'Imagining the Urals: Academic travelers and Russia's Europe–Asia divide', *Eighteenth-Century Studies*, vol. 53, no. 4 (2020), pp. 647–65.
Lila Leontidou, 'The boundaries of Europe: Deconstructing three regional narratives', *Identities*, vol. 11, no. 4 (2004), pp. 593–617.
W. H. Parker, 'Europe: How far?', *Geographical Journal*, vol. 126, no. 3 (1960), pp. 278–97.
Yevgeny V. Yastrebov and Thomas M. Poulsen, 'Ural Mountains', *Encyclopædia Britannica*.

24　ボスポラス海峡
引用元
'On the meeting point': Mustafa Kemal Atatürk, quoted in Bettany Hughes, Istanbul: *A Tale of Three Cities* (London, Weidenfeld & Nicolson, 2017), p. 585.
追加資料
Joshua Kucera, 'Continental rift: Searching for the real border between East and West in Istanbul', *Pulitzer Center* (24 January 2017).
Alexander Lyon Macfie, Ataturk (London, Routledge, 1994).
Sigrid Rettenbacher, 'Hagia Sophia and the third space: An enquiry into the

discursive construction of religious sites', in Ulrich Winkler, Lidia Rodríguez Fernández and Oddbjørn Leivik (eds), Contested Spaces, Common Ground: Space and Power Structures in Contemporary Multireligious Societies (Leiden, Brill Rodopi, 2017), pp. 95–112.
Edward Said, *Orientalism* (New York, Pantheon Books, 1978).〔E.W.サイード『オリエンタリズム　上下』、今沢紀子訳、平凡社、1993年〕
Thomas Scheffler, '"Fertile Crescent", "Orient", "Middle East": The changing mental maps of Southwest Asia', *European Review of History: Revue européenne d'histoire*, vol. 10, no. 2 (2003), pp. 253–72.

第５部　「見えない境界線」は文化を守る砦

引用元

'Living in your concrete castle': Dennis Brown, 'Concrete Castle King', lyrics written by Lloyd 'Gitsy' Willis, *Visions of Dennis Brown* (Lightning Records, 1978).
'With home-grown talent and local support': Athletic Bilbao, quoted in Matthew Chandler, 'Athletic Bilbao transfer policy: Basque rule explained', Sports Quotes and Facts (2021).

追加資料

Ed Cumming, 'Mysteries of the Rhubarb Triangle, revealed by Martin Parr', *Guardian* (30 January 2016).
Sarah Daynes, '*A lesson of geography, on the riddim: The symbolic topography of reggae music', in Ola Johansson and Thomas L. Bell (eds), Sound, Society and the Geography of Popular Music* (London, Routledge, 2009), pp. 91–105.

25　エルヴィム

資料

Michael Inscoe, 'The wire that transforms much of Manhattan into one big, symbolic home', *Atlas Obscura* (16 October 2017).
Michele Rapoport, 'Creating place, creating community: The intangible boundaries of the Jewish "Eruv"', *Environment and Planning D: Society and Space*, vol. 29, no. 5 (2011), pp. 891–904.
Nechama Rosenberg, 'Eruv. NYC', Manhattan Eruv (25 January 2023), eruv.

nyc/#map.
Oliver Valins, 'Stubborn identities and the construction of socio-spatial boundaries: Ultra-Orthodox Jews living in contemporary Britain', *Transactions of the Institute of British Geographers*, vol. 28, no. 2 (2003), pp. 158–75.
Peter Vincent and Barney Warf, 'Eruvim: Talmudic places in a postmodern world', *Transactions of the Institute of British Geographers*, vol. 27, no. 1 (2002), pp. 30–51.
Sophie Watson, 'Symbolic spaces of difference: Contesting the eruv in Barnet, London and Tenafly, New Jersey', *Environment and Planning D: Society and Space*, vol. 23, no. 4 (2005), pp. 597–613.

26　アチェ

引用元

'Freedom means that': Hasan di Tiro, *The Price of Freedoms, diary entry* (4 December 1981), published by National Liberation Front of Acheh Sumatra (1984).

追加資料

Jon Emont, 'As shariah experiment becomes a model, Indonesia's secular face slips', *New York Times* (12 January 2017).
Arndt Graf, Susanne Schröter and Edwin Wieringa (eds), *Aceh: History, Politics and Culture* (Singapore, ISEAS-Yusof Ishak Institute, 2010).
Ben Hillman, 'Ethnic politics and local political parties in Indonesia', *Asian Ethnicity*, vol. 13, no. 4 (2012), pp. 419–40.
'Q&A: What you need to know about sharia in Aceh', *Jakarta Post* (4 March 2018).
Muhammad Riza Nurdin, 'Disaster "caliphatization": Hizbut Tahrir Indonesia, Islamic Aceh, and the Indian Ocean tsunami', *International Journal of Mass Emergencies and Disasters*, vol. 33, no. 1 (2015), pp. 75–95.

27　北センチネル島

引用元

'Lord is this island': ジョン・アレン・チャウの2018年11月15日の日記（クレイグ・ダニング訳）、p. 10。

追加資料
Alastair Jamieson, Elisha Fieldstadt and Associated Press, 'American killed by isolated tribe on India's North Sentinel Island, police say', *NBC News* (21 November 2018).
M. Sasikumar, 'The Sentinelese of the North Sentinel Island: Concerns and perceptions', *Journal of the Anthropological Survey of India*, vol. 67, no. 1 (2018), pp. 37–44.
M. Sasikumar, 'The Sentinelese of North Sentinel Island: A reappraisal of tribal scenario in an Andaman Island in the context of killing of an American preacher', *Journal of the Anthropological Survey of India*, vol. 68, no. 1 (2019), pp. 56–69.
Kiona N. Smith, 'Everything we know about the isolated Sentinelese people of North Sentinel Island', *Forbes* (30 November 2018).
Survival International, 'Outrage as tour operators sell "human safaris" to Andaman Islands' (17 October 2017); 'The Jarawa' (5 March 2019); 'The Sentinelese' (18 December 2020); 'The Onge' (12 April 2021).

28　ブルターニュ地方の言語境界線
引用元
'The year is 50 bc': *René Goscinny and Albert Uderzo, Asterix the Gaul*, trans. Anthea Bell and Derek Hockridge (Leicester, Brockhampton Press, 1969 [1961]).
追加資料
Madeleine Adkins, 'Will the real Breton please stand up? Language revitalization and the problem of authentic language', *International Journal of the Sociology of Language*, vol. 223 (2013), pp. 55–70.
A. S. Bukhonkina V. P. Sviridonova and U. S. Dzubenko, 'Minority languages of Brittany in regional economy and regional enterprises', *IOP Conference Series: Materials Science and Engineering*, vol. 483 (2019).
Michael Hornsby, 'From the periphery to the centre: Recent debates on the place of Breton (and other regional languages) in the French Republic', in Robert McColl Millar (ed.), *Marginal Dialects: Scotland, Ireland and Beyond* (Aberdeen, Forum for Research on the Languages of Scotland and Ireland,

2010), pp. 171–97.
Ronan Le Coadic, ‘Brittany’s borders’, presentation at the International Symposium Crossing Borders: History, Theories and Identities, *University of Glamorgan* (2–4 December 2004).
Kerstin Mendel, ‘Regional languages in France: The case of Breton’, *LSO Working Papers in Linguistics*, vol. 4 (2004), pp. 65–75.
John Shaun Nolan, ‘The role of Gallo in the identity of Upper-Breton school pupils of the language variety and their parents’, *Sociolinguistic Studies*, vol. 2, no. 1 (2008), pp. 131–53.

29　ドイツの方言境界線

資料

Hyde Flippo, ‘*German dialects: Dialekte*’ (27 July 2018), ThoughtCo.
Werner F. Leopold, ‘The decline of German dialects’, *WORD*, vol. 15, no. 1 (1959), pp. 130–53.
Anja Lobenstein-Reichmann, ‘Martin Luther, Bible Translation, and the German language’, *Oxford Research Encyclopedia of Religion* (Oxford, Oxford University Press, 2017).
Peter Schrijver, ‘The High German consonant shift and language contact’, *Studies in Slavic and General Linguistics*, vol. 38 (2011), pp. 217–49.
Philipp Stoeckle, ‘Country report Germany’ (2016), www.researchgate.net/publication/304247217_Country_Report_Germany.

30　バイブル・ベルト

引用元

‘If there’s a church’: Neil Carter, ‘You might live in the Bible belt if ...’, YouTube (27 May 2014).
‘one of the most respected’: Donald Trump, quoted in Eugene Scott and Tom LoBianco, ‘Trump picks up endorsement of evangelical leader Jerry Falwell Jr’, CNN (26 January 2016).

追加資料

Stanley D. Brunn, Gerald R. Webster and J. Clark Archer, ‘The Bible Belt in a changing South: Shrinking, relocating, and multiple buckles’, *Southeastern*

Geographer, vol. 51, no. 4 (2011), pp. 513–49.
Center for Reproductive Rights, 'After Roe fell: Abortion laws by state' (2023), reproductiverights.org/maps/abortion-laws-by-state.
Kristin Kobes Du Mez, Jesus and John Wayne: *How White Evangelicals Corrupted a Faith and Fractured a Nation* (New York, Liveright, 2020).
Robert C. Liebman and Robert Wuthnow (eds), *The New Christian Right: Mobilization and Legitimation* (New York, Aldine, 1983).
Joseph L. Locke, *Making the Bible Belt: Texas Prohibitionists and the Politicization of Southern Religion* (Oxford, Oxford University Press, 2020).
Pew Research Center, 'Religious landscape study' (2014), www.pewforum.org/religious-landscape-study.

エピローグ　ウクライナ、ロシア、「ヨーロッパ」の想像上の境界線

引用元

'From the very first steps': Vladimir Putin, quoted in 'Extracts from Putin's speech on Ukraine', *Reuters* (21 February 2022).
'Neighbours always enrich': Volodymyr Zelenskyy, quoted in Tim Lister and Katherina Krebs, 'Ukraine's president: "Trigger can appear any minute" for a Russian invasion', *CNN* (23 February 2022).
'an attempt to create': Kyrylo Budanov, quoted in Daniel Boffey, 'Putin wants "Korean scenario" for Ukraine, says intelligence chief', *Guardian* (27 March 2022).
'For our country ... This is the very red line': Vladimir Putin, quoted in'"No other option": Excerpts of Putin's speech declaring war', *Al Jazeera* (24 February 2022).
'one people'; 'close cultural'; 'external patrons'; 'sow[ing] discord ... pit[ting] the parts'; 'to mythologise'; 'robbed'; 'foreign intervention'; 'Well before 2014 ... Step by step'; 'What Ukraine will be'; 'I am becoming more and more convinced': Vladimir Putin, 'On the historical unity of Russians and Ukrainians' (12 July 2021), en.kremlin.ru/events/president/news/66181.
'The conundrum for Ukraine': Kataryna Wolczuk, 'Ukraine and Europe: Reshuffling the boundaries of order', *Thesis Eleven*, vol. 136, no. 1 (2016), p. 69.

'We are fighting to be': Volodymyr Zelenskyy, quoted in Philip Blenkinsop and Ingrid Melander, 'Ukraine's Zelenskiy tells EU: "Prove that you are with us"', *Reuters* (1 March 2022).

'The key point to bear in mind': Zbigniew Brzezinski, *The Grand Chessboard: American Primacy and Its Geostrategic Imperatives* (New York, Basic Books, 2016), p. 122.〔ズビグニュー・ブレジンスキー『地政学で世界を読む：21世紀のユーラシア覇権ゲーム』、山岡洋一訳、日本経済新聞社、2003年〕

追加資料

Kristin M. Bakke, 'Survey: Ukrainians do overwhelmingly not want to be part of Russia', *Science Norway* (3 March 2022).

Peter Dickinson, 'How Ukraine's Orange Revolution shaped twenty-first century geopolitics', *Atlantic Council* (22 November 2020).

Samuel P. Huntington, *The Clash of Civilizations and the Remaking of World Order* (New York, Simon & Schuster, 1996).〔サミュエル・ハンチントン『文明の衝突』、鈴木主税訳、集英社、1998年〕

Dávid Karácsonyi et al., 'East–West dichotomy and political conflict in Ukraine: Was Huntington right?', Hungarian Geographical Bulletin, vol. 63, no. 2 (2014), pp. 99–134.

John O'Loughlin, Gerard Toal and Gwendolyn Sasse, 'Do people in Donbas want to be "liberated" by Russia?', *Washington Post* (15 April 2022).

Gwendolyn Sasse, '*The "new" Ukraine: A state of regions*', *Regional and Federal Studies*, vol. 11, no. 3 (2001), pp. 69–100.

Stephen White, Ian McAllister and Valentina Feklyunina, 'Belarus, Ukraine and Russia: East or West?', *British Journal of Politics and International Relations*, vol. 12 (2010), pp. 344–67.

Tatiana Zhurzhenko, 'The myth of two Ukraines', *Eurozine* (17 September 2002).

【著者紹介】
マキシム・サムソン（Maxim Samson）
◉——シカゴ・デポール大学の地理学の講師。
◉——イギリス信仰学校の入学方針、インドネシアの津波への対応、1933～34年のシカゴ万国博覧会など、さまざまなテーマの学術論文を発表。「宗教と信仰体系の地理学」（GORABS）研究グループの議長。近年、『ユダヤ教育ジャーナル』の副編集長に就任。

【訳者紹介】
染田屋茂（そめたや・しげる）
◉——編集者・翻訳者。訳書に、ハンター『極大射程』『銃弾の庭』、フリーマントル『嘘に抱かれた女』、ポンフレット『鉄のカーテンをこじあけろ』、カスパロフ『DEEP THINKING 人工知能の思考を読む』など多数。

杉田真（すぎた・まこと）
◉——翻訳者。訳書に、マスティル『クジラと話す方法』、デフォー『世界滅亡国家史』、ガレオッティ『武器化する世界』、フランツマン『「無人戦」の世紀』（共訳）など。

世界《せかい》は「見《み》えない境界線《きょうかいせん》」でできている

2024年6月3日　第1刷発行

著　者——マキシム・サムソン
訳　者——染田屋茂、杉田真
発行者——齊藤　龍男
発行所——株式会社かんき出版
東京都千代田区麴町4-1-4 西脇ビル　〒102-0083
電話　営業部：03(3262)8011㈹　編集部：03(3262)8012㈹
FAX　03(3234)4421　振替　00100-2-62304
https://kanki-pub.co.jp/

印刷所——ベクトル印刷株式会社

 ISBN978-4-7612-7743-7 C0030